21세기 한국개신교회를 위한

구약신학

우택주 지음

침례신학대학교출판부

이 저서는 2015년 정부(교육부)의 재원으로 한국연구재단의 지원을 받아 수행된 연구임(NRF-2015S1A6A4A01009881)

차 례

들어가면서 ··· 9

제1부 21세기 한국개신교회를 위한 구약신학: 예비적 고찰

1.1. 서론 ·· 15

   1.1.1. 21세기 한국개신교회의 위기 분석: 성서교육의 부실 ············· 15
   1.1.2. 21세기 한국 개신교회를 위한 구약신학의 과제: 구약과
         신약의 관계 ·· 22
   1.1.3. 성서신학의 등장과 가블러(J. P. Gabler) 프로그램 ················ 28
      1.1.3.1. 성서신학이란 학문의 등장 ······································ 28
      1.1.3.2. 가블러 프로그램의 공헌과 평가 ······························· 31

1.2. 서구의 구약신학이 한국개신교회에 남긴 유산에 대한
    비평적 성찰 ·· 35

   1.2.1. 16세기의 유산: 교회와 성서 ·· 37
   1.2.2. 17세기의 유산: 성서와 교리 ·· 41
   1.2.3. 18세기의 유산: 이성과 계시 ·· 44
   1.2.4. 19세기의 유산: 역사와 신학 ·· 52
   1.2.5. 20세기의 유산: 구약신학의 정의와 방법론 ························ 58
      1.2.5.1. 아이흐로트와 폰 라트 ·· 58
      1.2.5.2. 성서신학운동 ·· 65
      1.2.5.3. 유대인의 구약성서해석 ··· 74
   1.2.6. 요약 ··· 77

1.3. 우리나라 개신교의 구약신학 ··· 79

1.3.1. 김정준 ·· 81
1.3.2. 원용국 ·· 82
1.3.3. 김철현 ·· 83
1.3.4. 정규남 ·· 84
1.3.5. 엄원식 ·· 86
1.3.6. 왕대일 ·· 87
1.3.7. 김남일 ·· 90
1.3.8. 손석태 ·· 90
1.3.9. 한상인 ·· 92
1.3.10. 요약과 제안 ·· 92

제2부 21세기 한국개신교회를 위한 구약신학: 정의와 방법론

2.1. 구약신학의 정의 ·· 97

2.2. 구약신학의 방법론 ·· 104
  2.2.1. 교리적-교훈적 방법 ·· 105
  2.2.2. 유전적-발전적 방법 ·· 106
  2.2.3. 교차적 방법과 통시적 방법 ································ 107
  2.2.4. 제목별 연구법 ··· 107
  2.2.5. 전승형성 방법 ··· 108
  2.2.6. 주제-변증적 방법 ·· 109
  2.2.7. 최근의 비평적 구약신학 방법 ······························ 110
  2.2.8. 새로운 성경신학 방법 ······································ 113
  2.2.9. 복합적인 구약신학 ··· 115
  2.2.10. 우리의 방법론 ··· 116

2.3. 구약신학과 이스라엘 역사: 화해를 위한 제안 ·············· 118

2.4. 통합의 해석학 ·· 126

제3부 21세기 한국개신교회를 위한 구약신학: 전개

3.2. 전제와 고대 이스라엘 역사 ········· 133
- 3.1.1. 전제 ········· 133
- 3.1.2. 고대 이스라엘 역사 개요 ········· 136

3.2. 오경/토라의 신학 ········· 141
- 3.2.1. 논의의 범위 ········· 141
- 3.2.2. 오경/토라의 권위 ········· 142
- 3.2.3. 정경적 구조와 작성역사 ········· 145
- 3.2.4. 오경/토라의 글 구조 ········· 148
- 3.2.5. 하나님의 형상이 걸어간 두 가지 길(창세기) ········· 150
  - 3.2.5.1. 하나님의 형상, 인간의 존재목적 ········· 150
  - 3.2.5.2. 이상적 생존환경: 에덴동산 ········· 153
  - 3.2.5.3. 권력의 길 ········· 154
  - 3.2.5.4. 믿음의 길 ········· 160
  - 3.2.5.5. 정리: 권력의 길과 믿음의 길 ········· 164
- 3.2.6. 해방, 언약, 성막, 여정(출애굽기, 레위기, 민수기, 신명기) ·· 165
  - 3.2.6.1. 세 가지 근원적 경험: 출발-목적-유지 ········· 165
  - 3.2.6.2. 언약 유지를 위한 제도적 장치 ········· 174
  - 3.2.6.3. 약속과 성취 사이의 여정 ········· 176
- 3.2.7. 정리: 참된 삶의 길(True Way of Life)-정의, 생명, 평화 ········· 179

3.3. 신명기역사의 신학-역사적 성찰, 하나 ········· 182
- 3.3.1. 들어가기 ········· 182
- 3.3.2. 신명기역사(여호수아, 사사기, 사무엘, 열왕기)의 신학 ········· 183
  - 3.3.2.1. 하나님의 선물이며 공정하게 분배된 땅 ········· 184
  - 3.3.2.2. 한시적 지도력과 불안정한 사회 ········· 185

3.3.2.3. 군주사회의 흥망성쇠 ············· 187
3.3.2.4. 정리: 역사를 잊은 민족에게 미래는 없다! ············· 191

3.4. 역대기역사-역사적 성찰, 둘 ············· 192

3.4.1. 들어가기 ············· 192
3.4.2. 역대기역사의 글 구조와 역사 ············· 193
3.4.3. 정리: 정체성 확립을 위한 성전예배 ············· 194

3.5. 성문서의 신학 ············· 197

3.5.1. 들어가기 ············· 197
3.5.2. 성문서의 시대정서 ············· 198
3.5.3. 살기, 살아남기의 신학 ············· 202
   3.5.3.1. 하나님의 통치와 메시아 그리고 토라(시편) ············· 202
   3.5.3.2. 고난의 문제와 하나님 중심의 신학(욥기) ············· 205
   3.5.3.3. 실용주의 처세술(잠언) ············· 208
   3.5.3.4. carpe diem(전도서) ············· 209
   3.5.3.5. 사랑은 가장 아름답다(아가서) ············· 210
   3.5.3.6. 죽는다면 죽겠습니다(에스더서) ············· 212
   3.5.3.7. 헤세드(룻기) ············· 213
   3.5.3.8. 우리를 긍휼히 여겨주십시오(애가) ············· 214
   3.5.3.9. 잠시만 핍박을 견디시오, 하나님의 통치가
        곧 임합니다!(다니엘서) ············· 215

3.6. 예언서의 신학-역사적 성찰, 셋 ············· 219

3.6.1. 들어가기 ············· 219
   3.6.1.1. 예언자의 정의 ············· 220
   3.6.1.2. 예언서 작성과정 ············· 221

        3.6.1.3. 역사적 변천 ·· 224
    3.6.2. 예언서의 글 구조와 주제 ··· 227
        3.6.2.1. 예루살렘의 운명(이사야서) ································ 227
        3.6.2.2. 하나님 심판을 대하는 자세(예레미야서) ················ 230
        3.6.2.3. 예루살렘 성전과 하나님의 영광(에스겔서) ············· 232
        3.6.2.4. 절망과 희망의 갈림길에서(열두 예언서) ················ 234
    3.6.3. 예언서의 공통된 관심사 ··· 238
        3.6.3.1. 백성의 일상 ·· 239
        3.6.3.2. 국가의 운명 ·· 241
        3.6.3.3. 성전 중심의 삶 ··· 242
        3.6.3.4. 국제정세와 신정론 ·· 243
    3.6.4. 정리: 정의, 생명, 평화가 온 세상에 가득하길! ················ 245

3.7. 총정리: 규범적 구약신학 ·· 248

제4부 21세기 개신교회를 위한 구약신학: 적용

4.1. 해석의 힘과 힘의 해석: 종교개혁 구호 '성서만으로'의
     비평적 성찰 ·· 262
4.2. 기후변화의 위기에 대한 구약신학적 응답 ························· 288
4.3. 세계화에 대한 구약성서의 응답 ······································ 311
4.4. 통일에 대한 구약성서의 제안 ··· 335
4.5. 교회 갱신을 위한 성서교육 ·· 360

참고자료 ·· 387
주제 색인 ··· 407
인명 색인 ··· 411
성구 색인 ··· 416

들어가면서

이 책은 필자가 미국에서 공부하던 중에 처음으로 들은 요청으로부터 시작되었다. 1992년 뉴욕 유니온 신학대학원의 여성신학자 필리스 트리블(Phyllis Trible) 교수는 '구약신학' 수업에서 한국인 유학생들에게 "한국인이므로 한국인으로서 신학을 하라"고 주문했다. 그때 이 책의 씨앗이 필자의 가슴에 뿌려졌다. 그리고 삼십 년 가까운 시간이 흐른 지금에야 비로소 작은 결실을 내놓게 되었다. 그러나 많이 부족한 것 같다.

「21세기 한국개신교회를 위한 구약신학」!

신학서점에는 서구의 저명한 신학자들이 쓴 두꺼운 구약신학 서적들이 즐비하다. 필자도 80년대 신학대학원에서 이런 책 중 하나(폰 라트의 「구약신학」)을 배웠다. 하지만 그의 신학이 특정한 신학사조(실존주의 철학에 터를 둔 신정통주의 신학)에 영향을 받은 것이고 또 우리나라의 현실을 염두에 둔 책이 아니라는 사실을 알아차리지 못했다. 귀띔을 해 준 사람도 없었다. 동일한 주제의 서적들도 마찬가지이다. 그냥 그들의 책을 공부하는 것만이 구약성서의 신학을 배우는 일이라고 여겼을 뿐이다. 지나고 보니 꼭 그렇지만은 않다는 사실을 깨달았다. 찾아보니까 지난 수십 년 동안 우리나라 성서학자가 쓴 「구약신학」이 열두어 권 남짓이고 그나마 우리 교회의 현실을 염두에 쓴 책은 손꼽을 정도로 적은 것도 알게 되었다. 그만큼 우리나라의 신학풍토는 「구약신학」이라는 연구과제에 대하여 힘을 쏟지 않거나 혹은 외국성서학자들의 저술에 의존하고 있는 실정이다. 이 책은 이러한 공백을 메꾸기 위한 소박한 몸짓이다. 필자는 한국에서 자라고 한국 개신교회를 경험하며 살고 있다. 그래서 한국 개신교회의 현실을 염두에 두면서 이 책을 집필하였다. 온전히 새로운 시도라고 말할 수는 없으나 기존의 구약신학과는 조금 다른 측면이 있다.

구약신학이라는 분과학문은 1787년 독일 알트도르프 대학교 조직신학 교수로 취임한 요한 필립 가블러의 강연을 근거로 본격적인 연구가 시작되었다고들 말한다. "성서신학과 조직신학의 적절한 구별과 각자의 목적을 위하여"라는 강연에서 가블러는 조직신학과 구별되는 성서신학은 역사적 서술적 과제와 조직적 규범적 과제를 순차적으로 수행해야 한다고 제안했다. (두 가지 과제의 차이에 대한 해설은 책 내용을 참고하기 바란다.) 이제까지의 구약신학은 주로 본문의 역사 비평적 주석에 입각한 역사적 서술적 과제를 수행하는데 치중한다. 이와 달리 필자의 구약신학은 규범적 과제에 초점을 맞춘다. '규범적 과제로서의 구약신학'은 구약성서가 가르치는 보편적-문화, 언어, 시간과 공간을 초월한-진리를 기술하는 작업이라고 정의할 수 있다. 이 책은 구약성서의 규범적 신학사상을 정의, 생명, 평화로 제시한다.

이 책을 집필하는 데 신학적인 도전과 자극을 준 두 권의 책이 있다. 하나는 프레더릭 프루스너와 존 헤이스가 공저한「구약신학사」이고 다른 하나는 감신대의 왕대일 교수가 저술한「구약신학」(개정판)이다. 필자는 이 두 권을 십여 년이 넘게 강의교재로 사용하며 또 배움을 얻었다. 전자는 이 책의 서론부인 1부에, 후자는 3부에 주로 활용하였다. 이 지면을 빌어 왕대일 교수님께 감사의 말씀을 전한다.

1부는 우리의 구약신학을 전개하려는 원대한 목적을 세우고 가장 먼저 우리 교회가 서구신학에 의존해 온 현실을 비판한 다음 구약신학의 출발점으로 여기는 요한 필립 가블러의 연설이 지니는 내용과 그 의의를 평가한다.

2부는 루터의 종교개혁 이후 개신교의 성서신학 발전역사를 16세기부터 20세기 중반까지 중요 사건과 신학적 강조점을 비평적으로 성찰한다. 초점은 서구신학 역사의 유산 가운데 무엇이 우리에게 남아있는지 그리고 그것은 과연 우리의 현실에 성서적으로 건전한 것인지를 묻는다. 이어서 「구약신학」을 저술한 우리나라 성서학자들의 사상과 면모를 간략하게 살핀다. 주로 구약신학의 정의와 방법론 측면에서 우리교회의 현실을 얼마나 염두에 두고 전개했는지를 평가한다.

3부는 먼저 이 책이 취하는 구약신학의 정의와 방법론을 기술한 다음에 구약성서 각 단락의 규범적인 신학사상을 기술한다. 그 순서는 구약성서의 배열에 따라 오경, 신명기역사(여호수아~열왕기하), 역대기역사(역대기상하, 에스라, 느헤미야), 성문서, 예언서(이사야~말라기)의 신학사상을 각각 기술한다.

4부는 3부에서 기술한 규범적 신학사상을 염두에 두고 우리 교회에서 제기된 다양한 사안들에 관한 신학하기(doing theology)의 사례들이다. 여러 이슈 가운데 신앙과 권력, 세계화 현상, 기후변화, 통일, 교회갱신을 위한 성서교육 등의 주제들을 선정했다. 구약성서와 구약신학은 이러한 사안들에 대하여 어떤 가르침을 주고 있는가? 그 대답은 몇몇 관련 구절 풀이만으로는 충분치 않다. 구약성서 전체, 나아가서는 성서 전체의 사상에 비추어 고찰하는 자세가 필요하다고 생각한다. 따라서 이 단락은 구약신학을 펼치는 길(방법)은 다양할 수 있으나 성서가 제공하는 규범적 사상은 일정하며 그것에 비추어 교회의 입장을 세워나가야 한다는 점을 보여줄 것이다.

끝으로 필자를 예수 안에서 불러 주시고 성령 안에서 성장시켜준 한국

교회를 향하여 머리 숙여 감사의 마음을 전하고 싶다. 이 책에 펼친 아주 작은 생각도 모두 한국 교회가 필자에게 선물한 것들이다. 그래서 위기에 부딪힌 오늘날 교회의 현실을 보면 마음이 무겁다. 이 책은 한국 교회의 목회자들과 교우들을 진실로 사랑하는 마음으로 집필한 것이다. 감회가 남다르지만 그럼에도 불구하고 많이 부족하다는 사실을 시인하지 않을 수 없다. 더 많이 연구하고 더 깊이 성찰해야 했으나 당장은 여기까지인 것 같다. 이 책에서 발견되는 잘못되고 모자란 점들은 동료 구약학자들과 구약성서를 사랑하는 후학들과 독자들이 수정하고 발전시켜주기를 진심으로 바랄 뿐이다.

아울러 그동안 필자의 강의를 경청하며 토론에 참여한 제자들, 최종 원고를 읽고 조언을 아끼지 않은 학문과 인생의 벗들(서명수 박사, 조태연 박사)에게 감사를 드리며 이 졸저의 출판을 기꺼이 허락해주신 침례신학대학 출판위원회와 김선배 총장님께 깊은 감사의 말씀을 드린다.

2019년 겨울
우리나라 교회를 사랑하는 마음으로
우 택 주

제1부

21세기 한국개신교회를 위한 구약신학: 예비적 고찰

제1부

21세기 한국개신교회를 위한 구약신학: 예비적 고찰

1.1. 서론

1.1.1. 21세기 한국개신교회의 위기 분석: 성서교육의 부실

이 글은 신학이 교회를 섬기는 학문이라는 대전제 위에 21세기 한국개신교회(이하, 교회)의 신앙적 성숙을 겨냥한 구약신학을 서술하는데 목적이 있다. 21세기를 살아가고 있는 지금의 교회는 자타가 인정하듯이 심각한 위기에 처해있다.[1] 위기라고 판단하게 만드는 교회의 제반 현상과 개

---

1) 이원규,「한국교회, 어디로 가고 있나」(서울: 대한기독교서회, 2000); 이원규,「기독교의 위기와 희망: 종교사회학적 관점」(서울: 대한기독교서회, 2003); 제2종교개혁연구소 편,「제2종교개혁이 필요한 한국교회」(서울: 기독교문사, 2015); 김승호,「10년 후 한국교회: 위기의 한국교회, 과연 살아남을 수 있을 것인가?」(서울: 에큐메니칼연구소, 2005); 강영안 외 20인,「한국교회, 개혁의 길을 묻다」(서울: 새물결플러스, 2013). 한국개신교회의 위기에 관한 논의는 교인 수효의 감소를 필두로 교회 세습, 교단총회 지도자들의 문제, 대형교회 목회자들의 스캔들(성 추문, 도박, 재산 축적 등), 목회자들의 비윤리적 행태, 교인 중 사회 지도층 인사의 비리, 교회의 대사회봉사 부족, 교회의 사회적 참여의식 결여 등을 중심으로 전개된다. 나이영은,「기독교사상」, (2012년-2013년)에서 2년에 걸쳐 한국교회의 위기에 관한 글을 연재했다. 또한 사회를 향한 교회의 각양 기능을 정부와 비정부기구(NGO)에서 이미 실시하고 있으므로 교회의 기능이 유명무실해졌다는 분석도 있다. 참고. 민경석, "차연(差延)의 세계에서 그리스도교적 정체성의 해체와 재구성(1)"「기독교사

별적인 경우는 상술하지 않겠다. 하지만 위기를 초래한 원인을 분석하는 일은 반드시 필요하다. 위기의 원인 분석은 이 글의 집필 방향을 제시해 줄 것이다.

성서학자의 입장에서 볼 때 교회의 위기는 궁극적으로 하나의 근본적인 원인으로부터 기인한 것이라고 판단된다. 그것은 바로 성서교육의 부실 때문이다. 개신교회는 성서의 권위가 교회의 권위보다 우위에 있다고 주장함으로 존재하기 시작했다. 그런데 우리나라에서는 이 성서교육이 부실함으로 위기가 발생했다는 주장은 얼마나 역설적인가? 우리 교회사를 돌이켜 볼 때 교회 성장과 발전에 성서교육의 역할과 영향력이 얼마나 지대했는지 이것을 부인할 사람은 아무도 없을 것이다. 지금도 교회마다 성서는 교회교육의 핵심을 차지하고 있다. 그럼에도 불구하고 성서교육이 부실하다는 말은 무슨 의미인가? 그것은 오늘날 교회의 성서교육이 거의 대부분 기독교교리 체계에 따른 내용 설명으로 이루어져 있기 때문이다.[2] 그것도 '예수 믿으면 죄 사함을 받고 구원 받는다'는 구원론에 편중해있다. 신약성서를 설명할 때는 그렇다고 수긍하더라도 우리 구주 예수 그리스도가 직접 언급되어 있지 않은 구약성서는 어떻게 이 구원론에 비추어 가르치고 있는가? 이 질문은 구약성서와 신약성서의 관계를 언급하지 않고서는 대답하기 어렵다. 그 답변 또한 기독교 경전의 첫 부분인 구약성서의 본래적 가치에 충실하게 이루어지는지는 별도로 고찰할 문제이다. 만일 구약성서가 신약성서에 중심적인 구원론 이외에 또 다른 거룩한 가르침(들)을 간직하고 있다면 그것은 신약성서와 어떻게 조화시킬 수 있겠는가?

구원론과 같은 기독교 교리가 신구약성서에 근거를 두고 있다는 사실

상」, 2012년 10월, 250-60.
[2] 우리 교회에서 사용하는 성경교재의 대부분이 지배적으로 장로교의 창시자인 칼빈의 신학사상에 영향을 받은 것이고, 웨슬레 신학에 영향을 받은 성경교재는 감리교회와 성결교회에 국한하여 사용하는 형편이다.

은 명백하다. 하지만 질문을 바꾸어서 해보자. 성서가 구원론 교리를 염두에 두고 기록되었다고 말할 수 있는가? 즉 성서가 구원론만을 전하는 책인가? 아니 질문을 바꾸어 물어보자. 교리가 먼저인가 성서가 먼저인가? 이와 같은 질문은 성서와 교리의 관계를 다시금 깊이 성찰하게 만든다. 성서에서 교리를 가르치는 것이 잘못된 일은 아니다. 하지만 성서가 교회의 교리만(!)을 담고 있는 책이 아니라는 점이 우리가 성서를 제대로(!) 가르치지 못한다는 지적을 두고 깊이 성찰해야 할 부분인 것이다.

우리 교회에서 이루어지는 성서교육의 부실은 크게 두 가지 원인 때문에 파생한 것으로 상정된다. 하나는 한국의 신학자들이 서구신학을 비평적 자의식 없이 소개하는데 급급했기 때문이다.[3] 신학은 서구에서 발흥하

---

3) 이원규,「한국교회 어디로 가고 있나」(서울: 대한기독교서회, 2000), 253. 실례로, 우리나라의 구약신학 교육에 관한 한, 다수의 서구 신학자들이 저술한 구약신학이 번역되어 소개되고 있는데 비해서 우리나라 구약학자들이 직접 저술한 구약신학 (아래의 "3. 우리나라 개신교의 구약신학"을 보라)은 수적으로나 내용으로나 열세인 것 같다. 최근까지 우리말로 번역된 서구의 구약신학으로는 게르하르트 폰 라트,「구약신학」1, 2, 3권, 허혁 역 (왜관: 분도출판사, 1976, 1982, 1990); 엘머 A. 말텐스,「새로운 구약신학: 하나님의 계획」, 김의원 역 (서울: 아가페문화사, 1990); 발터 아이히로트,「구약신학」1, 2, 박문재 역 (서울: 크리스챤다이제스트, 1994); 에드워드 J. 영,「구약신학입문」, 김정훈 역 (서울: 바울, 1994); Th. C. 프리젠,「구약신학 개요」, 노항규 역 (서울: 크리스챤다이제스트, 1996); 크라우스 베스터만,「구약신학 입문」, 박문재 역 (서울 : 크리스챤 다이제스트, 1999); 월터 브루그만,「구약신학」, 류호준, 류호영 역 (서울: CLC, 2003); 버나드 W. 앤더슨,「구약신학」, 최종진 역 (서울: 한들, 2001); 폴 R. 하우스,「구약신학」, 장세운 역 (서울: 기독교문서선교회, 2001); 롤프 크니림,「구약신학의 과제」, 강성열 역 (고양: 크리스챤다이제스트, 2001); 존 H. 세일해머,「구약신학 개론」, 김진섭 역 (서울: 도서출판 솔로몬, 2003); 랠프 스미스,「구약신학 그 역사, 방법론, 메시지」, 박문재 역 (서울 : 크리스챤다이제스트, 2005); 로이 주크, 유진 메릴,「구약성경신학」, 김의원, 류근상 공역 (서울: 크리스챤출판사, 2005); 롤프 렌토르프,「구약정경신학」, 하경택 역 (서울: 새물결플러스, 2009); 유진 H. 메릴,「구약신학」, 류근상 역 (서울: 크리스챤출판사, 2009); 로빈 라우트리지, 구약성서신학, 최영진 역 (서울: CLC, 2011); 브루스 월트키,「구약신학」, 김귀탁 역 (서울: 부흥과 개혁사, 2012); 유진 H. 메릴,「영원하신 통치: 구약신학」, 김상진, 성주진, 류근상 역 (서울: 크리스챤출판사, 2012); 브레바드 S. 차일즈,「구약신학」, 박문재 역 (서울: 크리스챤다이제스트, 2014) 등을 손꼽을 수 있다.

였다. 서구신학은 사유방식, 신학 구성방법, 서술방식 어느 것 하나도 우리나라 사람들의 심성이나 문화나 필요에 기초하고 있지 않다. 더욱이 우리 교회의 필요를 염두에 둔 것도 아니다. 그럼에도 불구하고 우리는 서구 신학이 한국의 현실과 필요성으로부터 전혀 동떨어진 관심사로부터 형성되었다는 사실조차 뚜렷이 인식하지 못하고 있는 것 같다. 뉴욕의 유니온 신학 대학원 교수이었고 여성신학자인 트리블(Phyllis Trible)이 일찍이 피력했듯이 기존의 신학은 거의 "이미 고인이 된 유럽의 백인 남성들(Dead European White Male)"이 수행한 작업이다. 그래서 그녀는 한국에서 유학을 온 학생들에게 "한국인으로서 신학을 하라"고 주문하기까지 한 적이 있다. 그렇다. 서구 신학자들의 신학은 처음부터 한국 사회와 한국의 교회의 필요를 염두에 둔 적이 없다. 아니 그럴 수가 없다. 그러므로 우리와 전혀 다른 상황과 필요에서 생성된 서구신학자들의 담론을 우리 한국인의 삶에 곧장 적용할 수 있는 것처럼 학습하는 일은 몸에 맞지 않는 옷을 입은 사람의 모습과 흡사하다.

따라서 서구신학의 직수입 일변도로 이루어진 성서교육은 작금에 부각되고 있는 우리의 자의식에 입각한 비평적 성찰이 필요하다. 21세기를 살아가는 우리는 지금 우리 사회와 교회의 필요에 부합한 신학을 자주적으로 수행하는 일이 절실하다는 말이다. 우리나라의 신학자들은 이러한 현실을 공개적으로 지적하고 토론하는 모습을 간헐적으로만 보여주었다.[4]

---

[4] 그런 의미에서 아주 최근에 이와 유사한 관심사를 지면으로 토론한 김균진과 이정배의 글은 의의가 크다. 이정배, "세상의 중심은 약한 자들이다 – 김균진 교수의 '한국신학에 대한 제언'을 읽고,"「기독교사상」, 2014년 1월, 152-63; 김균진, "그리스도의 '작은 형제'인 세상의 약한 자들,"「기독교사상」, 2014년 3월, 164-75; 이정배, "하나님을 사랑하는 자, 과연 무엇을 사랑하는가? – '새로운 세상'을 꿈꾸는 김균진 교수의 〈한국 신학〉에 관한 시각에 답하여,"「기독교사상」, 2014년 5월, 136-47; 이정배, "'예언'과 '환상'을 빼앗긴 기독교 – 종교혼합주의를 염려하는 김균진 교수의 글을 읽고,"「기독교사상」, 2014년 8월, 146-57; 김균진, "하나님이여, 우리의 황폐된 상황을 보시옵소서! – '한국신학'에 대한 이정배 교수의 관점에 답하여,"「기

혹은 그런 문제를 지적만하고 필요성을 주지시키는 수준에 그치고[5] 그에 따른 결과물을 내놓지 않고 있다. 어쩌면 이처럼 단순한 수입위주의 서구신학 의존성은 우리 민족에게 역사적으로 면면히 이어져온 사대주의 풍토 때문이 아닐까 라는 생각도 들고, 또 우리 신학계의 연구풍토가 그만큼 독자적으로 성숙해지지 못한 데에 원인이 있지 않을까라는 생각이 든다.

물론 우리가 서구에서 유래한 기존 신학의 틀과 내용으로부터 완전히 벗어나서 자유로울 수는 없다. 우리 신학의 출발점과 중심에 서구신학이 놓여 있다는 현실을 부정하거나 배격하기도 어렵다. 그러므로 우리는 다만 서구신학의 어떠어떠한 점이 우리 교회의 위기를 초래하고 또 교회의 위기 극복에 장애가 되는지 그리고 어떠어떠한 점이 위기를 극복하는데 유익하고 긍정적인지를 분별력을 갖고 평가할 필요가 있다. 분명한 사실은 이러한 신학을 수행할 때 우리에게 반드시 필요한 것이 바로 우리가 한국 사람이라는 자의식이다.

성서교육의 부실을 초래한 또 다른 원인은 한국교회에 지배적인 신학적 성향으로 자리매김해온 근본주의 신학 때문이다. 근본주의 신학사조는 특별히 성서의 역사 비평적 해석을 금기시 하고 역사적 이해에 소극적이

독교사상」, 2014년 7월, 148-59. 한편, 지난 세기에 우리나라에 토착화신학하기의 사례로서 윤성범의 '성의 신학'과 안병무의 '민중신학'이 소개된 것은 우리 교회사에 의미 있는 자취라고 여겨진다.

[5] 한국에서 이루어진 구약학 연구사를 위해, 천사무엘, "Old Testament Interpretation in Korean Church: History and Issues,"「한국기독교학회 제40차 정기학술대회 자료집」(2011): 347-68; 김회권, "천사무엘 박사의 '한국교회의 구약성경 해석: 역사와 쟁점들'에 대한 논찬,"「한국기독교학회 제40차 정기학술대회 자료집」, 372-5; 유윤종, "The Old Testament Interpretation in the Korean Context," *Korean Journal of Christian Studies* 89 (2013): 5-28; 한동구, "한국적 구약성서학,"「한국기독교신학논총」 98 (2015): 33-56을 보라. 그리고 한국적 구약신학의 필요성을 위해, 우택주, "한국적 구약신학의 과제,"「복음과 실천」 42집 (2008): 305-35; 서명수, "The Task of Biblical Hermeneutics in the Age of Glocalization," *Korean Journal of Christian Studies* 87 (2013): 5-19를 보라.

다. 우리 땅에 기독교복음이 전래되던 초창기에 미국의 보수적 개신교회를 중심으로 유럽 대륙의 자유주의 신학에 대항하여 형성된 근본주의 신학은 한국에 건너온 대다수 미국 선교사들의 신앙과 사상을 지배하고 있었다.[6] 그들로부터 성서와 복음을 전해 받고 세워진 우리 교회는 지난 2세기 동안 그들의 신학과 가르침이 기독교 신앙에 관한 전부이며 참 된 것이라고 믿고 가르쳐왔다. 이 때문에 우리 땅에는 서구의 여러 가지 신학사조가 소개되었으나 뿌리를 내리거나 결실하지 못했다. 이를 테면 현영학, 서남동, 안병무, 김용복 같은 신학자들에 의해 구축된 우리나라의 민중신학조차 지금의 교회 대다수는 잘 모르거나 나쁜 신학사상으로 생각하는 경향이 강하다. 서구신학자들이 이 민중신학을 한국의 역사적 현장에서 형성된 '한국의 신학'이라고 높이 평가하고 있는 현실과는 매우 동떨어진 현상이다. 이런 기현상은 우리나라 현대사에 빈번하게 등장한 사상의 이분법과 함께 기능했다. 그것은 어떤 사상이든 우익(자유민주주의) 아니면 '좌빨'(좌익빨갱이의 약칭, 즉 공산주의)이라고 극단적 판단을 내리게 만들었다. 그래서 우리 교회는 어떤 신학의 내용과 목적이 무엇인지 자세히 알아볼 생각을 하기도 전에 진보와 보수, 좌익과 우익, 급진 아니면 온건하다고 평가하려고 한다. 다소 거칠게 묘사했지만 우리 교회의 이런 사상적 풍토는 바로 근본주의 신학 사조의 영향이라고 말해도 지나치지 않을 것이다.

   근본주의 신학사조는 학문을 통해 지식을 추구하는 자세는 배척하고 (아무런 풀이 없이) 성서에 기록된 그대로 믿고 순종하는 자세는 찬양한다. 또 개인구원을 강조하면서 국가와 교회의 분리 혹은 정치와 교회의 분리라는 원칙을 널리 전파했다. 결국 교인들은 여전히 성서이해의 수준이 낮고 예수 신앙을 맹목적으로 혹은 미신처럼 갖고 있는 경우가 많다.

---

6) 참고. 배덕만, 「한국개신교근본주의」 (대전: 대장간, 2010).

기독교 신앙에 회의적이거나 신앙생활에서 발생하는 영적 갈증을 느낀 교인들이 각종 이단 사상과 사이비 종교에 빠지는 현상도 여기서 비롯된다. 그런데도 우리 교회는 여전히 우리 민족의 역사와 사회적 필요에 대해서는 대체로 무관심했다. 결국 우리 교회는 한편으로 더 이상 우리 사회에 정신적 자양분이나 정신적 가치를 제공해주지 못하는 집단으로 전락하였고 다른 한편으로는 교회 안에서 발생하는 위기(교회세습이나 목회자 부패 등등의 교회 위기)를 스스로 정화하지 못하는 모순된 모습을 보여주었다. 한 마디로 100년이 넘도록 이 신학사조에 경도된 우리 교회는 기독교인의 사회적 책임과 역사의식을 가르치고 격려하는 일에 소홀해 온 것이다. 이 사조가 성서를 문자적으로 믿는 믿음을 강조하기 때문에 교인들의 풍부하고 역동적인 성서이해를 제한하는 기능을 수행했기 때문이다.

정리한다면, 우리 교회를 지배해온 이 근본주의 신학사조는 구원론을 전파해온 공헌에도 불구하고 우리 사회에 교회와 기독교인의 존재이유를 널리 알리는 일에는 미흡했던 것으로 여겨진다. 이러한 분석과 판단을 뒷받침 해주는 구체적 자료가 있다. 대한기독교서회가 2004년에 발행한 기독교월간잡지「기독교사상」이 그것이다. 이 잡지는 "한국교회 설교를 말한다"는 제목으로 우리 교회의 대표적 설교자 15인을 선정하여 그들이 1년간 행한 설교 내용을 분석한 적이 있다. 최종 분석을 맡은 안동교회의 유경재 목사는 한국강단설교에는 "신학이 없다, 역사의식이 없다, 교회론이 없다"고 요약하였다.[7] 그의 결론에 의존하여 생각해보면 이 세 가지가 부족한 우리 교회의 강단설교는 결국 신학교육의 부실로 인한 것이라고 말할 수 있고 그 신학교육의 부실은 성서교육의 부실로 이어졌고 이 성서교육의 부실은 서구신학에 대한 지나친 의존도 때문이며 또 그 신학에는 근본주의 신학사조가 우리의 의식 속에 맹주노릇을 하고 있기 때문이라고

---

7) 유경재, "실존과 역사의 언저리에 서서,"「기독교사상」, 2004년 10월, 22-9.

분석할 수 있다.

그러므로 21세기 한국교회가 위기의 근본원인인 성서교육의 부실문제를 극복하려면 무엇보다 먼저 한국인의 자의식에서 출발하여 역사의식을 고취시키는 성서교육과 신학이 있는 성서교육을 시행해야 할 필요가 있다고 여겨진다. 그럴 때 비로소 건강한 교회론에 입각한 강단설교가 이루어질 수 있고 그래서 우리 교회가 우리 민족 역사에 책임있는 신앙공동체로서 우리 사회에 존재하는 역사적 이유를 모든 사람들에게 널리 그리고 올바로 인식시킬 수가 있을 것으로 믿어진다. 그런 의미에서 21세기 한국 개신교회를 위한 구약신학은 한국 사람으로서 자의식을 갖고, 한국 사회의 필요와 흐름을 읽는 역사의식을 간직하면서 구약성서의 신학사상을 기술하는 작업이 되어야 할 것이다.

우리는 지금부터 한국인이라는 자의식을 갖고 한국교회의 필요에 부합한 구약신학을 모색할 것이다. 서구의 성서신학을 논할 때도 우리 교회사의 흐름과 우리 교회의 현실과 필요를 전제하며 다룰 것이다.

1.1.2. 21세기 한국 개신교회를 위한 구약신학의 과제: 구약과 신약의 관계

성서는 기독교 신앙의 유일무이한 표준적 규범이며 원천이다. 성서는 살아계신 하나님의 참되고 유일한 계시이다. 이 성서는 구약성서와 신약성서로 구성되어 있다. 그런데 예수 그리스도를 믿는 교회의 신앙원리가 집약적으로 기술되어 있는 신약성서와 달리 구약성서는 외관상 예수 그리스도를 직접적으로 언급하지 않는다. 구약성서는 명백히 이스라엘 민족의 역사와 신앙에 뿌리를 둔 상태에서 기술하고 있다. 그래서 구약성서를 신약성서와 합당하게 결부시키기가 결코 쉽지 않다. 그럼에도 불구하고 구약성서는 교회가 읽고 지켜야 하는 하나님 말씀의 일부이다. 따라서 구약신학을 기술할 때 가장 우선적인 과제는 구약성서를 어떻게 신약성서와 관련지어 읽고 이해하며 적용할 수 있겠는가 하는 질문부터 대답해야 한다. 역사적으로 신구약성서가 교회의 정경이 되어가는 과정이나 교회의 정경으로 선포된 이후에 해석하고 적용하는 역사를 살펴보면 양자의 관계는 매우 다양하고 다채롭게 다루어져왔음을 볼 수 있다.

기독교 교회사가 증언한 대로 구약과 신약의 관계에 관한 다양한 관점들은 우리 교회의 성서이해에 지배적인 개념으로 자리 잡은 것도 있고 또 반대로 배척된 것도 있다. 우리는 이 견해들을 성서의 첫 부분인 구약성서의 위상과 기능 그리고 교회의 성서로서 지녀야 마땅한 정당한 가치에 비추어 충분히 고찰해보려고 한다. 그런 다음에 우리의 입장을 서술할 것이다. 우리의 입장은 구약과 신약의 내용과 사상이 통일성과 연속성이 있는지 아니면 다양하며 불연속적인지의 문제에 대한 해법을 제시하는데 있다.

신구약성서의 관계는 크게 세 가지로 요약할 수 있다.8) (1) 구약이 신약보다 더 중요하다. (2) 신약이 구약보다 더 중요하다. (3) 구약과 신약은 동등하다.

첫 번째 견해(1)는 우리 교회에서 수용하기가 쉽지 않다. 구원사의 관점에서 구약이 신약보다 먼저 존재했다는 점을 근거로 이와 같은 주장을 편 반 룰러(A. A. van Ruler)는 하나님 나라의 메시지를 전파한다는 측면에서 볼 때 구약은 내용상 완전하며 교회의 정경이었고 신약은 구약의 "부연 설명(explanatory glossary)"이라고 본다.9) 하지만 신약의 예수의 초림을 하나

---

8) G. Goldworthy, "Relationship of Old Testament and New Testament," *New Dictionary of Biblical Theology*, T. Desmond Alexander, B. S. Rosner, D. A. Carson, G. Goldworthy, eds. (Downers Grove, IL.: InterVarsity Press, 2000), 85-6.

9) Ibid., 85. A. A. van Ruler, *The Christian Church and the Old Testament* (ET, Grand Rapids: Eerdmans, 1966), 94, 재인용.

님 나라의 긴급조치로 보는 그의 견해는 문제가 있다. 그것은 신약의 중요성을 감소시킬 우려가 있고 기독교 신앙의 핵심인 예수 그리스도의 사역과 의미를 이차적인 것으로 보기 때문이다.10) 하지만 구약이 신약보다 역사적으로 먼저 존재했으며 신약의 초대교회에서 언급한 "성서"가 바로 구약성서였다(요 5:39, 7:38; 딤후 3:15-16; 벧후 1:20, 3:16)는 점은 동의할 수 있다. 이 견해는 수정과 조정을 필요로 한다.

두 번째 견해(2)는 다시 세 가지 정도로 다양하게 표현될 수 있다. "ⓐ 역사적 발전 단계의 틀 속에서 구약은 준비하고 신약은 완성하는 관계이다(preparation and completion). ⓑ 구약은 진노하시는 정의로운 하나님을 말하고 신약은 용서하시는 사랑의 하나님을 말하므로 대립적 관계이다(antithetical). ⓒ 구약의 약속이 신약에서 성취된다(promise and fulfillment)."11) 이 견해는 신약의 중요성을 충분히 강조하지만 이와 반대로 구약무용론이나 구약폐기론으로 전락할 위험을 안고 있다. 초대교회의 마르시온은 사랑과 용서의 하나님을 묘사하는 신약과 달리 구약은 진노의 하나님을 말하므로 신구약은 대립적 관계에 있다. 기독교는 구약을 폐기해야 한다는 주장을 폈다가 맹렬한 비판을 받았다. 이후에도 철학자 칸트(I. Kant), 자유주의 신학자인 슐라이어마허(F. Schleiermacher)와 하르낙(A. von Harnak)과 신정통주의 신약학자인 불트만(R. Bultmann)과 같은 다수의 학자들도 신약에 비해 구약을 열등한 것으로 보는 편견에서 벗어나지 못했다.12) 그러나 이러한 주장은 예수와 초대 교회가 읽은 성서가 구약성서였음을 잊어버리고 구약을 부인하는 태도이며 그래서 구약이 신약성서의 뿌리였다는 사실을 원천적으로 부정하게 만든다. 결국 이런 주

---

10) Ibid.
11) 우택주, 「새로운 예언서 개론」, 수정판 (대전: 침례신학대학교출판부, 2009), 23-4.
12) Ibid., 85-6 (마르시온, 하르낙, 불트만); F. C. Prussner and J. H. Hayes, 「구약성서신학사」, 장일선 역 (서울: 나눔사, 1985), 72-3(헤겔), 100-1(슐라이어마허).

장은 기독교 경전의 일부인 구약성서의 가치와 기능을 심각하게 위태롭게 만든다.13)

좀 더 구체적으로 문제점을 살펴보자. 신구약을 역사적 발전 단계의 틀에서 보는 ⓐ는 구약성서에 기록된 실제 역사 중 출애굽 사건과 시내 산 언약 체결, 가나안 땅 정복 그리고 멸망과 포로 사건을 겪으면서 피와 눈물을 흘린 수많은 고귀한 백성의 삶을 하나님이 오직 예수 사건을 계시하기 위한 중간단계로 여겼으며 궁극적 계시를 위한 방편과 도구로 희생시켰다는 논리로 귀결된다. ⓑ의 경우는 구약에서 하나님의 무서운 심판과 징계를 기록한 특정 이야기와 단락만을 주목하고 이것이 신약의 예수와 극명하게 대조되는 측면을 강조한다. 그러나 이 견해는 구약의 다른 곳(이를 테면, 호세아서와 같은 예언서들)에 풍부하게 기술되어 있는 사랑과 용서의 하나님을 발견하지 못하고 있다. 한마디로 구약성서에 기록된 내용을 포괄적으로 충분히 읽지 않아서 생긴 견해이다. 약속과 성취 관계로 보는 ⓒ의 경우도 마찬가지이다. 구약을 준비과정으로 보면 그 안에는 성취가 없다는 것을 전제하게 된다. 그럴 경우 창세기에서 족장에게 준 땅에 관한 약속이 여호수아서에서 성취되는 내용은 무시하는 것이다. 또 이 견해는 구약성서가 계시의 핵심이 없이 피상적인 내용으로만 이루어져 있는 반면 신약성서에만 진정한 계시의 핵심이 들어 있는 것처럼 오해하게 만든다. 이럴 경우 창세기 1장의 창조 기사는 어떻게 바라보아야 하는가? 하나님의 완벽한 세계 창조는 무엇이 부족한 계시인가? 어떤 사건이 발생해야 성취되는 계시인가? 구약의 창조사상은 신약의 어떤 사건이 성취해주는가? 대답하기 어렵다. 사실 구약의 창조는 그 자체로 완벽하며 또 다른 그 무엇이나 사건이 발생해야 성취되는 계시가 아니다.

정리한다면, 견해(2)는 신약성서의 예수 중심의 계시가 우선적이라는

---

13) Ibid., 24.

주장을 강조하려다가 반대로 구약 시대를 살았던 수많은 백성의 삶 자체를 철저히 무시한다. 또 구약성서 자체가 신앙공동체에게 먼저 주었던 계시로서 지니는 본래적 위상을 손상시킨다. 결국에는 신구약성서가 함께 증언하는 참되고 은혜로우신 하나님에 대한 믿음마저 왜곡하고 저해할 우려마저 생긴다.

마지막으로 신구약성서가 동등하다는 견해(3)은 앞의 두 가지 견해에 비해 훨씬 적절하다. 다만 신구약성서의 동등성을 어떤 방식으로 설명할 것인지에 대해서는 구체적인 설명이 결여되어 있다는 문제점을 안고 있다. 신약은 구약을 내포하고 있으므로 상호보완적이며 동심원적 관계(correlational and concentric)로 설명하는 입장도 구체성이 결여되어 있다는 측면에서 볼 때 동일한 약점을 지닌다. 따라서 이 견해의 경우는 신구약성서를 어떻게 구체적으로 동등하게 취급할 것인지에 대한 자세한 묘사가 요구된다.

이상의 토론을 전제로 우리는 신구약성서의 관계에 관해서 다음과 같이 정리할 수 있다.

첫째, 신약성서가 생성되던 시기를 포함하여 기독교가 시작되던 시기에 교회는 오직 하나의 성서, 즉 구약성서만을 권위 있는 "성서"로 읽었다. 렌토르프(R. Rrendtorff)는 이 점을 가장 적절하게 기술했다. "교회는 처음부터 (구약)성서와 함께 살았고 (구약)성서로부터 자신의 이해, 특히 예수님의 삶과 운명에 대한 해석을 발전시켰다. 이러한 (구약)성서 없이는 기독교역사도 없고 기독교신학도 존재할 수 없다…. 구약성서에 대한 신학적 해석의 과제는 성서의 첫 번째 부분인 구약성서의 메시지 전체를 전개시키는데 있다."[14] 아울러 "이것은 기독교신학이 처음부터 신약성서의 메시지와 함께 시작하지 않았다는 의미이다. 그러므로 기독교 교회와 신학을 위한 구약성서의 의미를 신약성서나 신약성서로부터 도출한 어떤 신학으

---

14) Rolf Rendtroff, 「구약정경신학」, 하경택 역 (서울: 새물결플러스, 2009), 595f.

로 평가할 수 없다."15) 이 설명을 수용한다면 우리는 구약으로부터 시작하여 예수 그리스도에게서 완성된 것으로 보는 구원사적 접근이나 예수 구원에 초점을 맞춘 기독론적 접근으로부터도 벗어나야 한다. 미리 말해두지만, 구원사적 접근법은 구약성서의 지혜문학이나 시문학 일부를 포함시키지 못하는 단점과 한계를 갖고 있으며 기독론적 접근법은 구약성서가 아직 예수의 존재와 사역을 알지 못하던 시절의 기록이기 때문에 구약성서 자체에서 우러나온 개념이 아닌 후대의 개념을 사용하여 구약성서를 무리하게 해석할 수 있다는 문제점을 안고 있다. 그렇다면 우리 기독교인은 구약성서를 어떻게 해석하는 것이 적절한가? 그것은 구약성서가 형성되는 역사적 배경과 이스라엘 백성의 필요에 비추어 읽고 해석하는 자세이다.

그렇다면 이제 신구약성서의 동등성은 구체적으로 어떻게 기술할 수 있을까? 우리는 구약신학이 신약신학과 함께 동등한 의미와 기능을 지닌 기독교 신학이라는 점을 분명히 긍정한다. 구약신학은 유대인의 신학이 아니다. 구약신학은 명백히 기독교 신학의 일부이다. 그러므로 구약신학은 다름 아닌 예수 그리스도를 염두에 두고 전개되어야 한다. 하지만 이 말은 기독론적 접근을 해야 한다는 뜻이 아니다.

기독교의 경전인 구약성서는 역사적 인물로서의 나사렛 예수를 우리 주 예수 그리스도가 되게 만든 의미를 담고 있는 성서이다.16) 즉 우리는 구약성서가 역사적 예수가 읽고 배운 성서였으며 예수는 그것으로부터 하나님께서 인류에게 전하고자 했던 가장 참된 의미(!)를 정확히 간파했다고 생각한다.17) 그리고 예수는 구약성서의 계시 전체가 전하는 가장 적절하

---

15) Ibid., 599.
16) 예수의 인성과 신성의 문제는 교리적 토론이기에 여기서 자세히 다루지 않을 것이다. 우리는 예수의 인성에 초점을 두고 시작할 뿐이다.
17) 신약성서의 역사적 예수 이해를 돕는 문헌을 위해 다음을 참고하라. E. P. Sanders,

고 충분한 의미(!)를 간파했을 뿐만 아니라 그것을 자신의 삶으로 완벽하게 구현해 낸 사람으로서 지구상의 온 인류 중 처음이자 마지막인 분이다. 그런 의미에서 예수는 우리의 주님이요 하나님이 되시는 것이다(참고. 요 20:28, "나의 주님이시오 나의 하나님이시니이다"). 이런 관점으로 구약성서를 읽을 경우 우리는 구약성서 중 어느 성서는 중요하게 간주하고 어느 성서는 덜 중요한 것으로 보던 과거의 오류에서 벗어날 수 있다. 따라서 구약신학은 구약성서의 각 권을 하나도 남김없이 즉, 어느 성서는 강조하고 어느 성서는 소외시키는 특정한 사고의 틀을 벗어나 구약성서의 각 권이 어떻게 예수를 예수 그리스도 되게 만든 하나님의 말씀인지를 이해하는 과제를 목표삼아 구약성서의 다양하고 풍부한 사상을 탐구하고 기술하는 작업이라고 정의할 수 있다.

1.1.3. 성서신학의 등장과 가블러 프로그램

21세기 우리 교회를 위한 구약신학을 수행하는 과제 앞에 놓여 있는 또 다른 주요한 장애물은 서구의 구약신학 개념 자체에 놓여 있다. 이제는 서구 구약신학이 안고 있는 가장 중요한 문제점이 무엇인지 살펴보자.

1.1.3.1. 성서신학이란 학문의 등장

성서신학이 독립된 학문으로 등장하게 된 것은 1787년 독일의 요한 필립 가블러(Johahn Philipp Gabler, 1753-1826)가 알트도르프 대학의 조직신학 교수로 취임하면서 읽은 강연문("성서신학과 조직신학의 적절한 구분과 각각의 목적에 관하여")에서 출발한 것으로 본다. 그러나 그 이전에도

The Historical Figure of Jesus (London: Penguine Press, 1993).

성서신학은 세 가지 상이한 경향의 성서연구를 지칭하는 의도로 사용되어 왔다.[18]

성서신학이란 용어가 처음으로 등장한 것은 16세기였다. 그 용어는 1521년에 등장한 필립 멜랑히톤의 *Loci communes*처럼 성서에서 근거를 둔 교리체계(system of doctrines) 자체를 가리키거나 개신교(특히, 루터교) 정통주의의 교리를 증거하는 성구모음집을 가리켰다.[19] 이런 연구를 증빙본문 신학(theology of proof-text)이라고 부른다.[20] 두 번째는 무미건조한 개신교 정통주의 신학의 교리 중심 연구와 달리 경건주의자들의 개인적이고 경건한 양육을 위한 성서연구를 뜻했다. 스펜서(P. J. Spencer, 1635-1705)와 프랑케(A. H. Franke, 1663-1727)가 대표적이다. 세 번째는 교리와 상관없이 본문을 역사 비평적 혹은 문법적-역사적으로 연구하는 방법을 일컫는다. 시몬(R. Simon, 1638-1712), 스피노자(B. Spinoza, 1632-1677), 제믈러(J. S. Semler, 1725-1791) 등이 대표적이다.

가블러는 이 세 번째 용례에 입각하여 성서연구의 정의와 방향을 구체화한 사람이다. 그는 성서신학을 교의신학과 구별된 학문으로 독립시켰고, 성서 연구는 본질적으로 역사적 연구이어야 함을 천명했다. 그의 견해는 구약과 신약이 시기적으로 구별되며 구약이 신약보다 먼저 존재했다는 인식으로 이어졌고 결국 성서신학을 구약신학과 신약신학으로 별도로 수행하게 만들었다. 최초의 구약신학은 1793년에 바우어(Georg Lorenz Bauer)가 저술했고 이후로 구약신학과 신약신학은 별개의 연구과제로 수행하는 풍토가 고착되었다.

---

18) C. H. H. Scobie, "History of Biblical Theology," *New Dictionary of Biblical Theology*, 12-3. 이하의 세 가지 경향은 스코비의 주장을 약술한 것이다.
19) 참고. J. H. Hayes and F. C. Prussner, 『구약성서신학사』, 장일선 역 (서울: 나눔, 1991), 31-6.
20) 신학방법론의 문제는 아래의 단락(2부 2항 1-10)에서 상세히 다룰 것이다.

위의 세 가지 방식의 성서연구 방식을 전체적으로 살펴보면 성서신학이란 용어가 교회(혹은 교회의 교리)와 관련하여 긍정적으로 혹은 부정적으로 사용되었음을 보여준다. 그러나 성서신학은 그때부터 현재까지 대체로 해석학(hermeneutics)에는 무관심한 것 같다.[21] 물론 해석학적 성서해석의 필요에 대한 관심사는 20세기 후반부터 등장하기 시작했다. 그것은 성서해석자가 흑인, 여성, 아시아 사람이나 제3세계 사람일 경우에는 서구 신학자와 똑같이 신학하기가 불가능하다는 인식에 출발점을 두고 있다.[22]

---

21) 해석학이란 학문의 근대적 이론의 기초를 놓은 학자는 19세기 말 슐라이어르마허 (F. Schleiermacher, 1768-1834)로 알려져 있다. 참고. Friedrich D. E. Schleiermacher, "2. Foundations: General Theory and Art of Interpretation," *The Hermeneutics Reader*, ed., by Kurt Mueller-Vollmer (New York: Continuum, 1992), 72-97; H. Kimmerle, ed., *Hermeneutics: The Handwritten Manuscripts* by F. D. E. Schleiermacher, tr. by J. Duke and J. Fortman (Atlanta, GA: Scholars Press, 1977).

22) 참고. 흑인신학에 관하여, Dwight N. Hopkins and Edward P. Antonio, eds., *The Cambridge Companion to Black Theology* (Cambridge: Cambridge University Press, 2012); K. B. Douglas, 「흑인 그리스도 : 흑인 신학이란 무엇인가」, 오덕호 역 (서울: 한들출판사, 2000); James H. Cone, *A Black Theology of Liberation*, 2nd ed. (Maryknoll: Orbis Books, 1986). 해방신학에 관하여, José Porfirio Miranda, *Marx and the Bible* (Maryknoll, N.Y.: Orbis, 1974); J. Severino Croatto, *Exodus: A Hermeneutics of Freedom* (Maryknoll, N.Y.: Orbis, 1981); Elsa Tamez, Bible of the Oppressed (Maryknoll, N.Y.: Orbis, 1982); W. Schottroff and W. Stegemann, eds., *God of the Lowly: Socio-Historical Interpretations of the Bible* (Maryknoll, N.Y.: Orbis, 1984). 여성신학에 관하여, Katharine D. Sakenfeld, "Feminist Perspectives on Bible and Theology," *Interpretation* 42 (1988): 5-18; Mary Ann Tolbert, ed., *The Bible and Feminist Hermeneutics*, Semeia 28 (Chico, CA: Scholars Press, 1983); Adela Yarbro Collins, ed., *Feminist Perspective on Biblical Scholarship* (Chico, CA: Scholars Press, 1985); Phyllis Trible, "Overtures to a Feminist Biblical Theology," *Old Testament Theology, Flowering and Future*, Ben Ollenburger, ed. (Winona Lake, IN.: Eisenbrauns, 1992), 448-64. 아시아 해석학을 위해, R. S. Surgirtharajah, ed., *Voices from the Margin: Interpreting the Bible in the Third World* (Maryknoll, N.Y.: Orbis, 1991); F. F. Segovia and M. A. Tolbert, eds., *Reading from this Place*, vol. 2: *Social Location and Biblical Interpretation in Global Perspective* (Minneapolis: Fortress, 1995); R. S. Surgirtharajah, *The Bible and the Third World: Precolonial, Colonial, and Postcolonial Encounters* (Cambridge: Cambridge University Press, 2001); idem, *Post-Colonial Criticism and Biblical Interpretation* (New York: Oxford University Press, 2002).

최근까지 이러한 해석학적 성서신학의 수행은 눈에 띄게 증가하고 있다. 그것은 또한 어떤 성서신학을 하든 필요 적절한 인식이며 자세이기도 하다. 이런 맥락에서 우리는 21세기의 한국교회의 위기라는 상황을 해석학적 전제이며 과제로 설정한 구약신학을 시도하려고 한다. 우리는 이것이 '한국인으로서 마땅히 해야 할 구약신학'이라고 생각한다.

1.1.3.2. 가블러 프로그램의 공헌과 평가

가블러의 연설문은 성서신학이 무엇보다도 신구약성서 저자들이 상이한 시기와 장소에서 의미했던 바를 주석(exegesis)의 원리에 비추어 역사적으로 서술하는 작업에서 출발해야 한다는 점을 명시했다.[23] 헤이스(J. H. Hayes)와 프루스너(F. C. Prussner)는 이 작업을 "진실한 성서신학(true biblical theology)"이라고 부르고 "성서의 종교적 이념을 각 시기와 상황에 따라서 조직적으로 그리고 역사적으로 정확하게 서술하는 것"이라고 이해한다.[24] 이 과제를 역사적 서술적 과제(a historical and descriptive task)로 부를 수 있다. 이어서 그는 신구약성서의 각 저자가 표현한 사상을 수집하고 비교하는 작업을 통해 외부 사상과 섞이지 않은 순수한 형태의 성서신학이 나타날 수 있다고 주장했다.[25] 헤이스와 프루스너는 이 작업을 "순수한 성서신학(pure biblical theology)"이라고 부르고 "성서 안에 있는 불변한 이념 또는 하나님의 영원한 진리를 조직적으로 제시하는 것"으로 이해하였고 여기서 진실한 성서신학의 "서술적 과제가 규범적 과제로 바뀐다"

---

23) John Sandys-Wunsch and Laurence Eldredge, "J. P. Gabler and the Distinction Between Biblical and Dogmatic Theology: Translation, Commentary, and Discussion of his Originality," *Scottish Journal of Theology* 33 (1980): 137, 139, 141.

24) Hayes and Prussner, 「구약성서신학사」, 86.

25) Sandys-Wunsch and Eldredge, "J. P. Gabler and the Distinction Between Biblical and Dogmatic Theology," 142.

고 덧붙였다.26) 이 과제는 체계적 규범적 과제(a systematic and normative task)라고 부를 수 있다.

가블러의 연설문에 대한 헤이스와 프루스너의 해설에 비추어 보면 성서신학의 과제는 다음의 순서로 진행된다. 먼저 진실한 성서신학을 수행한다. 그것은 성서본문에 대한 역사적 주석을 통해 각 저자의 의도를 객관적으로 서술하는 작업이다(역사적 서술적 과제). 그 다음에 순수한 성서신학을 수행한다. 그것은 성서 각 저자의 의도와 사상을 수집하고 비교하는 작업을 통해 성서에 담긴 불변하는 이념 또는 하나님의 영원한 진리를 찾아내서 체계적으로 제시하는 작업이며 그것은 규범적 과제이다(체계적 규범적 과제). 즉, 가블러에 따르면 성서신학은 두 가지 과제를 순차적으로 수행해야 한다.

그러나 가블러는 자신이 직접 연구한 성서신학 결과물을 내놓지 않았다. 그럼에도 불구하고 그의 연설문은 이후에 이루어진 성서신학, 특히 구약신학의 출발점으로 간주되었고 그래서 그를 "구약신학의 아버지"라고 부르게 되었다. 올슨(Dennis T. Olson)은 가블러가 인간의 이성을 역사에 매여 있는 성서의 가르침으로부터 무시간적이고 보편적인 진리를 구별해 낼 신뢰할만한 중재자라고 가정한다고 규정하고 그것을 18세기 계몽주의의 산물이라고 평가한다.27) 하지만 올렌버거(B. C. Ollenberger)는 "만일 철학이 플라톤에 대한 일련의 각주들이라면 구약신학은 가블러에 대한 일련의 아주 광범위한 각주들이라고 할 수 있다."라고 말했다.28) 기독교 성서

---

26) Hayes and Prussner, 「구약성서신학사」, 87. 이들과 달리 스미스(R. L. Smith)는 역사적 문법적 주석→비교→일반화의 세 단계로 설명하지만 큰 차이가 없다. 참고. R. L. Smith, 「구약신학, 그 역사, 방법론, 메시지」, 박문재 역 (서울: 크리스챤다이제스트, 2005), 31.

27) Dennis T. Olson, "Biblical Theology," *The New Interpreter's Dictionary of the Bible*, vol. 1 (Nashville: Abingdon, 2006), 462.

28) M. Saebø, "Johann Philipp Gabler Bedeutung für die biblische Theologie," *Zeitschrift*

학의 하나의 분과(a discipline)인 구약신학이 교의신학에서 분리되어 본격적으로 독립된 학문으로 자리매김해 온 역사는 현재 시점에서 보면 230여 년 정도가 흐른 셈이다.

하지만 헤이스와 프루스너가 지적했듯이 가블러의 연설은 처음부터 "진실한 성서신학에서 순수한 성서신학으로 옮겨지는 과정을 충분히 설명하지 않는다"는 문제점을 안고 있다.[29] 다시 말해서 성서본문의 역사적 의미를 현재에 규범성을 지닌 의미로 변환시킬 수 있는 방법에 관해서는 구체적인 방법을 고찰하지 않았다는 것이다. 실제로 이 문제의 심각성을 정식으로 제기한 학자는 스텐달(K. Stendahl, 1921-2008)이다. 그는 19세기와 20세기 초의 신학자들(스콜라주의, 자유주의, 보수주의, 신정통주의)이 성서본문에서 얻은 과거의 의미(what it meant)를 '아무런 절차 없이' 곧장 현재의 의미(what it means)로 활용하는 모습에 주목했다.[30] 즉 그는 그들이 성서본문을 통해 저자가 과거에 의도했던 의미가 곧바로 영원하고 무조건적이며 순수한 진리 형태의 계시를 담은 것이라고 이해했다는 것이다. 그러나 역사 비평적 성서연구와 종교사학파가 성서의 과거 의미는 과거라는 시간과 장소에 국한된 것임을 분명히 밝혀줌으로써 현재와 과거의 거리감을 분명하게 만들어주면서도 긴장을 심화시키는 역할을 했다는 공헌을 한 점은 인정하였다. 다만, 스텐달의 주장은 과거의 의미를 현재의 의미로 "전환(translation)"하기 위해서는 해석학 원리가 절실하게 필요하다는 것이다.[31] 그의 주장은 그동안의 성서신학이 역사적 서술적 작업에 치

---

für Alttestamentliche Wissenschaft 99 (1989): 2. B. C. Ollenberger et al., eds., *The Flowering of Old Testament Theology* (Winona Lake: Eisenbrauns, 1992), 489. 재인용.

29) Hayes and Prussner, 「구약성서신학사」, 88. 가블러의 연설문에는 '진실한 성서신학'이나 '순수한 성서신학'이란 용어 자체가 사용되지 않았다. 이 용어들은 헤이스와 프루스너가 고안해 낸 것이다.

30) K. Stendahl, "Biblical Theology, Contemporary," *The Interpreter's Dictionary of the Bible*, vol. 1 (Nashville: Abingdon, 1962), 418-32.

중하고 있음을 분명히 지적한 것이며 따라서 체계적 규범적 작업을 할 필요가 있는데도 그런 작업이 아직 이루어지지 않았음을 밝힌 것이라고 볼 수 있다. 그의 지적은 오늘날 우리가 구약신학을 하는 데 있어서 필요한 작업이 무엇인지를 분명하게 알려준다.

한편, 가블러의 성서신학 프로그램은 성서신학을 교의신학과 구분한 공헌을 했음에도 불구하고 교의신학과 구분되는 성서신학의 모습이 어디까지 해야 하는지에 대해 혼선을 초래한다. 바꾸어 말하면 구약신학도 어디까지나 신학이므로 그 작업을 현대의 교의신학(조직신학 혹은 체계신학)과 어느 정도로 구분할 만큼 수행해야 하는지를 과제로 남겨두었다는 뜻이다. 그런 측면에서 구약신학이란 학문 자체는 처음부터 지금까지 교의신학과 학문적 경계를 정해야 하는 어려운 과제를 떠맡고 있다. 19세기 서구의 구약신학자들이 그들의 구약신학 저술에서 마치 조직신학처럼 신론, 인간론, 구원론이라는 삼분법을 사용한 관행은 이러한 문제를 잘 드러내 준다. 그러나 우리는 구약신학이 성서를 역사적으로 연구하고 그로부터 도출한 사상으로부터 체계적-규범적 과제를 수행하는 작업이라고 한정할 것이다. 이는 구약신학이 조직신학이 아니며 조직신학은 성서신학을 수행한 다음에 이루어져야 할 학문이라고 생각하기 때문이다.

이상의 논의를 정리해보자. 우리가 전개하려는 21세기 한국개신교회를 위한 구약신학에서는 먼저, 가블러가 요청했던 것처럼 구약성서의 역사적 성격(a historical nature)을 분명하고 철저히 추구해야 한다. 이어서 스텐달이 지적했듯이 과거에 의미를 제공했던 구약성서가 어떻게 21세기를 살아가는 한국 개신교회의 신앙공동체에게 규범성(normativeness)을 지닌 가르침으로 바꾸어(translation) 가르치고 활용할 수 있는지를 설명하는 해석학

---

31) Ibid., 422. "우리는 먼저 원래의 의미를 확보하고 그것과 연관된 해석학 원리를 적절하게 설명한 후에 지금 여기에 의미하는 바가 무엇인지에 대한 질문에 잠정적인 답변을 개진할 수 있다."

적 원리를 제시해야 한다. 그런 다음에 구약성서에서 영원불변하는 보편적인 진리인 규범적 가르침이 되는 것을 체계적으로 제시해야 한다. 이것은 도식화한다면 다음과 같이 된다.

서술적 과제 → 해석학 → 규범적 과제

1.2. 서구의 구약신학이 한국개신교회에 남긴 유산에 대한 비평적 성찰

위에서 교회의 위기분석, 신구약성서의 관계, 구약신학이라는 학문의 과제와 문제점을 간략히 살펴보았다. 이제는 구약신학의 역사를 처음부터 현재까지를 살피면서 우리 교회에 영향을 끼쳐온 서구 신학의 유산과 잔재를 추적하고 그것을 비평적으로 검토하려고 한다. 앞에서도 언급했지만 신학은 서구에서 동양의 우리나라로 수입되어 소개되었다. 다시 말해서 신학은 우리나라의 토양에서 형성된 것이 아니다. 그래서 우리가 이미 알고 있고 믿고 있는 신학사상들과 성서관 특히 구약성서에 대한 지식들은 모두 서구의 신학자들이 사고하고 주장한 것들에 기원을 두고 있으며 또 그러한 서구의 여러 가지 사상과 주장들은 저마다 다양한 배경과 다채로운 전달 과정과 다양한 의도를 지니고 형성되어 수입된 것들이다. 신학에 관한 한 단 하나도 우리가 만들어낸 것이 없다. 그렇게 할 수도 없었고 그럴 학자도 태부족이었다. 지금 우리 개신교 신앙공동체의 생각과 태도들은 모두 서구의 것에 영향을 받은 것이며, 우리의 의식과 상관없이 알게 모르게 교육되고 세뇌되어 마치 우리의 것인 양 우리의 일부가 되어 온 것들이다. 그러므로 우리의 것을 수립하기 위해서는 서구의 사상으로서 우리의 필요에 적합한 것과 적합지 않은 것을 가려내는 작업이 선행되어야 한다.

이 작업을 위해서 우리는 구약신학의 역사를 재차 서술하지 않을 것이다. 구약신학의 역사에 관한 안내는 지금까지의 연구서로도 충분하다고 생각한다.32) 여기서 우리는 구약신학의 역사적 흐름과 주장에 관한 글로서 헤이스와 프루스너의 저술을 주요 안내서로 삼을 것이다.

여기서 서구신학의 역사를 비평적으로 고찰하는 관점은 다음과 같다.

서구의 어떤 사상이 지금 우리의 것이 되었는가?
그것(들)은 과연 성서 본래의 가치와 기능에 비추어 볼 때 적절한 것인가?
그것(들)은 우리의 신앙을 건강하게 만들어주는가?

어떤 사상과 주장이 문제가 있다면 그 문제는 무엇이며 어떻게 해야 그것을 극복할 수 있는지 대안도 제시할 것이다. 따라서 여기서는 지나간 우리 교회의 역사 속에 우리에게 수입되어 우리의 것이 된 모든 서구의 신학사상으로서 구약성서를 해석하는데 직접적으로 혹은 간접적으로 영향을 미쳤고 그리고 해석의 전제가 되었고 신앙의 **뼈**대를 형성해온 신학사상과 주장(들)을 검토하려고 한다.

가블러 이후에 발전해 온 서구의 구약신학의 큰 흐름은 아래와 같이 요약할 수 있다.33)

---

32) 헤이스와 프루스너 외에, 다음을 참고하라. R. Smith, 「구약신학: 그 역사, 방법론, 메시지」, 박문재 역 (서울: 크리스챤다이제스트, 2005), 15-80; H. G. Reventlow, 「20세기 구약신학의 문제들」, 박문재 역 (서울: 크리스챤다이제스트, 1999); R. Routledge, 「구약성서신학」, 최영진 역 (서울: 기독교문서선교회, 2011), 21-93.

33) 이 개요는 필리스 트리블 교수가 제공한 것이다. 개요에 등장하는 학자들의 저술과 사상은 헤이스와 프루스너의 「구약성서신학사」에 언급되어 있으므로 이하에서는 더 이상 소상하게 다루지 않을 것이다. 낭만주의, 이성주의 등의 용어도 헤이스와 프루스너의 분류와 용례를 따른다. 낭만주의란 성서자체의 문학적 표현법에 초점을 둔 연구경향을 가리킨다. 1880은 데이빗슨의 저술(?)이 등장한 때를, 1920-1933

1787-1880	낭만주의(J. G. Herder)
	이성주의(C. E. Ammon, G. L. Bauer, G. F. Kaiser)
	종교철학(W. Vatke, W. M. L. de Wette)
	보수주의(G. F. Oehler, H. Ewald)
	중도파(H. Schulz)
1880-1920	성서신학의 쇠퇴기/사망기(A. B. Davidson)
1920-1933	성서신학의 부활기(C. Steuernagel, O. Eissfeldt, W. Eichrodt)
1933-1957	성서신학의 황금기(W. Eichrodt, G. von Rad)
1963	성서신학의 위기
	B. S. Childs의 *Biblical Theology in Crisis*
	J. A. T. Robinson의 *Honest To God*
1970-현재	해석학적 구약신학의 필요성 대두

1.2.1. 16세기의 유산: 교회와 성서

16세기는 세계교회사에 가장 큰 변혁이라고 할 수 있는 종교개혁이 일어난 시기이다. 종교개혁의 출발은 1517년 루터가 비텐베르크 성문에 교황의 칙서에 대한 95개 조항의 반박문을 붙인 해를 기점으로 삼는다. 루터와 종교개혁자들의 기치는 '믿음만으로(*sola fide*) 은혜만으로(*sola gratia*) 성서만으로(*sola scriptura*)'이다. 이와 같은 종교개혁자들의 주장은 결국 로마 가톨릭교회로부터 분리한 신앙공동체인 개신교(Protestantism)를 탄생시켰다. 종교개혁과 개신교 신학자들이 오늘의 우리에게 남긴 가장 핵심적 유산은 성서의 권위를 교회와 전통의 권위로부터 해방시키고 그것을

은 아이스펠트의 논문이 발표된 때로부터 아이흐로트의 「구약신학」 1권이 출판된 때를, 1957년은 폰라트의 「구약신학」 1권이 등장한 때를, 1963년은 차일즈의 「성서신학의 위기」가 나온 때를 각각 가리킨다.

앞의 권위(교황과 전통)보다 우위에 있다는 주장이다. 즉, 성서의 권위가 교회의 권위보다 우위에 있다는 주장을 해 온 것이다.

문제는 여기서부터 출발한다. 성서의 권위와 교회의 권위. 우리 교회에서 두 가지 권위의 관계에 대한 생각은 과연 올바른가? 이 질문을 적절하게 이해하기 위해서는 먼저 성서와 교회가 언제 어떻게 형성되었으며 그 각각의 권위를 왜 누가 무엇 때문에 우위에 있고 우위에 있지 않다고 주장하는지부터 물어보아야 한다. 이 중에서 가장 근본적인 질문은 이것이다. 성서와 교회 중 어느 것이 먼저 역사적으로 존재했는가? 또 성서는 어디서 어떻게 누가 기록하였는가?

분명한 사실은 성서가 신앙공동체보다 먼저 존재하지는 않았다는 것이다. 먼저 존재한 것은 신앙공동체였다. 구약성서는 이스라엘이라고 부르는 백성이 삶을 영위하는 중에 작성되기 시작했다. 설혹 오경을 모세가 기록했다고 하더라도 오경은 아브라함과 이삭과 야곱의 후손 즉 이스라엘 자손들을 위해 그들이 믿음을 지키고 살아가도록 하려는 목적으로 기록되었다고 말할 수 있다. 신약성서 역시 예수의 제자들이 교회를 세워 가는 중에 기록되기 시작했다. 가장 먼저 기록된 신약성서는 사도 바울이 데살로니가 교회의 교인들에게 보낸 데살로니가전서로 알려져 있다. 그런 의미에서 성서는 신앙공동체가 먼저 존재 한 다음 신앙공동체가 직면한 특정한 필요에 의해 시간을 두고 조금씩 추가로 기록되면서 최종형태를 갖추게 되었다는 것이 우리가 갖고 있는 역사적 지식이다.

물론 구약성서와 예수 그리스도를 믿는 교회의 관계는 조금 다르다. 구약성서는 신약시대의 교회보다 먼저 기록되었고 교회는 구약성서를 하나님의 영감된 말씀으로 이해하고 있었다(참고. 딤후 3:15-17). 이와 달리 신약성서는 초대 교회들이 존재하면서 조금씩 기록되기 시작하였고 주후 397년 카르타고 종교회의는 구약 39권과 신약 27권을 교회의 경전으로 확정했다.34) 그러므로 신앙공동체가 먼저 존재했고 그리고 신앙공동체의 지도자들이 성서를 기록하였으며 그렇게 기록된 성서는 신앙공동체의 삶을 위한 표준과 기준, 즉 정경(canon)으로 적용되어 왔다고 말할 수 있다.

그런데 종교개혁자들의 주장을 따르는 개신교는 이 성서의 권위가 교회보다 우위에 있다고 주장한 것이며 우리나라의 개신교도 마찬가지이다. 종교개혁자들의 이러한 주장은 적어도 세 가지 측면에서 이해해야 한다. 첫째, 개혁자들의 이러한 주장은 로마가톨릭교회(수장인 교황의 면죄부 판매와 기능)에 반대하는 논쟁적 맥락에서 형성되었다. 둘째, 성서가 교회보다 우위에 있다는 주장은 개신교를 탄생시킨 개혁자들 즉 신학자들에 의해 주도되었다는 사실이다. 이것은 성서 권위의 우위를 주장하는 주체가 누구인지를 인식해야 한다는 측면에서 매우 중요하다. 셋째, 성서의 권위가 교회의 권위보다 우위에 있다는 주장은 성서 작성의 역사에 비추어 깊이 성찰할 필요가 있다.

이 가운데 두 번째 측면은 오늘 우리나라의 교회 현실에 비추어볼 때 매우 의미심장하다. 앞서 언급한 종교개혁의 세 가지 슬로건과 성서의 권위를 강조하는 개신교 사상은 루터교회의 루터, 장로교회와 개혁교회의 칼빈 (18세기 감리교회의 웨슬리) 등과 같은 신학자들의 사상에 기초하고 있다. 오늘날 우리나라 개신교회를 대표하는 사람은 목회자 집단이다. 다시 말해서 그들의 성서해석이 기독교신앙과 교회의 가르침을 지배하고 있다는 뜻이다. 개신교 목회자는 교회를 대표하면서 성서해석을 주도하고 있다. 그런 의미에서 우리나라 개신교회는 과연 성서가 교회보다 우위에 있다는 전통적인 종교개혁의 주장을 잘 계승하고 있는지 물어볼 필요가 있다. 만일 그렇지 않다면 그 이유는 무엇이며 어떻게 본래의 주장을 회복

---

34) Luke T. Johnson, *The Writings of the New Testament: An Introduction* (Philadelphia: Fortress, 1986), 538.

할 수 있는지를 성찰해야 한다.

　서구의 구약신학 역사를 살펴보는 첫 단계에서 종교개혁이 우리에게 물려준 유산은 성서가 교회보다 우선적인 권위를 지닌다는 사상이다. 그러나 이 유산은 명목상 주장되고 있을 뿐이고 실질적으로 그런지는 보다 면밀히 검토해보아야 한다. 개신교회의 지도자인 목회자가 과연 성서의 권위를 성서해석자 자신의 권위로부터 완전히 해방시키고 있는지 또 하나님의 계시인 성서의 권위에 스스로 복종하고 있는지는 별도의 과제로 남아 있다.

　어떤 의미에서 보면 종교개혁이 물려준 이 유산은 성서해석이 교회에 의해 침묵을 강요받은 당대의 현실로부터 성서의 목소리를 해방시켜준 역사라고 해야 한다. 그러나 성서형성의 역사와 교회의 형성 역사를 고찰해볼 때 이 두 가지 권위 중 하나가 다른 하나를 지배하는 모양새가 된다면 문제가 생긴다. 바람직한 것은 교회의 권위와 성서의 권위가 대등한 위치에서 상호견제와 균형의 관계를 이루어야 한다고 생각한다. 교회의 권위를 대표하는 목회자의 성서해석을 견제하는 것은 다름 아닌 성서 자체이어야 하고 또 그럴 수밖에 없다. 로마 가톨릭 교회의 수장인 교황의 주장을 성서를 근거로 반박한 개혁자들의 역사가 이를 생생하게 보여준다. 그런 의미에서 어느 교회가 개신교의 신앙원리와 주장에 위배되는지 그렇지 않은지를 판단하는 기준은 여전히 성서(와 성서해석)이다. 반대로 어느 성서해석이 개신교의 신앙원리에 위배되는지 그렇지 않은지를 판단하는 기준은 다시 교회가 유지해온 삶(과 신앙원리)이다. 신앙공동체는 성서를 작성했고 성서는 신앙공동체의 삶을 규제하는 권위로 작용해왔으므로 여기서 가장 중요한 요소는 성서 해석 작업으로 집약된다. 아울러 포기되어서는 안 되는 종교개혁의 유산은 "교회는 항상 개혁되어야 한다"(semper reformanda)는 것이므로 성서해석은 교회의 개혁 즉, 개선과 향상을 추구하는 것이어야 한다.

1.2.2. 17세기의 유산: 성서와 교리

16세기 종교개혁의 유산이 우리에게 교회와 성서의 권위 문제를 숙고하도록 이끌었다면 17세기는 이 종교개혁의 유산을 하나의 교리체계로 만든 역사적 유산이 성서와 어떤 관계를 지녀야 하는지를 살피도록 이끈다. 17세기는 종교개혁자들의 사상을 일종의 교리로 정착시키려는 신학자들이 등장했는데 이들을 개신교 스콜라학파라고 부른다. 루터의 기본 사상을 조직적으로 전개한 최초의 시도는 필립 멜랑히톤(1497-1560)의 *Loci communes*이었다. 그것은 최초의 개신교 교의신학서로서 모두 24개의 교리적 주제를 기술하는 신구약 성구 모음집이었다.35) 여기서는 아직 성서의 교리를 중요하게 다루지 않았다. 그러나 17세기에 들어서면서 개신교 스콜라학파는 "성서가 자신들의 신학의 진리를 보장하는 무오하고도 객관적인 표준"이고,36) "초자연적 책이며 성서의 모든 부분이 문자 그대로 하나님의 말씀이며, 인간 저자의 역할은 필사자 정도라고"37) 믿는 성서무오교리를 확립하였다. 물론 이러한 주장은 개신교를 교황 중심이며 성례전 중심의 로마가톨릭 교회에 대항하기 위함이었다. 그들은 성서 교리를 가장 먼저 다루었다. 일례로 세바스티안 슈미트(1617-1696)의 *collegium biblicum* ("표준 신학주제와 관련된 구약성서와 신약성서 본문 선집"의 약칭)을 주목할 수 있다.38) 이것은 특정한 교리를 중심으로 성서에서 그 교리를 옹호하거나 증

---

35) Hayes and Prussner, 「구약성서신학사」, 33.
36) Ibid., 29.
37) Ibid., 31.
38) Ibid., 21. 1번 항목이 성서를 다룬다.

명할 수 있는 근거를 찾아내는 방식을 취한다.

개신교 스콜라학파에게 성서의 권위는 교리보다 뒤떨어진 것이었다. 왜냐하면 "성서는 조직신학의 교리를 증명하는 증빙자료(proof-text)에 불과한 것"이기 때문이다. 심지어 성서의 무오성은 무오한 교리보다 뒤떨어진 것으로 보았다. 교리를 성서보다 우위에 놓은 것이다. 이러한 입장은 성서신학을 충분히 그리고 철저하게 수행하지 못하게 만들었다. 특히 이들은 구약성서와 신약성서 사이에 존재하는 역사적 간격을 인정하지 않았으며, 구약성서의 경우도 그저 개신교 교리의 정당성을 입증할 수 있는 증빙자료로만 사용하였던 것이다.[39]

개신교 스콜라학파가 구약성서를 대하는 방식을 증빙본문 신학이라고 부른다. 그것은 성서 본문 자체의 의미(exegesis)는 고려하지 않은 채 교리적 가르침을 본문 안에 대입하여 읽는 일이었다.[40] 일종의 주입식 성서풀이(eisegesis)인 것이다. 18세기에 가블러가 본문의 역사적 의미를 발견해야 한다는 주장은 이런 오류에서 벗어나자는 취지라고 생각할 수 있다.

성서와 교리의 관계, 그것이 17세기 개신교 스콜라학파가 후대의 개신교에 남긴 역사적 유산이다. 성서와 교리, 양자의 관계는 겉보기와 달리 우리 교회에 상당히 심각한 문제로 남아 있다. 양자의 관계에 대하여 던질 질문은 이렇다. 성서가 우선인가 교리가 우선인가? 다른 방식으로 질문해 보자. 교리가 존재한 뒤에 성서가 기록되었는가? 교리를 입증하려는 목적으로 성서를 기록했느냐는 질문이다. 아니면 성서가 존재한 뒤에 성서로부터 교리를 도출한 것인가? 대답은 너무나 자명하다. 역사적으로 살펴보면 성서가 존재한 뒤에 성서로부터 교리가 나온 것이다.

그럼에도 불구하고 오늘 목회자들은 마치 기독교 교리를 위해 성서가

---

39) Ibid., 34.
40) Ibid., 35.

존재하는 것처럼 성서를 읽거나 가르치고 있는 경향이 있다. 성서 특히 구약성서를 교리 중심으로만 풀이하고 있다는 뜻이다. 구약성서를 개신교의 핵심적인 신앙관 특히 예수를 믿고 구원을 받는 구원론을 옹호하기 위한 증거본문으로만 사용하는 사례는 대표적이다. 이러한 경향은 마치 17세기 개신교 스콜라학파의 입장과 매우 흡사한 것이다. 교회가 교리 중심의 성서교육에 치중하는 원인도 이들의 역사적 유산을 고스란히 답습하는 것이다. 교리 교육이 끝난 후에 성서의 역사적 연구로 진행하지 않는 원인도 아마 여기에 있는 것 같다.

    교리가 성서에 뿌리를 내리고 있는 것은 사실이다. 그러나 교리는 기독교 신앙의 기초이며 뼈대이지 성서해석의 원리는 아니다. 만일 교리를 신구약성서 해석의 원리로 삼는다면 본문을 그릇된 해석을 할 가능성이 매우 높다. 그런 사례는 흔하게 찾아 볼 수 있다. 이를테면 신자들이 우리 교회에서 보편적으로 통하는 예정론(predetermination)으로 성서본문을 풀이하는 경우를 살펴보자. 사도 바울이 "하나님이 미리 아신 자들을 또한 그 아들의 형상을 본받기 위하여 미리 정하셨으니"(롬 8:29)라고 말하거나 "모든 일을 그의 뜻의 결정대로 일하시는 이 계획을 따라 우리가 예정을 입어"(엡 1:11)라고 말한 적이 있다. 그래서 신자들은 이 교리에 입각하여 성서 기록과 신자의 삶에서 벌어지는 일들을 해석하려고 한다. 그리고는 사사건건 "하나님은 이미 알고 계실 텐데 왜 이렇게 하실까?"라고 묻는다. 이것은 천하보다 귀한 사람의 목숨을 놓고 시간을 지체하면서 '장난하는 하나님(a God who plays with human lives)' 모습으로 비춰진다. 신자는 이에 대해 의구심을 갖지 않을 수 없게 된다. 그러나 사도 바울의 이런저런 구절들을 근거로 구성된 교회의 예지예정 혹은 예정론은 신자가 살아온 삶을 회상하면서(in retrospect) 하나님의 절대주권과 신정론을 고백하는 가르침이라고 보아야 한다. 그것은 아직 이루어지지 않는 미래를 단정하는 원칙이 아니라는 사실을 주지할 필요가 있다.

그런 의미에서 성서 안에 교리가 있는 것이지 교리 안에 성서가 존재하는 것은 아니라는 사실을 분명히 해 둘 필요가 있다. 특히 구약성서를 교리를 위한 증빙본문으로 대하는 태도는 앞서 지적했듯이 구약성서에 대한 기독교회의 입장이 아직 확고하게 정립되지 않았던 시기에 형성된 것이라는 점을 양해해야 한다.

1.2.3. 18세기의 유산: 이성과 계시

18세기는 성서신학이라는 새로운 학문이 출현한 시대이다. 우리는 18세기를 인간의 이성(reason)과 자율성(autonomy)을 강조하는 계몽주의(Enlightenment) 시대로만 알고 있다. 그러나 헤이스와 프루스너는 이 시대가 교회 중심의 권위주의를 탈피하여 인간의 자율성(autonomy)을 강조하면서 "감정(emotion)"과 "이성(reason)"을 동시에 강조하는 시대였다고 지적한다.[41] 감성을 중시한 경향은 경건주의(pietism)로 나타난 반면, 이성을 강조한 이성주의(rationalism) 사상은 자연과학, 알미니안주의, 소시니안주의, 자연신론(deism), 계몽주의, 낭만주의 등으로 표출되었다.[42] 특히, 계몽주의란 영국과 독일에서 이루어진 성서연구 결과를 번역하여 학술지를 통해 소통하던 움직임을 가리켰다. 학술 정보의 공유와 대중화에 기여한 운동이었던 셈이다. 따라서 18세기를 이성을 강조하는 시기라고만 생각하는 것은 매우 좁은 의미의 시대이해이다.

18세기 유럽에는 다양한 사상적 조류에 따라 다채로운 성서연구가 이루어졌지만 우리 교회에서는 그저 인간의 이성과 자율성을 강조하는 경향을

---

41) Ibid., 57-8.
42) Ibid., 59-76.

모두 이 18세기의 계몽주의 사상의 영향이라고 가르치고 있다. 이것은 우리 교회가 18세기에 시작된 경건주의 운동들을 매우 긍정적으로 수용해 온 모습과는 상당히 대조적이다. 여하튼 우리 교회는 종종 하나님의 말씀인 계시를 신앙으로 받아들이는데 가장 위험한 것이 이성을 활용하는 일이라고 가르치기도 한다. 다시 말해서 우리 교회는 성서에 대한 믿음은 강조하는 반면 지적으로 탐구하거나 질문하는 태도는 불신앙적 태도로 매도하는 성향이 있다는 뜻이다.

우리 교회가 대체로 이런 식으로 신자들을 가르치는 경향을 전제로 우리는 그것이 계몽주의의 상징적이고 대표적인 개념인 이성과 영감된 성서를 암묵적으로 지시하는 계시의 관계를 올바로 정리해보려고 한다. 이 두 개념에 대한 혼란은 20세기에 발전한 구약신학, 예를 들어 아이흐로트나 폰라트와 같은 신학자들의 구약신학을 다른 신학자들이 평가할 때도 또 다시 등장하기 때문에 중요하다. 물론 여느 성서 연구를 놓고 어김없이 등장해서 평가의 기준으로 삼곤 하는 것이 바로 이 계시와 이성의 이분법이기도 하다.

우리 교회에서 계시와 이성의 관계에 대하여 취하는 일반적 관점은 어떤 측면에서 보면 매우 자명한 답변을 갖고 있는 것처럼 여긴다. 조직신학자 틸리히(P. Tillich)는 계시를 "인간 이성의 인식하는 기능을 위해 존재의 신비를 드러냄"(the manifestation of the mystery of being for the cognitive function of human reason)이라고 정의했다.[43] 이에 따르면 계시는 하나님 편에서 오는 것이고 이성은 인간의 인식 기능이다. 또 우리는 일반적으로 계시를 옹호하는 입장을 신본주의라고 부르고 이성적 작업을 하는 것을 인본주의라고 구분하기도 한다. 하지만 이런 이분법은 우리 교회의 신학과 성서연구의 발전에 있어서 상당히 해로운 근거로 작용해온 것으로 여

---

43) Paul Tillich, *Systematic Theology*, vol. one (Chicago: University of Chicago, 1951), 129.

겨진다.

아래에서 우리는 교회 일각에서 보편적으로 취하는 논조를 먼저 정리한 뒤에 그것의 문제점을 다룰 것이다. 계시와 이성의 관계에 관한 아래의 논의가 조직신학자들의 주장에 기대고 있지만 어떤 특정한 형태의 조직신학을 옹호할 생각은 없다.[44] 우리의 논의는 성서신학의 범주에 있다는 사실을 기억해야 한다.[45]

여기서 계시란 성서를 지칭하는 말로 제한할 것이며 그 용어는 성서의 영감성을 전제한다. 우리 교회는 성서를 살아계신 하나님이 계시한 영감된 말씀으로 고백한다. 계시는 인간의 구원을 위해 하나님이 주권적으로 일으키신 행위로서 글로 기록되어 있다. 따라서 이 계시인 성서는 거룩하게 영감된 것이며 무오하다. 신자는 이 계시를 전적으로 믿고 순종해야 한다. 교회는 그런 입장을 신본주의라고 부른다. 반면에 하나님의 계시인 성서를 사람이 이성의 잣대를 사용하여 의문을 제기하거나 비평하는 지성적 행위는 성서의 영감을 손상시키는 소행이며 궁극적으로는 성서의 무오성을 믿지 않는 불신앙의 자세이므로 그러한 인본주의는 배척해야 한다고 가르친다. 이러한 이분법은 계시와 이성, 신본주의와 인본주의, 믿음과 지식추구, 맹목적 수용과 이성적 비평 사이를 철저히 나눈다.

우리 교회와 학계에서 두루 통용되고 있는 이 같은 이분법은 상당한 문제점을 안고 있다. 첫째, 이러한 이분법은 영감된 계시와 인간의 이성 사용에 대한 상호관계를 곡해하고 있다. 그 이유는 인식론적과 경험론적으로 볼 때 계시와 이성은 서로 엄밀하게 분리할 수 없기 때문이다. 하나님이 특정한 사람(성서저자)에게 모종의 정보를 계시했다고 가정해보자. 그

---

44) Ibid., 71-163. 그는 자신의 조직신학 1권에서 서론에 이은 1장에서 '이성과 계시'에 관해 다룬다.
45) 참고. Yoram Hazony, 「구약성서로 철학하기」, 김구원 역 (서울: 홍성사, 2016), 19-49.

릴 경우 그는 그러한 정보가 하나님 편에서 드러내주신 정보인지 아니면 어두운 영이 속삭이는 정보인지 아니면 자신의 내면에서 우러나온 어떤 깨달음이나 확신인지 사람은 그것을 어떻게 분별하고 인식하는가? 이 질문은 다시 말해서 사람은 계시를 받고 그것이 하나님의 계시인 줄을 어떻게 알 수 있을까? 다시 말해서 계시라고 확정하는 인간의 기능이 무엇인지를 묻는 것이다. '분별'이란 용어가 이미 인간의 지적 작업을 함축하고 있기 때문에 아예 질문이 편파적으로 주어졌을 수도 있다. 하지만 분명한 것은 계시를 받아들이는 것은 구원받고 신앙을 가진 그 사람의 이성이 아닐까? 인간이 본래적으로 소유한 이성이나 지적 기능이 아니라면 내면에서 부딪히는 울림이든지, 깨달음이든지, 음성 같은 소리이든지, 확신이든지, 그것이 계시인줄을 확정할 수 있을까? 따라서 인간의 판단하고 분별하는 능력 즉 이성은 하나님의 계시를 계시라고 이해하고 받아들이게 해 주는 주요한 기관이라고 생각된다. 물론 인간의 이성뿐 아니라 인간의 감성이나 의지적 변화도 그런 계시 인식과 분별의 기능을 수행할 수 있다. 하지만 무엇보다도 이성이 없다면 또 이성이 아니라면 어느 누가 계시를 계시라고 주장할 수 있겠는가? 이런 측면에서 조직신학자인 미글리오르(Daniel L. Migliore)가 계시를 "구원하는 지식"(saving knowledge)이라고 정의한 것은 타당하다.[46] 그는 신앙이란 이해(understanding)를 추구하는 일이라고 말하면서 계시와 이성의 구별하는 이분법이 적절치 않다고 설명하고 있다.[47] 다른 조직신학자들도 이런 입장에서 크게 벗어나지 않는다.[48]

---

[46] Daniel L. Migliore, 「기독교조직신학개론: 이해를 추구하는 신앙」, 전면개정판, 신옥수, 백충현 역 (서울: 새물결플러스, 2012), 61.

[47] Ibid., 67-77.

[48] 개혁주의 신학자인 바빙크(H. Bavinck)는 신학이란 학문을 하나님의 계시에서 하나님을 아는 지식을 이끌어내는 학문이고 정의하며(「바빙크의 교회교의학 개요」, 원광연 역 [서울: 크리스찬다이제스트, 2004], 25), 베르코프(H. Berkhof)는 "어떻게 자연적 현상 속에서 초자연적인 것이 인지될 수 있는가?"고 물으면서 계시와 이성

이성을 적대시하는 입장에서 보면 이성은 자연의 이치와 논리적으로 설명 가능한 것만 인정하고 논리로 설명되지 않는 것은 불인정하는 것이라고 생각한다. 그러나 신학적 논의에서 참된 이성은 자연적인 일과 더불어 존재하는 초자연적 일조차 수긍하는 일로 정의할 수 있다. 세상은 자연과 초자연이 한데 어우러져 존재한다. 이성적으로 납득되거나 설명되지 않는 초자연을 부정하는 것은 참된 이성이 아니라는 뜻이다. 인간이 모든 것을 알 수 있다고 생각하는 것은 오만이다. 인간의 이성에는 한계가 있다. 하나님을 믿는 사람은 이성적 한계를 인정하면서 이성적 한계 저 너머에 있는 초자연도 수용하는 사람일 것이다.

정리하면 계시와 이성은 예상과 달리 적대적이거나 대립하는 관계에 있지 않다. 오히려 양자는 인간의 인식과정에서 긴밀하게 상관작용을 한다. 하나님과 인간은 존재론적으로 철저히 구분된다. 존재론적으로 하나님이 없다면 나는 없다. 그러나 인식론적으로는 밀접한 상관관계가 있다. 인식론적으로 내가 없다면 하나님은 없다. 성서는 인간이 하나님의 형상으로 지음 받았다고 증언한다(창 1:26-27). 따라서 계시를 이해하기 위해서는 이성을 활용하여 성찰하는 작업이 필수불가결하다. 물론 계시인 성서를 이해하는데 오직 이성만이 필요하다고 주장하는 것은 아니다. 신앙인의 이성은 믿음을 가진 자의 이성이며 성령의 도우심과 지배 아래 있다는 전제 하에서 이성의 활용은 계시를 폄하하거나 방해하지 않으며 계시를 계시가 아니라고 주장하지는 않는다는 뜻이다.[49]

의 직접적인 상관관계를 암시하였고(「교의학개론」, 신경수 역 [서울: 크리스챤다이제스트, 2008], 99), 그렌즈(Stanley J. Grenz)는 칼 바르트의 성서와 말씀의 삼중 정의(성육신한 말씀이신 그리스도, 기록된 하나님의 말씀, 사람이 선포한 말씀)에 근거하여 성경이 곧 계시 자체는 아니지만 계시의 매개체라고 설명한다(「조직신학」, 신옥수 역 [서울: 크리스챤다이제스트, 2003], 569-76).

49) 믿는 자의 이성을 영성(spirituality)으로 표현할 수도 있다. 필자는 영성을 "하나님과 신자의 근본적 관계(fundamental relationship between God and the believer)"라고

둘째로 계시와 이성의 이분법은 신본주의(theo-centrism)와 인본주의(anthropo-centrism)라는 용어로 바꾸어 사용하기도 하는데 이러한 구분법도 문제점을 내포하고 있다. 이 두 가지 주의는 우리 교회에서 성서를 연구하는데 상당한 파괴력을 발휘해왔다.50) 신본주의는 마치 하나님 편에 있는 가르침과 주장을 지칭하고 인본주의는 죄인과 세속의 편을 드는 가르침과 주장으로 매도한다. 이 구분법은 신본주의를 주장하는 측이 인본주의라고 판단되는 측을 정죄하는 논리로 사용해왔다는 뜻이다. 하지만 이것은 정말 중요한 질문을 던지지 않기 때문에 발생한다. 가장 근본적인 질문은 신본주의와 인본주의를 구분하는 근거가 불분명하기 때문이다. 어느 신학사상이든 신학의 주체는 근본적으로 인간이다. 그런 의미에서 신학은 인간이 수행하는 작업이다. 신학은 신이 수행하는 작업이 아니라는 뜻이다. 이렇게 생각한다면 도대체 무엇을 신본주의라고 말할 수 있는가? 하나님을 지향하고 영광되게 하며 하나님을 주로 논하는 사상은 신본주의이고, 인간을 지향하고 인간의 삶을 다루는 사상은 인본주의인가? 만일 인본주의가 나쁘다면 왜 그런가? 반면, 신본주의라는 용어가 내포하듯이 우리들이 수행하는 신본주의 신학이 과연 진정으로 신이 원하는 것이며 기뻐하는 것이라고 어떻게 장담할 수 있는가? 기존의 교리와 가르침과 일치하고 부응하면 신본주의이고 그것과 차이가 있고 다르면 인본주의인가? 어떠한 논리를 펴든 인간은 신의 생각과 마음을 판단하는 것이 원천적으로 불가능하다. 인간은 하나님이 아니기 때문이다. 다시 말하지만 이 이분법 논쟁에서 신본주의를 주장하는 측은 여전히 인간(특정 집단)이다. 인본

정의한다.

50) 참고. 우택주, "기독교휴머니즘과 구약신학: 신본주의와 인본주의 이분법의 극복을 위하여," 「크리스천 휴머니즘의 길」, 침례교신학연구소 편 (대전: 침례신학대학교출판부, 2012), 207-51. 아울러, 정승태, "기독교휴머니즘이란 무엇인가?" 「크리스천 휴머니즘의 길」, 11-50도 유용하다. 하나님을 부정하는 사상은 아예 인본주의 신학의 범주에 포함되지 않는다. 우리는 인본주의로 부르는 신학사상을 다루고 있다.

주의도 마찬가지이다. 신본주의든 인본주의든 모두 인간의 작업을 가리킨다. 하지만 하나님을 위한 가르침이란 궁극적으로 하나님을 중시하면서도 사람을 이롭게 하는 가르침이 아닐까? 거꾸로 하나님을 위한다면서 사람을 해친다면 그것을 신본주의라고 말할 수 있는가? 하나님이 진정으로 바라는 바가 있다면 그것은 자신이 지으신 사람이 창조 원리와 질서에 합당하게 사는 일일 것이다. 그리고 사람은 그러한 질서와 원리에 부응해서 살면 참으로 행복을 느끼는 존재일 것이다.

특별히 성서 해석에 있어서도 이러한 이분법은 서로 다른 성서 해석 방식을 놓고 분파주의에 입각하여 정죄와 파괴를 일삼아 왔다. 그것은 상호 이해하며 성장을 돕고 격려하는 일에 틈을 내 주지 않는다. 어떤 면에서 우리 교회의 성서 해석은 다소 정체상태에 있다. 그러므로 우리 교회의 위기를 극복하기 위해서는 먼저 우리 안에서 무의식적으로 작동하는 이 해로운 이분법을 극복할 필요가 있다. 특정한 성서연구를 신본주의니 인본주의니 하는 이분법을 사용하여 나누고 배척하는 태도는 우리 교회의 신학적 성장을 저해하는 요인으로 작용해왔다. 예수를 올바로 믿는 가르침 위에 서 있다면 이제는 그런 이분법에서 벗어나야 한다.

셋째, 믿음과 앎(지식)의 이분법도 오해되고 있다. 그것은 교회와 신학 교육을 분리시키는 논리로도 알려져 있다. 흔히 교회는 믿음을 강조하고, 신학은 지식을 추구한다고 생각한다. 교회는 실천을 지향하고 신학은 이론을 지향한다고도 생각한다. 그래서 이런 사고방식이 우리 교회와 신학의 관계를 단절시키는 데 일조해왔다.[51] 이런 사고방식에는 신학이 교회를 섬기는 학문이란 대명제를 무시하는 것이다. 신학이 사변적 작업이라는 것을 부인할 수 없다. 그러나 사변과 성찰과 같은 지성적 작업은 교회의 믿음을 강화하는데 필수적인 과정이기도 하다. 교회는 믿으면 지식이

---

51) 우택주, "교회와 신학의 화해를 촉구한다," 「기독교사상」, 2007년 8월, 52-61.

생긴다고 가르치기도 하지만 사실 믿음은 지식을 통해서 강화되는 것이다.[52] 바로 앞서 신학자 밀리오리가 기독교가 이해를 추구하는 신앙이라는 제목의 조직신학 개론을 펴 낸 것을 상기해보라. 지식이 없이는 건강한 믿음도 불가능하다. 지식이 없는 믿음은 맹목적 신앙으로 혹은 미신으로 전락할 소지가 많다. 또 반대로 지식만을 추구한다면 신앙을 실천이 없는 논쟁과 말장난으로 만들 염려도 있다.

그러나 믿음은 지식을 전제한다. 그리스도의 말씀에 대한 들음이 없으면 믿음이 생길 수 없다(롬 9:10). 그리스도에 관한 말씀을 들음과 신앙은 기본적으로 이성적인 이해와 의지적 수용을 전제한다. 그러므로 믿음과 지식을 나누어 어느 한쪽을 잘못되었다고 판단하지 말고 두 가지를 동전의 양면처럼 생각하여 하나의 두 가지 측면이라고 생각하는 자세가 필요하다.

정리하면, 우리는 18세기의 유산으로서 인간의 자율성과 이성의 기능을 강조해온 서구의 신학 전통을 두고 이성과 계시, 신본주의와 인본주의, 지식과 믿음의 이분법을 통해 하나는 나쁘고 하나는 좋다는 식의 교회 정서를 비평적으로 살펴보았다. 이러한 이분법은 우리교회의 관행이나 전통처럼 자리매김을 해왔으나 이것은 반드시 극복해야 하는 것들이다.

우리는 계시를 계시로 받아들이게 해 주는 것은 이성임을 확인했다. 신본주의든 인본주의든 모두가 사람이 펼치는 주장이라는 사실도 수긍할 수 있다. 따라서 파벌과 분열을 조장하는 파괴적인 공격 논리를 지양하고 무엇이 더 나은 신앙의 길인지, 어떤 가르침이 더 고상한 신앙의 길을 추구하는 길인지의 관점에서 서로 조금씩 다른 성서해석을 포용하면서 신학적 성장과 발전을 위해 함께 논의해야 한다. 끝으로 믿음은 반드시 지식을

---

52) "그러므로 너희가 더욱 힘써 너희 믿음에 덕을, 덕에 지식을, 지식에 절제를, 절제에 인내를, 인내에 경건을, 경건에 형제 우애를, 형제 우애에 사랑을 더하라"(벧후 1:5-7)

필요로 한다는 생각이 우리교회를 건강하게 만들어 줄 것이다.

1.2.4. 19세기의 유산: 역사와 신학

19세기의 서구신학은 구약신학보다는 이스라엘 종교사라는 이름으로 구약성서를 연구하는 지배적인 풍토를 물려주었다. 그 배후에는 여러 가지 원인이 복합적으로 작용하였다. 먼저, 그것은 성서학자들이 18세기에 소개된 성서신학의 서술적 과제를 집중적으로 연구한 결과이었다. 서술적 과제는 구약성서와 신약성서를 역사적으로 시대적 간격이 있는 문헌으로 읽게 만들었고 그런 태도는 구약성서가 묘사하는 신앙 양태를 신약성서와 구분되는 이스라엘의 종교적 유산으로 이해하게 만들었던 것이다. 둘째, 하나의 이념이 정-반-합의 변증법적 발전과정을 거친다는 게오르크 헤겔(G. W. F. Hegel, 1770-1831)의 역사철학이 막대한 영향력을 행사했다. 헤겔의 영향으로 구약성서를 연구하는 학자들은 구약성서의 신앙이 족장들의 원시종교에서 점차 발전하여 포로후기 제사장들의 율법주의적 종교로 발전하는 양상을 발견하게 되었다. 셋째, 폰 랑케(Leopold von Ranke, 1795-1885)의 역사주의(historicism)가 역사학의 원칙으로 자리 잡았다. 그는 역사를 철저히 객관성을 유지하면서 "과거에 실제로 벌어진 일 그대로 (what it really happened)" 재구성해야 한다고 주장했다. 그의 역사 이해는 오늘날 우리나라의 공교육에서 이루어지는 역사 과목의 기본적 전제가 되었고 과거의 역사란 실제로 발생한 그대로의 기록으로 받아들이는 고정관념을 형성하였다. 이러한 교육은 또한 오늘날 교회에서 성서를 읽을 때도 그 내용을 과거에 벌어진 사실 그대로의 기록으로 보도록 훈련시킨 것 같다. 물론 성서가 하나님의 구원사(salvation history)를 기록한 말씀이므로 그 역사는 사실이어야 한다는 고정관념도 작용했다. 넷째, 고대 근동에 대한 고고학적 발굴이 시작되면서 구약성서의 모태가 되는 팔레스타인 지역의 종교와 문화가 주변의 다른 지역의 것에 비해 절대적이거나 유일한 것이 아니라는 인식을 열어주었다.[53] 다섯째, 생물학자 찰스 다윈(1809-1882)의 진화론도 지대한 영향을 주었다.

19세기 서구 성서학의 유산 가운데 우리의 비평적 성서 학계에 여전히 영향을 행사하고 있는 연구결과는 퀘넨-그라프-벨하우젠(Kuenen-Graf-Wellhausen)의 문서가설(document hypothesis)이다. 벨하우젠(J. Wellhausen, 1844-1918)의 문서가설로 널리 알려진 이 가설은 오경이 모세의 저작이 아니라 통일 왕국 시대의 문서인 J 문서층, 북 왕국의 문서인 E 문서층, 주전 7세기의 히스기야와 요시야 시대 어간에 작성된 D 문서층, 포로기의 제사장 집단이 작성한 P 문서층이 결합된 문서라고 본다. 우리 교회의 보수적 성향은 이 가설을 매우 적대시하고 있다. 오경의 권위를 실추시키고 인간의 문서로 전락시킨다는 이유 때문이다.

이와 달리 이 시대에 발원한 사상으로서 우리나라의 보수적인 교회에 전폭적으로 수용된 두 가지 대표적인 신학적 입장은 헹스텐베르크(Ernst Wilhelm Hengstenberg, 1802-1869)와 폰 호프만(J. C. K. von Hoffmann, 1810-1877)의 것이다. 헹스텐베르크는 네 권의 「구약성서의 기독론」(1854-58)을 통해 구약성서의 몇몇 중요 구절들을 기독론에 입각하여 주석하였다.[54] 그의 해석은 17세기의 개신교 스콜라주의와 같은 증빙본문신학과 유사하지만 우리 교회의 기독론적인 구약성서해석의 기초를 형성하고 있다고 보아도 무방할 정도이다. 폰 호프만은 「구약과 신약의 예언과 성취」(1841-44)라는 저술을 통해 신구약성서가 하나님 나라의 건설이라는 통일된 주제를 바탕으로 점진적으로 계시된 구원의 진리를 담고 있으며 구약성서의 역사는 구원이라

---

53) 아래의 2.5.2.의 상세한 논의 참조.
54) 헤이스, 프루스너, 「구약성서신학사」, 105-6.

는 최종 목표를 향해 진행되는 구원사(*heilsgeschichte*, salvation history)라고 주장했다.55) 우리가 흔히 사용하는 '구원사'적 접근이라는 용어가 바로 폰 호프만에 의해 널리 통용되기 시작되었다는 사실은 주목할 필요가 있다. 아울러 '점진적 계시'라는 용어도 주목된다. 구약성서에 대한 두 학자의 접근법은 한 마디로 기독론적 시각과 구원사적 시각으로 압축된다.

19세기에 등장했던 서구의 신학자들의 위와 같은 사상들이 우리의 신앙 양태에 얼마나 유용한지는 깊이 있게 고찰할 필요가 있다. 먼저 랑케의 역사이해를 살펴보자. 흔히 구약성서는 고대 이스라엘의 역사를 바탕으로 기록된 하나님의 말씀이며 그러므로 반드시 역사적 사실에 기초하고 있어야 한다고 생각한다. 실제로 우리 교회는 구약성서의 내용—산문과 시문의 장르에 구분 없이—은 모두 사실이라고 생각한다. 여기에 추호의 이의도 없다. 역사를 다루는 여호수아서부터 열왕기하서 그리고 역대기서와 에스라서, 느헤미야서는 말할 것도 없고 룻기, 에스더, 심지어 다니엘서까지도 역사적 사실을 다룬다고 생각한다. 창세기부터 계시록까지 성서는 사실이고 사실일 수밖에 없다. 이런 태도는 성서가 하나님의 말씀이라고 믿기 때문에 그렇게 생각하는 습성이 길러졌을 수도 있지만 한편으로는 역사는 곧 과거의 사실 기록이라는 일반 공교육의 영향을 받아서 그럴 수도 있다. 만일 구약성서를 온전한 사실기록으로 읽는 것은 바로 서구의 역사학자인 랑케의 영향을 받은 것이라고 분석할 수 있다.

하지만 역사란 그것을 기록한 역사가의 주관이 개입될 소지가 있으며 그에 따라 자기 앞에 놓인 정보를 취사선택하는 일이 불가피하다.56) 그렇

---

55) Ibid., 107.
56) 역사가의 주관성과 객관성 문제는 1920년대 오토 아이스펠트와 발터 아이흐로트의 논쟁의 일부였다. W. Eichrodt, "Hat die alttestamentlische Theologies noch selbststandige Bedeutung innerhalb der alttestamentliche Wissenschaft?" *ZAW* 47 (1929): 83-91 = "구약신학은 아직도 구약학에서 독립적인 의미를 갖고 있는가?" 「20세기 구약신학의 주요 인물들」, eds. by Ben C. Ollenberger, Ellmer A. Martens, G. F. Hasel, 강성열 역 (서울:

다면 그렇게 기록된 역사가 객관적으로 정확한 사실을 기록한 역사라고 말할 수 있을까? 현대의 역사학자인 카(E. H. Carr)가 역사를 "과거와 현재의 끊임없는 대화"라고 설파한 사실은 잘 알려져 있다. 그런 의미에서 구약성서의 역사기록도 그러한 역사를 기록한 저자의 특정한 사관과 목적에 따라 기록된 것으로 보아야 한다는 견해가 지금은 지배적이다. 비평적인 구약학자들이 여호수아서부터 열왕기하서까지의 기록을 신명기서에 담긴 신학사상에 비추어 이스라엘 역사를 해설한 유다 왕조 말기의 신학적 역사, 즉 신명기적 역사(Deuteronomistic History)라고 본다든지, 역대기서, 에스라서, 느헤미야서를 역대기의 사관에 따라 기록된 포로후기의 역대기 역사서(Chronicler's History)라고 보는 입장도 이를 잘 보여준다. 더구나 오늘날 구약학계는 구약성서의 어느 부분부터 실제 역사를 기록한 것인지에 대한 논의가 첨예하게 대립되고 있는 양상이다.57) 그래서 구약신학을 기술할 때 이러한 역사 개념과 고대 이스라엘의 역사를 어떤 방식으로 신학적 작업에 편입시킬지는 진지하게 논의해야 할 중요한 과제로 남아 있다.58)

구약성서를 기독론이나 구원사적 관점으로 읽는 방식도 문제가 없지는

크리스챤다이제스트, 2000), 57-69; Otto Eissfeldt, "Israelitisch-judische Religionsgeschichte und alttestamentlische Theologie" *ZAW* 44 (1926): 1-12 = "이스라엘과 유다의 종교 역사와 구약신학," 「20세기 구약신학의 주요 인물들」, 42-56. Hayes and Prussner, 「구약성서신학사」, 190-2.

57) L. L. Grabbe, 「고대 이스라엘 역사」, 류광현, 김성천 역 (서울: 기독교문서선교회, 2012), 32-79. 특히, 60-3. 이 논쟁은 '외부 자료가 입증할 경우에만 성서 본문의 역사성을 인정'하는 미니멀리스트(minimalist)와 '틀렸다고 입증되지 않는 한 성서 본문을 인정해야 한다'는 맥시멀리스트(maximalist)의 인신공격성 논쟁으로 비화되기도 했다. 한편, 고대 이스라엘의 역사라는 것을 재구성해서 쓸 수 있는가? 라는 근본적인 질문을 놓고 세미나를 열기도 했다(L. L. Grabbe, ed, *Can a "History of Israel" Be Written?* [Sheffield: Sheffield Academic Press, 1997]).

58) 이 문제는 다음 장(2부 3항, "구약신학과 이스라엘 역사: 화해를 향한 제안")에서 상세히 다룰 예정이다.

않다. 이 두 가지 이해방식은 우리 교회에 깊이 뿌리내려온 관점이고 또 우리가 구약성서를 이해하는데 상당한 도움을 주어온 것이 사실이다. 하지만 기독론적 관점은 구약성서를 기록한 고대 이스라엘 백성의 삶과 사상 속에는 전혀 상상도 하지 못했던 관점으로 구약성서를 읽는다. 그것은 구약성서 안에서 생성된 관점이 아니다. 그렇다면 구약성서의 저자들이 글을 기록할 때 예수 그리스도를 염두에 두지 않고 쓴 글에서 예수 그리스도를 대입해서 읽는 것이 정당한가? 라는 의문이 제기된다는 말이다. 게다가 메시아를 암시하거나 예언하는 구약성서의 소수의 구절들을 제외하고 예수 그리스도와 상관을 지을 특정한 단서가 없는 경우는 본문 주석(exegesis)보다는 주입식 풀이(eisegesis)가 될 소지가 다분하다는 문제점을 안고 있다. 뿐만 아니라 핍박과 죽음이라도 불사하고 예수 신앙을 지켜야 한다는 복음서의 가르침은 현실에 안주하는 처세술을 가르치는 잠언이나 죽음을 삶의 마지막으로 설정하고 현재를 향유하라는 전도서와 같은 구약성서를 기독론적 시각으로 해석하기가 결코 쉽지 않다. 정리한다면 구약성서를 기독론적 시각으로 읽는 방식은 오늘의 교회와 그리스도인에게 유익할 수 있지만 구약성서 자체를 무리하게 풀 수 있는 방식이므로 한계가 있다. 그런 의미에서 기독론적 시각으로 구약성서를 해석하는 것은 필요하지만 충분한 방식은 되지 못한다. 그것이 단점이다.

구원사적 시각도 똑같은 문제점을 안고 있다. 구원사란 용어 자체가 역사를 포용하고 있기 때문에 구약성서에서 역사를 다루지 않는 잠언, 전도서, 욥기 등의 지혜문학이나 아가서와 같은 시문학들은 구원사에 편입시켜 읽기가 어렵다.[59] 이런 문제점을 드러낸 대표적인 사례가 폰 라트의 구약신학이다.[60] 구원사적 시각으로 구약성서를 읽는 방식은 한편으로

---

59) 아가서의 경우, 하나님과 교회에 관한 알레고리로 읽는 방식은 교부 오리겐 시절부터 전해져왔다. 하지만 그럴지라도 이 책을 구원사와 상관 짓기는 쉽지 않다.

신앙인의 역사적 의식을 각성시키는 긍정적인 측면이 있지만 다른 한편으로 하나의 사상적 틀이나 형식에 얽매이지 않고 다양한 장르와 사상을 간직한 구약성서를 풀이하기에는 충분치 않는 관점이라고 지적할 수 있다.

'점진적 계시'라는 용어도 오해를 일으킨다. 이것은 시작(구약의 창세기)부터 끝(신약의 계시록)까지 전개되는 하나님의 계시가 미완성 상태에서 점진적으로 완성 상태에 이른다는 생각을 나타낸다. 만일 처음 계시가 나중 계시에 비해 불완전하거나 수준이 낮다면 창세기 1장의 창조 신학은 뒤따르는 출애굽기에서 드러난 구원신학에 비해 낮은 수준의 계시라고 말할 수 있는가? 속죄에 관한 가르침도 비슷한 논리를 적용할 수 있다. 레위기의 제사제도가 불완전했으므로 유대인이 구원을 받지 못한 것이며 십자가에 드려진 예수 그리스도의 살아있는 제사는 완벽하고 영원한 제사라고 해석한다. 이것은 신약성서의 히브리서 한 권(혹은 로마서)에 근거한 주장일 뿐이다. 신약의 히브리서는 아무런 문제가 없다. 그 서신은 틀림이 없는 진실한 주장을 편다. 하지만 그것을 구약의 레위기는 히브리서 보다 낮은 수준의 계시인가? 점진적 계시의 틀에서 보면 창세기, 레위기는 물론이고 구약성서 전체가 신약성서에 비교할 때 불완전한 계시로 전락한다. 그렇다면 성서가 하나님의 완전한 계시의 말씀이라고 고백하는 우리의 신앙고백에 비추어 볼 때 성서의 일부는 불완전하고 수준 낮은 계시이며 또 다른 일부는 완전한 계시를 지닌다는 생각은 정당한가? 점진적 계시의 개념은 구약성서가 불완전한 계시이므로 구약성서를 폄하하게 만든다. 이 사상이 옳다면 하나님이 이스라엘 백성에게는 불완전한 계시를 주신 분이 되므로 성서의 하나님을 인종적 차별을 정당화하는 신으로 왜곡시킨다.

하지만 우리는 이 글의 서두에서 밝혔듯이 구약성서는 신약성서와 더불어 완벽한 하나님의 계시이다. 구약성서는 예수를 예수 되게 만든 책이

---

60) 2.5.1 단락에서 자세히 다룰 것이다.

다. 예수는 구약성서를 읽으면서 하나님의 계시가 불완전했음을 발견한 것이 아니었다. 오히려 하나님의 계시의 참 의미를 깨닫고 확신하였으며 그 의미를 구체적인 삶으로 살아내셨다. 그래서 우리의 주님이 되신 것이다. 이런 관점에서 본다면 19세기의 유산인 '점진적 계시' 개념 역시 우리 교회에 구약성서에 대한 편견을 조장하는 방식으로 자리 잡고 있음을 알 수 있다.

1.2.5. 20세기의 유산: 구약신학의 정의와 방법론

1.2.5.1. 아이흐로트와 폰 라트

18세기 말에 교리 연구에서 독립한 학문으로 시작된 구약신학은 종교사 연구가 지배적이던 19세기 말부터 20세기 초까지 성행하였다. 종교사연구는 성서가 교리서가 아니라 이스라엘 신앙공동체와 초대 교회의 삶과 종교적 경험을 담은 책임을 강조했다.61) 1920년대 아이스펠트(O. Eissfeldt, 1887-1973)와 아이흐로트(W. Eichrodt, 1890-1978)는 종교사 연구와 구약신학이란 두 가지 연구분과의 관계를 놓고 논쟁을 벌였다. 종교사와 구약신학은 별도로 수행해야 하는가 아니면 통합적으로 수행할 수 있는가 하는 것이었다. 아이스펠트는 종교사는 지식을, 신학은 신앙을 추구한다는 논리에 근거하여 역사적 접근과 신학적 접근은 별개의 영역에 속한다고 보고 역사가는 사건의 기원을 연구하지만 그것의 가치나 진실성 문제는 제기하지 않아도 되는데 반해 구약신학은 신앙을 통해 터득될 수 있다고 주장한다.62) 이와 달리 아이흐로트는 역사연구를 구약신학에 통합할 수 있

---

61) Scobie, "History of Biblical Theology," 15.
62) 헤이스와 프루스너, 「구약성서신학사」, 190-1.

다고 보았다. 그의 주장은 구약성서 종교의 발전 단계를 연구하는데 그치지 말고 그것이 신약성서의 계시와 어떤 상관이 있는지를 바라보아야 한다는 측면에서 이루어진 것이었다. 아이흐로트는 이런 입장에서 서서 1933-1939년에「구약신학」을 저술했다.

그는 구약신학을 구약성서 신앙의 영역을 "구조적 통일성" 가운데 연구하되[63] 한편으로는 주변 종교적 환경을 다른 한편으로는 신약과 갖는 본질적 일관성을 탐구하여 그 심오한 의미를 드러내주는 일로 정의하였다.[64] 그는 방법론으로는 역사적 원리와 조직적 원리를 보완적으로 활용할 것이며[65] 구약성서의 사상을 전개할 때 전통적인 성서신학의 세 범주인 신론-인간론-구원론을 탈피하고 "하나님과 백성, 하나님과 세계, 하나님과 인간"의 범주로 조정하여 제시한다.[66] 그에게 있어 구약신학의 구조적 통일성을 부여하는 것은 언약(covenant)이라는 개념이었다. 특히 모세언약, 즉 모세를 통한 언약 체결 사건이 하나님의 가장 기본적 계시라고 주장한다.[67] 그리고 그것이 이스라엘의 전체 역사를 이해하는 열쇠라고 해석한다.[68]

아이흐로트의 구약신학에 대해서는 많은 찬사와 비평이 동시에 이루어졌다.[69] 갓월드(N. K. Gottwald)와 덴탄(R. C. Dentan)은 "20세기에 이 분야의 가장 중요한 저작"이며 "방대한 분량과 깊은 통찰이라는 견지에서 구약

---

63) W. Eichrodt, *Theology of the Old Testament*, vol. One, tr. by John Baker (London: SCM Press, 1961), 31.
64) Ibid., 25-6.
65) Ibid., 32.
66) Ibid., 33.
67) Ibid., 36, 37.
68) Ibid., 41-2.
69) 헤이스와 프루스너,「구약성서신학사」, 215-7; Smith,「구약신학」, 45; Routledge,「구약성서신학」, 39-40.

신학 분야에서 출현한 가장 위대한 유례없는 저작"이라고 칭찬했다.[70] 구체적으로 그의 두드러진 공헌은 성서신학을 제시할 때 그동안 사용해온 전통적인 삼분법(신론-인간론-구원론)을 탈피하였다는 점이다. 이 두 가지 사항을 제외한다면 대부분의 비평은 그의 책에 등장하는 언약개념이 모세의 것에만 치중하고 아브라함 언약이나 다윗 언약을 도외시했다는 점, 그것도 1권에만 집중적으로 다루고 나머지 2권과 3권에는 통합요소로 활용하지 않았다는 점, 모세 언약이 구약성서의 다양한 사상을 전부 포용할 수 있는 개념인지-모든 예언서에 이 용어가 등장하지 않는다는 점과 지혜문학에는 이 사상이 등장하지 않는다는 측면에서-에 대한 의구심 등에 집중되어 있다. 그 외에도 역사적 원리를 적극적으로 활용하지 않은 점, 고대 근동의 자료를 다룰 때 구약 우선주의 입장을 보인 점, 신약성서와의 연관성이 희소하다는 점, 언약사상보다 선택사상이 더 중요하다(G. E. Wright)는 등의 비판을 받았다.

우리는 여기에 아이흐로트가 구약신학을 통일성 있게 그리고 조직적으로 제시하는 작업에 치중하다가 구약성서 문헌의 역사적 다양성을 소홀히 다루었다는 점과 저술 당시 독일의 나치 사회주의가 유대인을 학살하던 사회적 현실을 도외시했다는 해석학적 인식 결여를 지적할 수 있다. 물론 아이흐로트가 활약하던 때가 이러한 해석학적 관심사와 의식이 대두되지 않았던 시절이라는 점은 양해할 수 있다. 만일 가블러의 프로그램에 비추어 그의 저술을 평가한다면 그의 작업은 진실한 성서신학을 서술하는 과제를 수행했다고 말할 수 있다.

아이흐로트에 이어 또 다른 구약신학의 금자탑을 세운 학자는 게르하르트 폰 라트(gerhard von Rad, 1901-1971)이다. 폰 라트는 아이흐로트와는 전혀 다른 방법론으로 「구약신학」을 저술했다. 그는 먼저 구약신학을 위

---

70) Smith, 「구약신학」, 45.

한 여섯 가지 원칙을 설정한다.71) 첫째, 외부로부터 주입된 체계나 이념에 의하여 구약신학을 기술하면 안 된다.72) 둘째, 구약성서는 기본적으로 역사 안에서 활동하시는 하나님의 행위에 관심을 가진 역사이다.73) 셋째, 역사 안에서 활동하시는 하나님의 행위는 전승을 신앙 고백하는 형태로 이루어져 있다.74) 넷째, 구약성서는 단일하고 종합된 신학을 내포하고 있지 않다.75) 다섯째, 이스라엘은 약속과 성취의 긴장 사이에 존재하므로 그것이 어떻게 이스라엘의 삶 속에서 성취되어가는 지를 살펴보아야 한다. 여섯째, 구약성서의 기본적인 내용은 구원사 이므로 그것을 재연하는 일(retelling)이 구약성서에 관한 신학적 토론에 가장 합법적인 형식이다.76) 그는 구약성서를 이스라엘 백성의 역사 속에 나타난 하나님의 구원행위에 대한 증언들로 이해하고 구약신학은 이것들을 재연하는 과제를 수행해야 한다고 생각하였다.

그의 구약신학은 1권, "이스라엘의 역사 전승의 신학"에서 육경사(창세기-여호수아), 신명기 역사(여호수아-열왕기하), 역대기 역사(역대기-느헤미야)를 다룬 후 야훼 앞에 있는 이스라엘이란 항목에서 이스라엘의 신앙적 응답이란 제목으로 시편, 욥기, 잠언, 전도서 등의 성문서 일부(!)를 다룬다. 구약신학 2권, "이스라엘의 예언 전승의 신학"은 후기 예언서 전체(이사야-말라기)를 시대별로 다룬 후 끝으로 묵시문학인 다니엘서를 논한 다음에 마지막으로 구약성서와 신약성서의 관계를 유형론(typology)에

---

71) 헤이스와 프루스너, 「구약성서신학사」, 269-71.
72) G. von Rad, *Old Testament Theology*, I, tr. by D. M. G. Stalker (London: SCM Press, 1975), 114.
73) Ibid., 106.
74) Ibid., 108, 122f.
75) von Rad, *Old Testament Theology*, II, tr. by D. M. G. Stalker (London: SCM Press, 1975), 412.
76) von Rad, *Old Testament Theology*, I, 121.

입각하여 다룬다.

폰 라트의 구약신학은 우리가 수행하려는 작업에 매우 의미 있는 사항들을 고려하도록 이끈다. 적어도 구약신학이 단일한 것이 아니라 복수의 신학사상을 담고 있다고 천명하는 점에서 그렇다. 그의 작업은 당시의 구약신학하기의 양상이 주로 보편적인 단일 원리나 이념을 찾아내려는데 집중했던 태도를 교정하는데 크게 기여했다.77)

폰 라트의 구약신학이 우리에게 남긴 최대의 공헌은 육경의 최종형태가 어떤 과정을 거쳐 완성되었는지를 재구성하여 설명한다는 점에 있다.78) 그는 신명기 26장 5b-9절, 6장 20-24절, 여호수아 24장 2b-13절 등에 반복적으로 등장하는 '짧은 역사 신조(a short historical credo)'를 근거로 처음에는 족장전승일부, 출애굽 전승, 정착전승으로만 이루어졌던 세 가지 역사 전승들이 중간에 시내 산 전승이 삽입되고 그 다음에 족장전승을 보강한 후 마지막으로 서두에 창조 전승을 첨부하는 과정을 거쳐 육경이 완성되었다고 상정했다. 그는 이 작업이 고대 이스라엘 역사의 '계몽시대'라고 부르는 솔로몬 시대의 궁전 역사가들이 길갈 성소를 중심으로 칠칠절에 회자되던 앞의 세 가지 역사전승을 세겜 성소를 중심으로 회자되던 뒤의 세 가지 장막절 전승과 결합시킨 것이라고 보았다. 폰 라트의 이러한 재구성 방식은 참으로 탁월한 상상력의 산물이라고 칭찬받아 마땅하다. 어느 누가 위의 성서 구절들로부터 이런 기발한 상상력을 발휘하여 과거에 벌어진 상황을 설명해낼 수 있겠는가? 그러나 그의 재구성 이론이 얼마나 설득력 있고 실제적인지 그래서 얼마만큼 수용할 수 있는지는 별개

---

77) Th. C. Vriezen, *An Outline of Old Testament Theology* (Newton, MA, 1970[1954]); W. C. Kaiser, Jr., Toward an Old Testament Theology (Grand Rapids: Eerdmans, 1978). 프리젠은 "교제(communication)," 카이저는 "약속(promise)" 개념을 중심으로 본다.

78) von Rad, "The Form-Critical Problem of the Hexateuch," *The Problem of the Hexateuch and Other Essays* (Edinburgh: Oliver & Boyd, 1965[1958]), 1-78.

의 문제이다.

이 외에 그의 저술에 대한 일반적인 비평을 정리하면 다음과 같다. 첫째, 폰 라트의 구원사 개념은 실제로 벌어진 사건에 기초한 역사를 말하는가 아니면 고대 이스라엘이 해석하고 고백한 역사인가? 이 비평적 질문은 이후에 수많은 구약학자들이 오랫동안 씨름해온 주제이다.[79] 구약신학과 실제 역사의 재구성 문제는 현재까지도 풀어야 할 과제로 남아 있다. 둘째, 구원사를 지나치게 강조하느라 창조전승의 가치를 무시하는 오류를 범했다.[80] 셋째, 동시대의 아이히로트는 폰 라트의 구약신학이 이스라엘 종교사를 쓴 것이라고 비평했다.[81] 넷째, 구원사를 강조하기 때문에 역사 개념이 나타나지 않는 상당수의 성문서(룻, 에스더, 아가, 애가)와 지혜문학(욥기, 잠언, 전도서)을 소홀히 취급하여 일부 성서에 대한 편견을 일으킬 수 있다.

위의 두 학자들의 업적과 그에 대한 평가는 우리의 당면과제를 위해 중요한 질문을 제기한다. 아이히로트의 구약신학과 비평사항들은 이후에 구약성서에 언약 개념이 아닌 또 다른 중심점을 찾는 분위기를 주도하였다. 그러나 이렇게 구약성서에서 하나의 중심 개념을 찾는 일이 성공적이지 못하게 되자 학자들은 아예 두 개의 중심을 찾거나[82] 혹은 두 가지 사상들의 변증법적 합일을 모색하는 모습을 보여주었다.[83] 어느 방식을 택하

---

[79] G. F. Hasel, 「구약신학: 현대 논쟁의 기본 이슈들」, 김정우 역 (서울: 엠마오, 1993 [원서, 1972]), 141-67.

[80] 참고. von Rad, *Old Testament Theology I*, 138. 그는 J와 P의 창조전승마저 구원의 의미를 지닌다고 풀이한다.

[81] Eichrodt, *Old Testament Theology, vol. One*, 512-20.

[82] C. Westermann, *Elements of the Old Testament Theology* (Atlanta: John Knox, 1982); R. E. Clements, *Old Testament Theology: A Fresh Approach* (Atlanta: John Knox, 1978); W. Zimmerli, *Old Testament in Outline* (Atlanta: John Knox, 1978). 베스터만은 구원과 축복, 침멀리는 야훼라는 하나님의 이름, 클레멘츠는 율법과 약속을 구약의 중심으로 설정하였다.

든지 이런 방향의 시도는 모두 구약성서에는 특정한 보편적 사상(들)이 깃들여 있고 그것에 기초하여 기록되었으리라는 서구 신학자들의 기본전제와 고정관념에서 파생한 것이다. 그러나 과연 구약성서가 그런 관념(들)에 입각하여 기록되었다고 말할 수 있을까? 달리 말해서 그토록 다양한 구약성서의 사상을 한두 가지 특정한 이념이나 사상체계 안에 적절하게 조화시키는 일이 가능한가?[84] 이것이 우리가 제기하는 질문들이다.

폰 라트의 구약신학과 비평사항들은 앞에서 지적했듯이 실제로 발생한 고대 이스라엘의 역사적 사건들과 구약신학을 어떻게 조화시킬 수 있는지를 궁극적 관심사로 떠오르게 하였다. 우리의 구약신학은 실제 역사에 근거하여 작성할 것인가? 아니면 해석된 역사인 구원사에 근거하여 작성할 것인가? 고대 이스라엘의 역사는 구약신학과 어느 정도의 관계와 기능을 지니도록 허용할 것인가? 역사적 관점이 지혜문학을 배제하는 문제를 감안할 때, 구약성서의 그토록 다양한 장르의 글들을 하나도 소외시키지 않고 전부 포함시키는 구약신학을 수행하는 길이 있을까? 있다면 그것은 무엇인가?

결론적으로 아이흐로트와 폰 라트의 저술은 구약신학의 시작(히, 알렙)과 끝(히, 타브)이라고 평가된다.[85] 처음과 끝이라는 말은 유아기(씨앗)와

---

83) Samuel Terrien, *Elusive Presence: Toward a New Biblical Theology* (San Francisco, 1978); W. Brueggemann, *Theology of the Old Testament: Testimony, Dispute, Advocacy* (Minneapolis: Fortress, 1997). 테리엔은 하나님의 임재의 윤리적/심미적 차원의 변증법, 핸슨은 목적론적/우주론적 변증법, 브루거만은 고통의 포용과 구조의 합법화 사이의 변증법으로 구약신학을 설명한다.

84) 참고. J. Goldingay, *Theological Diversity and the Authority of the Old Testament* (Grand Rapids: Eerdmans, 1987). 신학적 다양성 문제를 논하면서 건설적 방법(a constructive method)을 제안하였다.

85) P. Trible, "Five Loaves and Two Fishes: Feminist Hermeneutics and Biblical Theology," *The Promise and Practice of Biblical Theology*, ed., by John Reumann (Minneapolis: Fortress, 1991), 55. 아이흐로트와 폰 라트를 직접 비교한 연구를 위해, D. G. Spriggs, *Two Old Testament Theologies: A Comparative Evaluation of the Contributions*

결실기(열매)라는 뜻이 아니라 구약신학 전체를 대변한다는 의미이다. 가블러의 성서신학 프로그램에 비추어 보면 두 학자는 '진실한 성서신학'과 '순수한 성서신학'의 과제 중에서 '진실한 성서신학' 하나만을 수행한 것으로 보인다. 즉 그들은 구약신학을 서술하는 과제만을 수행한 것이다. 다만 두 학자는 서술과제의 두 가지 극단적 결과를 보여주었다. 아이히로트는 가블러의 성서신학 프로그램 중 '진실한 성서신학'을 '규범성'-언약을 중심개념으로 보았으므로-에 입각하여 수행한 반면, 폰 라트는 '진실한 성서신학'을 진실하게-구원사에 따라 전개했으므로-수행한 것으로 평가할 수 있다. 두 신학자의 업적은 우리가 구약신학을 무엇이라고 정의할 것인지 그리고 구약성서 자체가 간직한 원리에 따른 신학 기술방법은 구약성서의 다양한 내용을 어떻게 다룰 것인지를 고민하게 만든다.

1.2.5.2. 성서신학운동

제2차 세계대전 이후 약 15년간 서구에서는 성서 중심 혹은 성서 우위의 신학적 풍토가 조성되었다. 이를 가리켜 성서신학운동(biblical theology movement)이라고 일컫는다. 그 특색은 성서의 통일성, 성서신앙의 독특성, 역사가 하나님의 계시 장소라는 것, 히브리적 사유의 독특성, 성서 어휘 연구 등의 다섯 가지 사항을 강조한다.[86] 먼저, 성서의 통일성이란 신구약성서가 역사적 구분을 초월하여 구원사에 비추어 볼 때 통일성을 지닌다는 것이다. 두 번째로 구약성서 혹은 구약 신앙은 고대 근동의 자연 중심의 신앙양태에 비추어 볼 때 독특하다는 것이다. 세 번째는 두 번째의 것과 깊은 연관이 있는데 고대 근동의 종교가 자연의 변화에 기반을 둔 신

---

of Eichrodt and von Rad to our Understanding of the Nature of Old Testament Theology (London: SCM, 1974).
86) B. S. Childs, Biblical Theology in Crisis (Philadelphia: Westminster Press, 1970), 61-87.

앙이라면 고대 이스라엘의 신앙은 역사 가운데서 행동하시는 인격적 하나님을 신앙한다고 주장한다. 이에 따라 역사가 하나님의 계시 영역이라고 주장한다. 여기에 존스 홉킨스 대학의 올브라이트(W. F. Albright, 1891-1971)를 중심으로 고고학이 성서 기록의 역사성을 입증해준다고 믿는 성서고고학(biblical archaeology)이란 학문이 형성됨으로써 성서의 역사성에 대한 신뢰를 증진시켰다. 네 번째로 히브리적 사유방식은 그리스적 사유방식과 여러모로 차이가 있고 독특하다는 것이다. 히브리적 사유는 구체적이고 역동적이며 특별하지만 그리스적 사유는 추상적이고 이론적이며 이성적이라고 생각한다. 다섯 번째로 성서 어휘에 대한 연구가 붐을 이루었다.

성서신학 운동의 다섯 가지 특색은 우리 교회의 요소요소에 실체를 드러내지 않은 채 보편적으로 수용되어온 사상이 되었다. 그래서 지금은 누구도 아래와 같은 주장이 잘못되었다고 지적하지 않는다.

> 우리는 성서가 통일성을 지닌 하나님의 계시라는 믿는다. 성서적 신앙은 주변의 고대근동 종교에 비교할 때 유사하기는커녕 지극히 독특하다고 믿는다. 그것은 당연한 일이다. 누군가 유사하다고 말한다면 심히 불쾌한 일이다. 하나님은 역사 속에 벌어진 사건을 통해 계시하신다. 하나님은 역사를 주관하시는 분이므로 당연하다. 성서연구나 설교 혹은 강의 중에 종종 등장하는 성서 어휘와 그것의 빈도수는 특정한 주장의 신뢰도와 권위를 높여준다.

그런데 성서에 관한 이와 같은 지식이 서구에서는 이미 그 신뢰를 잃었다면 어떡할 것인가? 헤이스와 프루스너가 지적했듯이 이러한 특징들은 "이후의 시기에는 거의 나타나지 않으며 지나치게 강조한 면이 없지 않다."[87] 지금 서구에서는 성서신학운동이 사라지고 없어졌다고 말해도 과

---

87) 헤이스, 프루스너, 「구약성서신학사」, 252.

언이 아니다. 그런데 우리 교회는 여전히 그런 운동이 남긴 특징들을 당연한 사상인 것처럼 간직하고 있다. 그러므로 성서신학운동이 어떤 허점들이 있는지 또 왜 그런 주장이 오늘날 서구의 성서학계에서 더 이상 수용하지 않게 되었는지를 알아볼 필요가 있다.

(1) 역사를 통한 계시

이 개념은 가장 극심한 비평을 받았다. 근거는 다음과 같다.

1) 이 개념은 구약성서의 지혜문학(욥기, 잠언, 전도서)을 포용할 수 없다는 한계를 지니고 있다. 지혜문학에는 역사나 역사에 나타나는 하나님의 행동이 나타나지 않기 때문이다.

2) "역사 속에 벌어진 하나님의 구원행위"란 사실 "구원사"와 동의어이다. 그런데 그 행위가 벌어진 역사는 실제 역사의 지평에서 벌어진 일인지 아니면 신앙공동체가 믿음의 눈으로 고백한 해석인지에 관해 심각한 질문이 제기되었다. 이러한 입장에서 길키(Langdon B. Gileky, 1919-2004)는 성서의 언어와 현대 신학자들이 사용하는 언어는 세계관과 존재론 측면에서 큰 격차가 있는데도 그것을 구분하지 못하고 혼용하고 있다고 냉철하게 지적했다.[88] 우리는 과학시대를 살고 있다. 성서와 성서의 저자들은 우리와 크게 다른 세계관, 즉 과학 이전의 세계에 살았다. 신구약성서에 살았던 사람들의 세계는 한 마디로 신화적 세계라고 묘사할 수 있다.[89] 그들은 삼라만상의 변화를 모두 신이나 신들이 작용한 결과로 이해하였다. 과학시대의 현대인은 이것을 수용하지 않는다. 예를 들어 출애굽기는 이집

---

[88] Langdon B. Gilkey, "Cosmology, Ontology, and the Travail of Biblical Language," *Journal of Religion* 43 (1961): 194-205.

[89] 신화적 세계관이란 고대인이 삼라만상을 변화시키는 동인을 신 혹은 신들의 활동으로 이해하는 세계관을 말한다. 신화(myth)란 용어가 허구와 날조라는 뜻을 지닌다고 생각하는 것은 현대인의 오해이다.

트를 탈출한 이스라엘 백성을 홍해에서 구원한 사건을 하나님의 행위라고 묘사한다. 이 묘사는 성서적이다. 현대적 세계관이 아니라는 뜻이다. 만일 이 기록을 현대적 세계관으로 이해한다면 현대인의 눈으로 포착할 수 있는 상황 변화는 아마 "갈대 바다 위에 불었던 동풍" 밖에 없을 것이다.[90] 그런데도 이런 상황을 두고 성서신학자들이 역사 속의 구원행위를 운운하는 것은 "세계관은 현대적이면서도 그 신학적 언어는 성서적이고 정통적"이라는 것이다.[91] 만일 이런 문제를 해소하려면 해석자가 하나님의 활동을 무의미하고 추상적인 언어로 말하든가 아니면 그냥 일어난 사건에 대한 신앙적 응답으로 보든지 해야 한다고 길키는 지적한다. 헤이스와 프루스너는 "그러므로 특수 사건에 일어나는 하나님의 행위는 주관적으로 창출된 종교적 신앙일 뿐 객관적으로 일어난 것은 아니다"라고 말했다.[92]

(2) 성서고고학의 등장과 쇠퇴

성서기록의 역사성을 고고학을 통해 입증할 수 있다고 믿었던 성서고고학자들도 지속적인 팔레스타인 발굴한 결과 동일한 벽에 부딪혔다. 대표적인 경우가 가나안 정복기사를 보도하는 여호수아서의 여리고 성이나 아이 성의 존재 여부였다. 여리고를 발굴한 결과 그곳에서는 거대한 성벽이 아니라 소규모 주거지 흔적만 존재했다. 또 불에 그을린 벽이 나타났는데 그것이 누구에 의한 화재였는지를 주장하기가 어려웠다. 아이 성 발굴 결과는 매우 치명적이었다. 가나안 정복이 이루어졌을 시기에 그곳에는 주거지를 발견할 수 없었기 때문이다.[93] 따라서 구약성서에 기록된 이스

---

90) Ibid., 200.
91) Ibid., 194.
92) 헤이스, 프루스너, 「구약성서신학사」, 278.
93) Joseph Callaway, "Excavating Ai (et-Tell): 1964-72," *Biblical Archaeologist* 39 (1976): 18-30. 참고. 여호수아서와 사사기에서 언급한 지명들의 발굴결과에 대하여, W. G.

라엘의 가나안 정복 기사는 이후로 여러 가지 다양한 모델에 따라 다양한 해석의 가능성이 열리게 되었다.94) 또 당시에 미국 성서고고학의 아버지 올브라이트(W. F. Albright, 1891-1971), 성서역사학자 브라이트(J. Bright, 1908-1995), 구약신학자 라이트(George E. Wright, 1909-1974)가 '올브라이트 학파'(school)를 이루었지만, 고고학으로 성서를 입증할 수 있다는 확신이 무너지면서 결국에는 성서학에서 고고학의 독립을 주장하기에 이르렀다. 이후 성서고고학은 '시리아-팔레스타인 고고학'(Syro-Palestine archaeology) 혹은 '새로운 고고학'(New archaeology)이란 이름을 갖고 독자적인 연구를 추진하게 되었다.95) 미국성서고고학과 올브라이트 학파의 주장은 "18세기 경건주의와 흡사"하여 학문과 신앙을 잘 조화시킨 성서학파로 인정받으면서 미국의 보수적인 교단과 평신도 사이에서 대환영을 받았지만 위와 같은 비판에 부딪혀 그 예봉이 꺾이게 되었다.

구약성서의 역사성 문제를 놓고도 극명한 의견대립이 생겼다. 미국의 존 브라이트(J. Bright)의 역사는 성서 기록의 역사성을 족장시대 기록부터 수용하는데 비해서 독일의 마틴 노트(Martin Noth, 1902-1968)는 사사기부터 역사적 실체를 찾을 수 있다고 주장한다.96) 이후 이러한 논란은 최근에 이스라엘 역사에 관한 미니멀리스트와 맥시멀리스트 사이의 논쟁으로 비화된다. 미니멀리스트는 구약성서가 페르시아 시대 혹은 헬라 시대에

Dever, *Recent Archaeological Discoveries and Biblical Research* (Seattle: University of Washington Press, 1990), 57-60.

94) 참고. T. Levy, ed., *The Archaeology of the Society in the Holy Land* (New York: Facts On File, 1995), 363.

95) 참고. W. G. Dever, "Syro-Palestinian and Biblical Archaeology," in *The Hebrew Bible and Its Modern Interpreters*, ed., D. Knight and G. M. Tucker (Chico: Scholars, 1985), 31-74.

96) John Bright, *A History of Israel*, 3rd ed. (Philadelphia: Westminster, 1972); M. Noth, *The History of Israel*, 2nd ed. (New York: Harper & Row, 1960).

기록한 것이므로 이 시대 이전의 기록들은 사건과 매우 동떨어져 있다는 이유로 역사성을 확보하기가 어렵다고 주장하고 맥시멀리스트는 족장시대의 기록부터 역사성을 인정할 수 있다고 주장한다.97)

(3) 구약신앙의 독특성(distinctiveness)

역사 안에서 구원행동을 펼치는 하나님에 대한 구약성서의 독특한 신앙은 사실 고대 근동에 편만한 개념이었다.98) 실례로 1868년에 발견된 메샤 비문은 주전 9세기에 모압을 통치한 메사 왕과 그가 섬기던 모압 백성의 신 그모스에 관한 진술을 담고 있는데 그모스 신은 이스라엘의 오므리 왕으로부터 모압 백성을 구원한 신으로 그려지고 있는 것을 볼 수 있다.99) 이것은 그모스 신이 북 왕국 오므리가 압제한 역사적 현실 속에서 모압 족속을 구원한 행위를 찬미하고 있으므로 역사 속의 계시라는 개념이 이스라엘 사람들만이 간직했던 독특한 신앙이었다는 주장이 설 자리를 잃은 것이다.

성서적 신앙의 독특성 역시 방대한 고대 근동문헌과의 비교 연구 결과 그 근거를 상실했다.100) 구약성서의 창조, 율법, 제사, 예언, 지혜, 애가 등

---

97) 미니멀리스트 견해를 위해, Niels P. Lemche, "The Old Testament - a Hellenistic Book" *SJOT* 7 (1993): 163-93; Philip R. Davies, *In Search of "Ancient Israel"* (Sheffield: Sheffield Academic Press, 1992); Thomas L. Thompson, *Early History of the Israelite People: From the Written and Archaeological Sources* (Leiden: Brill, 1992). 맥시멀리스트 견해를 위해, I. Provan, V. Philips Long, and Tremper Longman III, *A Biblical History of Israel* (Louisville: Westminster John Knox, 2003). 이 문제는 구약신학의 중요한 과제로 등장했으며 우리는 이것을 다음 장에서 다룰 것이다.

98) B. Albrektson, History and the Gods: an Essay on the Idea of Historical Events as Divine Manifestations in the Ancient Near East and in ISrael (Lund: C. W. K. Gleerup, 1967), 144.

99) J. Maxwell Miller and John H. Hayes, A History of Ancient Israel and Judah (Philadelphia: Westmisnter, 1986), 283 = 「고대 이스라엘 역사」, 박문재 역 (서울: 크리스찬다이제스트, 1996). 346-7.

모든 장르에서 고대 근동 문헌들은 거의 유사한 기록들을 간직하고 있었기 때문이다. 그러므로 지금은 구약성서의 신앙이 독특하다(distinctive)고 주장하기보다 특별하다(particular)고 주장하는 추세로 변화다. 마치 하늘 높이 올라가 인류를 살펴보면 유사한 모습을 지니고 있지만 가까이 다가가서 세밀히 쳐다보면 여러 가지 다양한 모습을 띤 것과 유사한 형편인 셈이다.

(4) 성서의 통일성(unity)

성서의 통일성(unity) 개념도 무너졌다. 앞에서 살펴본 대로 폰 라트는 구약성서에 다양한 역사신학들(육경사, 신명기역사, 역대기역사)이 존재함을 밝혔다. 구약성서 자체가 통일성이 없다면 이처럼 다양한 신학 사상을 지닌 구약성서를 또 다시 신약성서와 연관시켜 통일성을 찾아내기란 결코 단순한 과제가 아니라는 것을 깨닫게 된 것이다. 심지어 신약성서도 다양한 신학을 내포하고 있다고 주장하는 실정이다.[101]

(5) 히브리적 사유의 독특성

히브리적 사유가 독특하다는 주장은 보만(T. Boman)의 「히브리적 사유와 그리스적 사유의 비교」라는 저술이 지대한 영향을 끼쳤다.[102] 그의 주

---

100) 당시에 대표적인 저술명칭을 주목할 만하다. G. E. Wright, *The Old Testament Against Its Environment* (London: SCM, 1957); Floyd V. Filson, *The New Testament Against Its Background* (London: SCM, 1959)이다. 이 운동에 영향을 받은 유명한 성서연구 저술의 제목에는 "Distinctive"란 형용사가 붙어있다. Norman H. Snaith, *The Distinctive Ideas of the Old Testament* (London: Epworth, 1983).

101) 참고. G. Hasel, *New Testament Theology: Basic Issues in the Current Debate* (Grand Rapids: Eerdmans, 1978); R. Morgan, *The Nature of New Testament Theology* (London: SCM, 1973); R. Schnackenburg, *New Testament Theology Today* (New York: Herder & Herder, 1963).

102) Thorleif Boman, *Das hebräische Denken im Vergleich mit dem griechischen*

장은 오늘날에도 여전히 통용되고 있지만 크게 두 가지 측면에서 비판을 받았다. 우선, 그가 비교근거로 삼은 그리스적 사유가 어느 사상가의 것인지 밝히지 않는다는 점이다. 그리스 사상의 스펙트럼은 매우 넓고 다채롭기 때문이다. 또 그는 히브리어가 구체적이고 동적이며 행동을 강조하므로 목적 지향적인데 비해서 그리스어는 추상적이고 관념적이며 존재론적이며 순환(cyclical)적이라고 비교한다. 이 중에서 다른 특색들은 어느 정도 수용 가능하지만 목적지향과 순환적이라는 비교사항은 재고할 필요가 있다. 구약성서의 사상이 순환적(cyclical) 측면을 지니고 있기 때문이다. 창조와 재창조(노아 홍수와 바벨론에서 귀환), 언약을 체결하고 파기한 후 재체결하거나 갱신하는 구조는 출애굽기 24-34장과 신명기에 나타난다. 예레미야 31장 31-34절은 '새 언약'을 언급한다. 그러나 그 '새 언약'은 언약의 갱신(renewal)일뿐 전혀 새로운 언약이 아니다(not different). 아울러 요한계시록 21-22장에 묘사된 '새 하늘과 새 땅'은 인류역사 최후에 등장할 새로운 세계라기보다는 창세기의 에덴동산과 같은 세계로 돌아가기를 가리킨다. 그렇다면 이런 성서적 역사관은 목적 지향적으로 기술하기기보다는 원점으로 되돌아가는 순환적 사고방식이라고 말할 수 있지 않을까? 또 히브리어는 역동성을 표현하는 단어를 주로 사용하는 것이 사실이지만 존재 개념을 표현하는 단어도 있다. 이를 테면 "~있다(yēš), 없다('ên)"와 같은 단어가 그 사례이다. 그러므로 히브리어가 오로지 동적인 언어이며 관념적 언어가 없다는 주장도 이론적으로 흠결이 있다. 보만의 주장이 상당한 근거를 갖고 있지만 전부가 옳은 것은 아니라는 뜻이다.[103]

(Göttingen: Vandenhoeck & Ruprecht, 1968), =「히브리적 사유와 그리스적 사유의 비교」, 허혁 역 (칠곡: 분도출판사, 1975). 이 책은 필자가 신학대학원에서 학업을 시작하던 1980년 초반에 학습 교재로 읽혀졌는데 최근까지도 여전히 활용되고 있다.

103) James Barr, *The Semantics of Biblical Language* (London: Oxford Press, 1961), 58-72. 바는 보만의 주장을 가장 철저히 비판하였다.

(6) 어휘 연구

성서신학운동은 성서어휘 연구의 필요성을 강조했다. 이 당시에 나온 출판물들이 주로 키텔(G. Kittel)의 성서어휘연구사전들이다.[104] 우리 교회에서 어휘 사용의 빈도수를 말하는 관행은 바로 이 운동의 소산이다. 하지만 어휘의 빈도수를 말할 때도 어느 기준에 비추어 중요도를 판단해야 하는지 아무런 설명을 하지 않는다는 문제를 안고 있다. 또 어휘 연구나 어근 연구는 언어학의 이론에 기초하고 있지 않기 때문에 특정 어휘가 특정 문맥에서 어떤 의미로 사용되었는지를 살피지 않는다. 이것은 증거의 오용이나 의미의 왜곡을 초래할 우려가 있다.[105] 켈시는 이를 "성서개념 신학"이라고 비판했다.[106]

이상의 논의를 종합한다면, 아직도 우리와 우리 교회 가운데 숨을 쉬고 있는 성서신학 운동의 유산은 그 논리적 타당성이 무너진 운동이라고 말할 수 있다. 차일즈(B. S. Childs, 1923-2007)는 이 운동의 종식을 영국의 신약학자인 로빈슨(J. A. T. Robinson, 1919-1983)의 「신에게 솔직히(Honest To God)」가 등장한 시점으로 생각한다.[107]

---

104) Gerhard Kittel and Gerhard Friedrich, eds., *Theological Dictionary of the New Testament*, 10 vols. tr. by G. W. Bromiley (Grand Rapids: Wm. B. Eerdmans, 1964). 구약신학사전은 G. Johannes Botterweck and Helmut Ringgren, eds., *Theological Dictionary of the Old Testament*, tr. by John T. Willis and Geoffrey W. Bromiley and David E. Green (Grand Rapids: Wm. E. Eerdmans, 1977)에 의해 편찬이 시작되었는데 1990년까지 모두 6권이 출간되었고 마지막 책은 히브리어의 열 번째 자음인 요드(yod) 항목을 다룬다.

105) James Barr, *The Semantics of Biblical Language* (London: Oxford University Press, 1961).

106) David H. Kelsey, *The Use of Scripture in Recent Theology* (Philadelphia: Fortress, 1975), 24-30, 헤이스와 프루스너, 「구약성서신학사」, 281, 재인용.

107) B. S. Childs, *Biblical Theology in Crisis* (Philadelphia: Westminster, 1970), 85-7. 차일즈는 여기에 미국의 사회윤리 신학자 하비 콕스(Harvey Cox)의 「세속도시」, 길키(Langdon Gilkey)의 논문들을 전환점으로 추가한다.

성서적 신앙은 주변의 민족들이 간직했던 신앙양식과 크게 다르지 않고 다만 특수성을 지닐 뿐이다.

역사 속에서 하나님이 계시한다는 주장은 역사가 무엇이냐에 대한 근본적 질문을 남겼다. 고고학은 성서학에 종속된 학문이 아니며 성서학과 독립된 인문학으로서 성서학과 대등한 지위를 지닌 대화의 상대이다. 성서를 해석하듯이 고고학 발굴 결과도 해석이 이루어져야 하는 학문이라는 사실도 기억할 필요가 있다. 고고학에 지나치게 기대어 성서해석을 할 이유가 없다는 뜻이다.

신구약성서가 통일성을 지닌다는 사상도 무너졌다. 신구약성서는 각기 다양한 신학들은 간직하고 있다. 통일성이 없다면 성서가 간직한 다양성을 어느 방식으로 포용할 것이냐의 과제만을 남기고 있다.

그리스적 사유와 비교되는 히브리적 사유는 절대적인 개념구분이 아님을 알고 사용할 필요가 있다. 어휘 연구는 중요하지만 문맥에 따른 의미변화를 반드시 고려할 필요가 있고 어근을 연구하는 것은 필요한 일이지만 어휘의 빈도수에 의지하여 중요도를 설명하는 방식 자체는 설득력이 약하다.

종합하여, 성서신학운동은 성서연구방법론이 적절치 않았다고 평가할 수 있다.

1.2.5.3. 유대인의 구약성서해석

서구의 신학전통이 우리에게 영향을 준 사상들을 비평적으로 살피는 과정에 마지막으로 다루어야 하는 것은 유대인의 구약성서해석이다. 구약성서는 유대 민족의 전체 역사 중 일부를 담고 있기 때문에 구약성서를 공부하는 많은 사람들은 구약성서의 특정 본문이나 사상에 대하여 유대인들의 해석이 무엇인지 궁금하게 생각하곤 한다. 그런 경우에 마치 유대인

랍비의 해석이 기독교 신학자의 것보다 더 우위에 있다고 생각하는 경향마저 있다. 실제로 2차 세계대전을 일으킨 독일의 나치가 유대인을 학살한 만행에 대한 반성의 의미로 서구 성서학계는 구약성서라는 용어가 "반유대적"(anti-semitism)이며 "경멸적"이라는 근거로[108] 이 용어를 폐기하고 "히브리성서"(the Hebrew Bible) 혹은 "첫 번째 언약"(the First Testament)이라고 부르자는 제안을 내놓기도 했다.[109] 렌토르프(R. Rendtroff, 1925-2014)는 "성서신학이 반드시 기독교신학이어야 하는가?"라는 도발적 제목의 논문을 통해 기독교적이거나 유대교적 전제를 내려놓고 무엇보다 먼저 구약성서 자체의 통전적(holistic) 해석에 치중하는 것이 좋겠다는 제안을 하기도 했다.[110]

문제는 유대인 성서학자들이 구약신학이란 연구 분과를 대하는 태도이다. 레벤슨(Jon D. Levenson)은 성서신학이란 학문이 개신교의 전유물이었음을 비판하고 유대인들은 성서신학에 관심이 없다고 주장하였다.[111] 그는 또 개신교의 전유물이 되어온 역사비평의 한계를 지적하고 대신에 유대인 전통에 친숙한 문학비평을 선호한다는 견해를 밝혔다. 이와 달리 고센-고트슈타인(M. H. Goshen-Gottstein)은 구약성서에서 유대인의 성서신

---

108) J. F. A. Sawyer, "Combating Prejudices About the Bible and Judaism," *Theology* 94 (1991): 269-78; R. W. L. Moberly, *The Old Testament of the Old Testament* (Minneapolis: Fortress Perss, 1992), 159.

109) James Sanders, "First Testament and Second," *Biblical Theology Bulletin* 17 (1987): 47-9. 용어사용에 관한 연구들을 위해, Roger Brooks and John J. Collins, eds., *Hebrew Bible or Old Testament? Studying the Bible in Judaism and Christianity* (Notre Dam: University of Notre Dam Press, 1990).

110) Rolf Rendtorff, "Must 'biblical theology' be Christian theology?" *Biblical Review* 4/3 (1988): 40-3.

111) Jon D. Levenson, "Why Jews Are Not Interested in Biblical Theology," in *Judaic Perspectives on Ancient Israel*, ed., by Jacob Neusner, Baruch A. Levine, and Ernest S. Fredrichs (Philadelphia: Fotress Press, 1987), 281-307. 그럼에도 불구하고 그는 성서신학의 유형에 해당하는 「시내산과 시온」(1987, 홍국평 역 [서울: 대한기독교서회, 2012]), *Creation and Persistence of Evil*, 2nd ed. (Princeton: Prince University Press, 1994)란 책들을 출판했다.

학인 타낙(Tanak) 신학을 전개한다.112)

하지만 위에서 언급했듯이 유대인은 구약성서를 타낙(Tanak)이라고 부른다는 점에서 우리 기독교인의 접근방식과 근본적으로 다르다.113) 유대인 성서학자의 구약해석과 관련하여 우리가 던질 질문은 이것이다. 유대인의 구약해석은 기독교인의 해석보다 더 권위가 있는가? 단도직입적으로 말하자면 그렇지 않다. 우리는 유대인이 아니다. 우리는 한국인 기독교인이다. 기독교인은 구약성서에서 계시한 하나님의 말씀을 유일하게 성취하신 예수를 믿는 사람들이다. 유대인은 예수를 메시아로 믿지 않는다. 그들은 아직도 메시아를 기다린다. 우리 기독교인과는 근본적으로 다른 신앙을 갖고 있다. 유일한 공통점은 구약성서(그들에게는 타낙)을 읽는다는 사실이다. 그들은 그들의 필요와 목적에 비추어 타낙(그리고 미쉬나와 탈무드 등의 유대인 경전)을 읽을 뿐이다. 우리 역시 우리의 필요와 목적에 비추어 구약을 읽을 뿐이다. 그러므로 유대인의 성서해석이라고 더 권위가 있거나 더 정통하다고 생각할 이유는 없다. 또 성서를 해석하는 방법론에서 레벤슨의 주장처럼 역사비평의 한계 때문에 유대인들처럼 성서를 문학 비평적 관점으로 읽어야 할 의무도 없다. 우리가 구약성서를 읽는 목적은 유대인이 되려는 것도 유대교의 신앙으로 되돌아가려는 것도 아니다. 우리는 우리의 신앙에 비추어 구약성서를 읽으면 된다. 그러므로 굳이 유대인들의 구약이해에 대하여 궁금해야 할 필요가 없다. 다만 유대인 성서학자들의 연구는 구약성서를 읽는 우리들에게 훌륭한 학문적 대화의 동반

---

112) M. H. Goshen-Gottstein, "Tanack Theology: The Religion of the Old Testament and the Place of Jewsih Biblical Theology," in *Ancient Israelite Religion: Essays in Honor of Frank Moore Cross*, eds., by Patrick D. Miller, Jr., Paul D. Hanson, and S. Dean McBride (Philadelphia: Fortress Press, 1987), 617-44.

113) 타낙(Tanak)은 히브리어로 오경을 일컫는 토라(Torah)의 T, 예언서를 일컫는 히브리어 느비임(Nebi'im)의 N, 성문서를 일컫는 히브리어 케투빔(Ketubim)의 K를 조합하여 만든 용어이다.

자 역할을 한다.

우리의 현실에 비추어 유대인 성서학자들에 대한 입장을 정리해보자. 우리는 유대인 성서학자들의 성서연구를 편견을 갖고 대할 필요는 없다. 하지만 그들의 성서해석이라고 해서 기독교 신학자들의 것보다 더 우월할 것이라고 생각할 이유가 없다. 레벤슨의 주장에 기대어 역사비평을 버리고 문학비평을 취할 이유도 없다. 우리는 어느 방법이든 무엇이 더 성서본문에 본래적인지를 결정할 수 없다. 구약신학을 모색할 때 우리는 기독교적이거나 유대교적인 전이해나 개념/들을 주입해서 읽으려고 해서는 안 된다. 특히 우리 기독교인은 기독교의 교리나 교회에서 유행하는 관점으로 구약성서를 읽는 것은 구약성서 자체의 성격에 어울리지 않는다. 우리가 기독교인이며 구약신학이 기독교적 학문이라는 전제는 구약을 읽는 방법을 결정하는 것이 아니다. 앞서 밝혔듯이 구약신학이 기독교적 학문이라는 정의는 기독교신앙이 구약읽기의 목적으로 작용해야 한다는 의미이다. 그러므로 우리 교회를 위한 구약신학은 가장 먼저 구약성서 자체를 읽어내는 일에 초점을 맞추어야 한다. 이 작업에 우리는 역사적 관점을 활용하는 일이 적극적으로 요청되며 그것의 결과는 우리 교회의 삶에 유익한 가르침을 줄 수 있어야 한다고 생각한다.

1.2.6. 요약

서구신학이 우리에게 끼친 영향을 평가하고 논의한 결과는 아래와 같이 요약할 수 있다.

첫째, 교회 vs. 성서의 권위에 대한 논쟁을 야기한 종교개혁의 유산은 우리에게 성서우위의 전통을 물려주었다. 하지만 성서는 교회 즉 신앙공동체에 의해 작성되었고 교회는 다시 그 성서에 의해 교회의 삶을 조정한 역사적 경험, 그리고 교회의 실체는 목회자의 역량에 달려 있고 성서는 바로 그 목회자에 의해 해석됨으로써 성서의 권위가 수립된다는 현실적 상황에 비추어 볼 때, 성서와 교회는 서로 견제하며 균형을 이루어야 하는 대등한 권위를 지닌 것으로 볼 필요가 있다.

둘째, 17세기의 유산으로서 성서와 교리의 문제는 그동안 우리 교회에서 성서가 교리의 시녀 노릇을 하는 증빙본문의 신학에서 탈피해야 하며, 성서가 교리보다 더 넓고 풍부한 사상을 간직하고 있음을 전제로 다양한 성서 연구를 진작해야 한다.

셋째, 18세기 유산인 이성과 계시의 이분법과 그로 인해 파생한 이분법적 사고방식은 지양해야 한다. 이성은 계시를 수용하고 인식하는 기능이다. 신본주의와 인본주의의 이분법은 당파적이다. 신학의 주체는 인간이다. 그러므로 어떤 가르침이 하나님의 형상으로 지음 받은 사람을 참되고 완전한 구원으로 이끌 수 있는지의 관점으로 다양한 사상을 평가하고 대화할 수 있어야 한다. 믿음과 지식의 이분법도 건강하지 못하다. 믿음은 지식을 통해 강화된다.

넷째, 19세기 유산인 역사와 신학의 갈등 문제는 어떻게든 화해하는 방향을 모색해야 한다. 실제 역사를 무시한 채, 신학만 강조하면 현대판 영지주의에 빠질 우려가 있다. 실제 역사를 재구성한다는 명목으로 고유의 기독교 신학을 무시하는 것도 바람직하지 못하다. 신학은 역사에 뿌리를 내리고 있고 역사는 신학을 공허한 이론에 그치지 않게 만든다. 궁극적으로 우리의 구약신학은 구체적인 우리의 역사적 현실 타개를 지향해야 한다.

다섯째, 20세기 구약신학의 거장인 아이흐로트와 폰 라트의 신학은 구약신학의 정의와 방법론 문제를 진지하게 고려해야 함을 일깨워주었다. 구약성서에서 특정한 중심사상이나 개념을 중심(언약, 약속, 하나님의 통치 혹은 나라, 교제 등등)으로 전개하는 방법이나 구약성서가 곧 구원사의 증언이라는 전제로 수행하는 방법 모두 다양한 사상을 지닌 구약성서 전체를 온전하게 포용하지 못한다.

여섯째, 20세기 중반을 풍미했던 성서신학운동은 성서의 통일성, 역사 속의 계시, 성서적 신앙의 독특성, 히브리 사유의 독특성과 어휘 연구를 특징으로 삼았다. 학문과 신앙을 조화시킨 운동으로 호평을 받고 일어난 성서학 운동이지만 하나같이 우리가 지속적으로 수용할만한 학문적 근거를 상실했다는 사실을 살펴보았다. 구약이든 신약이든 다양한 신학사상을 간직하고 있어서 통일성을 찾기 어렵다는 점, 역사 가운데 계시를 표현하는 구원사 개념은 실제의 객관적 역사가 아니라 신앙공동체에 의해 고백된 주관적 역사라는 점, 고고학은 성서학과 독립된 학문이며 학문적 대화 상대자이지 성서학을 무조건 지지해주지는 않는다는 점, 구약신앙이 고대 근동과 비교할 때 독특하기보다는 유사하고 하지만 특수하다는 점 등은 오늘의 성서신학이 명심해야 할 사항들이다.

일곱째, 유대인 성서학자들의 학문은 역사적으로 특별한 경험을 안고 있는 서구신학자들(특히, 유럽 신학자들)과 달리 우리와는 아무런 상관이 없다. 하지만 그들이 구약성서를 자신들의 경전의 일부로 읽어온 오랜 경험을 무시할 이유는 없다. 그렇다고 해서 그들의 구약읽기가 개신교학자들보다 더 본래적이거나 우월하지는 않다. 오직 구약성서 자체를 연구하는 목적을 위해 그들의 견해는 다른 여느 학자들과 마찬가지로 똑같이 존중받아야 할 것이다.

1.3. 우리나라 개신교의 구약신학

우리나라에서 구약신학이란 과목이 신학교의 정규 과목으로 본격적으로 소개되고 다루어진 때는 1950년대 한국전쟁 이후 각 개신교 교단별로 신학교육이 정상화되던 시기로 보아야 하지 않을까 하는 생각이다. 그럴 경우 우리나라에서 구약신학을 연구하고 가르친 역사는 이제 60년 정도가 지났다고 볼 수 있다. 현재까지 우리나라 개신교 신학교에서 이루어진 구약학 연구와 강의를 보면 구약학 일반, 구약해석과 구약신학이란 과목들은 서로 엄밀한 개념 구분이 이루어지지 않은 채 진행되어 온 것 같다. 이러한 사실은 최근까지 이루어진 한국의 구약학 연구동향을 소개한 몇몇 글들을 보면 손쉽게 유추할 수 있다.114) 그들은 구약신학이란 학문의 전개에 대해서는 침묵하면서 다만 현실에서 제기된 각종 이슈에 대한 구약성서 해석들을 구약신학적 연구물로 간주하고 있다. 심지어 '구약신학'이란 제목의 저술들조차 위에서 우리가 다루어온 독립된 연구 분과로서의 구약신학의 정의에 합당한 내용을 다루기보다는 단순히 일반적인 구약학을 연구한 결과를 다루는 경우가 대다수이다.115) 따라서 우리는 현재의 구약신학이란 연구분과와 여타의 구약학 연구들과 혼동을 피하기 위하여 구약학 일반(개론, 언어, 역사, 주석방법, 종교)에 대한 연구 사례는 다루지 않을 것이다. 그 대신 아이히토르나 폰라트의 경우처럼 구약신학의 정의와 방법론을 다룬 경우 그리고 이에 준하는 내용을 다룬 우리나라 구약학자들의 저술들만을 살피려고 한다. 지금까지 우리나라에서 출간된 구약신학 가운데 이 기준에 합당한 저술은 김정준(1973), 원용국(1979), 구덕관(1991), 김철현(1994), 정규남(1996), 엄원식(2002), 왕대일(2010[2002]), 김남일(2004), 손석태(2006), 한상인(2009) 등이다.116)

---

114) 위의 각주 3을 참조하라. (천사무엘, "Old Testament Interpretation in Korean Church: History and Issues,"「한국기독교학회 제40차 정기학술대회 자료집」(2011): 347-68; 유윤종, "The Old Testament Interpretation in the Korean Context," *Korean Journal of Christian Studies* 89 (2013): 5-28.)
115) 예를 들어, 윤영탁의「구약신학 논문집」(1979-2006)과 장일선,「구약신학의 주제」(서울: 대한기독교서회, 1989)를 거론할 수 있다.

이들의 저술을 평가하는 기준은 첫째, 우리 땅의 현실을 고려하는 해석학적 관심사가 있는가? 아울러 그것은 자신의 신학인가 아니면 서구신학자의 것을 소개하는 것인가? 둘째, 가블러의 프로그램에 비추어 볼 때 서술적 과제와 규범적 과제 가운데 어떤 과제를 어느 정도나 수행했는가? 셋째, 조직신학에서 독립한 연구 분과의 특성에 알맞게 구약신학의 정의와 방법론이 있는가? 그리고 그에 따라 구약성서의 내용을 일관성 있게 다루었는가? 하는 것이었다.

1.3.1. 김정준

김정준은 해석자의 삶의 자리에 대한 명확한 의식을 갖고 있다는 의미에서 우리가 시도하려는 한국적 구약신학을 추구한 최초의 구약학자라고 말할 수 있다. 「구약신학의 이해」(1973)의 머리말에서 그는 "나는 최근에 와서 한국 사람이 어떻게 구약성서를 읽어야 할 것인가 하는 문제에 많은 관심을 가지고 있다. 구약연구에 관한 연구역사며 그 방법 그리고 그 연구자들의 전부가 서구적인 것이다."고 말하면서 '이스라엘사와 한국사'라는 단락에서 '한국신학 수립의 한 방법론적 시도'라는 부제로 한국적 구약신학하기를 시도했다.[117] 심지어 한국사를 신학화하는 시도까지 했다.[118] "기독교인으로서 한국인은 구약에 나타난 이스라엘 역사를 하나님이 그의

---

116) 문희석, 「구속과 창조의 신학: 오늘의 구약신학」 (서울: 대한기독교서회, 1983)과 김이곤의 「고난신학」은 구약신학을 주제로 삼고는 있지만 구약신학의 정의와 방법론에 대한 언급이 없고 구약성서의 일부만을 다루기 때문에 논의에서 제외하였다. 참고. 구덕관, 「구약신학」 (서울: 대한기독교서회, 1991)도 제외시킨 이유?
117) 김정준, 「구약신학의 이해」 (서울: 한국신학대학출판부, 1973), 484-94.
118) 만수 김정준 논집 간행위원회 편, 「역사와 신학」, 만수 김정준 전집 1권 (서울: 한국신학연구소, 1987), 297. 강사문, "김정준의 구약 역사이해와 한국사의 신학화," 「만수 김정준 구약신학」, 김정준 박사 탄식 90주년 기념논문집, 김정준 구약학회 편 (서울: 경건과 신학연구소, 2004), 441, 재인용.

선민 이스라엘을 위해 하신 일로 믿고 보는 바 신앙의 사건으로 이해한 것처럼 우리나라 역사도 우리 민족을 위해 하나님이 하신 일로 보는 시각과 믿음, 즉 신앙 사건으로의 이해가 필요하다. 모든 신앙은 민족의식의 표현이기 때문이다." 그의 저술은 구약신학의 정의, 신학방법론, 신구약성서의 관계와 같은 주제들을 다루지 않은 상태로 이스라엘의 고난, 예레미야의 신학, 신명기의 신학적 과제, 제2이사야의 목회신학, 욥기의 신학, 이스라엘의 민족정신, 열조의 신앙에 대한 신학적 이해, 이스라엘 왕도의 신학적 이해 등을 다루었다.

가블러의 프로그램에 비추어 보면 그의 저술은 여러 가지 제목의 신학으로 나누어 다루기는 했지만 그것은 서술적 과제를 수행한 데 머문 것으로 보인다. 다시 말해서 다양한 구약신학사상을 체계적으로 종합하지 않고 펼쳐놓았다는 것이 단점으로 지적될 수 있겠다. 하지만 그는 다른 무엇보다도 구약성서에 배어있는 이스라엘의 역사의식을 우리 교회의 신앙을 위한 규범적 가치가 있는 것으로 간주하는 것으로 보인다. 역사의식 고취를 목적했다는 측면에서 그의 신학은 우리나라에서 이루어진 본격적인 구약학 연구사에 일찍이 일구어낸 대단히 의미 있는 업적으로 평가된다.

1.3.2. 원용국

원용국은 페인(J. Barton Payne)의 구약신학에 힘입어 자신의 성서신학을 전개하므로 서구신학자의 사상을 소개하는 인상을 준다. 그는 성서신학이 역사적이라는 정의로부터 시작하지만 이스라엘 역사에 대한 논의나 언급은 전무하다.[119] 성서는 무시간적 진리라고 고백하기 때문에 구약성서와 신약성서가 형성되는데 걸린 역사적 차이도 고려하지 않는다. 한 마

---

119) 원용국, 「성서신학」 (서울: 성광문화사, 1979), 14.

디로 그의 성서신학은 보수주의 신학을 표방한다. 내용을 보면 계시와 언약을 서두에 다룬 뒤 신론, 인간론, 구원론의 틀로 기술되고 있다. 한 마디로 그의 성서신학은 보수신학의 교리적 주장을 겨냥하면서 전개되고 있다는 측면에서 일종의 증빙본문 신학 유형으로 분류될 수 있을 것이다. 그의 글은 가블러의 프로그램에 비추어 볼 때 역사적 문법적 주석을 전혀 실행하고 있지 않다.

1.3.3. 김철현

김철현의 구약신학은 하나님의 나라 혹은 통치 개념이 구약과 신약에 전승사적 연속성과 통일성을 부여한다는 관점으로 전개된다.[120] 그는 먼저 다윗 왕조 건립의 신학적 의의를 오경과 신명기역사에서 살핀 다음, 예언서의 케리그마를 초기 예언자, 북국 예언자, 남국 예언자, 포로기 예언자의 순서로 분석하고 이어서 시가문학과 포로기 이후 신학을 다룬다. 결론에서는 구약전승들의 차이와 신약에 있어서 구약 케리그마의 연속성을 기술한다. 또 그는 성서신학이 신본주의로 구성되어야 한다고 전제한다.[121]

매우 흥미롭고 얻을 것이 많은 그의 구약신학은 가블러의 프로그램에 비추어 볼 때 서술적 과제를 철저하게 수행하였다. 신구약성서의 통일성을 하나님의 나라에서 찾고 그것이 구약성서에서 시작하여 신약성서까지

---

120) 김철현, 구약신학 (서울: 성광문화사, 1994), 54. "우리는 이 연구에 있어서 하나님의 통치가 어떻게 이스라엘의 왕국과 연관하는가 하는데 대한 구약적 메시지의 배경과 전면, 다른 말로 말하면 그 생성과 내용을 전승사학적으로 그리고 주석적으로 분명히 하고자 하는데 뜻을 둔다... 우리의 관심은 하나님 나라에 관한 신약적 케리그마를 전승사학적 배경에서 일관성을 찾아 성서신학적 통일성을 주장하고자 하는데 있다."

121) Ibid., 44.

어떻게 표현되고 결실을 맺게 되었는지를 보여주었다는 측면에서 그렇다. 그러나 여기에는 이러한 사상을 지닌 성서를 읽은 우리가 어떻게 살아야 하는가? 에 대한 규범적 질문이나 논의는 완전히 결여되어 있다. 이유는 그가 신본주의를 표방하면서 성서 자체의 특정 사상(하나님의 나라와 통치)을 서술하는 작업에만 몰두했기 때문으로 분석된다. 또한 그의 신학은 전승사적 연구방식이 갖는 한계에 노출되어 있다. 전승사란 가상의 역사이다. 그것은 상이한 전승들이 다른 시대와 다른 저자들에 의해 활용되는 양상을 놓고 연구한다. 그래서 전승사는 실제 역사가 그렇게 전개되었는지 여부에 대해서는 무관심하다. 다시 말해서 전승사적 연구는 폰 라트의 「구약신학」처럼 구약성서 본문으로부터 실제 역사적 전개와 영향, 사회적 필요, 국내외 정치경제적 역학 등을 고려하지 않는다는 측면에서 아주 이상주의적이고 순진한 본문 주석방식이라고 볼 수 있다. 그러므로 그의 저술은 과거의 특정 의미를 주목했다는 측면에서 의미가 있지만 그것을 오늘의 의미로 변환시키지는 못했다는 단점을 지니고 있다.

1.3.4. 정규남

정규남은 앞의 학자들과 달리 처음으로 구약신학이란 연구 분과의 정의, 방법, 과제를 공식적으로 다룬다.[122] 그는 구약성서를 역사적 증언이며 동시에 신학적 증언으로 정의하고 역사적인 연구와 신학적 연구를 함께 수행해야 한다고 기술한 뒤 여기에 구약을 하나님의 영감된 계시로 연구해야 한다는 자신만의 독특한 입장을 덧붙인다.[123] 그의 방법은 계시사적(revelation-history) 방법이라고 소개된다. 내용을 보면 구약성서의 내용

---

122) 정규남, 「구약신학의 맥」 (서울: 두란노, 1996).
123) Ibid., 25.

을 창세기부터 사사기까지는 인물 중심으로 시대를 구분하다가(아담 시대, 노아 홍수 이전 시대, 열조부르기 전까지 시대, 족장 시대, 모세 시대, 여호수아와 사사시대), 다윗 왕국에 이르러서는 더 이상 시대를 구분하지 않고 다윗 언약의 의미만을 다룬다. 그리고 성문서 가운데 시가서 상당부분은 생략하고 예언서와 지혜서는 구약개론 수준으로 전개한다. 마지막에는 성령, 선교, 예배라는 주제에 대한 신학적 논의를 첨부한다.

그의 구약신학에서 눈에 띄는 것은 형식과 내용면에서 일관성이 결여되어 있다는 점이다. 또 계시사적 방법이라는 용어 자체도 모호하다. 이유는 역사가 무엇인지에 대해서 함구하기 때문이다. 그래서 역사적 연구를 해야 한다고 말하면서도 본론에서는 오경을 인물이나 사건별로 시대를 나눈다. 이런 모습은 기존 비평적 성서학에서 말하는 역사 이해와 큰 차이가 있다. 그의 역사는 성서 이야기의 순서를 따라 임의로 나눈 것이다. 그것이 실제로 벌어진 역사인지 아니면 단순히 전승되어온 역사인지 논하지 않는다. 이것을 역사적 연구라고 말할 수 있을지 의아하다. 더구나 계시에 대한 그의 이해도 단순하게 교리적인 주장을 수용하고 있다. 계시가 무엇인지에 대하여 성서적 정의나 이해를 논하지 않는다는 뜻이다. 그가 계시라는 용어를 내세우는 까닭은 그가 속한 교단의 보수 신학적 배경 때문이 아닐까 하는 생각이 든다. 그런 의미에서 그는 구약성서가 한국 개신교의 상황이나 개신교 신학사상을 염두에 두지 않았다는 점과 아주 오랜 과거에 고대 이스라엘 백성이 읽은 성서라는 점을 잊은 것 같다. 그의 구약신학은 가블러의 프로그램에 비추어 볼 때 역사적 서술적 과제나 체계적 규범적 과제 그 어느 것도 수행하지 못한 것으로 보인다.

1.3.5. 엄원식

엄원식은 구약신학을 "성서시대에 일하시던 하나님의 사실과 이에 응답하던 사람들의 일들을 성서에 기록된 대로 밝혀내는 일"로 정의하고[124] 그 기능은 "구약의 종교를 이해하고 인간의 생에 의미 있고 가치 있는 말씀들을 발견하"는 일이라고 말한다.[125] 그 성격은 "역사 안에서 나타난 하나님의 행동들에 대한 설명"이라고 본다.[126] 이런 관점은 그가 구미에서 일어난 성서신학 운동에 영향을 받은 것으로 보인다. 또한 구약 신앙은 신약 신앙의 기초이며 예수 그리스도에 대한 "전이해"를 제공한다는 관점으로 구약신학을 전개한다. 그는 또 한국의 현실에 대한 해석학적 인식도 갖고 있다.

> 이스라엘 민족의 피눈물 나는 체험에서 솟아난 구약성서가 이 한국 땅에서는 교리의 뒷받침이나 하는 책으로 일반 대중에게서 멀어지게 되었다는 것은 생각할수록 슬픈 일이다. 그 역사 문학에 나타난 리얼리즘, 그 예언문학에 나타난 웅대한 이미지와 간결하고 섬세한 리리시즘(서정주의), 그 지혜문학에 나타난 고민하며 헤매는 적나라한 인간의 모습 등이 한국 민족의 얼 속에 공명을 일으키도록 하는 일은 구약을 하나님의 말씀으로 믿는 교회가 이 한국 땅에 있는 한 극히 중요한 일로 다루어져야 할 것이다. 구약사의 전체 면을 통하여 우리는 한국에서의 하나님의 섭리가 결국 승리한다는 결론을 내릴 수 있다. 구약은 약속된 성취를 향해 나아가는 구원사이기 때문이다. 한국 또한 약속에서 성취를 향하여 나아가는 대역사 속에 참여하고 있음을 발견하게 된다. 동시에 구약은 이미 일어났고 지금 이 순간도 일어나고 있는 이 땅 위의 역사적 현실을 거듭 반복하여 말하여 주고 있는 것이다.[127]

---

124) 엄원식, 「구약신학」 (대전: 침례신학대학교출판부, 2002), 14.
125) Ibid., 15.
126) Ibid., 435. 제2장 각주 1.

하지만 그가 지적한 한국의 현실은 구약의 몰이해 정도로 그치고 있다. 또 한국에서 벌어지길 바라는 하나님의 섭리가 어떤 모습으로 나타날지에 대하여 구체적인 희망도 묘사하지 않는다. 하지만 내용은 구약성서에 한정하여 전체의 신학사상을 다루고 있어서 건전하다. 동시에 책에 따라 필요한 특정한 연구주제, 예를 들면 오경의 저작권과 문서가설 비판, 가나안 정착가설, 사독과 후예들, 히브리 예언운동, 희년 등을 소개한다는 측면에서 동시대 한국의 다른 구약학자들에 비해 서구의 연구 성과를 집약적으로 소개하므로 독자에게 귀중한 학술 정보를 제공하는 장점을 갖고 있다. 다만 그가 소개한 학설들이 대부분 지나간 시대의 것이어서 새로운 연구로 보강될 필요가 있어 보인다.

그의 글을 가블러의 프로그램에 비추어 평가한다면 구약성서의 주요 신학사상을 다루었다는 측면에서 역사적 서술과제에 한정되어 있는 반면 그 사상들을 체계화하거나 규범성을 지닌 사상이 무엇인지를 밝히지 않는다. 즉, 과거의 의미에 초점을 맞추었으나 현재의 의미는 밝히지 않은 것이다.

1.3.6. 왕대일

왕대일의 「구약신학」은 우리나라에서 나온 다른 저술들과 달리 서구의 구약신학이란 연구 분과에 대한 이해를 가장 잘 정리한 저술이다. 그는 서구의 구약신학 연구사를 간략하고 명쾌하게 정리한 후, 자신이 수행하려는 구약신학의 과제, 정의, 방법론을 분명하게 제시한다. 본론에서 그는 오경, 역사서, 성문서, 예언서의 신학을 각각 다룬 뒤에 구약신학적 적용이 필요한 특정한 주제(창조신앙, 구속사, 시온전승, 유일신 신앙, 종말론)

---

127) Ibid., 35-6.

에 대한 논의로 마친다. 그는 구약신학을 "구약성서 본문에 대한 해석을 통해 그 증언이 지니고 있는 진리와 가치를 검토하고 논의하는 작업"으로 정의하고128) 기존의 서구 구약신학이 서술적 과제에 그친 것을 비판하면서 본문 주석에서 신학으로 그리고 해석학으로 이어지는 건설적(constructive) 과제를 수행하려고 한다.129) 하지만 그는 구약신학의 규범적 과제에 대해서는 언급하지 않는다. 이것은 아마도 신구약의 관계에 대한 모호함 때문에 비롯된 것 같다. 그는 구약과 신약이 근본적으로 다른 신학을 지니고 있음을 전제로 "서로 동등하게 서로가 서로에게 열린 모습으로 '상호비평적 보완'(mutual critical complementarity)을" 이루기를 희망하면서도130) 그것을 어떻게 수행할 것인지에 대해서는 구체적으로 설명하지 않고 있다.

한편, 그는 해석자로서 한국이라는 신학의 자리를 명료하게 인식하고 있다. 그는 우리의 구약신학의 자리가 한반도라고 특정한다.

> 우리가 신학하는 자리가 어디인가? 우리가 설교하는 자리가 어디인가? 한반도이다. 오늘날 한반도는 진통하고 있다. 남과 북의 대치를 말하지 않더라도 정의와 평화, 복지와 분배가 요청되는 자리가 이곳이며 생태계의 위기와 생명신학이 요청되는 자리가 이곳이고, 화해와 통일, 더불어 삶과 나누는 삶의 윤리가 요청되는 곳이 이곳이다. 우리는 이런 한반도에서 구약신학을 한다. 이런 한반도에서 목회를 한다.131)

하지만 한반도에 존재하는 우리 교회의 위기현실에 대한 언급은 최소화되고 있다. 더구나 그는 자신의 스승인 롤프 크니림(Rolf Knierim)의 연구에 힘입어 구약신학을 전개하기 때문에 여전히 서구신학을 소개하는 학

---

128) 왕대일, 「구약신학」, 개정판 (서울: 감신대성서학연구소, 2010[초판, 2002]), 94.
129) Ibid., 112-6.
130) Ibid., 111.
131) Ibid., 116.

자로 머물고 있다는 인상을 지울 수 없다. 탁월한 사상을 전개한 크니림의 사상 자체를 문제 삼는 것은 아니다. 다만 크니림의 사상과 방법을 자기만의 방식으로 소화하여 우리 교회가 직면하고 있는 위기 타개의 방편으로 충분히 발전시키지 못한 점이 아쉽다는 뜻이다.

한편, 그의 본론은 자신의 방법론에 일관성을 보여주지 못하고 있다. '구약신학과 오경' 단락에 있어서는 크니림의 본문 구조분석 방법(composition criticism)에 의지하여 오경의 신학을 논하기 위한 적절한 사상적 구조를 추출했다. 그것이 출애굽, 시내 산 언약 체결, 성막 건설이다.132) 그러나 뒤따르는 역사서, 성문서, 예언서에는 이 구조분석 방법을 사용하지 않고 있다. 또 역사서를 논할 때 역대기 역사서에 대한 언급이 축소되어 있는 것도 문제이다. 오경 이외의 구약성서를 다룰 때는 자신이 설정한 특정한 신학사상에 비추어 해당되는 성서를 인용할 뿐 모든 책을 균등하게 그리고 공평하게 다루지 못하는 점도 취약하게 보인다. 이를 테면 그는 예언서를 다룰 때 '이스라엘의 죽음과 부활'이라는 주제로 예언서의 해석학적 구조로 세운다.133) 죽음과 부활이라는 용어는 기독교적이므로 독자에게 친근감을 준다. 하지만 그 단락은 구약시대 예언서의 삶의 자리에 대한 이해가 피상적이다. 예언이 왜 등장했고 어떻게 문서가 되었는지 그리고 예언자가 선포한 심판이 사회의 구성원 가운데 누구 때문에 누구에게 임하게 되었는지 등을 다루지 않는다. 이런 양상은 그가 고대 이스라엘의 실제적 사회구조와 변동에 대해 심도 있는 이해가 부족하거나 관심이 없기 때문일 것이다. 이러한 모습은 신학의 자리가 구체적 역사와 사회에 있다는

---

132) 여기서도 창세기를 제외시킨 채로 출애굽기부터 신명기까지만 다룬 것은 크니림과 왕대일의 오경 신학이 안고 있는 문제점이다. 또 민수기에 기록된 광야의 경험들은 논하지 않는다는 것도 눈에 띈다. 참고. 우택주, "구약신학의 서언, 창세기의 신학," 「복음과 실천」 50집 (2012 가을): 11-37을 보라.

133) Ibid., 254-67.

자신의 해석학적 인식과 상충된다. 그럼에도 불구하고 그의 저술은 잘 다듬어진 문체로 서구성서학의 흐름을 잘 정리하면서 구약의 신학사상들을 나름대로 짜임새 있게 도출하려고 시도하였다는 측면에서 장차 한국의 구약학자들이 시도하려는 구약신학의 훌륭한 모범으로 평가된다.134)

1.3.7. 김남일

김남일의 「주제별 구약신학」은 독립된 성서연구 분과로서의 구약신학이란 정의에 합당한 내용을 다루지 않는다.135) 그것은 복음주의의 테두리 안에서 다양한 주제에 따라 구약성서를 해석한 연구물을 모아놓은 글에 불과하다. 특히 그가 해석원리로 제시한 "계시의 원리" 단락은 보수적인 신학자 영(Edward J. Young)의 유신론적 전제로서의 계시 이론을 수용하는 한편 계시에 대한 비평적 신학자들의 주장을 비판하는 것으로 끝난다.136) 그의 책은 복음주의가 표방하는 교리적 범주를 긍정하는 수준에 머물고 있다. 이 책은 구약성서 자체에 대한 서술적 과제도 규범적 과제도 수행하지도 않으며 복음주의 신학이라는 특정 신학의 담론을 구약성서본문으로부터 주장하거나 강요하는 경향이 강하다. 그곳에는 논증이 없다.

1.3.8. 손석태

손석태의 「목회를 위한 구약신학」은 "성경을 비평적 방식으로 분석하므로 성경의 권위가 상대화되고 그 진정성이 훼손되어 결과적으로 현대

---

134) 필자 역시 그의 구약신학을 수년간 신학생들에게 가르쳐왔다.
135) 김남일, 「주제별 구약신학」 (서울: CLC, 2004).
136) Ibid., 29-43.

기독교가 약화되고 쇠퇴되었다는 판단"으로부터 집필하게 되었다는 동기를 밝힌다.137) 그의 구약신학은 "성경의 영감과 신구약성경의 통일성을 전제하고 관계성이란 주제로 성경의 가르침을 체계화"한 글이다.138) 그는 보수적 신학자인 보스(G. Vos), 제이콥(E. Jacob), 페인(J. B. Payne)이 내린 구약신학의 정의에 따라 "하나님의 구속에 대한 성경적 역사"를 수용하면서 "성경은 역사적 사실을 바탕으로 쓰여진 신학적 역사"라고 기술한다.139) 그는 또 성서의 통일성을 증명하지 않고 전제한다. 내용은 본문에 대한 주석적 고찰이 없이, 하나님, 사람, 만물의 관계를 중심주제로 삼고 하나님에 관한 다양한 비유를 수집하고 주제별(남편, 아버지, 목자, 전사, 왕)로 배열하는 수준에서 머물고 있다. 그는 주제 별로 고대 근동의 문학적 배경과 연관하여 설명하기는 하지만 그가 언급한 "역사" 개념이 무엇을 의미하는지 아무런 설명이 없다. 또 구약성서의 다양한 장르(율법, 역사, 지혜, 시가, 예언, 묵시)에 대한 설명도 없다. 아마도 성서의 권위 실추가 비평적 성서해석 때문이라는 저술동기가 작용한 것 같다. 하지만 성서의 권위 실추가 과연 순전히 비평적 성서해석 때문에 생긴 현상인지에 대해서는 의구심이 앞선다. 오히려 앞에서 밝힌 대로 한국교회의 성숙을 가로막은 주된 요인이며 성서의 권위실추에 대한 책임은 활발한 비평적 성서연구 때문이 아니라 성서의 문자주의를 신봉하는 근본주의 신학이 그러한 성서연구를 억압해왔기 때문이라는 지적을 심사숙고할 필요가 있다.

---

137) 손석태,「목회를 위한 구약신학」(서울: CLC, 2006), 5.
138) Ibid., 5-6.
139) Ibid., 18.

1.3.9. 한상인

한상인의 「구약신학의 이해」는 오순절 교파의 해석적 입장을 취한다.[140] 그의 구약신학 역시 손석태처럼 보수신학자인 제이콥(E. Jacob), 영 (E. J. Young), 페인(J. B. Payne)의 정의를 따른다.[141] 서두는 조직신학적 구조를 갖고 영감론과 성경관을 기술하고 자신의 저술이 복음주의 신학임을 밝힌다.[142] 이어서 다양한 해석 방법론을 소개하지만 자신의 것이 무엇인지는 밝히지 않는다. 그는 구약의 중심점으로 하나님 형상 개념과 언약개념 두 가지를 소개한 뒤[143] 신론, 인간론, 구원론에 해당하는 내용을 다루고[144] 구약성서 각 권의 요점을 간략히 나열한다.

1.3.10. 요약과 제안

우리는 위에서 우리나라 구약학자 아홉 명이 저술한 구약신학을 살펴보았다. 먼저, 해석학적 관심사를 갖고 우리 땅의 현실을 염두에 둔 학자는 김정준, 김철현, 엄원식, 왕대일 등이었다. 그러나 김정준은 폰 라트의 신학을, 김철현은 전승사신학을, 엄원식은 성서신학운동을, 왕대일은 오경의 신학에서 크니림의 신학을 의지하거나 활용하고 있어서 큰 틀에서 보면 서구신학이나 특정 신학자의 사상을 소개하는데서 완전히 벗어나지 못했다는 인상을 준다. 한편 원용국, 정규남, 김남일, 손석태, 한상인은 자신들이 속한 교단 신학의 보수 성향 때문에 구약성서 본문에 대한 역사적

---

140) 한상인, 「구약신학의 이해」 (서울: 서울말씀사, 2009), 4.
141) Ibid., 11-3.
142) Ibid., 15-20, 47-9.
143) Ibid., 80-91.
144) Ibid., 115-64.

연구를 아예 하지 않거나 역사에 대한 인식 없이 성서 이야기의 구조에 따른 시대구분을 따라 논의를 전개하는 모습을 볼 수 있다. 또 원용국, 정규남, 김남일, 손석태는 모두 보수적인 서구 신학자들(보스, 제이콥, 영, 페인)의 사상에 기반을 두고 그것에 의지하여 구약신학을 기술하는 양상은 앞의 세 명과 크게 다르지 않다. 이 책의 서두에서 지적한 대로 우리 교회의 강단설교가 안고 있는 전형적 약점 중 하나인 '역사의식 부재'의 모습을 이 신학자들에게서도 새삼 발견할 수 있다는 것은 놀랍지 않다. 대략적으로 이 아홉 명의 학자들은 조금씩의 수준 차이나 깊이의 차이는 있지만 대부분 가블러의 서술적 과제를 수행한 것으로 보인다. 하지만 가블러가 말한 규범적 과제는 서구의 학자들과 마찬가지로 아무도 수행하지도 않았으며 그것을 아예 염두에 두지도 않았음을 발견할 수 있다. 다만 왕대일은 이 문제점을 간파하고 규범적 과제의 필요성을 지적했지만 정작 자신은 여기서 한걸음 비켜서 구성적 과제(constructive task)라는 명목으로 수행하는 모습을 보여주었다. 그가 내놓은 결과도 결코 규범성을 지닌 가르침을 도출한 것으로 보기는 어렵다. 위의 보수적인 구약학자들이 혹시 자신은 규범적 과제를 수행했다고 주장한다면 아마 그것은 교리의 범주 안에서 이루어진 고백적 작업을 한 경우로 이해할 수 있다. 끝으로 언급하고 싶은 점은 서술적 과제를 규범적 과제로 이행하기 위해서 반드시 필요한 것이 해석학이었는데 우리 구약 학자 몇 명은 해석학적 인식은 보여주었으나 정작 해석학 자체는 아무도 사용하지 않았음을 알 수 있다.

이상의 논의를 근거로 이제 우리나라의 구약학자들의 어깨 위에는 순수한 구약신학, 즉 체계적 규범적 과제가 남아 있음을 알 수 있다. 그것을 수행하려면 구약성서 본문이 지니고 있는 과거의 의미를 서술하는 과제로부터 한 걸음 더 나아가 먼저 우리의 구약성서 해석의 자리 즉 우리 교회의 위기를 해소하는 데 기여해야 한다는 해석학적 인식을 갖는 일이 요청된다. 그리고 과거 이스라엘 백성이 읽었던 구약성서에서 예수가 이해했던 하나님의 참 뜻이요 우리 교회에게 지금 전하는 거룩한 하나님 말씀으로 받아들이고 순종해야 할 규범성 있는 가르침을 도출할 수 있는 해석학적 방안을 모색하는 일이 선결되어야 한다.

제2부

21세기 한국개신교회를 위한 구약신학: 정의와 방법론

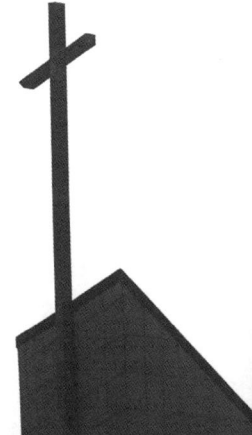

제2부

21세기 한국개신교회를 위한 구약신학: 정의와 방법론

2.1. 구약신학의 정의

　21세기 한국개신교회를 위한 구약신학을 기술하기 위해 가장 먼저 선결해야 하는 작업은 구약신학을 정의하는 일이다. 1부에서 살핀 대로 성서신학의 아버지 가블러는 구약신학을 조직신학과 구별해야 하고 그에 따른 성서신학의 합당한 목적을 제안했다. 하지만 구약신학이 무엇을 하는 작업인지 그 작업의 정의에 대해서는 언급하지 않았다. 20세기의 위대한 구약신학자, 아이흐로트와 폰 라트는 자신들의 구약신학이 무엇인지 또 어떻게 수행할 것인지에 대하여 뚜렷한 입장을 밝히고 그 결과를 내놓았다. 아이흐로트는 구약신학을 한편으로 고대 근동의 종교적 배경을 고려하고, 다른 한편으로 신약성서와의 통일성을 염두에 두면서, 구약성서의 신앙의 의미를 구조적 통일성에 근거하여 밝히는 일로 정의하였다.[1] 폰 라트는 구약성서가 이스라엘 백성의 삶과 역사에 나타난 하나님의 구원행위에 대한 증언으로 보고 구약신학은 이 구원사(history of salvation)를 재연하는 일(retelling)이라고 정의하였다.[2] 양자가 제시한 구약신학의 정의와 그에

---

[1] Eichrodt, *Old Testament Theology*, vol. One, 31.
[2] von Rad, *Old Testament Theology*, II, 121.

따른 구약성서의 신학을 기술한 업적은 긍정적 평가와 함께 여러 가지 비평을 받았다. 또한 학자들은 비평에 근거하여 이들의 주장을 보완하기 위하여 다양한 제안과 더불어 다각적인 연구를 수행했다는 사실은 앞에서 (2.5.1) 기술하였으므로 되풀이하지 않을 것이다.

구약신학이란 무엇인가? 이 질문에 답할 때 우리는 먼저 그것이 성서신학의 일부라는 사실을 재확인할 필요가 있다. 구약성서가 기독교성서의 일부이기 때문이다. 이 용어가 가리키는 연구의 정의를 아주 상세하게 논의한 학자는 제임스 바(James Barr)이다.[3] 우리의 구약신학 이 추구하려는 바를 기술하기에 앞서서 그의 논의를 참고하려고 한다.

바는 성서신학(biblical theology)이 교리신학(dogmatic theology)이나 철학적 신학(philosophical theology)과 대비되는 개념이라고 밝힌다.[4] 또 신약성서와 구약성서를 모두 포함한 기독교 성서 전체의 신학을 다룰 때는 단순히 성서신학이라는 용어보다는 성서전체의 신학(pan-biblical theology)이라는 용어를 사용하여 용어사용의 혼돈을 피하는 신중함을 발휘한다.[5] 그는 성서신학을 이해하고 정의하는 데 핵심적인 방식 몇 가지를 설정한다.

1) 구약전공이든 신약전공이든 성서신학자들이 수행한 연구
2) 이미 알려져 있지 않았으나 계속해서 발견해야 할 새로운 연구
3) 에큐메니칼한 논의가 가능한 연구
4) 신학적 작업이 본래적으로 지니고 있는 의미와 견줄 수 있는 특성과 측면을 지니고 있는지를 물어보아야 하는 연구
5) 성서시대의 언어와 문화 속에 존재했다고 믿어지는 신학으로 이해될 때

---

3) James Barr, *The Concept of Biblical Theology: An Old Testament Perspective* (London: SCM, 1999).
4) Ibid., 1.
5) Ibid.

명료성을 지니는 연구[6]

이에 따라 바는 성서신학을 "본질적으로 대조적인 개념(a contrastive notion)"이라고 생각하고[7] 다음의 여섯 가지 항목별로 구약신학이란 개념을 이해하고 정의한다.

첫째, 성서신학은 교리신학(체계신학, 교의신학 혹은 구성신학)과 대조된다.[8] 이 점은 가블러의 제안에 기초하여 있다. 다시 말해서 바는 교리신학에서 출발하거나 근거하지 않은 성서연구가 성서신학을 정의하는 출발점이라는 의도로 말한다.

둘째, 성서신학은 성서의 비신학적(non-theological) 연구와 대조된다.[9] 여기서 비신학적 연구라 함은 성서의 메시지, 신학적 주제, 신앙공동체의 신념을 다루지 않은 역사 비평적 연구(본문언어, 배경, 예전의 문서이론, 양식비평, 전승사비평 등등) 일체를 가리킨다. 이렇게 말한 이유는 마소라 본문이나 70인역을 다루는 본문비평은 기성 신학과 상관없이 역사적 배경이나 고대 언어의 의미를 풀이하는데 초점을 맞추기 때문이다. 첫째 항의 방점이 '성서'에 있다면 이곳의 방점은 '신학'이다.[10] 이상의 두 항목을 기초로 바가 이해하는 성서신학의 정의는 먼저 교리와 상관없이 수행하는 '성서'에 초점을 맞춘 연구이며, 동시에 그것은 다시 '신학'을 추구해야 하는 성서 연구라는 것이다. 물론 바는 성서에 대한 역사 비평적 연구가 비신학적인 연구라는 것에 동의하지는 않는다. 오히려 그는 역서 비평적 연구가 신학적 기준에 따른 작업이라는 사실을 긍정한다. 그럼에도 불구하

---

6) Ibid., 2-4.
7) Ibid., 5.
8) Ibid., 6.
9) Ibid., 7.
10) Ibid., 8.

고 이와 같은 정의를 내리는 까닭은 성서신학이 성서의 역사 비평적 연구와 교리신학 사이에 위치하여 있기 때문이다. 이 두 번째 이해와 정의는 가블러가 제안한 성서신학의 두 가지 과제, 즉 역사적 서술적 과제인 진실한 성서신학과 규범적-체계적 과제인 순수한 성서신학 사이의 구별에서 비롯된 것이다. 따라서 바는 성서신학이 근본적으로 이 두 가지 과제 사이에서 움직여야 하지만 이와 동시에 교리신학으로 흘러가면 안 되는 중간상태(a liminal state)의 연구라는 점을 밝힌 것으로 보인다.

셋째, 성서신학은 종교사적 접근과 대조된다.[11] 종교사적 접근이 일정 부분 역사 비평적 연구와 중첩이 되는 것은 사실이다. 바의 이해와 정의에 따르면 고대 이스라엘 신앙의 "상수(常數, constancy)"를 찾는 성서신학은 주변 문화의 수용이나 거부를 통해 발전하거나 변화하는 모습만을 중점적으로 연구하는 종교사적 접근과 구별되어야 한다는 의미로 이해된다.[12]

넷째, 성서신학은 철학이나 자연신학과 대조된다.[13] 성서신학은 그리스 철학이나 근대적 이성에 근거한 추론과 논의와 달리 성서시대의 사고방식과 논리에 근거를 두어야 한다는 의미이다. 성서는 하나님의 계시이며, 자연적으로 타고난 인간의 이성적 추론의 결과가 아니기 때문이다.[14]

다섯째, 성서신학은 성서 전체 혹은 신약이든 구약이든 하나를 전체적으로 해석한 것이며 성서 각 권이나 성서단락 일부의 해석과 대조된다.[15] 여기서 바는 연구하는 성서단락의 크기가 크면 클수록 작은 단락 설정에 의한 연구보다 훨씬 의미가 있다는 전제아래 제사장 신학, 예언자의 신학, 혹은 에스겔의 신학, 바울의 신학, 요한의 신학 등등과 같이 성서의 일부

---

11) Ibid., 9.
12) Ibid., 11.
13) Ibid.
14) Ibid., 12-3.
15) Ibid., 13.

만을 다룬 연구를 구약신학이라고 보기 어려우며 '구약성서 전체를 다루는 연구'나 '신약성서 전체를 다루는 연구'를 수행하는 것이 성서신학이라고 정의한다.16)

여섯째, 성서신학은 평가하는 기능과 실천되어야 할 내용을 담아야 하는가?17) 여기서 바는 단정하지 않고 의문문으로 표현한다. 이 항목은 성서신학의 해석학적 측면을 다룬다. 성서를 통해 과거에 의미했던 바가 어떻게 현재에 기능할 수 있는지를 묻는 것이다. 바는 이 점에 있어서 평가하고 실행에 옮겨져야 하는 성서신학의 긍정적 기능을 수용하면서도 이러한 측면이 성서해석자/목회자에 의해 임의적으로 오용될 가능성도 있다는 부정적 입장도 함께 제시한다.18)

이상을 정리해보면 바는 성서신학의 일환인 구약신학을 정의할 때 고려할 사항, 즉 연구 대상, 범위, 내용과 성격, 방향과 기능 등을 언급한다. 이러한 바의 주장에 대하여 퍼듀(Leo G. Perdue)는 그의 성서신학 개념과 정의가 "명료하긴" 하지만 포스트모더니즘이 지배하고 있는 현재는 "낡아서 더 이상 사용하기 어려운 엄격한 합리주의와 전통적 방식에 근거"하고 있다고 분석한다.19) 그가 보기에 바에게 결여되거나 부족한 것은 성서가 과거에 지녔던 의미가 현대의 다양한 문화와 상황과 조건 속에서 어떤 규범적 의미를 지닐 수 있는지에 대한 해석학적 논의라고 지적한다.20) 그는 이전 저술에서 역사와 역사주의의 몰락 이유를 현대 사회의 사상적 조류인 포스트모더니즘과 그와 함께 제안된 새로운 방법론들(신문학비평, 구

---

16) Ibid., 14.
17) Ibid., 15.
18) Ibid., 16-7.
19) Leo G. Perdue, *Reconstructing Old Testament Theology: After the Collapse of History* (Minneapolis: Fortress, 2005), 16.
20) Ibid., 17.

조주의, 폴 리꾀르의 해석학)과 정당하고 다양한 관점들(해방, 흑인, 여성, 아시아-아프리카와 같은 제3세계, 탈식민주의)의 등장으로 규정한 바가 있기 때문에[21] 이런 평가는 자연스러운 것으로 보인다. 현대와 같은 포스트모던 사회에서 벌어지고 있는 다양하고 다채로운 해석학적 관점을 추가로 고려할 수 있다면 바의 성서신학 개념에 대한 이해와 정의는 유지될 수 있다는 뜻이다.

그러므로 누구든 이 시대에 구약신학이 무엇인지 정의하려면 모더니즘에 입각한 바와 포스트모더니즘을 고려할 필요성을 인식한 퍼듀의 지적들을 염두에 두어야 한다. 우리가 수행하려는 구약신학의 정의는 다음과 같은 사항들을 고려할 것이다.

첫째, 구약성서는 기독교 경전의 첫 부분이다. 구약성서는 교회가 가르치는 신앙의 규범을 담고 있는 정경의 일부이다. 특히 해석학적 입장에서 우리나라 개신교(!)의 삶과 유리될 수 없는 하나님의 계시로서의 신성한 권위를 지닌다.

둘째, 구약성서에 포함된 글들은 이스라엘 백성의 살아있는 역사의 토대 위에서 기록되었다. 구약성서를 기록한 저자들은 고대 이스라엘 군주국가시대에는 왕실에 고용된 소수 엘리트 지식인 집단, 즉 서기관들이었다. 또 포로후기의 제2성전 시대에는 성전 제사장들에게 고용된 서기관이 주로 글을 기록했다. 구약성서의 역사와 사상은 글이라는 매체를 통해 기록되고 전달되었기 때문에 구약신학을 기술할 때는 역사와 문학이라는 두 가지 특성을 적절하고 충분히 그리고 균형 있게 고려할 것이다.

셋째, 구약성서는 신약성서의 초점인 예수 그리스도가 읽은 성서이다. 그리고 예수를 믿고 따르는 초대 교회의 제자들과 사도 바울, 그리고 신약

---

21) Perdue, *The Collapse of History: Reconstructing Old Testament Theology* (Minneapolis: Fortress, 1994); Reconstructing Old Testament Theology, 4-5.

성서의 여러 글을 기록한 신약성서의 저자들(마태, 마가, 누가, 요한, 베드로, 디모데 등등)이 읽은 권위 있는 글이다. 우리는 구약성서가 역사적 예수를 예수 그리스도가 되게 한 살아있는 하나님의 계시의 말씀이라고 정의한다. 그런 의미에서 구약성서는 불완전하지 않다. 구약성서는 신약성서를 예고하거나 예비하기 위해 기록된 성서가 아니다. 구약성서는 신약성서를 염두에 둔 희미한 그림자 계시가 아니라는 뜻이다. 구약성서는 고대 이스라엘 백성의 구체적 삶과 역사 속에 드러난 하나님의 섭리와 구원의 경륜이 기록된 완성된 계시이다. 이 구약성서의 사상과 의미를 기독교 신앙을 가진 우리가 온전히 이해하려면 반드시 예수 그리스도의 삶과 남기신 말씀과의 관련성에 비추어보아야 한다.

이상의 세 가지 사항을 기초로 우리의 구약신학은 다음과 같이 정의한다.

> 구약신학은 예수 그리스도에 대한 믿음을 근거로 역사적 예수를 예수 그리스도로 고백하게 한 말씀이었던 구약성서가 가르치는 완벽한 계시의 가르침들이 21세기 한국 사회와 더불어 숨 쉬고 있는 개신교가 처한 위기 현실에 어떤 규범적 사상을 제공해주는지를 기술하는 연구이다.

그런 측면에서 우리의 구약신학은 역사 비평적 접근법이 주요 목표로 삼는 구약시대의 사상과 배경을 근거로 구약성서의 가르침을 객관적으로 역사적으로 기술하는 과제에 머무르지 않는다. 구약신학의 역사-서술적 과제의 수행은 다양하고 다채로우며 끝이 없이 진행될 것이다. 지금까지 구약신학의 역사를 살펴보면 금방 확인된다. 지금까지 진행해왔고 앞으로 진행될 역사-서술적 과제는 우리의 구약신학의 출발점이고 토대이다. 우리는 여기서 한 단계 나아가 일찍이 가블러가 제안한 두 번째 단계의 과제, 즉 순수성서신학의 과제를 수행하려고 한다.[22] 우리의 구약신학은 21

---

22) 우리는 여기서 규범적 체계적 과제라고 밝힌 가블러의 제안 가운데 '체계적' 과제

세기를 살아가는 한국 교회가 한국사회를 품으면서 일상적인 삶 속에서 신앙의 궁극적이고 근본적인 목표로 삼고 살아가야 할 가치가 무엇인지를 제시하는데 목적이 있다. 이러한 측면에서 우리의 구약신학은 퍼듀가 말하는 해석학적 관점을 가진 구약신학이며 동시에 규범적인 구약신학이다.

2.2. 구약신학의 방법론

위에서 정의한 구약신학을 수행하기 위해서 취해야 할 다음 작업은 구약신학을 위한 방대한 연구 자료인 구약성서를 어떻게 다룰 것인지, 그 방법론에 대한 입장을 서술하는 일이다. 이 주제는 구약신학의 역사와 더불어 현재까지 소개된 다양한 방법론의 구약신학들을 살피면서 진행하려고 한다.

일찍이 하젤(G. Hasel)은 기존의 방법론들을 열 가지로 일목요연하게 정리하였다.[23] 그것들은 교리적-교훈적 방법(Dentan), 유전적-발전적 방법(C. K. Lehmann, R. E. Clements), 교차방법론(Eichrodt), 주제별 연구법(McKenzie), 통시적 방법(von Rad), '전승형성' 방법(Gese, Stuhlmacher), 주제-변증적 방법(Terrien, Westermann, Hanson), 최근의 비평적 구약신학 방법들(Barr, Collins), '새로운 성경신학' 방법(Childs), 복합적인 정경적 구약신학(Hasel) 등이다.[24]

에 대한 언급을 의도적으로 제외시켰다. 규범적 과제가 체계적으로 수행될 수 있는지 아니면 또 다른 방식이 가능할지에 대해서는 이어지는 다음 단락(2장)의 구약신학의 방법론에서 다룰 것이다. 이제까지의 논의에 비추어 볼 때 우리는 규범적 의미의 '체계화'는 불필요하다고 생각한다. 더구나 그 규범적 과제의 내용이 오직 한 가지뿐이라고도 생각하지 않는다. 서술적 과제와 규범적 과제의 개념 차이는 '과거의 의미'와 '현재적 의미'라는 것을 감안하면 해소될 수 있다.

23) G. Hasel, 「구약신학: 현대 논쟁의 기본이슈들」, 김정우 역 (서울: 엠마오, 1993[orig. 1972]), 43-140.
24) 참고로, 김정우의 번역 중 두 가지 용어는 이제는 친숙해진 학문적 용어로 바꾸어야 하거나 오역된 것이므로 수정해야 한다. '전통형성 방법'의 경우, '전승형성방법'

2.2.1. 교리적-교훈적 방법

전통적인 성서신학 방법론은 신론-인간론-구원론처럼 조직신학의 삼분법에 따라 성서연구를 전개하는 것이었다. 이러한 개요를 여전히 계승하면서도 전부 혹은 일부 활용한 성서신학자들은 덴탄(R. C. Dentan), 코르데로(M.G. Cordero), 힌슨(D. F. Hinson)을 손꼽을 수 있다. 덴탄은 주로 신론에 집중하지만 코르데로와 힌슨은 위의 삼분법을 따른다. 하젤이 지적하듯이 이러한 방법은 귀납적이기보다는 연역적이며, 구약성서 자체에서 우러나온 관심사에 집중하기보다는 구약성서 외부의 관심사에 지배된 구조라고 볼 수 있다.25)

이 방법론의 약점을 보완하고 잘 발전시킨 최근의 연구가 있다. 하우스(P. House)의 글이 그것이다. 그는 창세기부터 말라기까지 구약성서 각 권을 다루면서 모든 제목을 '~~하나님'으로 정하여 논한 다음 마지막 장에서는 '구약의 하나님'으로 마무리한다.26) 얼핏 보면 그의 연구는 구약신학을 신론에만 국한하여 다루는 것은 아닌가 하는 인상을 주면서도 교리적-교훈적 방법과 달리 연역적으로 연구하지 않은 대신에 구약성서의 각 권을 다룬다는 장점을 갖고 있다. 그는 자신의 방법론을 기술할 때 정경적 접근 방식을 선택하여 1세기 팔레스타인 유대 그리스도인이 받아들였던 구약 정경의 순서를 따라 율법, 예언서, 성문서를 차례로 연구하되 개별 책들의 "저작권, 연대 및 독자와 역사적 항목에 대한 간략한 해석을 포함할 것이

이 더 친숙하다. '주제별-통시적 방법'은 '주제-변증적 방법'의 오역이다. 한편 하젤의 요약을 근거로 새로운 논의를 전개하는 류만(J. Reumann)은 하젤의 열 가지 방법 중 '새로운 비평적 구약신학'(Barr, Collins)을 빠뜨린 채 아홉 가지 방법만을 수록한다(J. Reumann, "Introduction: Whither Biblical Theology," in *The Promise and Practice of Biblical Theology*, ed., by J. Reumann [Minneapolis: Fortress, 1991], 3).

25) Hasel, 59.
26) P. R. House, 「구약신학」, 장세훈 역 (서울: 기독교문서선교회, 1998).

다…. 정경의 내용은 무에서부터 발생한 것이 아니며 정경의 역사적 맥락 또한 그 메시지와 무관한 것이 아니다"고 밝힌다. 하지만 바로 이 '간략한 저작권이나 연대 그리고 역사적 항목'은 본문 해석에 영향을 미친다고 생각하기 때문에 그것은 '충분히' 기술되어야 한다.

2.2.2. 유전적-발전적 방법(genetic-progressive method)

성서의 계시가 점진적이며 역사적 발전 원리에 따라 전개된다는 점을 중시하는 방법이다. 하젤은 이 방법론을 사용한 대표적인 학자로 레만(C. K. Lehmann)과 클레멘츠(R. E. Clements)을 지목하고 비평한다.[27] 특히 레만의 구약신학은 구약성서의 삼분법(오경-예언서-성문서)에 따라 구약성서를 다루지만 세 단락으로 이루어진 구약성서의 신학을 구성하는 방식은 역사적 발전을 유전적으로 다루겠다는 취지와 조화되지 않는다는 문제점을 안고 있다. 구약성서의 구분법이 역사적 발전을 일관성 있게 제시하지 않을 뿐 아니라 그런 의도로 그렇게 나누어 놓은 것이 아니기 때문이다.[28] 클레멘츠의 경우는 아예 지혜문학을 배제하는 중대한 결점을 남겼다.[29]

하젤의 비평은 정당하다. 또한 계시의 점진성 문제는 우리가 이글의 앞 단락(1부, 2.4)에서 지적한 바 있다. 점진적 발전 시각은 먼저 등장한 계시가 나중에 등장한 계시보다 불완전하다는 생각을 전제한다. 하젤의 지적처럼 구약의 삼분법을 따르는 일은 온당한 방식이기는 하지만 이것이 역사적 발전 원리에 입각하여 배열된 것이 아니라는 지적은 아주 적절한 것

---

27) Hasel, 59-63. 참고. C. K. Lehman, *Biblical Theology I: Old Testament* (Scottdale: 1971); R. C. Dentan, *Preface to Old Testament Theology*, 2nd ed (New York: 1963); idem, *The Knowledge of God in Ancient Israel* (New York, 1965).

28) Ibid., 60.

29) Ibid., 63.

이다. 또 구약신학이 구약성서에 포함된 성서 어느 한 권도 소홀히 다루면 안 된다는 점을 다시 한 번 상기시켜 준다.

2.2.3. 교차적 방법과 통시적 방법

이 두 가지 명칭의 방법은 아이히로트와 폰 라트에 대한 우리의 비평(1부, 2.5.1)에서 충분히 다루었기 때문에 재론하지 않을 것이다.

2.2.4. 제목별 연구법

구약자료들과 주제를 배열하고 체계화하는 방법이다. 하젤은 맥켄지(J. L. McKenzie)를 이 방법론을 사용하는 학자로 주목하고 비평한다.[30] 맥켄지의 구약신학은 구약에 나타난 하나님에 대한 이야기에서 '경험의 총체성'을 찾는 작업으로 정의하고 제의(cult) 개념을 필두로 계시, 역사, 자연, 지혜, 정치와 사회기구, 이스라엘의 미래라는 주제를 차례로 다룬다. 또 하젤은 '하나님의 통치와 하나님과 인간의 교통'이란 두 가지 개념을 중심으로 구약신학을 전개하는 포러(G. Fohrer)와 '야훼의 이름으로 계시된 하나님'에 초점을 맞추는 침멀리(W. Zimmerli)의 구약신학도 이 방법론의 범주에 포함시켜 평가한다.[31]

이 방법은 아이히로트가 언약 개념에 초점을 두고 구약신학을 전개한 교차적 방법과 흡사하다. 학자들이 간추려낸 제목들이 중요 주제일 수 있

---

30) Ibid., 81-2. Cf. J. L. McKenzie, *A Theology of the Old Testament* (New York: Garden City, 1974).

31) Ibid., 83-91. Cf. G. Fohrer, *Theologische Grundstrukturen des Alten Testaments* (Berlin, 1972); W. Zimmerli, *Old Testament Theology in Outline* (Edinburgh: T & T Clark, 1978).

다. 그러나 그런 사상이나 개념에 비추어 구약성서의 다양한 표현들을 설명하려고 하는 것은 이와 다른 사상이나 개념들을 무시하거나 임의의 기준에 따라 재단할 오류를 범할 소지도 있다. 마치 그리스 신화에 등장하는 프로크루스테스(Procrustes)의 침대처럼(침대길이에 맞추어 길거나 짧을 때 임의로 물리력을 사용하여 사이즈를 맞추는 행위에 대한 은유) 구약성서가 기술하고 있는 장구한 역사와 변화무쌍한 신앙적 결단과 희망을 정당하고 충분히 고려하지 못한 채 임의의 강제성을 갖고 함부로 다룰 위험성을 안고 있다는 뜻이다. 만일 어떤 구약학자가 성서에서 발견한 중심제목들이 고대 이스라엘 사회에서도 그렇게 중요하게 인식되었는지는 의문으로 남는다.

2.2.5. 전승형성 방법

게제(H. Gese)는 신구약성서가 전승형성과정 속에서 통일성을 지닌다고 보고 구약성서에서 이 전승사를 추적하는 작업이 구약신학이라고 생각한다.32) 이를 테면 구약의 지혜전승은 욥기 28장, 잠언 8장, 벤시락의 지혜서 24장을 통해 흘러가면서 최종적으로 신약의 인자 사상에 근거한 기독론으로 발전한다는 것이다.33) 이것은 폰 라트의 통시적 방법을 계승한 형태로 평가된다. 그러나 이 방법은 "전승형성과정을 너무 획일적으로만 보고 있다"는 비평을 받는다.34) 하나의 전승이 다른 전승의 기초가 될 수는

---

32) Ibid., 102-3. H. Gese, "Tradition and Biblical Theology," in *Tradition and Theology in the Old Testament*, ed., D. A. Knight (Sheffield: JSOT Press, 1990).

33) 왕대일, 「구약신학」, 57. H. Gese, "Wisdom, son of Man, and the Origins of Christology: The Consistent Development of Biblical Theology," *Horizons in Biblical Theology* 3 (1981): 23-57.

34) Ibid., 59.

있지만 그렇게 되었다면 언제 왜 그렇게 되었는지 또 무슨 목적으로 그렇게 했는지에 대한 탐구가 부족하기에 더욱 그런 것 같다. 아울러 이 방법은 구약의 전승 하나가 구약의 특정 역사와 해당 문헌 안에서는 어떤 의미를 지니는지를 제시하는 측면에서도 부족한 것 같다. 폰 라트의 구약신학이 실제 역사와 어떤 관계가 있는지를 물으면서 비평을 받는 질문은 여기서도 해당된다. 우리나라에서는 김철현의「구약신학」이 이런 방법을 사용한다.

2.2.6. 주제-변증적 방법

아이히로트가 언약 사상을 중심으로 구약신학을 저술했다가 호된 비판을 받은 이래 구약학자들은 언약사상이 아닌 다른 중심개념들을 찾아 다양한 구약성서의 사상을 포용할 수 있는 통일된 주제나 개념은 없는지를 모색했다. 구약성서의 다양한 사상들을 하나의 주제적 개념 안에서 설명할 길은 없는지를 탐구했다는 뜻이다. 더불어 구원사를 강조한 폰 라트의 신학방법이 안고 있는 문제가 역사를 기술하지 않는 지혜문학을 구원사의 범주에 포함시키기 어렵다는 점을 일깨워주었다.

이러한 노력의 결과로, 테리엔(S. Terrien)은 '포착하기 힘든 하나님의 임재(the elusive presence)' 개념의 변증적 해설을 통해 구약성서의 다양한 사상들을 통일성 있게 기술할 수 있다고 제안했다.35) 이런 맥락에서 베스터만(C. Westermann)은 축복(blessing)과 구원(salvation) 개념의 변증적 관계로,36) 브루거만(W. Brueggemann)은 고통의 포용(embrace of pain)과 구조

---

35) S. Terrien, *The Elusive Presence: Toward a New Biblical Theology* (New York: Harper & Row, 1978).
36) C. Westermann, *Elements of Old Testament Theology*, tr. by D. W. Stott (Atlanta: John Knox Press, 1978).

의 합법화(legitimation of structure)라는 주제의 변증적 관계로 구약신학을 전개하였다.37) 테리엔은 지혜문학을 자신이 제시한 구약신학의 틀 안에서 성공적으로 해설했다고 평가를 받은 반면, 베스터만은 지혜문학을 창조신학 안에서 바라보았기 때문에 특별히 이 문학을 구약신학의 틀 안에 포함시키지 않았다.38) 브루거만은 출애굽 전승을 요약한 모세 언약사상을 고통의 포용으로, 다윗의 왕조전승을 요약한 다윗 언약을 구조의 합법화라고 표현함으로써 이 두 가지 언약사상의 변증법으로 구약신학을 기술하였다. 이런 방법론에 대한 하젤의 평가는 "그 어떤 변증법적 범주도 성경 내용을 다 담을 만큼 넓을 수 없다…. 도움은 되지만 너무나 방대한 성경 자료들을 다 포괄할 수는 없다."는 것이었다.39)

2.2.7. 최근의 비평적 구약신학 방법

이것은 하나의 구약신학 방법론이 아니라 최근의 구약신학 자체를 비평적으로 고찰하는 견해들을 하젤이 분류해 놓은 것이다. 여기서 그는 바(J. Barr), 콜린스(J. J. Collins), 회겐하벤(J. Hoegenhaven)을 다룬다. 그들은 하나의 방법론을 근거로 구약신학을 저술하지는 않았지만 하나같이 자신의 비평적인 관점에 따라 구약신학의 정의와 방법론을 제안했기 때문에 잠시 살펴볼 필요가 있다.

먼저, 바는40)

---

37) W. Brueggemann, *Old Testament Theology: Essays on Structure, Theme, and Text* (Minneapolis: Fortress, 1992). 이어서 브루거만은 다시 새로운 내용의 구약신학을 내놓았다. *Theology of the Old Testament: Testimony, Dispute, Advocacy* (Minneapolis: Fortress Press, 1997)=「구약신학」, 류호영, 류호준 역 (서울: CLC, 2003).
38) Hasel, 116, 118.
39) Ibid., 112.
40) Ibid., 120-1.

(1) 성경신학은 서술적이어야 하며 규범성을 떠난 신학적 작업이어야 한다. (2) 이것은 역사비평적 주석의 과정에 근거하고 주석과 조직신학 사이에 서야 한다. (3) 이것은 현대의 역사비평학계와의 광범위한 연대성 속에서 이루어져야 한다. (4) 이것은 신화, 전설, 비유, 이야기 등의 범주를 포함하는 역사적-문학적 해석과 함께 이루어져야 한다. (5) 이것의 자료들은 정경화된 성경과 그 배후에 있는 전통들과 고대 근동 종교 및 문화에서 발굴된 문서들에서 취한다. (6) 이것은 종교사학적, 문학적, 신학적 접근들을 융합한 것이다. (7) 이것은 전승사적 방법에 근거하여 그 자체의 몫을 찾고 다른 연관된 분야들과의 관계를 설정해야 한다. (8) 이것은 구약이 기본적으로 '이야기'라는 인식 위에서 이루어져야 한다. (9) 이스라엘 종교의 독특성은 역사 속에 찾아온 하나님의 행동에 있지 않고 다른 신들과 대치되는 한 하나님에 대한 사상에 있다. (10) 성경신학은 구약(그리고 신약)에 제시된 다양하고 이질적인 신학들을 포함해야 되기 때문에 '복합적 방법'(multiple approach)를 사용해야 한다. (11) 구약은 (폰 라드의 주장처럼) 하나의 '중심'을 갖고 있지 않으며 여러 개의 '중심'을 갖고 있다. (12) 만약 성경신학이 발전하려면 '신학적 융통성과 자유로운 학문적 연구'가 있어야만 한다. (13) "신학은 현재 있는 그대로의 (성경) 본문을 읽는 것이 아니다…. 신학은 본문 '배후'에(behind the text) 서야 한다."

콜린스는 비평적 성서신학(critical biblical theology)을 주장한다.[41]

(1) 이것은 역사비평적 작업을 가능하게 하는 비평과 유추와 상관원리를 믿는다는 전제 위에 기초해야 한다. (2) '비평적 성경신학'은 그 어떤 고백적 차원도 허용하지 않는다. (3) 이것은 '역사신학(historical theology)'의 하위 분야로 기여한다. (4) 이것은 '설화신학' 혹은 '상징신학'(symbolic theology)의 일부이다. (5) 이것은 "어떤 주장이 있는가, 그 근거는 무엇인가, 그들은 어떤 기능을 갖고 있는가?"를 명백히 한다는 점에서 기능신학(functional theology)이라고 볼 수 있다. (6) "성경이 다른 고대 문헌과 질적인 차이가

---

[41] Ibid., 124. J. J. Collins, "Is Critical Biblical Theology Possible?" in *The Hebrew Bible and Its Modern Interpreters*, ed., W. H. Propp, B. Haplpern and D. N. Freedman (Winona Lake: Eisenbrauns, 1990), 1-17.

없으며 오직 그 전통 속에서 본문들의 역사적 중요성을 인식한다는 점에서" 이 비평적 성경신학은 "몇몇 정경에 근거하고 있다"고 말할 수 있다.

회겐하벤은 다음과 같이 주장한다.42)

(1) "성경신학은 규범적이거나 명시적이기보다 역사적이며 서술적인 분야이다." 유대인이건 기독교인이건 자신의 믿음의 공동체의 신학을 따라 구약을 요리해서는 안된다. (2)성경신학은 "조직신학보다는 성경 주석에 종속하는 것으로 보아야 한다. 이런 점에서 우리는 계몽주의 이후에 발전된 신학적 전통과 일치하고 있다." 성경신학은 "성경주석과는 불가분의 관계를 가진 것으로 그 결론 부분이 되어야 한다." (3) 성경신학 혹은 구약신학은 "조직신학이 아니라 역사신학의 영역에 속해야 한다." (4) "성경신학의 특징은 성경 본문 안에 제시된 주된 종교적 모티프들과 종교 발전의 중심선에 그 관심을 두는 데 있다." (5) 구약신학은 이런 종류의 성경신학의 일부이며 후자는 구약과 신약의 통일성에 대해서는 전혀 관심이 없다. (6) "'구약신학'의 목적은 구약문헌 안에 있는 가장 중요한 모티프들과 주제들과 문제들을 요약하여 묘사하는 것이다…. (이런 점에서 이것은) 상세한 주석을 전제하는 역사적 작업이다. 따라서 이것은 '조직적'이거나 동시적(sychronic)이거나 혹은 교차적(cross-section)인 구조보다는 '역사적'이고 통시적(diachronic)인 구조를 따른다." (7) 구약문헌은 연대적인 순서를 따르지 아니하고 지혜, 시편, 설화, 율법과 예언과 같은 중심 범주로 나누어져야 하며, 양식비평과 전승사방법으로 연구해야 한다.

바, 콜린스, 회겐하벤은 모두 앞에서 퍼듀가 지적한 '해석학적 관점의 구약신학 수행의 필요성'을 각성하지 못했던 학자들이다. 이들은 자기들 나름대로의 합리적 입장과 견해를 구약신학을 수행하려는 학자들에게 제시하려고 했을 뿐이다. 모두 구약신학의 고백적이고 규범적 과제를 수행

---

42) Ibid., 126. J. Hoegenhaven, *Problems and Prospects of Old Testament Theology* (Sheffield: Sheffield Academic Press, 1988), 93-112.

하는 일에 대해서는 반대하며 오직 역사적 서술적 과제를 강조한다는 공통점이 있다. 그러나 우리는 오늘날의 한국교회를 위한 구약신학을 수행하기 위하여 고백적이며 규범적 과제와 동시에 '역사 강조'를 출발점으로 삼을 것이다.

2.2.8. 새로운 성경 신학 방법

이 방법은 차일즈(B. S. Childs)가 주창한 정경적 접근법(canonical approach)을 말한다. 그가 이 방법을 제안하게 된 배경은 구약성서의 원래 의미(what it meant)와 현재 의미(what it means) 사이의 간격을 극복하려는 데 있다.[43] 그는 구약신학이 기독교적 성서연구방법이라고 단정하며[44] 그것은 구약본문의 최종형태, 즉 정경적 형태(canonical shape)를 규범적 지위에 놓고 신학적으로 탐구하는 작업으로 규정한다.[45] "정경"과 "정경적 형태"가 신앙공동체에게 전달되었을 신학적 의미를 중시해야 한다는 차일즈의 주장은 구약신학자들에게 신선한 도전과 자극을 주었고 지대한 영향을 미쳤다. 그러나 실제로 그가 남긴 구약신학 혹은 성서신학에 관한 저술들은 원래 계획하고 주장한 만큼의 성과를 거두지 못한 것으로 보인다.[46] 우리가 볼 때 이것은 순전히 정경적 형태가 가지는 신학적 의미 풀이의 방법론

---

43) B. S. Childs, *Biblical Theology in Crisis* (Philadelphia: Westminster, 1970), 99-106.

44) Childs, *Old Testament Theology in a Canonical Context* (London: SCM, 1985), 7. 이 주제에 대한 다음 논의들도 참고하라. R. Rendtorff, "Must 'Biblical Theology'" be Christian Theology? *Biblical Review* 4 (June, 1988), 40-3; Werner E. Lemke, "Is Old Testament Theology an Essentially Christian Theological Discipline?" *Horizons in Biblical Theology* 11/1 (1989): 59-71.

45) Ibid., 11.

46) 참고. Childs, *Biblical Theology of the Old and New Testaments: Theological Reflection on the Christian Bible* (Minneapolis: Fortress, 1992).

이나 관점의 한계 때문이 아닌가 하는 의구심이 든다.

정경적 형태의 해석에 관해서는 보완이 절실하게 필요하다. 이런 측면에서 크니림(R. Knierim)의 구성(composition) 분석이 가장 효과적인 것으로 판단된다.[47] 그는 특히 오경의 구성을 분석할 때 의미상의 일관성(conceptual coherence)와 신학적 타당성을 오경의 최종형태의 분석을 통해 검토하자고 주장하고 이를 몇 가지 사례로 실증하였다. 그 가운데 그의 성서분석 방법론을 오경에 적용한 결과를 우리나라 구약학계에 소개한 사람은 왕대일이다.[48] 그러나 왕대일의 구약신학은 오경 밖의 구약성서에 대해서는 이러한 크니림의 방식을 적용하지 않는다는 약점을 보여주고 있다. 우리가 기술할 구약신학은 적어도 크니림의 방법론적 제안을 구약성서의 모든 단락 분석에 균등하게 적용할 예정이다. 한편, 크니림은 원래 구약신학의 과제가 구약성서의 사상을 기술하는 것으로 그쳐서는 안되며 한 걸음 나아가 구약성서의 증언이 갖고 있는 신학적 타당성을 검토해보아야 한다고 주장한다. 구약신학 사상의 정당성을 판단하는 기준으로 그가 제시한 것은 "공평과 정의로 세상을 다스리는 하나님"이다.[49]

한편, 렌토르프(R. Rendtorff)의 구약신학도 구약성서의 '최종 형태'에 대한 해석을 중시한다는 취지를 통해 이 방법론에 포함시킬 수 있을 것이다.[50] 렌토르프는 구약성서 39권이 담고 있는 주요 사상을 주제별로 모두 18개 항목에 걸쳐 기술한다.[51] 그러나 본문이 과거에 지녔을 의미에 근거

---

47) R. Knierim, *The Task of Old Testament Theology: Substance, Method, and Cases* (Grand Rapids: Wm B Eerdmans, 1995), 351-79.
48) 왕대일, 「구약신학」, 126-42.
49) Knierim, *The Task of Old Testament Theology*, 15.
50) R. Rendtorff, 「구약정경신학」, 하경택 역 (서울: 새물결플러스, 2009). 원제는 *Theologies des alten Testaments* (2001)이다.
51) 창조세계, 언약과 선택, 이스라엘의 조상들, 약속의 땅, 첫 번째와 두 번째 출애굽, 토라, 제의, 모세, 다윗 왕국, 시온, 하나님에 관하여 어떻게 말하는가? 반역하는

하여 기술하고 있다는 측면에서 현재의 신앙공동체에게 던져주는 의미에 대한 설명은 거의 없다. 본문 주석의 결과를 주요 주제를 따라 해설하고 있을 뿐이다.

2.2.9. 복합적인 구약신학

하젤은 앞서의 열 가지 방법론을 평가한 다음 자신의 신학방법론을 기술한다. 첫째, "구약신학은 이스라엘 역사가 아니다."[52] 둘째, "구약신학은 구약의 최종형태를 요약하여 설명하고 해석하는 임무를 갖고 있다."[53] 따라서 구약전체를 담을 수 없는 "하나의 중심이나 핵심 개념이나 초점, 혹은 통일된 원리를 추구하지 않는다." 셋째, 교리적-교훈적 방법, 교차법, 발전법, 제목별 연구의 함정을 피하면서 동시에 다양한 모티프와 주제와 개념이 풍부하게 드러나도록 한다.[54] 여기까지는 충분히 동의할 수 있다. 넷째, "구약신학의 순서는 각 권별 혹은 성격을 같이 하는 각 묶음의 책들의 신학과 또한 그 결과로 드러나는 주제와 모티프와 개념을 동시에 강조해 준다." 그러나 "히브리 성경이나 혹은 70인역의 순서를 따를 필요가 없다…. 구약 각 권과 각 묶음과 자료의 연대를 찾는 것이 어려운 작업이지만, 그 역사적 순서를 따라 배열하는 것이 좋아 보인다."[55] 이 점은 그가 위에서 최종형태를 해석하는 임무를 말하는 것과 어긋나 보인다. 다섯째, "외적인 관점이나 전제들을 억지로 밀어 넣지 않고 구약의 주제와 모티프

이스라엘, 예언, 예배와 기도, 지혜, 열방과 이방신, 이스라엘은 자신의 역사를 어떻게 보는가? 이스라엘은 미래에 대하여 무엇을 기대하고 있는가? 등이다.

52) Hasel, 137.
53) Ibid.
54) Ibid., 138.
55) Ibid., 139.

와 개념들이 성경 자료들 자체에 의해 형성되도록 도와준다."56) 여섯째, 구약신학에 대한 정경적 접근의 최종적 목표는 각 권과 각 묶음들이 가지고 있는 다양한 수평적 주제들과 다양한 신학을 뚫고 들어가, 모든 신학들과 주제들을 묶는 역동적 통일성에 도달하는 데 있다. 일곱째, "기독교신학자는 구약신학이 더 큰 전체의 일부라는 것을 이해한다…. 즉 온전한 구약신학은 신약과 기본적인 관계 속에 있다."57) 다섯째부터 여섯째까지 언급한 내용은 그가 구약성서의 정경적 형태만을 다루려는 것이 아니라 특정한 모티프와 주제를 다룰 의사가 있음을 시사한다.

하젤은 아직 자신의 구약신학을 내놓고 있지 않기 때문에 더 이상의 평가는 시기상조이다. 하지만 하젤의 마지막 진술에는 구약신학을 역사적 서술적 과제로 수행할지 혹은 규범적 체계적 과제를 수행할 지에 대한 입장이 분명하게 나타나 있지 않다. 또 구약신학을 고백적 신앙공동체의 학문으로 수행하는 일에 대한 입장 표명도 없다. 그런 의미에서 그의 구약신학에 대한 제안은 현대 신앙공동체가 처한 해석학적 입장을 반영하고 있지 않다는 문제를 안고 있다.

2.2.10. 우리의 방법론

이제까지의 논의를 참고하여 우리가 사용할 방법론은 다음과 같이 기술할 수 있다. 우리의 구약신학은 21세기 한국교회의 위기를 해소하고 그 책임을 감당하려는 목적이라는 해석학적 입장에서 수행할 것이다. 따라서 우리의 구약신학은 기독교 학문이라는 입장을 고수한다. 구약신학은 기독교인이기에 수행하는 연구 분과이다. 구약성서는 역사적으로 기록되고 편

---

56) Ibid.
57) Ibid., 140.

집되는 과정을 거친 끝에 현재의 최종 형태를 갖추었다. 우리는 구약성서를 역사적 예수가 읽은 성경으로 정의한다. 따라서 구약성서는 역사적 예수를 우리의 주와 그리스도로 고백하도록 이끈 예수의 정신과 삶의 정신적 자양분을 제공했다. 예수가 읽은 구약성서는 히브리어성서를 헬라어로 번역한 70인역이었을 것이다. 70인역은 4분법 구조를 유지하고 있다. 즉, 우리말「개역개정」처럼 오경, 역사서, 성문서, 예언서의 순서로 되어 있다. 하지만 원래 히브리어 성서는 삼분법 구조, 즉 토라, 예언서(전기 예언서와 후기 예언서), 성문서의 순서로 배열되어 있다. 이 두 가지 배열의 하나를 선택하는 것은 특정 성서를 적절한 장르에 비추어 해석하는 일과 맞물려 있기 때문에 우리는 두 가지를 혼용해서 구약신학을 기술할 예정이다. 그것은 오경/토라, 신명기 역사, 역대기 역사, 성문서, 후기 예언서의 순서이다.

  우리는 각 문집의 역사적 경과와 편집 흔적을 무시하지 않을 것이다. 본문 작성의 역사를 상세히 다루지는 않겠지만 이와 관련한 정보를 염두에 둘 것이다. 한국교회의 역사의식 고취라는 목표를 고려하기 때문이다. 하지만 편집의 여러 단계에서 포착된 의미들의 층을 낱낱이 파악하여 기술하는 작업은 하지 않을 것이다. 그것은 가블러가 제안하고 그동안 200년 넘도록 지금까지 구약성서학계의 학자들이 매진하고 있는 역사-서술적 과제로 되돌아가는 일이다. 대신에 우리는 최종 형태의 정경적 본문의 구조가 현대의 독자에게 전할 수 있는 신학적 의미를 기술하는데 치중할 것이다. 여기서 크니림의 구성 비평(composition criticism)을 구약성서 전체에 효율적으로 사용할 것이다. 다만 히브리 성서의 배열과 우리말 개역개정이 다른 경우에 대한 언급은 반드시 필요하다. 또한 히브리 성서의 배열과 우리말 개역개정의 배열의 차이를 조정해야 한다.

  구약성서본문이 구체적 역사와 어떤 상관관계가 있는지 또 그것의 신학적 의미는 어떻게 성찰할 수 있는지, 즉 역사와 문학의 상관관계를 어떻게 이해하고 신학적 성찰을 도출할지에 대해서는 아래의 단락에서 논의할 것이다.

2.3. 구약신학과 이스라엘 역사: 화해를 향한 제안[58]

우리는 위에서 우리가 수행하려는 구약신학의 정의와 방법론을 기술했다. 이 과정에서 우리는 줄곧 한국교회의 위기 현실 때문에 역사의식 고취가 중요하며 그것의 해소를 목적으로 삼는다고 밝히면서 우리의 구약신학 논의에 반드시 역사를 반영하겠다고 주장해왔다. 그 역사가 다름 아닌 고대 이스라엘 역사를 가리킨다는 것은 두말할 필요가 없다. 그러나 고대 이스라엘 역사에 관한 한 성서학자들이나 어느 정도 지성 있는 독자라면 지금 구약학계에 고대 이스라엘 역사에 관한 연구와 이해가 얼마나 혼돈의 양상을 보이고 있는지 알 수 있을 것이다. 그런 의미에서 신학과 역사 연구에 대한 논의는 우리의 구약신학을 본격적으로 기술하기에 앞서 반드시 짚고 넘어가야 한다.

구약신학의 역사를 돌이켜보면 가블러의 프로그램 이래 역사연구와 신학연구는 대척점에서 존재했고 서로 가까워지거나 협력한 적이 없다고 말해도 과언이 아니다. 20세기 초반에 아이히로트는 아이스펠트와 논쟁하는 글에서 역사를 무시하지 않는 구약신학이 가능하다고 주장하였지만 정작 자신의 구약신학에서는 역사를 배제하거나 무시하는 저술을 내놓았다. 구약성서가 역사와는 동떨어질 수 없다고 주장한 폰 라트는 자신이 강조한

---

58) 이 단락의 내용은 필자의 글, "Toward a Reconciliation of Two Old Testament Disciplines, 'History of Ancient Israel' and 'Old Testament Theology' in Korea," 「신학논단」 86집 (2016): 263-88에서 발췌하고 응용한 것이다.

구원사(heilsgeschichte, salvation history)가 실제 역사와 무슨 관계가 있느냐는 비판과 더불어 심지어 아이흐로트부터 그가 이스라엘의 종교사를 기술한 것이라는 비판을 받기도 하였다.

구약신학의 양대 거장의 저술에 이어 등장한 성서신학 운동이 한동안 성행하다가 그 정당성을 잃고 쇠퇴하게 되었을 때 가장 치명적인 약점은 무엇보다도 '역사가 하나님의 계시의 장소'라는 주장이었다(1.2.5.2.[1] 참조). 특수한 사건 속에 일어난 하나님의 행위란 주관적으로 창출된 종교적 신앙일 뿐 객관적으로 일어난 것은 아니라고 볼 수 있기 때문이다.[59] 이와 동반하여 '성서고고학(Biblical Archaeology)'라는 학문도 쇠퇴하였다. 고고학은 성서의 주장을 입증하려는 목적에서 수행해서는 안 되며 중립적 학문이어야 한다는 각성이 일어났기 때문이다. 그래서 성서고고학은 '시리아-팔레스타인 고고학'이란 명칭으로 옷을 갈아입는 처지로 변화하였다.[60] 실제로는 이스라엘 땅에 대한 고고학적 발굴 결과가 구약성서의 주장을 전적으로 입증해주지도 않았던 데도 나름의 현실적 이유도 있었다.[61]

이러한 고대 이스라엘 역사 연구는 최근의 고고학적 연구결과와 사회과학적 연구에 힘입어 훨씬 과격한 양상으로 변모하였다. 그것이 미니멀리스트(minimalist)와 맥시멀리스트(maximalist) 논쟁이다. 이 논쟁의 요점은 구약성서가 제공하는 정보 가운데 어느 정도가 역사적으로 신뢰할만한 정보인가 하는 것이다. 미니멀리스트는 "성서본문이 외부의 자료로부터

---

59) Cf. L. B. Gilkey, "Cosmology, Ontology, and the Travail of Biblical Language," *Journal of Religion* 43 (1961): 194-205.

60) W. G. Dever, "Syro-Palestinian and Biblical Archaeology," in *The Hebrew Bible and Its Modern Interpreters*, ed., d. Knight and G. M. Tucker (Chico: Scholars Press, 1985), 31-74.

61) Cf. Dever, *Recent Archaeological Discoveries and Biblical Research* (Seattle: University of Washington Press, 1990), 57-60. 여호수아서 12장의 가나안 정복 도시 목록에 대한 고고학 발굴결과를 대조한 도표를 보라.

확증될 때만 인정"하는 입장이며 맥시멀리스트는 "잘못되었다고 입증되지 않는 한 성서본문"을 인정하는 학자들의 입장이라고 정의된다.62) 그래서 미니멀리스트는 구약성서 대부분의 내용이 페르시아 시대 혹은 헬라시대에 작성되었을 가능성에 비추어 보면 검증을 버티고 역사적 사실을 전하는 것으로 신뢰할만한 정보는 지극히 적다고 주장하는63) 반면에 맥시멀리스트는 창세기의 족장 이야기까지 신뢰 가능하다고 본다.64)

퍼듀 역시 「역사의 붕괴」(The Collapse of History)라는 저술을 통해 역사비평의 한계를 각성한 학자들의 학문적 분위기를 전하면서 포스트모더니즘이라는 새로운 인식론적 변화와 해석학적 다양성을 앞세워 구약신학의 변화를 촉구하는 글을 내놓았다. 따라서 이런 상황에서 우리나라 개신교회를 위한 구약신학을 기술할 때 과연 역사를 어떻게 신학과 통합하거나 조화시킬 수 있는지에 관하여 분명한 진술이 필요하다.

우리의 구약신학을 기술하기에 앞서 역사와 신학이라는 두 구약 연구 분과를 화해시키는 방안을 모색하기 위해서는 먼저 두 분과의 대립 원인을 정확하게 파악해야 한다. 대립의 원인은 역사가 사실에 근거한 기록이라는 생각에 뿌리를 내리고 있는 것 같다.65) 이럴 경우 역사는 사실이며 그 사실이 신학적 의미를 담고 있다고 생각할 수밖에 없다. 그런데 역사가

---

62) L. L. Grabbe, *Ancient Israel: What Do We Know and How Do We Know?* (New York: T & T Clark, 2007), 23.

63) For a Persian period, P. R. Davies, *In Search of 'Ancient Israel'* (Sheffield: Sheffield Academic Press, 1992). For a Hellenistic period, N. P. Lemche, "The Old Testament - A Hellenistic Book?" in *Did Moses Speak Attic?* ed., by L. L. Grabbe (Sheffield: Sheffield Academic Press, 2001), 287-318.

64) I. Provan, V. Philips Long, and Tremper Longman III, *A Biblical History of Israel* (Louisville: Westminster John Knox Press. 2003).

65) 구약성서가 살아계신 하나님이 인간 측 저자에게 거룩한 영감을 주어서 기록된 하나님의 신성한 말씀이기 때문에 정확할 수밖에 없고 또 그래야 한다는 신앙적 근거를 내세우는 일은 잠시 접어두기로 한다.

실제로 벌어진 일이 아니며 구전전승이든 혹은 후대의 전승이나 정보에 비추어 후대에 기록되었다고 주장한다면 기록의 사실성이란 논제는 무너지게 되고 그에 따라 성서의 권위도 흔들릴 수밖에 없다. 그래서 상당수 보수적인 성서신학자들은 어떻게든 성서의 기록이 역사적으로 정확하며 사실에 근거한 기록이라는 점을 고수하려는 경향으로 분석된다.

그러나 여기서 가장 근본적인 질문을 해보는 것이 필요하다. 역사란 도대체 무엇인가? 역사란 과거의 사실적 기록인가? 그렇다는 생각은 19세기 서구의 실증주의 역사학을 정립한 랑케(L. von Ranke)에게서 비롯된 것이다. 랑케는 역사란 과거에 일어난 그대로의 사실 기록(wie es eigentlich gewesen ist = as it actually happened)이라고 생각했고 그것을 철저하게 재구성하는 것이 역사연구라고 주장했다. 하지만 지금까지의 일반 역사학의 논의에 비추어보면 역사는 곧바로 사실이라거나 정확한 사실에 근거한 기록이라고 정의할 수 없다. 그래서 역사학자들은 역사를 "의미 있는 과거"(the past as meaningful)이며 "그 과거의 의미는 내러티브라는 방식을 통해 만들어진다"라고 해설한다.[66] 이 설명을 반박하거나 부인할 수 있는가?

그렇다면 역사는 사건과 어떤 관계가 있는가? 단적으로 말한다면, 사건은 존재한다. 그러나 사건을 내러티브 형태 속에 글자로 옮겨 적을 때는 즉시 중대한 변화가 생긴다. 우선, 언어구조학자 소쉬르(F. de Saussure)는 일찍이 인간이 사용하는 언어의 구조를 연구하였는데 인간의 언어는 두 가지 요소, 즉 파롤(parole=signified, 기의)과 랑그(langue=signifier, 기표)로 이루어져 있으며 양자의 일치는 본질적이 아니며 임의적이라는 사실을 지

---

66) H. White, *Figural Realism: Studies in the Mimesis Effect* (Baltimore, 1999), 22. Hans Barstad, "What Directions should We Take?" in *Understanding the History of Ancient Israel*, ed., H. G. M. Williamson (Clarendon: Oxford University Press, 2007), 37에서 재인용; P. R. Davies, "Biblical Israel in the Ninth Century?" in *Understanding the History of Ancient Israel*, 49.

적했다.67) 그래서 특정 언어는 A라는 사회의 약속이며 그것의 의미는 다른 존재나 실체와 갖는 차이점으로부터 발생한다. 이런 생각에 비추어보면 사건을 글로 옮길 때 이론적으로 그 글이 곧 사건과 정확히 일치된다고 보기가 어렵다는 것이다. 또한 해체주의 사상가인 데리다(J. Derrida)는 글로 표현된 사건보도가 객관적이지 않고 주관적일 수밖에 없으므로 그 사실의 정확성은 장담하기 어려우며 보도자의 관점과 표현능력 그리고 필요에 따라 달라질 수 있다고 지적한다.

성서역사학자들은 글이 전달하는 역사가 사건으로서의 역사와 일치하는지에 대하여 질문을 던진다. 이와 동시에 글은 거의 항상 편향성을 지닐 수밖에 없다는 생각에 대체로 동의한다.68) 맥시멀리스트는 반대증거로 성서기록이 정확하지 않음이 입증되지 않는 한 성서기록은 정확하다고 본다. 어떤 입장이든 역사기록을 검증하는 과정은 자연스러운 일이고 막을 수는 없다. 고대 이스라엘 역사를 기록한 구약성서의 역사기록의 정확성 여부는 성서 밖에 존재하는 객관적 자료(고대 근동의 역사기록이나 고고학 자료)에 의해 교차 검증될 때 사실성 여부의 확인이 가능할 것이다.

만일 고고학적 연구나 고대 근동문헌과 비교한 결과 고대 이스라엘 역사에 관한 어떤 성서적 진술이 사실이 아니라는 판단에 이른다면 어떻게 해야 하는가? 그 성서기록을 거짓이라고 거부할 것인가? 그럴 수는 없다.

---

67) H. Adams (ed.), "F. de Saussure," in *Critical Theory Since Plato*, rev. ed. (New York: Harcourt Brace Jovanovich, 1992), 717-726. 잘 알려진 사례가 우리나라의 '말'이란 짐승을 영어로는 'horse' 히브리어로는 'sus'라는 소리를 가진다. 그러나 그 짐승의 존재와 실체가 '말,' 'horse,' 'sus'이란 소리와 일치하는지는 임의적이고 해당 사회가 약속한 것일 뿐이며 또 그 단어의 의미는 다른 실체와 비교할 때 생기는 차이점으로부터 발생한다.

68) Coote, 「성서의 처음 역사」, 46. "역사를 기록하는 범주란 역사가의 현재가 요구하는 분석범주라는 것이 역사의 공리이다. 역사가는 현재 자신이 처해 있는 세계에 상관이 있는 과거의 사건들에만 관심을 갖는다. 역사가의 현실을 반영하지 않는 역사란 없다."

또 그럴 목적으로 역사적 검증을 시도한 것도 아니었을 것이다. 어떤 진술이든 이런 경우가 발생한다면 그것이 구약성서의 권위와 가치를 제거하는 것이 아니라는 점은 분명하게 강조해두고 싶다. 만일 그럴 경우, 구약의 진술은 그렇지 않았을 때와 비교하여 더욱 심오한 신학사상을 담고 있는 것으로 해석되어야 한다. 고고학자인 드보는 "고고학자는 성서에 관한 이론을 인증하거나 거부할 수는 있지만 성서 자체를 인증하거나 거부할 수는 없다."고 말한 적이 있다. 그런 맥락에서 미니멀리스트의 주장들은 구약성서의 신학적 의미를 더욱 농도 짙고 심오한 것으로 바라보고 이전과 달리 새롭게 해석하도록 이끌 뿐이다.

그러므로 구약성서는 고대 이스라엘 역사에서 기원하였고 특정한 사건을 배경으로 삼고 있으며 그것을 직접 혹은 간접적으로 반영한 글이므로 구약성서는 역사를 표현할 때 불가불편향성을 지닐 수밖에 없다고 보는 것이 온당하다.[69] 성서학자들은 이 편향성을 신학(최근에는 '이데올로기'라고도 부름)이라고 부른다.[70] 구약신학은 고대 이스라엘 역사 연구가 아니기 때문에 역사적 사실성 여부를 검증하려고 노력하는 일에 그치지 않는다. 오히려 이런 역사적 사상적 편향성, 즉 신학사상을 분별하여 그것을 구약성서 전체의 야훼 신앙의 빛에서 기술하는 일에 집중해야 한다. 그럼에도 불구하고 구약신학자들은 고대 이스라엘 역사 연구에 귀를 기울여야

---

69) 서명수, "이야기와 역사," 「구약과 신학의 세계: 박준서교수 헌정논문집」 (서울: 한들, 2001), 186-2000; V. Philips Long, "History and Fiction: What is History," in *Israel's Past in Present Research: Essays on Ancient Israelite Historiography*, ed., V. P. Long (Winona Lake: Eisenbrauns, 1999), 232-54.

70) 참고. J. Barr, *History and Ideology in the Old Testament* (Oxford: Oxford University Press, 2000), 120-40; M. Sternberg, *The Poetics of Biblical Literature: Ideological Literature and The Drama of Reading* (Bloomington: Indiana University, 1987); S. Japhet, *The Ideology of the Book of Chronicles and its Place in Biblical Thoughts* (Frankfrut and Main: Peter Lang, 1989); D. J. A. Clines, 「포스트모더니즘과 이데올로기 성서비평: 히브리성서 저자들과 독자들의 이데올로기」, 김병하, 김상래, 김종윤, 정승우 역 (서울: 한들, 2000).

한다. 왜냐하면 성서본문의 의미는 이러한 역사 이해의 결과에 따라 다양하게 변화할 수 있기 때문이다.

끝으로 덧붙이고 싶은 생각이 있다. 그것은 고대 사회에서 글이 가지는 기능에 대한 고찰이다. 고대 사회는 글이 희귀했다. 글을 읽고 쓰는 일은 오로지 사회의 소수 엘리트에 국한된 전문적 지식과 기능에 속했다. 글을 적은 문서를 만드는 일도 보편적이지 않았다. 그런 일은 왕실의 지원과 명령이 아니면 불가능했다. 그런 의미에서 글자는 권력(power)이었다.[71] 글자는 세계 이해를 정의하고 확정짓기 때문이다. 사회적 관점에서 볼 때 구약성서는 국가문서(state literature)요[72] 제2성전시대 문헌(the Second Temple document)이며[73] 소수 엘리트의 보고(the minority report)라고[74] 묘사할 수 있다. 구약성서라는 글은 그것을 읽거나 듣는 독자와 청자에게 자신들이 사는 세계와 역사, 운명과 신앙에 대해 가질 수 있는 유일하고 분명한 지식이요 원천적 근거로 기능했다. 그것과 비교할만한 또 다른 문서들이 존재하지 않는 한 그렇다. 그래서 고대 사회의 왕실에서 편찬한 글은 사회적 통제의 도구(instrument of social control)였다.[75] 구약성서라는 글은 하나님

---

71) 2014년 우리나라 공영방송인 KBS에서 방영된 "뿌리 깊은 나무"라는 역사드라마에서 극중 인물인 세종과 밀본이 나눈 대화에 등장한 말이다. 사대부가 한문을 학습하여 권력을 독점해야 통치가 원만해질 수 있다고 주장하는 밀본 정도전과 그런 권력을 평민에게도 나누어주기 위해 그들이 글을 읽을 수 있도록 해야 한다는 것이 세종의 생각이었다.

72) R. B. Coote, "Tribalism," in *Ancient Israel: The Old Testament in the Social Context*, ed., P. F. Esler (Minneapolis: Fortress Press, 2006), 37. 국가를 상실한 포로후기는 성전중심의 행정관리조직이 있었고 그것이 예후드 사회에서 국가의 형태를 대신한 것으로 본다는 가정하에 이 표현은 유지된다.

73) R. P. Carroll, "Textual Strategies and Ideology in the Second Temple Period," in *Second Temple Studies 1: Persian Period*, ed. P. R. Davies (Sheffield: Sheffield Academic Press, 1991), 108.

74) W. G. Dever, *What Did the Biblical Writers Know & When Did They Know It? What Archaeology Can Tell Us About the Reality of Ancient Israel* (Grand Rapids: Wm. B. Eerdmans Pub. Co., 2001), 173. 미국영화 "마이너리티 리포트"에서 착안한 표현이다.

의 세계창조를 확정하며, 아브람과 조상들에게 준 약속을 확정하며, 출애 굽과 모세를 통해 전달된 시내 산 율법과 언약 등등을 기록한 구약성서의 기록을 하나의 확정된 사건으로 만든다. 구약성서는 그렇게 믿도록 만드는 글이다. 이렇게 만든 배후의 의중을 시대에 따라 연구하고 분석하여 파악하는 작업은 구약학의 역사—서술적 과제를 수행하는 모든 성서학자들의 몫이다.

구약신학과 이스라엘 역사 연구에 관한 견해를 정리해보자. 역사는 글이다. 그 글은 해석을 담고 있으며 기록 당시의 저자들이 의미 있다고 여긴 과거에 관한 글이다. 해석이 담긴 글로서의 역사 속에서 역사적 실체를 찾아내기는 쉽지 않다. 이 이슈가 현재까지 구약학계가 직면하고 있으며 벌어지고 있는 갈등과 논란의 진원지이다. 우리는 해석된 본문 속에서 벌어진 실제와 사건을 밝히는 문제를 두고 논쟁을 벌이기보다는 해석된 본문이 전하는 의미를 비평적으로 반성하는 일에 집중하려고 한다. 고대 이스라엘 사회와 백성은 분명한 과거가 있었다. 그 과거는 해석되어 글로 표현되어 구약성서의 이름으로 정경화 되었다. 이 구약성서는 개신교가 지나간 시절에 취했던 방식들(구원사/기독론/삼위일체/예정과 선택)처럼 어떤 교리를 염두에 두고 기록된 것이 아니었다. 좀 더 정확하게 묘사한다면 이스라엘 민족이 겪은 다양한 현실 속에서 의도했던 바가 축적되고 보존되어 현재로 전해진 것이다. 그래서 해석자가 임의로 혹은 자신이 속한 교단의 신학적 입장에 따라 해석한다면 구약성서의 본질을 훼손할 우려가 있다. 그러한 임의적 해석이나 교리적 해석을 방지하기 위해 본문의 역사적 배경을 파악하는 일이 무척이나 중요한 작업이다. 구약성서가 전제하

---

75) Coote, 「아모스서의 형성과 신학」, 우택주 역 (서울: 대한기독교서회, 2004 [orig., 1981]), 141. "글쓰기는 주로 소유권을 규정하고 사회를 조직하고 사회를 통제하는 수단이다. 글쓰기는 질서를 창조할 뿐만 아니라 엄밀히 말해서 질서를 유지할 수 있는 능력이 있기 때문에 그런 통제력을 발휘한다."

는 역사적 지식이 정확해지면 정확할수록 본문의 의미는 보다 구체적이며 현실적이 될 수 있고 또 그만큼 본문에 대한 그릇된 이해와 해석을 피할 수 있다.76) 그러므로 구약성서의 역사적 접근은 건전한 구약신학 형성을 위해 필수적이다.

고대의 저자들이 글로 전한 구약성서 본문의 역사적 의미는 구약신학의 출발점이다. 하지만 이스라엘 백성의 역사와 역사기록은 구약신학을 구성하는 '표준'이라고 말할 때 그 의미는 이렇다. 구약성서는 해석상 '유비의 기준이며 표준이고 규범'이다. 이스라엘 백성의 역사는 우리나라와 같은 다른 민족이 모방하거나 답습할 수 없다. 그것은 우리와는 다른 민족의 지나간 과거이다. 고대 이스라엘 사회의 특수한 현실들은 우리나라에서 반복될 수 없다. 구약성서가 담고 있는 의미는 아무런 장치도 없이 우리나라 교회와 현실에 곧바로 이식될 수가 없다. 그러므로 구약신학을 기술할 때 고려해야 할 마지막 사항은 구약성서가 담고 있는 생각을 어떤 방식으로 현대 우리나라의 교회에게 전할 수 있는지를 다루는 해석학적 입장을 밝히는 일이어야 한다.

2.4. 통합의 해석학

구약성서는 고대 이스라엘 백성의 삶과 역사를 전제한다. 그들의 삶과 결부되어 있는 구약성서를 우리는 하나님의 신성한 말씀으로 믿는다. 구약성서가 과거에 지녔던 의미를 21세기를 살아가는 극동의 한반도 남쪽에 위치한 대한민국의 시민들이 일군 개신교회에 의미 있게 풀어내야 하는 과제를 다루는 이론이 해석학(hermeneutics)이다.

---

76) 우택주, "Toward a Reconciliation of Two Old Testament Disciplines, 'History of Ancient Israel' and 'Old Testament Theology' in Korea," 274.

해석학이란 이해의 기술(art of understanding)로 정의되며 우리 앞에 놓인 과제는 과거에 완성된 구약성서와 해석자인 우리 사이에 놓인 시간적이며 공간적인 간격을 극복하는 일이다. 해석의 과정에 본문, 저자, 독자, 세계라는 네 가지 변수가 작동한다. 또 다른 문제는 과거의 본문인 구약성서를 해석할 때 그것은 해석자인 우리가 처해 있는 현실(situated-ness)과 해석의 목적이 개입되어 있는 우리의 전이해(preunderstanding)로부터 자유롭지 않다는 것이다. 해석학은 이 두 가지 실체의 지평(two horizons)을 연결시켜주어야 한다. 여기에는 재구성의 해석학, 통합의 해석학, 해체의 해석학이 가능하다. 재구성의 해석학(hermeneutics of reconstruction)은 현재와 상관없이 과거의 본문을 과거의 지평으로 돌아가서 이해하는 방식이다. 통합의 해석학(hermeneutics of integration)은 과거의 본문을 현재 해석자가 서 있는 현실과 똑같은 삶의 자리에 놓고 이해하는 방식이다.[77] 해체의 해석학(hermeneutics of deconstruction)은 과거의 본문이 지니는 의미는 현재의 해석자가 볼 때 일관성이 없고 틈이 있음을 일깨워주는 방식이다. 이 가운데 하나를 선택하는 것은 개인적인 결정에 속하며 그것은 논리적 타당성과 아무런 상관이 없다. 선택의 이유만 정당하면 된다. 이 가운데 우리는 통합의 해석학을 선호한다.

통합의 해석학에는 여러 가지 해석방식이 존재한다. 문학이론의 하나인 신비평(New Criticism), 구조주의 비평, 독자지향 비평 그리고 사회학 이론인 거시사회학(macrosociology) 등이 여기에 포함된다.[78] 문학이론들은 역사를 배제하므로, 역사를 소중히 여기는 우리의 목적에 합당한 방법론

---

77) 가다머(H.-G. Gadamer)는 이것을 '지평융합(fusion of horizon)'이라고 부른다. H.-G. Gadamer, *Truth and Method*, 2nd & rev. (New York: Continuum, 1994), 306-7.

78) H. C. Waetjen, "Social Location and the Hermeneutical Mode of Integration," in *Reading from this Place, vol. I: Social Location and Biblical Interpretation in the United States*, eds. F. F. Segovia and M. A. Tolbert (Minneapolis: Fortress Press, 1995), 75-93.

은 여기서 거시사회학뿐이다. 렌스키 부부(the Lenski couple)의 거시사회학 이론은 인류사회를 기술의 진화 정도에 따라 수렵 및 채집 사회, 원예사회, 농경사회, 해양사회 등으로 분류한다.[79] 고대 이스라엘 사회와 우리나라는 농경사회 중에서도 발전된 농경사회 모델에 속한다. 농경사회라는 이론이 과거의 이스라엘 사회와 현대의 한국사회를 같은 삶의 자리에 놓을 수 있게 해주므로 고대와 현대의 시간적 격차와 문화적 격차를 좁혀주는 이해의 틀(the same framework of understanding)을 제공하는 장점이 있다. 특히 한국의 역사와 문화기 고대 이스라엘과 지정학적인 유사성은 물론이고 사고방식에서도 유사점을 찾아볼 수 있는 이유가 바로 동일한 농경사회를 유지했기 때문이다. 고대 이스라엘은 주변에 이집트와 메소포타미아 국가들이라는 두 강력한 제국주의적 문화 사이에 존재하면서 상당한 영향을 받았고 또 고난을 겪었다. 한국도 중국과 일본 사이에 위치하는 지정학적 여건 속에서 숱한 역경을 이기면서 살아왔다. 또한 농경사회는 대부분 위계적 군주국가(a hierarchical monarchic state)를 이루는 경향이 있고 이러한 사회는 "계급(class) 구조, 사회적 불평등, 노동 구분, 대규모 사회에서 도시민의 독특한 역할, 도시와 농촌문화의 간격, 통치계층이 노동과 노동자 경멸, 미신과 운명론을 폭넓게 신앙, 잉여 경제를 통치계층과 기념비적 건축물을 위해 사용, 높은 출산율과 사망률"과 같은 특징을 공유한다.[80]

구약성서가 담고 있는 고대 이스라엘의 역사와 사회가 우리나라의 경험과 어느 정도 공통분모가 존재한다는 사실은 해석에 큰 이점을 제공해

---

79) G. Lenski, P. Nolan, and J. Lenski, *Human Societies: An Introduction to Macrosociology*, 7th ed. (New York: McGrow Hill, 1995). 또한 G. Lenski, *Power and Privilege: A Theory of Social Stratification* (Chapel Hill: University of North Carolina Press, 1960); G. Sjoberg, *The Preindustrial City, Past and Present* (New York: Free Press, 1960); E. Wolff, *Peasants* (Englewood Cliffs: Prentice-Hall, 1966)도 유용하다.
80) Lenski-Nolan-Lenski, *Human Societies*, 219.

주는 것이 분명하다. 하지만 위의 공통분모에도 불구하고 구약성서에 감추어진 고대 이스라엘 해석자와 우리나라 해석자는 결코 동일화될 수 없다. 구약성서가 담고 있는 고대 이스라엘 사회의 역사적 문화적 유산은 우리가 모방하거나 이식시킬 수 없는 것들이기 때문이다. 이 시점에서 상이한 두 역사와 문화는 유비의 원리에 의해서만 양자를 동일지평에 둘 수 있다. 그래서 '역사적 유비의 역학'(dynamics of historical analogy)을 활용하는 것이 적절하게 여겨진다.[81] 따라서 구약신학을 진술할 때 우리는 구약성서로부터 본받아야 할 것과 본받을 수 없는 것 사이의 차이점을 명백히 인식할 필요가 있다. 여기서 우리는 현대의 유럽인도 미국인도 유대인도 아니라는 사실을 강조할 것이다.

역사적으로 지리적으로 예루살렘이란 장소는 다윗 왕조의 도성이었으며 야훼 하나님의 성전이 건축되었다가 파괴되었던 장소이다. 구약성서와 신약성서를 통틀어 예루살렘이란 지명은 신학적으로 정치적으로 매우 심각한 함의를 내포하고 있다. 그러나 오늘 우리는 예루살렘의 역사적 지정학적 운명에 개입하기 어렵다는 사실을 알아야 한다. 요한 계시록에 종말에 이루어질 '새 하늘 새 땅 새 예루살렘'은 고대 이스라엘의 역사적 신학적 에토스에 속한다. 그것은 우리에게는 새로운 역사가 열리는 시대에 관한 희망으로 기능한다. 우리는 현대의 정치국가 이스라엘의 수도 예루살렘이 겪을 미래의 운명에 직접 관여할 수 없다.[82] 할례와 안식일은 신약

---

81) M. A. Chaney, "Pluralism in Text and Context: Some Reflection on a Hermeneutics of Dynamic Analogy between Biblical Israel and Historical Korea," *Biblical Israel through an Agrarian Lens: Essays in Religion and Society in Old Testament History, Literature and Interpretation* (Seoul: Handl, 2007), 271-93.
82) 현대 국가 이스라엘이 하나의 민족국가로서 세계평화를 위해 기여하며 다른 민족과 함께 평화롭게 공존하기를 바라는 마음에서 그 나라와 민족의 꿈과 소망이 아름답게 이루어지기를 바라는 데는 이의가 없고 그것은 국제정치적 입장과 무관하며 단순한 박애주의에서 우러나오는 입장이다. 물론 그들이 세계사 속에서 겪은 민족적 차별과 깊은 상처에는 같은 마음으로 아파하며 어느 민족에게도 반복되어

시대에 폐지되었고 지방 성소와 성전에서 짐승이나 곡식으로 드리는 제사는 현금으로 드리는 헌금이나 예배형식으로 대체되었다. 구약시대의 삼대 절기(유월절, 칠칠절, 초막절)를 우리는 더 이상 지키지 않는다. 구약성서의 메시아 대망은 우리가 역사적 예수를 바로 그 메시아라 고백하므로 그것은 지금 예수를 믿고 따르는 우리가 이 땅에서 이루어야 할 사회상에 대한 목표 외에 다른 것이 아니다. 그 외에 구약성서가 기록하고 있는 창조, 땅 약속, 출애굽, 시내 산 언약과 율법, 광야 여정, 지파 사회, 국가 건설과 분열, 국가(이스라엘과 유다)의 멸망, 성전 파괴, (유다인 포로의) 귀환 등등의 주요하고 비중 있는 신학적 주제나 사상은 고대 이스라엘 백성이 겪은 과거에 대한 신학적 해석이 섞여 있다. 이러한 역사적 경험과 고백과 해석이 무엇이며 언제 왜 그렇게 기록했는지를 살피는 작업은 구약신학의 역사-서술적 과제에 속한다. 우리는 이런 작업을 전제할 뿐이다. 그 대신 우리는 시대를 뛰어넘어 구약성서가 21세기를 살아가는 우리 민족에게 어떤 규범적인 진리를 가르치는지를 기술하는 작업, 즉 구약신학의 규범적 과제에 집중할 것이다.

서는 안 된다는 입장은 확고하다.

제3부

21세기 한국개신교회를 위한 구약신학: 전개

제3부

21세기 한국개신교회를 위한 구약신학: 전개

3.1. 전제와 고대 이스라엘 역사

3.1.1. 전제

우리의 구약신학은 규범적 과제를 수행한다. 규범적 과제에 집중하려는 까닭은 가장 근본적으로 한국교회가 처한 위기현실에 대한 고민으로부터 비롯되었다. 우리가 분석하기로 한국교회의 위기는 성서교육의 부실 때문에 생긴 것이다. 다시, 성서교육의 부실은 크게 두 가지 원인으로 인해 생긴 것이다. 하나는 서구신학을 우리교회의 현실에 대한 비평적 자의식이 없이 소개하고 우리의 토양과 정서에 이식하는 데 급급했기 때문이다. 다른 하나는 한국교회에 지배적인 신학으로 자리매김한 근본주의 신학 때문이다. 그래서 현재 우리 교회는 성서 문자주의에 입각한 개인구원 교리를 성서적 신앙의 전부인 것처럼 강조해온 탓에 이제는 교회 강단설교가 역사의식도 없고 신학도 없으며 부실한 교회론에 치우쳐 있다는 비판을 받고 있다. 이를 극복하기 위해 우리의 구약신학은 한국인으로서의 건전한 자의식을 고취시키기 위해 교회의 역사의식을 고취시키고 우리 사회에 대한 책임 있는 자세를 갖고 사역하기를 돕는 일이 목표이다. 이를 위해 지금껏 성서학계에 주도적이었던 구약신학의 역사-서술적 과제는 다른 학자들에게 맡기고 여기서는 우리 교회의 구약성서에 대한 건전하고 바람직한 신앙과 이해를 바탕으로 교회가 성서를 보다 현실감 있게 활용하도록 성서의 규범적 진리를 기술하는 과제를 수행하려는 것이다.

가블러가 제안한 순수한 성서신학의 두 가지 측면 즉 규범성과 체계화 중에서 체계화 작업은 앞선 단락의 방법론 논의에서 살펴보았듯이 구약성서가 다양한 사상을 갖고 있기 때문에 실행하기가 어렵다. 그래서 우리는 구약신학의 규범성을 기술하는데 집중할 것이다. 여기서 규범적 과제(normative task)라는 용어는 설명이 필요하다. 프루스너와 헤이스는 이것을 가블러가 구약성서의 다양한 사상과 개념들을 비교하여 어느 시대에나 적용되는 불변한 이념 또는 하나님의 영원한 진리를 가리키는 것이라고 해석한다.[1] 실제로 가블러는 자신의 연설문에서 프루스너와 헤이스가 진술한 것과 같은 그런 표현을 쓰지 않았다. 다만 이와 관련이 있는 언급들은 다음에서 찾아볼 수 있다.

> 여기서 우리는 우리 앞에 놓인 과제의 다른 부분, 곧 구약성서와 신약성서를 구성하는 다양한 부분들을 조심스럽고 차분하게 비교하는 작업으로 넘어가지 않으면 안 됩니다…. 우리는 각각의 단일 원리를 그것의 보편적인 개념들, 특히 성서의 여기저기에 분명하게 언급된 개념들에 비추어 검토하지 않으면 안 됩니다. 그리고 그러한 검토 작업은 다음의 규칙을 따라야만 합니다…. 그러나 만일에 보편적인 개념의 도움을 받아서 이루어지는 이런 비교 작업이 각 저자의 작품을 손상시키지 않는 방식으로 이루어질 경우에는 그리고 각각의 저자들이 우호적인 방식으로 의견의 일치를 보이거나 의견의 차이를 보이는 것이 분명한 경우에는 다행히도 외래적인 요소들과 섞이지 않은 순수한 형태의 성서신학이 생겨날 것이며… 성서신학을 갖게 될 것입니다.
>
> 만일에 우리가 거룩한 저자들의 이러한 견해들을 성서로부터 조심스럽게

---

[1] Prussner and Hayes, 「구약성서 신학사」, 87.

수집하여 제대로 소화시키고 또 보편적인 개념들과 관련시키는 한편으로 그것들을 서로 간에 신중하게 잘 비교한다면 교의학이 그것들을 어떻게 사용할 것인지의 문제가 유익한 쪽으로 해결을 볼 것이며 성서신학과 교의신학의 목표가 바르게 결정될 것입니다….[2]

사람들이 이상의 모든 문제들을 제대로 관찰하여 조심스럽게 정리한다며 우리는 마침내 거의 의심이 가지 않는 충실한 책 읽기를 통해서 성서로부터 모든 시대의 기독교에 적합한 본문들을 올바로 선택할 수 있을 것입니다. 그 본문들은 참으로 신성한 신앙의 형태가 어떠한 것인지를 분명하게 보여 줄 것입니다. 우리는 그것들을 '고전적인 본문'(dicta classica)이라 칭할 수 있는 바, 그것들을 보다 정교한 교의학 작업을 가능케 하는 기초자료가 될 수 있습니다. 오로지 이런 방법들을 통해서만 우리는 의심의 여지가 없이 확실한 보편적인 개념들-교의신학에 도움을 주는-을 가려낼 수 있습니다.[3]

이 인용문에서 가블러는 '보편적인 개념(들)'이란 용어를 세 번 사용한다. 처음 두 번은 그것이 이미 존재하는 것처럼 진술하고, 마지막은 성서신학을 수행한 결과로 얻어진 결과로 말한다. 우리의 구약신학은 가블러가 세 번째 언급한 바로 그 '보편적 개념들'을 추구하려고 한다는 의미에서 가블러가 말한 구약신학의 규범적 과제를 수행한다. 그것은 구약성서가 담고 있는 가르침으로서 어느 시대에나 보편적으로 적용 가능한 진리를 도출하여 기술하는 작업이다. 그것은 성서의 신론이나 구원론에 얽매이지 않는다. 그리스도 예수의 정체에 대한 거룩한 교리를 밝히려는 목적을 수행하려는 것도 아니다. 교회론이나 종말론을 도출하는 작업에도 관심이 없다. 이런 가르침들이 구약성서와 원래 저자들이 본래적으로 관심을 둔 것이라고 확신하기 어렵기 때문이다. 그것들은 기독교적 관심사에 속한다.

하지만, 우리는 앞서 밝혔듯이 구약성서를 역사적 예수가 읽은 하나님의 말씀이라는 관점을 활용할 것이다. 그리고 우리는 구약성서의 신론, 즉

---

[2] B. C. Ollenburger, "요한 P. 가블러,"「20세기 구약신학의 주요 인물들」, 717-8.
[3] Ibid., 720.

야훼 하나님에 대한 이해가 어떤 것인지를 기술하기보다 하나님에 의해 지음을 받은 사람은 어떻게 살아가는 것이 바른지를 묘사하는 인간론에 치중할 것이다. 이런 입장을 취하는 까닭은 "신론은 인간론이다(Theology is anthropology)"는 명제 때문이다. 이 문장은 하나님에 관한 모든 가르침 (all the God-talks)은 사실상 인간의 삶을 위한 가르침이라는 뜻으로 이해할 수 있다. 우리는 성서에 묘사된 하나님에 관한 가르침이 무엇이든 성서에서 정당한 주석적 원리로부터 도출한 가르침이라면 그것을 수용할 것이다. 그리고 그런 가르침들이 우리나라 사람들을 향해서는 어떤 현실적인 삶을 살라고 가르치는 가르침인지를 깊이 성찰하여 기술할 것이다.

끝으로 역사-서술적 과제는 논증하는 과정에서 엄청나게 많은 정보와 논의에 의존하기 때문에 기술 분량이 많으나 규범적 과제는 상대적으로 보편적 가르침을 이끌어내는 과정에서 논의가 축소될 수밖에 없다는 점을 미리 밝혀둔다. 그래서 우리의 규범적 과제 수행은 축소 혹은 환원주의 (reductionism)라는 비평에 노출되어 있다.

3.1.2. 고대 이스라엘 역사 개요

고대 이스라엘 역사를 개괄적으로 서술하는 일은 기독교 신앙의 역사의식 고취를 목적하려는 우리의 입장에서 볼 때 마땅한 일이다. 이것은 구약신학사상이 현실과 동떨어진 순수한 이론이나 공허한 주장으로 머물지 않게 해 준다. 구약성서 혹은 고대 이스라엘의 역사라는 영역은 상당한 논란이 벌어지고 있는 분야이다. 그런 의미에서 우리는 구약성서가 배경으로 삼고 있는 이스라엘 역사를 대략적이고 최소한의 흐름만을 기술할 것이다.[4]

---

4) 이스라엘 역사의 상당부분에 대하여 우리의 진술은 논란을 일으킬 수 있다. 하지만

'이스라엘'이라고 일컬어지는 집단은 역사적으로 주전 1200년 어간에 중앙 팔레스타인 산간지대에 처음으로 등장한다.5) 이 집단은 상당한 시간에 걸쳐 정착하여 점차 크기가 증가했으며 그런 가운데 모종의 지파사회를 이루기 시작했던 것으로 보인다.6) 이 시대를 초기 이스라엘(early Israel)이라 부른다. 초기 이스라엘 사회는 국가가 존재하기 이전을 가리킨다. 이 사회는 중앙통제시스템이 없는 상태에서 촌락별로 가족 단위 혹은 여러 가족이 함께 협력하여 곡식, 축산, 과수 생산을 혼합하여 기초생계를 유지하는 혼합영농사회였다.

약 200년쯤 지나 이 사회는 경제적 안정을 누리면서 족장제(chiefdom) 형식의 초기 국가형태로 변모하게 되었다. 국가라는 제도적 형태를 갖춘 나라는 주전 1000년경에 사울왕권을 찬탈한 다윗 왕을 출발점으로 시작하

우리는 여기서 고대 이스라엘 역사를 확정적으로 진술하는 것이 아니며 다른 주장들과 논쟁하려는 것이 아님을 밝힌다. 이곳은 대략적 개요를 말하는 데 목적이 있을 뿐이므로 실제적으로 이와 다른 해석과 주장이 얼마든지 가능하다.

5) 이 명칭은 구약성서 기록에 따르면 야곱이 고향으로 돌아오는 길목의 얍복 강가에서 천사와 씨름을 한 후 얻은 별명으로 알려져 있다(창 32:22-32). 그러나 성서 밖의 증거는 주전 1207년경에 건립된 것으로 해석되는 이집트 바로 메르넵타의 전승 기념비에 역사상 처음으로 등장한다. 참고. G. W. Ahlström, *The History of Ancient Palestine* (Minneapolis: Fortress, 1993), 284-7; L. E. Stager, "Merneptah, Israel and Sea People: New Light on the Old Relief," *Eretz-Israel* 18 (1987), 56-64; R. B. Coote, *Early Israel: A New Horizon* (Minneapolis: Fortress, 1990), 71-93; J. Maxwell Miller and John H. Hayes, *A History of Ancient Israel and Judah*, 2nd ed. (Louisville: Westminster John Knox Press, 2006), 4; R. Kessler, *The Social History of Ancient Israel: An Introduction* (Minneapolis: Fortress Press, 2008), 44-5. 이보다 앞선 시대인 주전 1350년경의 기록인 아마르나 문서는 가나안의 도시국가 군주와 이집트의 바로 사이에 주고받은 외교서신으로서 아카드어로 기록되어있으며 내용은 가나안의 도시국가 군주들이 자신들의 사회 저변에 출몰하는 아피루(apiru=SA.GAZ)라고 부르는 집단을 처리하기 원조를 요청하는 내용을 담고 있다.

6) 지파 사회라는 용어는 이해하기가 매우 어렵다. 혈통에 기반을 둔 사회(kinship-based society) 정도가 가장 기초인 사회 형태이겠지만, 규모가 커지면서 혈통은 명목일 뿐 연고지와 다양한 혈통으로 더욱 잘 뭉쳐진 집단으로 몸집이 커지는 것 같다. 참고. R. B. Coote, "Tribalism," 35-49; 우택주, "고대 이스라엘의 열두 지파 체제는 언제 제정되었는가?" 「한국기독교신학논총」 90집 (2013): 5-36.

였다. 기념비적 대형건축물을 지은 솔로몬 시대에는 국가 시스템을 완비한 것으로 보인다.[7] 다윗과 솔로몬은 적어도 팔레스타인 산간지대의 지파들을 전부 통솔하는 막강한 정치권력을 행사했으나 그의 아들 르호보암에 이르러 다윗 왕조의 폭압적 정치에 반발한 북부 지파들이 주도로 나라는 둘로 쪼개졌다.[8] 지파 제도와 정서는 이스라엘 역사 내내 국가의 통치자들이 원만한 국가 통치를 위해 고려하지 않으면 안 되는 현실이었다. 이스라엘이 최초로 등장할 때 실시되었던 지파 제도와 정서는 국가의 존재 유무와 상관없이 사라지지 않았다.

북 왕국 이스라엘은 빈번한 쿠데타와 왕조의 교체 끝에 200년 후인 722년에 신 앗수르 제국에게 패망하여 공중분해 되었고, 남 왕국 유다는 비교적 안정된 왕조 계승을 이어갔으나 이보다 150년쯤 지난 587년에 신 바벨론 제국에게 멸망했다. 이때 상당수의 포로들(주로 왕실과 고위 관료들과 가족)이 바벨론 제국에 끌려가 생활했다. 50년이 지난 주전 539년에 바벨론을 무너뜨린 페르시아의 고레스는 주전 538년 칙령을 반포하여 모든 포로들의 귀환을 허용했다.[9] 이에 자극을 받은 유다의 포로공동체는 일부분의 사람들이 여러 차례에 걸쳐 고국으로 귀환했다. 귀환한 유다인들(주로 지난 날 유다 왕실의 후손들)은 515년에 무너진 예루살렘 성전을 재건하고 제사장이 지도력을 발휘하는 성전중심 사회를 영위했다. 450년을 전후하여 페르시아는 그리스와 전쟁에 몰두하면서 제국의 변방인 예후드 지방

---

7) 국가라는 사회제도가 이스라엘 역사 가운데 완비된 시점에 대해서는 의견이 다양하다. 상당수 학자들은 그 시기를 주전 8세기라고 보는 견해를 편다. 참고. R. Kessler, *The Social History of Ancient Israel*, 63-102.

8) 정확하게 말한다면 이것은 연합을 유지하던 지파사회의 분열이다. 즉, 열 지파가 다윗 가문의 통치에서 탈퇴한 것이다. 그러므로 이 사건을 우리나라에서 벌어진 분단처럼 생각하면 곤란하다.

9) 고레스 칙령의 정치적 의도분석을 위해, Jon L. Berquist, *Judaism in Persia's Shadow: A Social and Historical Approach* (Minneapolis: Fortress Press, 1995), 24-6을 참조하라.

을 안정시키기 위해 에스라와 느헤미야를 파송하였다.

이후 페르시아는 그리스와 여러 차례 전쟁을 치른 뒤 332년에 그리스의 알렉산더 대왕에게 패배하였다. 이때로부터 예후드 지방은 그리스의 통치를 받기 시작했다. 167년, 시리아의 셀류시드 왕조인 안티오커스 에피파네스 IV세의 강압적인 헬라화 정책과 유대교 탄압에 반발하여 경건한 유다 사람 마카비가 저항 전쟁을 일으켰고 164년에 예루살렘에서 시리아의 군사력을 물리친 후 훼파된 성전을 정화하고 봉헌식(하누카)을 거행했다. 142년, 하스몬 왕조가 셀류시드 군대를 완전히 축출하면서 독립된 정치를 이어가지만 63년 로마의 폼페이 장군이 예루살렘을 정복하므로 로마의 식민통치가 시작되었다. 주 후 70년, 로마의 디도 장군은 유다에서 일어난 반란을 진압하고 예루살렘 성전을 다시 파괴하였다. 학자들은 주전 515년부터 주 후 70년까지를 제2성전시대라고 부른다.[10]

구약성서는 줄곧 지파사회의 시절과 정서를 신학적 출발점으로 삼는다. 구약성서에 포함된 글들은 가장 먼저 히브리어를 제정했을 것으로 추정되는 국가제도의 출범과 함께 왕궁에서 기록되기 시작했다.[11] 이후로 그 문서를 개정하고 확대하는 긴 과정과 함께 다양한 시기에 다채로운 문서들이 작성되었고 이것들을 함께 묶어서 읽는 과정을 통해 현재의 모습을 갖춘 것으로 이해된다.[12]

구약성서에 반영된 고대 이스라엘 역사는 이스라엘 백성이 지파 사회

---

10) 이 시점까지의 주요 역사적 사건과 인물 그리고 구약성서 각 권의 작성 시기를 간추려 놓은 연표를 위해, R. B. Coote and M. P. Coote, 「성서와 정치권력」, 장춘식 역 (서울: 한국신학연구소, 2000[orig., 1990]), 261-72를 보라.
11) 다윗 왕 시절부터 성서역사가 기록되었을 것이라는 주장을 위해, R. B. Coote, 「성서의 처음 역사」, 우택주, 임상국 역 (서울: 한울M 출판사, 2017[orig., 1989])을 보라.
12) 이스라엘 역사 가운데 가장 늦은 시절의 왕조로 이해되는 하스몬 왕조에서도 구약성서의 편집 작업이 이루어졌을 것이라는 점을 논의한 글을 위해, David M. Carr, *The Formation of the Hebrew Bible: A New Reconstruction* (Oxford: Oxford University Press, 2011)을 보라.

로 시작하여 국가라는 제도를 갖추어 400년 넘도록 유지하다가 이후로는 장기간의 식민지 통치를 경험한 것을 증언한다. 독립된 주권국가로 존재하던 시기는 그리 오래되지 않고 상대적으로 짧다.

우리가 읽고 있는 구약성서가 완성된 시기는 아무리 늦어도 로마제국이 예루살렘에 도착하기 전에 완성된 것으로 보인다. 가장 마지막으로 작성된 구약문헌이 무엇이며 또 그것은 곧장 정경으로 받아들였는지에 관해서는 말하기는 어렵다. 경전의 정경화 여부와 관계없이 유대인 신앙공동체(들)는 이 글들을 계속 읽으면서 신앙을 유지하고 발전시켰으며 또 새로운 글을 기록했다. 우리 개신교의 정경에 포함시키지 않은 외경과 위경이 그 증거이다.

구약성서의 전체적인 내용은 다음과 같이 압축적으로 묘사할 수 있다. 처음에 풍요에 대한 확실한 기약은 없었다. 비록 척박하지만 자유롭게 농사짓기에는 어려운 환경에 정착하여 평등하고 자율적인 사회로 살기를 희망하며 한데 모여서 땀 흘리며 땅을 경작하며 살았었다. 그 때가 가장 아름답고 평화로운 추억과 이상으로 남아 있다. 독립된 왕정 시절은 외세의 침입과 압제를 막아줄 이상적 군주 사회가 가져다준 평화로운 시대에 대한 기대감과 희망이 되었다. 그러나 국가는 강력한 외세에 패망하였다. 나라가 패망하고 지도자들이 포로로 잡혀가는 절망스럽고 어려운 식민지에서도 국가 혹은 민족 사회의 회복을 간절히 염원했다. 식민시절에는 성전 중심으로만 존재해야 했다. 그래서 보다 엄격하고 획일적인 사회질서와 종교제도의 확립이 필요했다. 민족이 살아남기 위해서였다. 이러한 목적 아래 하나님의 섭리에 대한 다양한 사람들의 다채로운 경험과 해석을 담은 글들을 모아 놓은 것이 구약성서이다. 구약성서의 긍정적인 기대감과 희망의 반대편에는 같은 사회 안에서 같은 신앙을 가졌던 인간 군상들이 저질렀던 추하고 더러운 행위의 흔적들도 가감 없이 간직하고 있다.[13] 한 마디로 이스라엘 백성의 과거가 구약성서에 남아 있는 것이다. 그들은 야훼 하나님의 이름으로 기도했고 또 그 이름을 표방하여 온갖 악행과 비행을 저질렀고 또 개인적 영화와 행복을 누림과 동시에 슬픔과 고통을 경험하였다. 그 책, 구약성서를 예수가 읽었다. 예수는 이 책을 읽고서 무엇을 깨달았을까? 우리는 예수가 신약성서의 복음서에 묘사된 그런 삶을 살게 한 원동력을 여기 구약성서에서 발견했다고 가정한다. 그 원동력, 예수가 발견한 것으로 여겨지는 구약성서의 규범적 사상은 무엇일까? 구체적으로 말해서 예수를 따라가는 우리교회가 예수가 읽은 구약성서를 읽으면서 배우고 함양하고 추구해야 할 삶의 태도와 자세는 무엇인가?

3.2. 오경/토라의 신학

3.2.1. 논의의 범위

오경/토라는 창세기, 출애굽기, 레위기, 민수기, 신명기를 가리킨다. 창세기를 제외하고 출애굽기부터 신명기까지의 내용은 모세의 출생부터 사망까지 모세의 일대기를 바탕으로 전개된다. 모세의 생애는 이집트에서 시작하고(출 1-2장) 요단 동편 모압 평지에 도착하여 임종하므로 끝난다(신 34:1-8). 그런데, 모세가 죽는 장소인 모압 평지에 도착한 것은 이미 민수기 21:20에서 보도하고 있다. 그곳에서 모세가 죽고 가나안에 올라가지 못할 것을 예고하는 장면은 민수기 27:12-14에 먼저 등장한다. 신명기는 이곳 모압 평지에서 모세가 임종하는 날, 언약백성 이스라엘에게 남긴 유언 형식을 빌려 광야 40년 역사를 회고하고 시내 산 언약을 다시 강조하는

---

13) 쿠트는 구약성서에 가장 먼저 기록된 J 문서가 성인용(!)이라고 말한다. Coote and Ord, 「성서의 처음 역사」, 44.

설교와 권면이다. 그런 의미에서 신명기라는 성서는 민수기에서 끝날 수 있는 글 구조에 다시 추가한다는 인상을 준다. 그런데 이 신명기는 이어지는 여호수아서부터 열왕기하서까지 이어지는 이스라엘 역사와 긴밀한 상관관계를 갖고 있으며 그 역사기록의 머리글로 이해된다. 이러한 내용상의 특성을 고려하면 오경 가운데 처음 사경(창세기~민수기)과 신명기는 분리해도 무방하다. 또 창조부터 모세의 죽음까지를 보도하는 하나의 줄거리를 지닌 글로 읽어도 문제가 없다. 따라서 사경만의 신학을 기술하는 일도 가능하며 신명기를 포함하여 오경의 신학을 기술할 수도 있다.

여기서 우리의 구약신학은 오경을 하나의 문집으로 보는 전통을 따를 것이다. 하지만 이어지는 첫 번째 역사서 즉 신명기 역사의 신학을 기술할 때는 오경의 마지막 책인 신명기를 그것과 긴밀한 상관관계를 가진 성서로 읽을 수도 있음을 미리 밝혀둔다.

3.2.2. 오경/토라의 권위

오경은 기독교적 명칭이다. 유대인 전통을 토라라고 부른다. 토라는 가르침, 교훈이라는 뜻이다.[14] 구약성서에서 오경/토라는 다른 모든 구약성서 가운데 가장 표준적이고 규범적인 가르침이며 가장 권위 있는 가르침을 뜻한다. 구약성서의 각 단락은 이에 대한 증거를 보여준다.[15] 히브리 성서의 첫 번째 문집인 오경의 마지막 단락은 신명기 34장 10-12절이다. 그것은 다음과 같이 기술한다.

---

14) 기독교에서 토라를 '율법'으로 약칭해서 부르는 것은 비록 신약성서의 서신들에서 주로 사용하기 때문에 교회가 전통적으로 물려받은 명칭이지만 그러나 토라의 본래적 기능과 의미를 오해할 소지가 크다. 그래서 우리는 이후로 '오경/토라'라는 방식으로 병행하여 표기한다.

15) J.-L. Ska, *Introduction to Reading the Pentateuch*, tr. Sr. Pascale Dominique (Winona Lake: Eisenbrauns, 2006), 11-5.

> 그 후에는 이스라엘에 모세와 같은 선지자가 일어나지 못하였나니 모세는 여호와께서 대면하여 하시던 자요 여호와께서 그를 애굽 땅에 보내사 바로와 그의 모든 신하와 그의 온 땅에 모든 이적과 기사와 모든 큰 권능과 위엄을 행하게 하시매 온 이스라엘의 목전에서 그것을 행한 자이더라.

이 구절은 세 가지 사항을 주장한다.16) 첫째, 모세는 다른 선지자들보다 위대하다. 그런 맥락에서 모세의 오경/토라는 다른 모든 계시, 즉 구약성서의 나머지 책들보다 더 신성하다. 둘째, 모세의 탁월함은 야훼와 가진 특별한 관계에서 비롯된 것이다. 모세는 야훼와 직접 대면하였다. 셋째, 출애굽 사건은 이스라엘 역사의 근본적인 사건이다. 이것과 견줄만한 의미 있고 중요한 사건은 없다.

히브리 성서의 두 번째 문집은 전기예언서(여호수아-열왕기하)와 후기예언서(이사야-말라기)이다.17) 여호수아 1:1-8은 여호수아의 사역을 모세와 연결시킨다. 이 단락에 의하면 여호수아는 모세의 후계자이다. 여기서 모세를 "야훼의 종"으로 부르는 것과 달리, 여호수아는 "모세의 수종자"로 부른다(1절). 여호수아의 사역은 모세를 근거로 정의된다. 야훼는 모세와 함께 하셨던 것처럼 여호수아와 함께 하실 것이다(5절). 여호수아가 약속의 땅을 정복하는 과제는 모세가 명령한 율법을 순종하는 여부에 그 성패가 달렸다(7-8절). "이스라엘의 역사는 백성이 모세의 율법/가르침에 충실한지 그렇지 않은지의 역사이다."18)

예언서의 마지막 책인 말라기 4장 4-6절[MT 3장 22-24절]도 위와 비슷한 진술로 마친다.19)

---

16) Ibid., 10.
17) Ibid., 11. 이하의 내용 포함.
18) Ibid.
19) Ibid., 12. 이하의 네 가지 사항.

> 너희는 내가 호렙에서 온 이스라엘을 위하여 내 종 모세에게 명령한 율법 곧 율례와 법도를 기억하라. 보라 여호와의 크고 두려운 날이 이르기 전에 내가 선지자 엘리야를 너희에게 보내리니 그가 아버지의 마음을 자녀에게로 돌이키게 하고 자녀들의 마음을 그들의 아버지에게로 돌이키게 하리라 돌이키지 아니하면 두렵건대 내가 와서 저주로 그 땅을 칠까 하노라 하시니라.

이 단락은 예언서와 토라의 관계를 네 가지로 정리한다.[20] 첫째, 예언서는 모세의 율법/토라를 참조하면서 읽어야 한다. 둘째, 모세의 율법은 하나님에게서 기원한 것이다. 셋째, (시내 산이 아니라) 호렙 산에서 나타나신 야훼의 율법은 신명기에 있다. 넷째, 예언자 중에 엘리야만 언급한 것은 그가 모세를 가장 많이 닮은 예언자이기 때문이다.

히브리어 성서의 세 번째 문집은 성문서이다. 히브리 성서에서 성문서의 첫 번째로 등장하는 시편 1편은 "여호와의 율법(토라)"을 언급하므로 토라시(torah psalm)라는 장르로 분류한다. 이로써 성문서는 오경/토라와 연결된다. 시편 1편은 시편 전체와 성문서 전체를 야훼의 율법에 대한 묵상으로 읽도록 초대한다.[21] 히브리 성서의 결론이면서 성문서의 결론부는 역대기하 36장 22-23절이다.[22] 이 구절은 모세의 율법을 언급하지 않은 대신에 예레미야와 예루살렘만 언급한다. 하지만 23절의 "올라가라"는 표현은 출애굽 전승을 기술하는데 사용하는 전형적인 표현이다. 또 오경에는 예루살렘 성전이 언급되어 있지 않지만 출애굽기 25-31장, 35-40장의 성막 전승과 레위기 전체 그리고 신명기의 제의 중앙화 규정 등은 예루살렘 성전과 연계하여 읽어야 한다. 또 에스라서와 느헤미야서는 성전예배의 중요성을 강조하는 역대기서와 함께 읽어야 한다(이 세 권을 '역대기역사

---

20) Ibid.
21) Ibid.
22) 이하의 내용은 Ibid., 13.

서'로 부름)로 이해된다. 에스라서와 느헤미야서는 백성 앞에서 모세의 율법을 선포하는 사건을 강조한다(느 8장). 이 율법은 포로후기 공동체의 기초석이 된다. 율법은 예루살렘 성전의 중심에 자리 잡고 있다. 그런 의미에서 성문서의 마지막 구절도 오경/토라와 연관성을 지닌다.

이러한 증거를 종합하면[23] 오경/토라는 히브리 성서 즉 구약성서 전체에서 가장 선두에서 가장 규범적인 기능을 한다. 이후에 뒤따르는 구약성서와 그곳에서 강조하는 주제들, 특히 땅이나 군주제나 성전 등은 모두 이 오경/토라에 비추어 이해해야 한다. 그런 측면에서 예언서와 성문서는 오경/토라에 종속적이다.

아울러 오경의 구조와 히브리 성서의 조직은 신약성서를 이해하는 데 필수적이다. 공관복음서에 묘사된 역사적 예수의 공생애는 침례 요한이 침례를 주는 요단 강가에서 시작한다. 오경의 모세는 요단 강가에 도착한 뒤 약속의 땅을 바라보면서 죽는다. 그런 까닭에 모세의 사역은 미완성이다. 이와 대조적으로 역사적 예수는 그곳에서부터 공생애를 시작하며[24] 하나님의 나라를 선포한다.

3.2.3. 정경적 구조와 작성역사

오경/토라는 매우 긴 기간에 걸쳐서 완성되었다. 오경/토라 가운데 처음으로 기록된 글(J)은 아마 다윗 시절에 기록되었을 것이다.[25] 통일왕국이 분열한 뒤 북 왕국의 역사가 시작되면서 새로운 글(E)이 추가로 기록되었을 것이다. 이렇게 두 가지 문서는 8세기 유다의 왕실에서 결합되었는데

---

23) 이하의 내용은 Ibid., 14-5.
24) 스카는 예수가 여호수아의 아람어 명칭이라는데 착안하여 예수를 땅을 정복한 역사적 여호수아의 재현(another Joshua)이라고 설명한다(Ibid., 15).
25) Coote and Ord, 「성서의 처음 역사」, 5.

포로기와 포로후기의 제사장 집단에 의해 작성된 문서(P)로 보충되었을 것이다.26) 여기까지를 사경(Tetrateuch, 즉 JEP)이라 부른다. 다섯 번째 성서인 신명기(D)와 이어지는 네 권(여호수아-열왕기)의 역사서(Deuteronomistic History)는 유다 왕조의 후반에 대부분이 기록되었을 것이다(Dtr1). 이후로 포로기 중반쯤(약 550년) 포로의 경험을 반영한 내용(Dtr2)을 추가하여 완성되었을 것이다.27) 주전 5세기 에스라 시기부터 사경(JEP)과 신명기(D)는 모세의 생애를 주축으로 삼는 오경/토라로 결합(JEP-D)되어 읽혀지기 시작했을 것이다.

오경/토라의 작성과정과 시기를 이와 전혀 다르게 설명하는 견해도 있다. 전통적으로 오경/토라의 작성을 모세가 직접 작성했다는 견해가 그것이다. 하지만 이스라엘 백성의 언어인 고대 히브리어가 제정되고 통용되었을 시기를 고려한다면 모세 시절의 전승은 구전으로 전해졌을 가능성은 있어도 그 사건과 글이 동시에 기록되었을 가능성은 현저히 낮다. 한편 이와는 달리 가장 빠른 J가 포로기에 작성되었을 것이라고 보는 견해도 있다.28) 어느 의견을 취할 것인지 혹은 정당한지를 놓고 교조적인 관점에서 벌이는 논쟁은 소모적이다.

지금 우리는 오경/토라의 작성과정에 대한 비평적인 견해를 소개하고 있지만, 보다 중요한 것은 그런 작성 시기에 대한 의견들이 최종본문을 이해하는데 어떻게 효과적으로 작용하는지를 묻는 일이다. 오경/토라의 최종형태에 관한 논의에서 적어도 사경(창세기-민수기)의 경우 포로후기 제2성전시대 제사장 집단의 역할을 고려하는 일은 매우 중요하다. 어쩌면 신명기를 포함하여 오경으로 확대하여 규범성을 지닌 권위 있는 경전을

---

26) Coote, 「성서와 정치권력」, 18
27) Coote, 「신명기적 역사」, 7, 각주 1. (출판 중)
28) Christoph Levin, *The Old Testament: A Brief Introduction,* tr. by Margaret Kohl (Princeton: Princeton University Press, 2005), 61-70.

완성시킨 배후 집단도 동일한 제2성전시대 제사장 집단일 것이다.

역사-서술적 과제를 수행하는 구약신학은 이 전승층들을 각각 해설하는 데 집중할지도 모른다. 그러나 우리의 구약신학은 규범적 과제를 수행하므로 본문의 최종형태가 전개하는 이야기의 흐름에만 초점을 맞출 것이다.

작성과정이 얼마나 길고 복잡한가에 관계없이 현대의 독자인 우리는 최종형태를 읽을 수밖에 없다. 그런 까닭에 가장 늦게 문서작업을 한 제사장 집단이 창세기의 서두인 1장 1절부터 2장 4a절까지를 배치한 것은 독자들이 이 단락에 비추어 나머지 오경/토라를 읽기를 원한 것으로 보인다. 구약성서의 상당수 책들이 이와 유사한 방식의 문서작성 관행을 보여준다. 가장 늦게 문서작업을 마친 집단이 자신들의 생각이 반영된 내용을 주로 글의 서두에 배치하는 모습을 볼 수 있다. 이것 역시 아마도 서두에 비추어 나머지 내용을 이해하라는 의도가 깃들어 있는 것으로 보인다.[29] 글의 마지막에 자신들의 생각을 덧붙인 경우도 본문의 내용이 제기할 수도 있는 논쟁을 보편적인 야훼 신앙의 틀 안에서 마무리하려는 의도를 지닌다.[30]

---

[29] 서두에 최종작성자의 의도가 담긴 글을 써서 덧붙인 경우는 창세기 1:1-2:4a 외에 시편 1편, 호세아 1-3장, 잠언 1-9장을 지목할 수 있고 후기예언서나 시편의 경우 서두의 표제(이를테면, 이사야 1:1, "유다 왕 웃시야와 요담과 아하스와 히스기야 시대에 아모스의 아들 이사야가 유다와 예루살렘에 관하여 본 계시라"와 같은 문구와 시 3:1, "다윗이 그의 아들 압살롬을 피할 때에 지은 시"와 같은 해설)가 대부분 가장 늦은 시점의 글이라는 데 대체로 동의한다.

[30] 책의 끝에 저자나 최종작성자의 의도를 실은 경우는 호 14:9("누가 지혜가 있어 이런 일을 깨달으며 누가 총명이 있어 이런 일을 알겠느냐 여호와의 도는 정직하니 의인은 그 길로 다니거니와 그러나 죄인은 그 길에 걸려 넘어지리라.") 미 7:18-20 ("주와 같은 신이 어디 있으리까… 주께서 옛적에 우리 조상들에게 맹세하신 대로 야곱에게 성실을 베푸시며 아브라함에게 인애를 더하시리이다.") 전 12:13-14 ("일의 결국을 다 들었으니 하나님을 경외하고 그의 명령들을 지킬지어다 이것이 모든 사람의 본분이니라 하나님은 모든 행위와 모든 은밀한 일을 선악간에 심판하시리라") 등에서 찾아볼 수 있다.

오경/토라는 고대 이스라엘의 장구한 역사의 흐름을 담고 있다. 시간적으로는 약 500년에서 600년에 걸친 삶과 경험이 녹아 있다. 이 안에는 초기 이스라엘의 평화로운 사회에 대한 이상, 다윗이 세운 나라의 흥망성쇠, 남북왕국의 상이한 강조점을 지닌 법전들, 나라의 멸망과 성전파괴 그리고 포로생활의 쓰라린 아픔, 포로기의 제사장들이 주도권을 쥐고 제시한 회복을 위한 제의적 가르침들 등등이 포함되어 있다. 고대 이스라엘의 사회적 변천을 고려한다면 오경/토라는 지파사회, 군주사회, 식민지 사회의 정서가 공존하는 글이라고 말할 수 있다.[31] 하지만 각 사회는 저마다 다른 사상적 지향점을 갖고 있다. 지파사회는 억압과 착취가 없는 평화로운 자급자족을, 군주사회는 왕정을 중심으로 정치권력의 유지를, 식민사회는 성전중심 공동체의 정체성 확립을 추구하는 것을 발견할 수 있다.

지금 오경/토라는 성경 가운데 성경(Bible of the Bible)이다. 성경 가운데 가장 권위 있는 성경이 바로 오경/토라이다. 예수는 이 성경을 읽고 깨달은 바를 만인이 구원에 이르도록 하는 대속적인 삶을 완벽하게(!)으로 살아내셨다. 이 성경은 오늘 우리에게 무엇을 규범적으로 가르치는가? 시간과 공간을 초월하여 이것이 가르치는 보편적인 진리는 무엇인가?

3.2.4. 오경/토라의 글 구조

오경/토라는 창세기, 출애굽기, 레위기, 민수기, 신명기로 이루어져 있다. 창세기는 내용별로 창조(1:1-2:4a), 태고사(2:4b-11:26), 족장이야기(11:27-50:25)

---

31) 식민지 사회라는 용어는 전통적으로 포로기를 중심으로 포로전기, 포로기, 포로후기란 표현이 유배를 당한 유다의 엘리트 지배계층의 입장만을 대변하고 땅에 남아 있거나 다른 지역으로 도피한 유다 백성의 시각은 배제되었다는 비판적 인식으로부터 사용하게 되었다. 참고. N. K. Gottwald, *The Hebrew Bible: A Socio-literary Introduction* (Philadelphia: Fortress, 1985), 420-3.

로 구성되어 있다. 출애굽기는 출애굽(1-15장), 시내 산 언약(19-24장), 성막건설(25-31, 35-40장), 광야이동(16-18장)으로 구성되어 있다. 레위기는 성막 중심의 제의 규정(1-16장)과 거룩한 삶을 강조하는 성결법전(17-26장, [27장은 후기])으로 되어 있다. 민수기는 시내 산에서 출발하여(1:1-10:10) 모압 평지까지 이동하는 내러티브와 요단 동편 모압 평지에 도착(10:11-21:20)하여 그곳에서 벌어진 사건과 말씀(21:21-36:13)으로 구성되어 있다. 신명기는 모압 평지에서 모세가 죽기 전에 마지막으로 이스라엘 백성에게 선포한 설교(1-11장, 27-34장)로서 규례와 법도 즉 법전(12-26장)으로 구성되어 있다. 그의 설교는 땅 정착의 조건으로 언약 준수를 반복해서 강조한다. 신명기법전은 출애굽기에 기록된 율법(언약법전)을 재해석하면서 새로운 강조점을 제시한다.

오경/토라에는 세 가지 언약이 등장한다. 노아 언약(창 9장), 아브라함 언약(창 17장), 모세 언약(출 31장)이 그것이다.[32] 이 세 언약은 모두 '대대로' 지켜야 할 '영원한 언약'(berit olam)으로 표현되어 있다(창 9:12; 17:12-13; 출 31:16). 이것들은 제사장 집단이 바라본 역사의식과 그들이 고안한 신학적 메커니즘을 반영한다. 창조부터 노아까지 하나님은 '엘로힘'이란 명칭으로 부른다. 대홍수는 무질서와 혼돈과 흑암을 상징하며 첫 번째 창조의 무효를 의미한다. 노아언약을 통해 엘로힘은 세상을 두 번 다시 대홍수로 파괴하는 일은 없을 것이라고 약속한다. 그 증거가 무지개이다. 더불어 고기 식용을 허용하면서 다만 피를 흘리는 일(살인과 도살)을 엄중히 금지한다. 끝으로 노아의 가족에게 생육하고 번성하라고 명령한다. 이로써 두 번째 인류역사가 출발한다. 아브라함 언약은 이스라엘 백성이 되려면 행해야 할 의식절차로서 할례 예식을 증표로 삼는다. 언약백성 가운데 남성

---

32) Coote and Ord, *In the Beginning: Creation and the Priestly History* (Minneapolis: Fortress Press, 1991), 43.

은 몸에 할례표식을 가진다. 할례의식은 가족이나 소규모 공동체 안에서 거행된다. 그것은 공동체의 일원이라는 표시이다. 이로서 공동체의 내부인이라는 증거는 공동체의 증언을 통해 확정된다. 아브라함 시대부터 하나님은 '엘 샤다이'("전능하신 하나님"으로 번역됨; 창 17:1; 출 6:3)라고 부른다. 세 번째 영원한 언약인 모세 언약은 안식일 준수를 표식으로 삼는다. 여기서부터 하나님은 '야훼'로 알려진다(출 3:14; 6:3). 야훼는 시내 산에서 언약백성이 된 이스라엘이 섬기는 하나님 명칭이다.

3.2.5. 하나님의 형상이 걸어간 두 가지 길(창세기)

3.2.5.1. 하나님의 형상, 인간의 존재목적

창세기는 오경/토라의 첫머리이다. 창세기 1장은 하나님의 세계 창조를 기술한다. 하나님의 창조에 대한 신학적 진술은 다른 곳에서 충분히 기술하고 있으므로 여기서는 생략한다.[33] 우리가 주목하고 싶은 것은 사람이 하나님의 형상으로 지음 받았다는 진술(1:26-27)이다.[34] 하나님의 형상(the image of God)이란 표현의 의미는 자명한 것 같지만 주석의 역사는 그것이 그렇게 단순하지 않음을 보여준다.[35] 베스터만(C. Westermann)은 이에 대한 해석을 일곱 가지로 요약하여 소개한다.[36] 그런 해석들은 현재의 본문

---

33) 렌토르프, 「구약정경신학」, 33-45.
34) 자세한 논의를 위해, 우택주, "구약신학의 서언, 창세기의 신학," 「복음과 실천」 50집 (2012, 가을): 11-37을 참조하라.
35) 참고. C. Westermann, *Genesis 1-11: A Commentary* (Minneapolis: Augsburg, 1984), 147-55.
36) Ibid., 148-55. 자연적 형상과 초자연적 형상을 구별한다; 영적 특성 혹은 능력; 외적 모양; 하나님의 상대방; 하나님의 지상 대리인; 하나님의 대리인으로서 피조세계를 다스릴 영적이며 지적인 은사.

이 인간의 본성이나 하나님의 속성을 묘사하는 것이 주된 관심사가 아니라는 점을 간과하였다. 이와 달리 '하나님의 형상(ṣelem)과 모양(dəmût)'이 갖는 주석적 의미는 본문의 맥락 안에서 하나님이 창조과정에서 보여준 행동만을 단서로 삼는다.[37] 그래서 이 구절은 하나님이 세계를 창조하실 때의 모습을 '닮은 존재'로 사람을 만들자는 뜻으로 풀이할 수 있다. 그러므로 '하나님의 형상'이란 하나님의 창조행위에 나타난 모습을 반영하는 존재로 볼 수 있다.

하나님의 창조행위는 우선, 흑암과 혼돈과 무질서로부터 빛과 어둠을 나누는 행위로 시작한다. 이어서 물 가운데 궁창을 만들어 윗물과 아랫물로 나눈다. 다시 아랫물은 물을 한곳에 모아 바다로 만들고 물이 사라지고 드러난 마른 땅은 육지가 된다. 처음 삼일 동안에 벌어진 창조행위가 이렇게 이루어졌다. 이것으로부터 우리는 하나님이 세상에 질서를 세우셨음을 볼 수 있다. 이 세계질서가 하나라도 어긋나면 다시 원래의 무질서와 혼돈과 흑암으로 되돌아갈 수 있다.

이어진 하나님의 창조 행위는 크고 작은 광명을 만들어 시간을 만드는 일과 하늘, 바다, 육지라는 공간에 살기에 적합한 생명체, 즉 새, 물고기, 짐승을 만드는 일과 마지막으로 사람을 지어 이 사람에게 생육하고 번성하며 충만하고 정복하고(kābaš) 다스리라(rādad)는 명령을 주셨고(1:28) 창조한 이 모든 것을 보고 심히 기뻐하셨다. 마지막 일곱째 날에 하나님은 복을 주시고 안식하였다.

따라서 하나님이 창조행위를 통해 보여준 모습은 세상에 질서를 세우고 생명을 창조하시며 세상의 생명체들과 비 생명체들이 함께 이 세계 안에서 평화롭게 공존하는 모습을 보시고 흡족히 여기시고 안식을 취하신 것이다. 우리는 바로 이 하나님의 행위를 비추고 살아야 할 존재. 그것을

---

37) Ibid., 155.

하나님의 형상의 의미로 해석한다. 그러므로 하나님의 형상으로 지음 받은 사람은 이 세상에 질서를 유지하고, 생명을 사랑하며, 안식(평화)을 추구하는 존재로 살아야 한다는 뜻을 발견할 수 있다. 다시 세계의 질서는 인류사회 안에 정착되어야 할 정의와 공평이라고 풀이할 수 있다. 그러므로 하나님의 형상으로 지음 받은 인간의 존재목적은 이 세상이 정의롭고, 생명을 소중히 여기며, 평화롭게 지속되도록 만드는 것임을 알 수 있다. 이와 함께 반드시 고려해야 하는 가르침은 인간은 이 세상의 주인 혹은 제일인자가 아니라 제2인자라는 가르침이다. 또한, 1장 28절의 생육하고 번성하며 충만하고 정복하고 다스리라는 명령 중에 종종 오해를 일으키는 정복(kābaš)과 다스림(rādad)은 인간중심의 폭력이나 자연 파괴를 허용하는 말씀이 아니라 질서와 혼돈과 흑암을 제압하는 하나님의 행위에 기초하고 있다는 사실도 기억해야 한다.[38]

이상의 내용을 종합하면,

> 인간이 하나님의 형상을 따라 지음 받았다는 창세기의 진술은 세상 가운데 인간의 존재목적을 담아서 표현한 말이다. 인간은 하나님이 아니다. 그러나 하나님의 형상과 모양을 따라 지음 받았으므로 하나님이 창조 과정에서 보여주었던 것처럼 인간은 이 세상에 공평과 정의를 행하여 질서를 유지하고 그 안에 생명이 풍성하도록 보존하여 아름답고 평화로운 세상이 되는 일을 목적삼고 살아야 한다.
> 질서 유지, 생명 창조와 보존 그리고 평화추구! 이 세 가지가 인간의 창조목적이며 존재 이유라고 천명하는 창세기 1장의 창조기사는 나머지 성서(신약을 포함하여)의 내용 전체를 아주 분명하게 함축하고 있는 성서신학의 마그나카르타(a Magna Carta of biblical theology)와 같다.[39]

---

38) 우택주, "구약신학의 서언, 창세기의 신학," 19.
39) Ibid., 20.

창세기 1장에서 보여준 하나님의 행위는 인간의 존재목적을 깨닫게 하는 단서를 내포하고 있다. 그리고 이어지는 태고사의 내러티브는 말할 필요도 없고 이후의 모든 성서가 바로 이 가르침과 깊은 상관관계를 지닌다.

3.2.5.2. 이상적 생존환경: 에덴동산

창세기 2-3장은 사람이 살아가는 가장 좋은 환경에 대한 장면이 묘사되어 있다. 그것은 에덴동산이다. 그곳은 네 개의 강이 흐르는 근원지이어서 물이 풍부하다. 따라서 무슨 식물이든 잘 자라기 때문에 식량을 얻는 데 아무런 지장이 없다. 이곳에 배치된 사람은 그곳을 경작하고('ābad) 지키라(šāmar)는 분부를 받는다(창 2:15). 다시 말해서 이곳의 사람은 일하지 않고 사는 것이 아니다. 최초의 사람은 노동하는 존재였다. 노동의 대가가 노동의 양과 질을 배신하지 않는 환경이었다는 점이 타락 이전과 이후의 다른 점이었다. 노동은 타락 이전이나 이후에 삶과 결코 유리되지 않는다. 타락은 사람이 살아가는 땅이라는 생존환경을 변화시킬 뿐이었다. 최초의 사람이 타락한 후 자연환경은 사람의 생존에 최대의 장애물로 바뀐다. "땅이 너로 말미암아 저주를 받고 너는 네 평생에 수고하여야 그 소산을 먹으리라 땅이 네게 가시덤불과 엉겅퀴를 낼 것이라 네가 먹을 것은 밭의 채소인즉 네가 흙으로 돌아갈 때까지 얼굴에 땀을 흘려야 먹을 것을 먹으리니 네가 그것에서 취함을 입었음이라"(창 3:17-19).

타락 이전의 에덴동산은 사람이 땀 흘려 일해서 얻은 식량으로 삶을 지탱하기에 부족하지 않은 환경이 되어 주었다. 사람은 자기가 생산한 식량을 자기가 먹었다. 그것으로 충분했다. 그래서 즐겁고 평안했다. 에덴의 뜻이 기쁨과 즐거움인 것처럼 말이다. 한 마디로 여기서 사람은 자급자족하는 삶(self-sufficient life)을 살 수 있었다. 그것이 에덴동산의 이미지이다. 이처럼 자급자족하는 사회로서 에덴동산은 구약성서와 신약성서를 통하여 계속해서 등장하는 이상적인 삶의 환경에 대한 원형적 이미지를 제공한다. 오경과 역사서들 그리고 성문서 그리고 예언서(참고. 에스겔 47-48장의 환상에서 성전에서 솟아나 사방으로 흘러가는 물과 모든 지파에게 경작할 땅을 분배하는 모습)가 궁극적으로 지향하는 이상적인 삶의 모습은 땅을 경작하여 식량을 자급자족하는 삶이라고 단정적으로 말할 수 있다. 신약성서의 요한계시록에서 새 하늘과 새 땅 새 예루살렘의 도래를 희망찬 언어로 묘사할 때(계 21:1-2; 22:1-2) 그것은 에덴동산의 모습과 다르지 않다. 종합하면 창세기부터 요한계시록까지 성서는 인류사회의 자급자족을 똑같이 희망한다. 그런 맥락에서 신구약성서는 사람이 살아가는 가장 근본적인 삶의 조건과 모습을 다루고 있다. 에덴동산과 같은 곳에서는 식량을 자급자족하기 때문에 남의 것을 탐내어 노략질할 이유도 없고, 더 많이 소유하려고 부당한 권력이나 물리력을 사용할 이유가 없다. 자급자족하는 삶은 자연 질서에 순응하며 조화를 추구한다. 침략과 폭력이 존재할 여지가 없기 때문에, 정의롭고 생명이 존중받으며 평화롭다.

이후의 성서역사에서 우리가 주목해야 할 점은 노동하지 않는 사람의 등장이다. 그들은 노동하는 사람과 갈등과 마찰을 일으킨다. 그들은 정치인, 종교인, 지식인, 그리고 용사들과 같은 범주의 사람들이다. 그들은 겉으로 표방하는 것과는 달리 일하지 않으면서 식량을 (남보다 더 많이) 얻으려는 욕망을 지닐 수밖에 없다. 스스로 경작하지 않기 때문이다. 그런 욕망은 인류사회를 어둡게 만드는 요인들로 작용한다. 그러므로 그런 존재들을 포함해서 뭇 사람들이 일으키는 모든 죄와 악의 문제를 해결하는 근원적 해법은 오직 예수 그리스도에게 있다.

3.2.5.3. 권력의 길

창세기 2-11장은 태초의 인류가 살면서 보여준 다양한 모습을 기록한다. 이야기를 연결해주는 족보를 제외하면, 창세기 2-3장은 최초의 부부 이야기, 창세기 4장은 최초의 형제 이야기, 창세기 5-9장은 네피림의 등장과 대홍수, 창세기 11장은 거대한 탑을 쌓는 이야기로 구성되어 있다.

창세기 2-3장은 에덴동산이라는 최적화된 생존 여건 속에서 부부가 된 최초의 남녀 아담과 하와가 하나님의 질서 명령을 어김으로써 쫓겨난다는 내용을 전한다. 하나님은 아담과 하와를 에덴동산에 두고 그것을 경작하고('ābad) 지키라(šāmar)는 말씀(2:15)과 함께 동산 중앙에 있는 선악을 알게 하는 나무의 열매는 먹지 말라(2:17)는 명령(일종의 질서 명령)을 주었다. 그러나 아담과 하와는 뱀의 유혹에 넘어가 선악을 알게 하는 나무의 열매를 먹음으로써 하나님의 질서명령을 어겼다. 여기서 신학자들은 보통 죄란 '하나님이 세우신 질서를 어긴 행동'이라고 정의한다. 이 정의는 본문에 나타난 하나님, 자연, 사람의 삼각관계를 놓고 볼 때 적절하다.

본문은 이것을 조금 더 구체적으로 설명하는 단서를 남기고 있다. 그것은 최초의 부부가 저지른 죄의 근본원인이 '하나님처럼 되려는 욕망'에 있다는 사실이다.[40] 뱀은 사람에게 선악과를 먹으면 "하나님처럼 될 것"이라고 유혹했고(3:5) 하나님도 "이 사람이 선악을 하는 일에 우리 중 하나 같이 되었다"고 시인하였기 때문이다(3:22). 이를 바탕으로 죄의 정의와 본질을 다시 설명할 수 있다. 죄는 하나님이 정한 신성한 질서를 어긴 행위이다. 그것은 신학적으로 하나님 말씀에 대한 불순종이다. 그것은 다시 사람이 '하나님처럼 되려는 욕망'에서 우러나온다.[41] 문제는 이와 같은 욕망의 표출이 창세기 1장에서 하나님의 형상으로 지음 받은 사람의 존재목적에 정면으로 위배된다는 사실이다.

이어지는 형제 살인 이야기는 아담과 하와 이야기보다 조금 더 복합적

---

[40] Ibid., 21.
[41] Ibid., 22.

인 상황을 전제로 전개된다. 제물을 드리는 과정에서 벌어진 현실이 형제의 살인으로 이어졌기 때문이다. 다시 말해서 하나님이 아벨의 제물은 열납하고(šā'ah) 가인의 제물은 열납하지 않은(lō' šā'ah) 상황이 살인의 원인으로 작용한 것으로 보인다. 왜 하나님은 아벨의 제물은 열납하고 가인의 것은 열납하지 않았는가? 이 난해한 이야기에 던질 정당한 질문은 이렇다. 누가 무엇을 통제하는가? "인간은 하나님을 통제할 수 없다. 인간은 하나님이 아니다. 그래서 하나님을 인간의 생각대로 조종할 수 없다."[42] 그런데 인간은 하나님의 은혜와 사랑을 독점하고 싶어 한다. 여기서 실패하면 인간은 방향을 돌려 같은 처지에 있는 동료인간을 통제하려고 덤빈다. 그렇게 행동한 극단적 결과가 살인으로 나타난다.[43] 살인이란 사람이 다른 사람의 생명을 빼앗는 행위이다. 그것은 창세기 1장의 사람의 존재 목적에 정면으로 위배된다. 그래서 그것은 세상의 정의, 생명존중, 평화 모두를 파괴하는 행위이다. 이보다 더욱 심각한 것은 생명의 살상이 곧 하나님의 권한을 찬탈한 행위이며 하나님의 영역을 침범하는 사건이라는 사실이다. 즉, 형제 살인은 신의 권위에 도전하는 행위이며 궁극적으로는 신이 되려는 인간의 욕망이 또다시 표출된 사건이라고 설명할 수 있다.

창세기 6장부터 9장까지 이어지는 대홍수 이야기는 하나님이 창조하신 세계가 네피림의 등장으로 인류 사회에 폭력이 만연해졌고 그로 인하여 온 세상이 혼돈과 공허의 무질서로 되돌아가게 된 사건을 전한다. 생존한 사람은 노아와 그의 가족뿐이다. 아울러 방주에 실은 땅의 짐승과 공중의 새는 인류사회가 보존될 희망의 씨앗들이었다. 이 대홍수라는 태고적 재앙의 원인은 무엇이었는가? 그것은 이 내러티브의 서두인 창세기 6장 1-8

---

42) Ibid., 23.
43) Ibid. "종교적 열정과 은혜의 독점욕이 사람으로 하여금 수단과 방법을 가리지 않게 만들며 나아가서는 타인의 생명을 경시하게 만드는 경향을 경고한다."

절에 나타난다. 여기서 네피림을 출생시킨 신들의 아들들과 사람의 딸들의 결합 이야기가 등장한다. 이것의 해석은 아주 어려운 것으로 손꼽힌다. 분명한 것은 대홍수의 원인이 신들의 아들들이 사람의 딸들을 마음대로 취하여 아내로 삼으면서 시작되었다. 이 신의 영역과 인간의 영역의 결합으로 네피림(nəpilîm), 용사(gibbōrîm), 즉 명성이 있는 사람들('anšê haššēm)이 나타났다(6:4). 그들로 인해 세상에는 죄악(rā'at hā'ādām)이 가득하고 마음으로 생각하는 모든 계획(yēṣer)이 악했다(6:5). 후대의 제사장들이 6장 11절에서 "부패(šāḥat)와 포악함(ḥāmās)이 가득"했다는 해설을 부연한다. 하나님이 대홍수라는 극단적인 처방을 내린 이유는 신의 영역과 인간의 영역이 섞여버렸기 때문이다.[44] 그것은 창조목적에 정면으로 어긋난다. 누가 이것을 주도했는가를 물어야 한다. 본문의 "하나님의 아들들"의 정체에 관한 해석은 다양하다. 실제로 신의 영역에 속하는 천사와 같은 존재라는 견해, 고대의 군주들처럼 신처럼 간주되었던 사람들, 혹은 셋의 후손들.[45] 어느 것 하나도 명쾌한 답변이 되지 못한다. 본문은 이러한 행위의 결과로 하나님이 "나의 영이 영원히 사람과 함께 하지 아니하리니 이는 그들이 육신이 됨이라 이는 그들이 육신이 됨이라 그러나 그들의 날은 백이십년이 되리라"(6:3)는 말씀을 통해 인류사회를 심판하신다. 이 구절을 어떻게 해석하든 보다 중요한 것은 대홍수라는 심판을 초래한 원인이 인류사회에 만연했던 현상 때문이었다는 점에 더욱 주목할 필요가 있다. 그것은 부패와 폭력이었다. 네피림과 명성 있는 용사는 반신반인의 성격을 지닌 존재들로서 신의 혈통을 가진 사람들을 가리킨다. 그들이 세상에 남긴 족적은

---

44) J. Blenkinsopp, *Creation, Un-Creation, Re-Creation: A Discursive Commentary on Genesis 1-11* (New York: T & T Clark, 2011), 121-7.

45) C. Westermann, *Genesis 1-11: A Commentary* (Minneapolis: Augsburg, 1984), 371-3; Jung Sik Cha, "The Mythological Locus of "Nephilim-A Biblical Origin of Dualism,"「한국기독교신학논총」75집 (2011.05): 21-41.

부패와 폭력이었다.

내러티브를 정리해보자. 하나님이 대홍수를 통해 인류사회를 심판하려 했던 원인은 폭력과 부패 때문이었다. 그런 현상은 네피림과 명성 있는 용사가 신과 같은 특권을 누리면서 나약한 사람들 위에 군림하려는 욕망이 분출되어 나타난 사회현상이라고 이해할 수 있다. 사회의 강자들은 하나님의 형상으로서 추구해야 할 정의, 생명, 평화라는 가치를 염두에 두지도 않거나 하찮게 여기거나 자신들만의 유익을 위해서 이용하려 들었을 것이다.[46]

바벨탑 사건(창 11:1-9)는 인간사회의 계획이 하나님의 의도와 충돌하여 벌어진 사건을 전한다.[47] 이 기사는 고대에 매우 전형적인 대규모 건축 사업을 배경으로 삼고 있다. 이 이야기는 국가와 같은 중앙집권사회를 전제된다. '도시를 건설하고 성전 탑을 쌓아 우리의 이름을 내고 흩어짐을 면하자'는 주장을 사회적 차원에서 살펴보면 가장 먼저 집단의 삶을 기획하고 조정하고 추진하는 집단 즉 엘리트 통치지배층의 존재를 전제하도록 이끈다. 여기서 도시 건설과 성전 탑은 정치시스템과 종교시스템을 대변한다.[48] 그리고 이름을 내는 일은 실제로 동일 사회 안에 존재하는 최고의 엘리트가 차지하게 되는 영예이다. 흩어짐을 면하자는 말은 대중을 선동하는 어조로서 미화된 주장으로 분석할 수 있다. 탑 건설의 과정에 수혜자와 피해자가 발생한다. 하나님의 간섭은 피해를 받는 다수의 구성원을 염두에 둔 것으로 풀이된다. 탑 건설의 중단은 본문이 전하는 것처럼 의사

---

46) 우택주, "구약신학의 서언, 창세기의 신학," 25.
47) 이 사건의 상세한 해석을 위해, 우택주, "사회학적 관점에서 해석한 바벨탑 사건(창 11:1-9): 도시문명 비판의 신학,"「8세기 예언서 이해의 새 지평」(서울: 대한기독교서회, 2005), 369-96을 보라.
48) Blenkinsopp, *Creation, Un-Creation, Re-Creation*, 380-3, 386. 그는 '도시와 탑'을 "종교적 상징으로 합법화된 중앙집권적 정치권력의 도구"라고 설명한다.

소통을 가능하게 해주는 매개체인 언어가 달라졌기 때문이다. 다시 말해서 동일 프로젝트를 추구하는 집단 안에서 느닷없이(하나님의 개입으로) 다양한 의견을 표명하는 언어가 파생하므로 의사소통은 더 이상 불가능해졌다. 급기야 도시와 탑 건설은 중단되었다.

이 내러티브는 인간의 교만에 대한 심판으로 종종 풀이된다. 교만이란 풀이는 좀 더 구체적으로 설명할 필요가 있다. 이 내러티브의 흐름과 의미에 근거하여 교만이란 "인간이 종교를 빌미로 동료 인간을 이용하여 정치권력과 부와 명예를 얻을 수 있다고 생각하는 정신자세이며 그런 욕망을 위해 동료 인간의 행복추구권을 묵살하는 자세"로 풀이할 수 있다.[49]

바벨탑 내러티브는 또다시 하나님의 형상으로 살아가야 할 사람이 원래의 존재목적에서 크게 벗어나 살아간 이야기를 전한다. 이것은 집단의 엘리트 통치자가 자신의 이름을 내려고 사회 구성원 다수를 설득하여 벌이는 권력형 부조리를 고발하는 이야기로 읽을 수 있다. 하나님이 이 도시와 탑 건설을 중지시킨 행위의 초점은 구성원 모두에게 정말로 필요한 것은 정의와 공평, 생명 존중, 평화로운 삶이라는 가르침에 있다. 훗날 이스라엘이 출애굽한 사건의 배후에도 이집트의 바로가 국고성을 짓는데 이스라엘 백성을 강제부역에 동원한 일에 있었다(출 1장). 또 다윗의 통일왕국이 분열한 결정적 원인도 다수 백성의 고통을 돌아보지 않은 솔로몬과 르호보암의 무리한 조세정책에 있었다(왕상 12장).

정리해보자. 창세기 2-11장의 태고사는 하나님의 형상대로 지음 받은 인간들이 하나 같이 하나님의 형상대로 살지 못하고 오히려 하나님 되기를 꿈꾸거나 하나님인 줄 착각하고[50] 덧없는 욕망을 분출한 인류역사를

---

49) 우택주, "구약신학의 서언, 창세기의 신학," 27.
50) Blenkinsopp, *Creation, Un-Creation, Re-creation*, 170. "추정하는 능력은 우리가 원래부터 타고난 병이다… 사람이 자신을 하나님과 대등한 존재로 세우는 까닭은 바로 이 헛된 상상력 때문이다."(미셸 드 몽테뉴의 말)

기술한 것으로 읽을 수 있다.51) 그러므로 창세기 2-11장의 태고사는 인간이 하나님이 되어 하나님처럼 살려는 모습과 그에 대한 하나님의 심판을 보여준다. 그런 맥락에서 이 단락의 신학적 주제는 '권력의 길(way of power)'로 요약할 수 있다. 창세기 1장은 하나님의 형상으로 살아가야 할 존재로 지음 받은 인간을 기술하는데 비해서 창세기 2-11장은 이런 원래의 창조 목적에 벗어나 인간이 권력의지를 발산하고 그에 대해 하나님의 엄중한 심판을 받는 모습을 반복적으로 기술한다. 이후로 전개되는 구약성서는 이러한 신학적 양상을 곳곳에서 거듭 접하게 될 것이다. 그렇다면 이처럼 심판을 자초하는 '권력의 길'을 지향하는 인류의 고질적인 삶을 피할 방도는 없을까? 이제 족장 내러티브는 이 질문에 대한 대안적인 삶의 길을 보여줄 것이다.

3.2.5.4. 믿음의 길

태고사에서 반복적으로 보여주듯이 사람이 하나님이 되어 하나님의 권력을 추구하는 행태는 하나님의 적극적인 개입으로 새로운 국면을 맞이한다. 태고사를 잇는 내러티브가 족장사이다. 아브라함은 하나님의 부름과 약속(창 12:1-3)을 근거로 갈대아 우르를 출발하여 하란에 잠시 머물다가 (창 11:31) 가나안으로 이주하여 살았다. 이삭과 야곱 그리고 그의 열두 아들은 가나안에 살다가 극심한 기근과 요셉의 역할로 인해 결국 이집트의 고센 땅에 정착하여 살게 되었다(창 50장).

창세기 12장 1-3절에서 아브라함에게 주신 땅과 자손에 대한 하나님의 약속의 말씀 사건은 에덴동산에 아담과 하와에게 땅을 경작하며 지키면서 살되 선악과를 먹지 말라고 명령한 것과 같은 질서 명령 기능을 한다. 이

---

51) 우택주, "구약신학의 서언, 창세기의 신학," 28.

약속을 믿고 사느냐 그렇지 않느냐가 이후의 사건과 역사를 풀이하는 관건이라는 뜻이다. 에덴동산에 거주하느냐 쫓겨나느냐는 하나님의 명령을 지키느냐 그렇지 않느냐에 달려있듯이, 아브라함, 이삭, 야곱이 후손을 얻고 약속한 땅에서 사느냐 그렇지 못하느냐는 이 약속을 믿고 희망하며 사느냐 그렇지 않느냐에 달려 있다.

족장 내러티브는 태고사와 다른 신학적 조건과 결과를 전하고 있다. 족장들은 모두 인간적인 한계상황을 경험한다. 특별히 자식을 갖는 문제에서 그렇다. 75세에 부름을 받은 아브람은 노인이었다. 사라는 단산했다. 그러나 하나님의 은혜로 아브라함은 100세에 이삭을 낳았다. 이삭은 40세에 리브가와 결혼하였으나 60세가 되도록 자식을 낳지 못했다. 야곱은 사랑하는 아내를 얻기 위해 20년 동안을 아람 땅에 거주하는 외삼촌 라반의 집에서 품삯도 제대로 받지 못하면서 인내하며 일해야 했다. 아브라함, 이삭, 야곱에게 자식을 낳게 해 주겠다는 하나님의 약속은 인간적인 시각에서 볼 때 거의 불가능에 가깝다. 그들은 모두 자식을 얻으려고 기다리다가 포기할 수도 있는 충분히 긴 시간을 기다려야 했다. 그러나 족장들은 끝까지 인내하며 믿음을 지켰다. 불가능하고, 불가능에 가까운 하나님의 약속의 말씀을 붙잡고 버텼다. 그 약속의 말씀이 질서명령이라면 족장들은 그것을 잘 지켜냈다. 이 점이 태고사에서 보여준 인간 군상과 크게 다른 점이다. 그들은 하나님이 되어 마음에 맞는 사람을 골라 누구든 아내로 삼아 자식을 낳지 않았다. 그들은 부당한 방법이나 편법을 동원하지 않았다. 땅을 얻으리라는 약속의 경우도 마찬가지 태도를 보여주었다. 그들은 땅을 차지하려고 무력을 동원하지도 않았다. 아브라함이 사라의 매장지를 얻기 위해 정당한 대가를 지불한 적은 있다(창 23장). 그런 의미에서 족장 내러티브는 신학적으로 믿음의 길을 제시한다.

족장 이야기의 대미를 장식하는 요셉(창 37-50장)은 이런 우리의 해석을 뒷받침하는 또 다른 증거이다. 그는 어릴 적 꾼 꿈 이야기로 형제들에게 미움을 받고 이집트에 종으로 팔려갔다. 그는 나쁜 의도가 없었는데도 오해를 받고 고난을 겪었다. 이집트에서 종살이하는 중에도 보디발의 아내의 유혹을 거절했다는 이유로 옥에 갇힌다. 옥살이 중에도 성실했던 그는 함께 수감된 고위 관료들의 꿈을 풀어주는 덕을 베풀었으나 곧장 풀려나지는 못한다. 마지막으로 이집트 왕이 꾼 불길한 꿈을 풀이해 준 공로로 그는 이집트 사회의 서열 제2인자 위치에 올라선다. 하지만 권력의 자리에 올라선 그는 그동안 자기에게 서운하게 대우했던 사람들 누구에게든 아무런 보복도 하지 않는다. 가나안에 살던 형제들이 극심한 기근 중에 식량을 사기 위해 이집트로 올라온 기회에 그들을 만난 요셉은 형제들과 화해하고 또 아버지 야곱과 형제들을 이집트의 비옥한 땅 고센에 거주하도록 주선한다. 이 과정에서 요셉은 매우 중요한 고백을 남긴다. 자신이 왕 다음가는 권력자의 위치에 있으면서도 그 막강한 권력을 자신의 개인적 복수를 위해 행사하지 않았다. 그는 자기에게 맡겨진 정치권력을 오로지 국민을 위해 사용한다. 자신을 모함하고 이집트에 종으로 팔아버린 형들도 용서한다. 그를 오로지 하나님의 형상으로 살았던 사람이라고 해석하도록 만드는 대목이다. 이런 의미에서 그가 남긴 고백은 의미심장하다.

해석은 하나님께 있지 아니하나이까(창 40:8)

당신들이 나를 이곳에서 팔았다고 해서 근심하지 마소서 한탄하지 마소서 하나님이 생명을 구원하시려고 나를 당신들보다 먼저 보내셨나이다…. 하나님이 큰 구원으로 당신들의 생명을 보존하고 당신들의 후손을 세상에 두시려고 나를 당신들보다 먼저 보내셨나이다(창 45:5, 7)

내가 하나님을 대신하리이까 당신들은 나를 해하려 하였으나 하나님은 그 것을 선으로 바꾸사 오늘과 같이 많은 백성의 생명을 구원하게 하시려 하

셨나니(창 50:19)

이 같은 요셉의 고백은 창세기 전체를 두고 볼 때 매우 중요하다. 요셉은 하나님의 형상으로 지음 받은 사람이 살아갈 때 가져야 마땅한 자세를 웅변하고 있다. 그것은 정의와 공평, 생명존중, 평화추구의 삶이다.

요셉은 하나님 행세를 하지 않았다. 그러나 그는 신처럼 행세하고 권력을 휘둘러도 아무도 그에게 대항할 수 없는 위치에 있었다. 그럼에도 불구하고 그는 위와 같이 고백한다. 사람이 참으로 올바로 사는 길은 어디에 있는가? 그 길을 요셉이 보여준다. 어릴 때 꾼 꿈이 원동력이 되었는지 고난을 이길 희망의 씨앗이 되었는지 본문은 두 번 다시 꿈 이야기를 반복하지 않는다. 그러나 그는 나약한 인간의 삶을 살면서 신이 되려고 뭇사람 위에 군림하려고 애쓰지 않았다. 신과 비슷한 위치에 올랐지만 그는 신처럼 행세하지 않았다. 그는 정의와 생명 평화를 소중히 여겼다. 요셉은 창세기 1장에 묘사된 대로 하나님의 형상을 닮아 지음을 받은 사람이 마땅히 살아가야 할 삶의 태도를 보여준 살아있는 모범이라고 말할 수 있다.

이런 의미에서 족장사는 신학적으로 태고사를 수정한다. 족장들은 스스로 이름을 내려고 애쓰며 살지 않았다. 그것은 인간이 노력한다고 해서 얻어지는 것이 아니다. 하나님이 주셔야 얻을 수 있다.

"태고사가 인간이 주도권을 쥐고 살아간 역사라면, 족장사는 하나님이 주도권을 잡고 진행하는 역사이다. 태고사의 인류는 하나님이 되어 살려고 욕망이 이끄는 대로 살았다…. 족장사는 인간이 자식을 낳고 싶어도 낳지 못하는 한계상황에 처한 모습을 그린다. 어쩌면 이것이 훨씬 사실적인 인간실존이다. 태고사의 인류는 하나님과 소통하지만 믿음 없이 불순종하고 자신들의 이름을 내기 위해 무리한 시도를 벌인다. 반면에 족장들은 역경 속에 살아가지만 하나님과 소통한 약속을 믿고 희망을 간직하며 살아간다. 그들은 믿음으로 살아가는 삶이 무엇인지를 보여준다. 그리고 그 믿음이 이루어지는 과정 속에서 그들은 자신들이 사는 땅 위에 정의와 공평, 생명 존중, 평화추구를 구현해야 하는 것이 마땅함을 보여준다. 그것을 실례로 보여준 사람이 창세기의 마지막에 등장하는 요셉이다."52) 물론 요셉은 정치인이며 정치 현실은 불가피하게 일부 백성에게 피해를 줄 수도 있다.53) 요셉에게 적어도 이런 단점이 남아 있다면, 이런 단점도 없이 완벽하게 하나님의 형상으로 삶을 사신 분은 바로 신약성서의 역사적 예수라고 말할 수 있다.

3.2.5.5. 정리: 권력의 길과 믿음의 길

구약신학의 서언으로서 창세기는 두 가지 종류의 역사를 통해 인류가 걸어간 두 가지 길을 가르친다. 태고사는 하나님이 되어 하나님처럼 권력을 행사하면서 사는 길과 그 처절한 실패를, 족장사는 하나님이 될 수 없는 것은 말할 필요도 없고 오로지 인간적 한계에 부딪혀 살아갈 수밖에 없는 족장들이 하나님이 약속하신 말씀을 믿고 소망하며 살아가는 길과 그 성공예감을 가르친다. 이 두 가지 대조적인 길, 권력의 길과 믿음의 길을 설정해두고 있는 창세기의 신학적 원리는 이어지는 모든 성서의 신학적 서언 역할을 한다. 출애굽기부터 신명기까지 이어지는 언약 백성 이스라엘의 출발을 다루는 이야기와 율법에서도 우리는 이 두 가지 길이 초래하는 삶과 그 결과들에 주목할 것이다.

---

52) Ibid., 33.
53) Coote and Ord, 「성서의 처음 역사」, 318-31. 저자들은 요셉의 식량관리를 국가 권력을 이용한 통치행위의 한 형태로 풀이하고 이를 통해 불이익과 피해를 보는 백성의 모습을 성찰한다.

3.2.6. 해방, 언약, 성막, 여정(출애굽기, 레위기, 민수기, 신명기)

3.2.6.1. 세 가지 근원적 경험(Three Root Experiences): 출발-목적-유지

크니림(Knierim)은 오경의 구성(composition)을 아주 명료하게 분석한 적이 있다. 그는 오경을 창세기와 출애굽기-신명기라는 두 개의 큰 문서단락으로 구분한다.54) 창세기는 모세의 생애를 다루지 않기 때문에 출애굽기-신명기의 서론, 도입, 준비 역할을 한다고 본다. 그리고 출애굽기-신명기는 이집트에서 모압 평지로 이주하는 이야기를 문학적 배경으로 삼고 있다는 점에 주목한다.55) 이 이주 과정에서 중요한 장소 두 곳은 시내 산과 모압 평지이다. 이를 근거로 출애굽기-신명기는 네 단락으로 구분된다. 그것은 ① 이집트에서 시내 산으로 이동(출 1-18장), ② 시내 산에서 벌어진 사건(출 19:1-민 10:10), ③ 시내 산에서 모압 평지로 이동(민 10:11-36:13), ④ 모압 평지에서 벌어진 사건(신 1-34장)이다.56) 마지막 단락(④)에 관하여 크니림은 모압 평지 도착을 민수기 21장 20절이 이미 보도하고 있으므로 모압 평지에서 벌어진 사건을 민수기 22장 1절-신명기 34장으로 나눌 수 있어서 민수기 22-36장을 예비적 사건, 신 1-34장을 모세의 유언으로 구분할 수 있음을 인지한다.57) 다만 민수기 22-36장은 신명기 1장 1-5절과 1장 6절-3장 29절에서 회고하고 있다는 취지에서 신명기 1-34장을 별도의 단락으로 구분한다.58)

출애굽기는 출애굽(1-15장), 광야 이동(16-18장), 시내 산 언약(19-24장),

---

54) Knierim, *The Task of Old Testament Theology*, 354.
55) Ibid., 355.
56) Ibid., 356.
57) Ibid.
58) Ibid., 357.

성막건설(25-31, 35-40장)로 구성되어 있다. 시내 산에서 벌어진 사건 기록은 광야 여정으로 에워싸여 있다. 우리는 광야 여정 혹은 이동 주제를 이곳 출애굽기가 아니라 민수기 단락에서 다룰 것이다.

크니림은 이러한 출애굽기의 문학 구조 분석을 바탕으로 출애굽기에서 세 가지 근원적 경험(root experience)을 간추려 낸다. 그것은 이집트의 노예 생활에서 해방(liberation), 시내 산에서 체결한 언약(the covenant making) 그리고 성막 건설(construction of the tabernacle)이다. 크니림의 분석을 소개하는 왕대일은 이 세 가지 근원적 경험의 상관관계를 다음과 같이 진술한다.

> 이스라엘이 되는 첫 번째 근원경험(출 1-18장)은 이스라엘이 되기 위한 두 번째 근원적 경험(출 19:1-24:8), 곧 야훼와의 배타적 언약관계에 들어가기 위한 예비적 역할을 수행한다. 그러나 언약공동체가 되는 두 번째 근원적 경험은 다시 성막 중심의 거룩한 공동체를 설립하기 위한 예비 역할을 한다. 이 모든 것들은 모세 이야기의 본질을 확인하는 일을 위한 예비 역할을 한다. 하지만 이 과정에서 첫 번째 것(해방)은 예비적인 것이고, 두 번째 것(언약)은 과도적인 것이며 마지막 세 번째 것(성막)은 최종적인 것임을 잊어서는 안 된다. 이것이 바로 시내 산 이야기의 논의에서 가장 중요한 신학적 프로그램이다.[59]

출애굽기의 최종 편집자가 제사장 집단이라는 사실, 성막 단락(출 25-31, 35-40, 레위기 전체, 민 1:1-10:10)이 차지하는 길이와 비중이 다른 내러티브에 비해 상대적으로 크다는 사실이 이러한 해석의 정당성을 지지할 수 있는 근거들이다. 그러나 이러한 해석은 창세기의 신학을 도외시했기 때문에 나온 결과라고 상정된다. 실제로 크니림은 창세기가 출애굽기-신명기의 서론, 도입, 준비 기능을 한다고 말하면서도 창세기의 신학이 어떻게

---

59) 왕대일, 「구약신학」, 141.

전개되고 어떤 내용을 지니고 있는지를 전혀 다루지 않는다.

우리는 창세기가 하나님의 형상으로 지음을 받은 인간이 걸어간 두 가지 대조적인 길을 전하는 신학을 제시한다고 주장했다. 하나는 권력의 길이고 다른 하나는 믿음의 길이다. 이제 출애굽기의 첫 단락인 출애굽 경험은 이집트 제국의 권력 아래 신음하고 고통받는 한 무리의 백성 이야기로 시작한다. 그들은 물론 역사적으로 아브라함, 이삭, 야곱의 후손들인 이스라엘 백성이다. 인간의 삶에 집중하여 구약성서의 규범적 신학사상을 다룰 때 이스라엘과 이집트를 나누는 방식 즉 특정 국가와 특정 민족을 구분하여 고찰하는 방식은 방해가 된다.[60] 오히려 하나의 국가와 백성의 관계에 초점을 맞추는 것이 설명에 유리하다. 그래서 출애굽기를 신학적으로 읽을 때 국가권력이 힘없는 백성을 국가가 추진하는 목적을 위해 강제노동에 동원하고 혹사하는 상황만이 의미가 있다.

그런 의미에서 성서는 출애굽 사건이 고통받는 백성을 긍휼히 여기는 하나님의 마음에서 비롯되었음을 명백하게 밝힌다(출 2:23, "이스라엘 자손은 고된 노동으로 말미암아 탄식하며 부르짖으니 그 고된 노동으로 말미암아 부르짖는 소리가 하나님께 상달된지라"). 신학자들은 이 사건의 원동력을 야훼 하나님의 긍휼히 여기시는 성품(히, raḥamîm = 히, "자궁"을 뜻하는 reḥem의 복수형. 그래서 하나님의 모성애적 사랑으로 해석하기도 함)에서 비롯된 것이라고 해석한다. 여기에 성서는 이스라엘의 특수한 신학적 전통에 따라 출애굽 사건의 발단을 조상들에게 하신 언약을 기억했기 때문이라는 점도 덧붙이고 있다(출 2:24-25, "하나님이 그들의 고통 소리를 들으시고 하나님이 아브라함과 이삭과 야곱에게 세운 그의 언약을

---

[60] 이와 대조적으로 역사서술적인 신학 과제를 수행한다면 이스라엘과 이집트의 대립은 간과해서는 안 되는 매우 중요한 이슈이다. 구약성서는 불확실하고 불투명한 정치적 현실 앞에서 이스라엘 백성의 민족적 정체성을 도모하는 주요한 목적을 갖고 있는 문서였기 때문이다.

기억하사 하나님이 이스라엘 자손을 돌보셨고 하나님이 그들을 기억하셨더라.")

출애굽 구원의 출발점은 하나님의 긍휼(혹은 모성애적 사랑)에서 비롯되었다. 하나님은 사랑이시다. 인류가 국가를 만들고 집단 사회를 영위할 때 하나님의 관심사는 모든 사람이 공평하게 누려야 할 기본적인 삶에 눈길을 주신다. 누군가가 부당하게 억압과 착취 그리고 압제를 당하여 고난에 처하고도 스스로 도울 길이 없을 때(helpless) 하나님은 이것을 긍휼히 여기시고 그 상황을 바로 잡을 정의로운 행동에 나선다. 이것이 해방 혹은 출애굽 사건의 신학적 원리이다.[61] 그리고 이 신학사상은 구약성서를 관통하여 나타나고 신약성서의 예수 사건까지 이어진다. "하나님이 세상을 이처럼 사랑하사 독생자를 보내주시니 누구든지 이를 누구든지 그를 믿는 자마다 멸망하지 않고 영생을 얻게 하려 하심이라"(요 3:16). 이 사건을 통해 하나님의 사랑과 정의는 함께 역사하는 것을 알 수 있다. 하나님의 긍휼히 여기는 사랑이 모든 구원 사건의 출발점이다.

모세를 통해 국가 권력으로부터 혹사당한 노예 집단이 탈출하여 시내 산에 도착하고 거기서 야훼 하나님과 언약을 체결한 경험(출 19-24장)은 출애굽 사건이 지향하는 원래의 목적이었다. 시내 산은 처음부터 억압받는 백성을 이끌어 내기 위해 모세에게 소명을 주었던 장소였다. 야훼는 모세에게 사명을 줄 때 이렇게 말씀하신다. "네가 그 백성을 애굽에서 인도하여 낸 후에 너희가 이 산에서 하나님을 섬기리니 이것이 내가 너를 보낸 증거('ôt)니라"(출 3:12). 그렇다고 해서 출애굽 구원이 시내 산 언약 체결을 위한 예비적인 것으로 보는 것은 출애굽 구원의 근본적인 가치를 손상시킨다. 다만 구원사건은 목적이 있다는 점을 강조할 필요는 있다. 구

---

[61] 여기서 이집트를 적대시하고 이스라엘을 선호하는 하나님이라는 판단은 구약신학의 역사적 서술적 과제에 의미 있다.

원 사건 자체만 존재한다면 무의미하다. 구원하심은 목적이 있다. 그것이 성서가 가르치는 신학사상이다. 그런 의미에서 해방과 구원의 경험이 없으면 언약체결 사건도 의미를 지닐 수 없다.

시내 산 언약은 출애굽 구원 사건의 의미를 이념적으로 영속화시키는 기능을 한다. 시내 산 언약은 국가 권력에 의해 희생당한 사람들이 다시는 국가 권력을 등에 업고 막강한 힘을 행사하여 힘없는 백성을 압제하는 작태를 반복하지 않을 것을 다짐하고 약속한 사건이다. 시내 산 언약의 요점은 출애굽 19장 4-8절에 기록되어 있다. 4절은 언약의 근거를 출애굽 구원으로 명시한다. 5절은 하나님이 내세운 조건이다. "너희가 내 말을 잘 듣고 내 언약을 지키면 너희는 내 소유, 제사장 나라, 거룩한 백성이 될 것이다." 6-7절에 모세는 야훼의 말씀을 그대로 백성에게 전한다. 8절은 백성이 일제히 응답하여 "여호와께서 명령하신 대로 우리가 다 행하리이다"고 동의한다.

시내 산 언약은 야훼 하나님과 이스라엘 백성 사이에 맺어진 관계(!)를 가리킨다. 이 언약에 따르면 "야훼는 이스라엘의 하나님이며 이스라엘은 하나님의 백성이다." 그래서 구약성서에서 '우리의 하나님,' '나의 백성'이란 표현은 이 언약체결 사건을 전제한다.

구원받은 신앙인의 삶은 하나님의 구원행위에 대한 자발적 동의에서 출발한다. 이후에 기록된 율법은 강제 조항이 아니라 자발적 동의에 따른 것이다. 그러므로 신앙생활은 자율성을 지닐 때 온전해진다.

출애굽기 20장에는 십계명이 등장하고 이어서 21-23장은 언약법전이라고 부르는 율법이 나오는데 이것들은 하나님이 제시한 언약의 조항이다. 즉, 이 계명과 율법의 말씀들은 언약을 유지하기 위한 조건들로 이해된다. 출애굽기 24장 1-11절은 언약체결 의식을 거행하고 24장 12-18절은 시내 산에서 "율법과 계명을 기록한" 돌판을 제작하는 기간과 모습을 기술한다.

특별히 십계명이 전달되는 출애굽기 19장의 문학구조는 십계명이 하나님의 입에서 직접 나온 말씀이라는 구조로 되어 있다.

   19:16-19 (+ 20-25, 접근금지)   신현현
   20:1-17   **십계명**
   20:18-19 (+ 20:20-21, 접근금지)   신현현

이러한 문학구조는 십계명이 하나님의 임재 가운데 하나님이 직접 전해주신 말씀이며 지극히 신성하다는 점을 강조한다.

십계명의 풀이 또한 구약신학을 구축하는데 더없이 중요하다. 결론부터 말한다면 십계명은 억압에 해방된 사람이 다른 사람과 평등한 지위를 누리고 서로를 존중하며 올바로 평화롭게 살아가는 사람이 살아가야 할 바른길을 가르친다.[62]

다른 신을 섬기지 말라는 제1계명(출 20:3)은 이집트에서 종살이하는 이스라엘 백성을 구원해준 야훼의 본성과 행위에 근거한다. 이 계명의 근거는 야훼라는 이름에 있다. 출애굽 3장 13-15절은 모세에게 야훼의 이름을 계시한다. 우리는 이 본문 해석을 통해 신성사문자(tetragrammaton, YHWH)로 알려진 야훼 하나님은 실체를 정의할 수 없는 하나님, 미래에 대하여 열려 있는 분, 신앙공동체와 일대일의 대등하고 평등한 인격적인 관계를 원하는 하나님, 그래서 그가 지상에 모습을 드러내는 것은 오로지 신앙공동체의 삶 여하에 달려 있는 하나님 등의 의미로 풀이한 바가 있다.[63] 그런 맥락에서 야훼는 위계적인 종교구조와 사회상을 운명으로 받아들일 것을 요구하는 고대 근동의 다른 신들과 다르며 그들의 신앙 세계관을 배격

---

62) 우택주, "십계명의 신학," 「구약성서와 오늘2」 (대전: 대장간, 2013), 213-21.
63) 우택주, "하나님의 이름을 함부로 내세우지 말라," 「구약성서와 오늘2」, 222-33.

한다.64) 이 계명을 지킴으로 수혜를 받는 당사자는 다름 아닌 출애굽 하고 언약을 맺은 이스라엘 백성이다.

성상제조를 금지한 제2계명은 종교적 권력의 집중과 횡포를 방지하는 데 초점이 있다. 물론 하나님의 자유를 침해하지 말라는 의도도 포함되어 있다.

하나님의 이름을 함부로 내세우지 말라는 제3계명의 의도는 제2계명의 것과 크게 다르지 않다. 그것 역시 종교권력자 혹은 종교인이 신을 빙자하여 저지를 수 있는 임의의 횡포를 방지하는 데 목적이 있다. 안식일 준수를 명한 제4계명은 노동혹사에서 사람의 삶을 건강하게 보호하는데 초점이 있다.

제5계명부터 제10계명까지는 보호받아야 할 사람의 삶의 제 영역(가정의 노부모, 생명, 부부, 사유재산, 법정 매수)과 지켜야 할 마음(탐심)을 가르친다.65) 이와 같은 일상적인 삶의 모든 영역에서 금지하고 삼가야 할 행위들을 금지하는 명령들을 지키려면 하나님에 대한 철저한 경외심이 없으면 불가능하다.

하나님 사랑과 사람 사랑은 동전의 양면과 같다. 하나님을 사랑하는 것은 사람 사랑으로 나타나야 하며 사람을 사랑하는 것은 하나님을 사랑하기 때문이다. 신약성서 요한일서 4장 20-21절도 이렇게 말씀한다. "누구든지 하나님을 사랑하노라 하고 그 형제를 미워하면 이는 거짓말하는 자니

---

64) 대표적인 다른 신은 바알이다. 바알신앙과 야훼 신앙의 차이를 위해, 우택주, "야훼와 바알 사이에서 표류하는 교회," 「모두 예언자가 되었으면」 (대전: 침례신학대학교 출판부, 2009), 44-5; "다른 신 바알을 경계하자," 「구약성서와 오늘1」 (대전: 침례신학대학교 출판부, 2009), 43-5를 보라.
65) 제10계명의 탐심 금지는 단순히 마음을 통제하는 계명이라기보다 이웃의 재산(집, 아내, 종, 재산 등)을 탐내는 일체의 행위를 금지하는 의미로서 해석될 수 있다. 참고. Marvin L. Chaney,「농경사회 시각으로 바라본 성서 이스라엘」, 우택주 외 6인 역 (서울: 한들, 2007), 325-51.

보는바 그 형제를 사랑하지 아니하는 자는 보지 못하는바 하나님을 사랑할 수 없느니라. 우리가 이 계명을 주께 받았으니 하나님을 사랑하는 자는 또한 그 형제를 사랑할지니라."

십계명(출 20:1-17; 신 5:6-21)은 오경에 수록된 나머지 세 개의 법전, 즉 언약법전(출 20:22-23:33), 성결법전(레 17-26장), 신명기법전(신 12-26장)의 정신을 대략적으로 대변한다. 이 십계명과 율법들이 제시하는 가르침은 일관성 있게 이스라엘 사회가 압제가 없이 평화롭게 공존하고, 정의로우며, 생명을 존중하는 사회로 존속하기 위한 구체적인 삶의 원칙들로 이루어져 있다. 그것은 곧 하나님의 형상으로 지음 받은 사람들이 일구고 살아가야 할 삶과 사회의 모습을 가르친다.

한편, 크니림은 시내 산 단락의 나머지, 즉 성막 건설을 지시하고(출 25-31, 35-40장) 성막을 중심으로 살도록 가르치는 레위기 전체와 민수기 일부(민 1:1-10:10)가 출애굽 구원의 근원적 경험과 언약체결이라는 근원적 경험의 최종 목적이라고 해석한다. 우리는 이 풀이에 동의하지 않는다. 시내 산 단락에서 세 가지 근원적 경험(root experience)을 간추린 것은 그의 공로이다. 그러나 세 가지 경험들의 관계를 설명하는 그의 방식은 수정되어야 한다. 성막 건설과 성막 중심의 삶을 포로기나 포로후기 제사장 중심의 신정공동체를 염두에 두고 제정된 가르침이라고 해석해도 마찬가지이다. 사경은 과연 해방 경험과 언약 경험에 비추어 성막 중심의 삶이 최종적이라고 가르치고 있을까? 우리가 생각하기에 성막은 해방의 경험과 언약의 가르침을 변함없이 유지하고 기억시키기 위한 제도적 장치이다. 해방되었으나 언약을 체결하지 않고 자유롭게만 살아가도록 내버려둔다고 생각해보라. 원칙 없는 사회가 나타나지 않겠는가? 또 해방되어 언약은 체결했으나 그것을 유지하고 보존할 아무런 장치가 없다고 생각해보라. 해방정신과 언약관계는 금방 잊혀지고 사라질 수밖에 없을 것이다. 따라서 무엇인가 이것을 상기시키고 유지시킬 장치가 필요하다. 그런 의미에서 성막은 해방과 언약을 유지하고 보존하는 데 필요한 장치로 이해되어야 마땅하다. 따라서 성막 중심의 삶이 구원과 언약의 최종 목적이라고 해석하는 것은 받아들이기 어렵다.

출애굽으로 해방을 경험한 백성은 언약을 체결함으로써 야훼 하나님 구원의 궁극적인 목적을 깨닫고 은혜를 잊지 않으며 감사하는 마음으로 살 수 있다. 이 언약공동체는 십계명과 율법들과 같이 언약의 조항들을 준수하며 해방정신의 구현이라는 궁극의 목적을 위해 살아갈 수 있게 된다. 이 언약관계는 공동체 구성원이 언약의 조항들을 지키느냐 그렇지 않느냐에 따라 유지될 수도 있고 파기될 수도 있다. 만일 불순종을 통해 언약관계가 깨진다면 그것으로 모든 관계가 최종적으로 끝장난다면 언약관계라는 것은 실로 얼마나 취약한 것이겠는가? 그러므로 언약관계를 변함없이 유지하기 위한 장치가 반드시 필요하다. 그것이 바로 성막중심의 삶이다. 성막은 지상에 그리고 더 구체적으로 신앙공동체 안에 하나님이 임재하여 머물러 계신다는 것을 일깨워주는 신성한 장소이기도 하다. 그런 의미에서 성막은 시내 산 언약을 지키고 해방의 경험을 간직하기 위해 필수 불가결하다. 그러나 그것은 최종 목적이 아니다. 만일 성막이 없다면 무슨 근거와 권위로 이 공동체에게 언약의 정신을 일깨워줄 것이며 또 언약을 언급할 때는 무슨 근거와 권위로 그것의 준수를 강요할 수 있겠는가? 그것은 출애굽이라는 은혜와 구원의 경험이 아니라면 불가능하다.

따라서 출애굽 해방과 언약체결과 성막 건설이라는 세 가지 근원적 경험은 논리상 준비에서 과도기를 거쳐 최종적인 것으로 이행하는 과정이나 단계들로 설명하는 것은 구약성서의 신학사상을 오해하게 할 우려가 있다. 오히려 이 세 가지 근원적 경험들은 논리적으로 순환적인 구조 안에 있다. 그래서 세 가지는 상호보완의 위치에서 기능하며 서로에게 절대적으로 필요한 경험들이라고 말해야 한다. 출애굽이 없다면 언약체결은 무의미하고 성막도 불필요하다. 언약을 체결하지 않는다면 구원의 의미와 목적은 퇴색할 수밖에 없고 성막중심의 삶도 의미 없다. 또 이 성막이 없으면 구원의 경험과 목적은 퇴색할 수밖에 없고 언약을 지켜야 하는 이유 또한 사라질 수 있다. 반대로 말한다면, 성막 중심의 삶을 영위하는 것은 해방과 구원을 얻고, 언약을 맺은 사람의 삶을 보호하기 위해서 반드시 필요하다. 혹시 삶 속에서 언약을 위반하는 사례가 생긴다면 성막 앞에서 각종 조치들을 통하여 하나님과의 언약관계를 회복할 수 있다.

3.2.6.2. 언약 공동체 유지를 위한 제도적 장치

해방, 언약, 성막. 이 세 가지 근원적 경험은 신학적으로 호혜적이다. 그들 사이에는 우열이 없다. 이 주요 주제들의 출발점은 해방 사건에 있다는 것이 분명하다. 해방의 신학은 창세기의 두 가지 길 가운데 권력의 길을 부인하고, 믿음의 길로 살아야 하는 신학을 계승한다. 출애굽기는 고대 이스라엘 백성이 경험한 특정한 압제의 고통에서 벗어난 해방과 자유를 준 사건 가운데 이 가르침을 재확인한다. 언약의 신학은 자유와 해방의 신학을 십계명과 율법을 통해 구체화한다. 흔히 잘못 생각하듯이 율법은 구원의 조건이 아니다. 율법은 언약관계를 유지하기 위한 조건이다. 그것은 사람이 하나님의 형상으로 살아갈 때 지켜야 할 구체적인 삶의 길을 담고 있다. 그것은 정의와 공평, 생명존중, 평화추구의 삶이다.

그런데 이러한 가르침들은 이상적이다. 현실적으로 사람은 불완전하여 이런 가르침을 완벽하게 실행하기가 어렵다. 다시 말해서 언약의 조항들과 십계명은 거역하거나 위반되기 쉽다.[66] 만약 그런 경우가 벌어져 언약

---

66) 원래 율법의 제반 규정들은 판례에서 비롯되었을 것이다.

이 깨어질 수 있는 상황이 벌어진다면 어떻게 할 것인가? 그런 상황에 대한 제도적 현실적 조치가 바로 성막의 주요 기능 가운데 하나에 속한다. 언약의 조항들을 위반한 공동체 구성원은 어떻게 처리할 것인가? 그것이 레위기의 전반부(레 1-16장)에 묘사된 각종 제사법과 제의규정이다.

번제와 소제는 제사방식을 다루고 속죄제, 속건제, 화목제는 제사 목적을 다룬다. 레위기 1-16장까지 기술되어 있는 제의 규정은 모두 언약을 위반한 경우에 그것을 보상하는 제의적 조치를 통해 언약관계를 유지하는데 주목적이 있다.

레위기의 제사들은 각종 위반에 대하여 재정적 책임을 부과한다. 소, 양, 가축, 새, 곡식은 모두 가정경제에 있어서 재정적 가치를 지닌다. 특정한 상황이 벌어져 제사를 드려야 한다면 그것은 어떤 방식으로든 재정적 손실을 뜻한다. 그런 의미에서 레위기의 제사법들이 죄와 위반을 억제하는 힘은 신약성서의 히브리서나 개신교의 예수 그리스도의 보혈에 근거한 속죄신학들을 통해 주장하는 것보다 훨씬 강력했을 것으로 여겨진다.

레위기 11-16장의 제의 규정은 개인의 내밀한 삶에 있어서 정함과 부정을 가르친다. 여기서 식탁에서 먹는 음식(레 11장), 출산(레 12장), 위생(레 13-15장)의 주제를 다룬다. 레 17-26장의 성결법전은 삶의 제반 태도를 제사장적 전문용어인 '거룩'의 빛에서 전개한다.[67] 레위기 20-22장은 신앙공동체를 정결하게 유지하기 위해 상당히 강력한 제제규정을 언급한다. 레위기 23장은 한 해 동안에 벌어지는 농사의 주기에 비추어 삶의 사이클을 성막 중심의 절기로 조율한다. 레위기 25장의 안식년법, 희년법, 해방법은 땅의 궁극적 소유권이 하나님에게 있다는 전제하에 언약공동체 구성원의 소유와 삶에 공평과 평화가 깃들기는 바라는 의도를 갖고 있다.

---

67) 성결법전이란 레위기 19:2, "너희는 거룩(qədōšîm)하라 나 여호와 너희 하나님이 거룩함(qādôš)이니라."에서 비롯된 명칭이다. 1877년 클로스터만(August Klostermann)이 주변 맥락과 구별하여 붙인 명칭이다.

이렇게 살펴보면 성결법전에 배어있는 제사장적 '거룩' 개념 또한 하나님의 형상으로 살아가야 하는 사람이 추구해야 할 온전한 삶의 모습과 하나도 다르지 않다. 그것은 또다시 정의롭고 생명을 존중하며 평화를 추구하는 삶을 살아가기 위한 가르침들이다. 레위기 18장에서 명시하듯 가나안 풍속을 따르지 말아야 할 이유는 이스라엘과 가나안의 민족적 대립과 차별에 기반을 두기보다 그들의 풍습이 창세기부터 면면히 흘러내려오는 바, 성서적으로 올바른 삶에서 벗어나 있다는 판단에 기반을 두고 있는 것으로 풀이해야 한다. 레위기 18장 24-30절의 '땅의 더러워짐'은 창세기 6-9장의 대홍수를 일으킨 원인으로서 땅의 부패와 폭력 현상과 다르지 않다. 특히, 레위기 19장의 '거룩' 개념이 어떻게 전개되고 있는지를 본다면 이러한 주장은 다시 명확해진다. 성결법전의 '거룩'은 사회적 약자에 대한 배려로 나타난 생명존중, 정의 준수, 평화추구의 다른 이름일 뿐이다. 제사장의 거룩 개념은 종교생활에 국한되지도 않는다. 그것은 일상의 모든 영역에 미친다. 그것은 정치, 경제, 사회적인 삶과 유리되지 않는다. 거룩 혹은 성결은 하나님의 형상으로 지음 받은 사람이 추구하면서 살아가야 할 삶의 태도를 제사장 집단이 규정하고 정의하는 특수한 표현일 뿐이다. 다시 강조하거니와 그것은 삶과 유리되지 않는다. 제의는 삶의 중요한 일부일 뿐이다. 제의가 전부일 수 없다. 제의는 삶을 언약정신에 비추어 조율해주는 기능을 하는 제도적 장치이다.

3.2.6.3. 약속과 성취 사이의 여정

민수기는 시내 산 공동체가 약속의 땅을 향하여 시내 광야를 여행하다가 모압 평지에 도착하기까지 벌어진 일들을 담고 있다. 여행 내러티브는 일찍이 출애굽기 16-18장에도 등장한 바 있다. 민수기 10장 10절-21장까지는 언약공동체(민수기에서는 '회중'이란 용어로 표현됨)가 성막에 임재하는 하나님의 불기둥과 구름기둥의 신호를 따라 대오를 갖추고 시내 산에서 출발하여 모압 평지에 이르기까지 벌어진 내용을 담고 있다. 민수기 22-36장은 모압 평지에서 벌어진 일들과 제의적 가르침들을 기록하고 있다. 민수기는 삶이란 여행이라는 가르침을 준다. 시내 산에서 만들어진 언약공동체는 목적지인 가나안 땅을 향해 출발한다. 그곳은 야훼 하나님이 조상들에게 약속하신 곳이다. 구원받고 언약을 맺은 상태로 성막을 짓고 성막을 중심으로 살아가는 법을 배운 이들은 이제 여행길을 떠난다. 민수기의 최종형태는 삶의 여정이 그렇게 평탄하지만은 않다는 진리를 가르친다.

민수기는 언약공동체가 목적지를 행해 떠난 모압 땅에 도착하기까지 여행길에서 벌어진 여러 가지 사건 사고와 제의규정을 담고 있다. 민수기 1-10장은 인구조사, 진 편성과 행군 순서, 레위인 인구조사에 이어 다양한 율법과 규칙을 전한다. 민수기 11장과 20장은 식량 결핍과 식수 부족으로 생긴 불만과 불평을(이 이슈는 이집트를 탈출하여 시내 산으로 가는 길목에서 벌어진 일과 똑같다!), 민수기 12장, 16-17장은 공동체의 지도력을 놓고 벌어진 갈등과 논쟁을 다룬다. 민수기 13-14장은 가나안 땅을 정탐한 정탐꾼의 보도를 듣고 그 땅을 정복하러 갈 것인지 말 것인지를 놓고 내부 구성원 사이에 발생한 의견 차이를 다룬다. 출애굽 공동체는 다시 이집트로 돌아가자는 유혹에 빠진다. 그로 인해 광야생활이 40년이나 지속되어야 했다. 민수기 15장과 18-19장은 앞뒤에 놓인 내러티브 사이에 특별한 의도를 지닌 제의규정들을 보완한다. 그것은 정체성 확립을 지향한다. 민수기 22-24장은 이방 예언자인 발람 이야기를 통해 언약공동체에게 족장 시대로부터 전해져온 땅과 자손의 약속을 재확인한다. 민수기 25장은 언약공동체 안에서 벌어진 우상숭배 이야기를 전한다. 민수기 26-36장은 모압평지에서 일어난 인구조사, 슬로브핫 딸들의 상속권, 추가적인 제의 규정, 미디안 정벌, 요단 동편 거주를 허락받은 르우벤과 갓 자손, 광야여정의 정착지 목록, 약속의 땅 경계, 레위인이 거주할 성읍목록 등을 기술한다.

민수기는 광야 여행을 내러티브의 소재로 삼으면서 언약공동체가 각종 상황에서 경험한 위기 앞에서 정체성 확립을 도모한다. 이를 위해 먼저 모세 중심의 리더십을 강화하고, 내부의 해이된 기강을 바로잡고, 제사장과 레위인이 주도하는 성막 중심의 삶을 재천명하면서, 약속의 땅으로 갈 것을 가르친다.(68)

민수기는 신학적으로 삶이란 고단하며 숱한 위기로 가득하다는 것을 규범적으로 가르친다. 그러나 가야 할 목적지까지 끝까지 가야한다. 그것이 삶이다! 이 엄숙한 진리를 피할 사람은 없다. 삶은 중단할 수 없는 여행이다. 신앙의 길은 고단하지만 끝까지 인내하며 희망을 갖고 나아가는 것이다. 신앙의 길은 목적이 있다. 중도포기란 있을 수 없다.

또한 리더십을 강조한다. 그것은 숱한 도전에 직면할 수 있다. 그러나 바로 그 성서적 리더십(뚜렷한 목적의식과 방향감각)을 강화하고 지킬 때 여행은 완성될 수 있다. 지도자 역시 정의와 생명 그리고 평화의 원칙에 따라 살아야 한다는 사실은 두말할 필요도 없다.

신명기는 모압 평지에 도착한 이스라엘에게 모세가 마지막으로 남긴 설교 형식의 유언이다. 그것은 출애굽, 호렙 산 언약,(69) 광야여정을 회상하면서(신 1-11장) 다시 새로운 강조점을 부여한 율법(신 12-26장)을 이스라엘에게 제시한 뒤, 이 율법의 준수여하에 따른 축복과 저주를 명시하고(신 27-30장) 언약을 체결(신 31장)한 다음 모세의 노래(신 32장)와 축복(신 33장)과 임종기사(신 34장)로 마무리한다.

---

(68) 우택주, "민수기의 군주시대 전승과 그 제사장적 편집 작업에 나타난 수사적 의도,"「구약논단」54집 (2014): 164-94.

(69) 출애굽기 19-24장의 언약체결은 시내 산에서 이루어진 것으로 보도되는 것과 달리 신명기는 그곳을 호렙 산이라고 묘사한다(신 4-5장). 시내 산이 곧 호렙 산으로 이해되지만 두 곳에서 제시된 율법의 내용은 강조점이 다르다는 것이 성서학자들의 연구결과이다.

출애굽기에서 제시한 시내 산 율법과는 다음과 같은 차이가 있다. 호렙 산 언약에 조항으로 제시된 율법은 이제 열두 지파 중에 야훼가 선택한 한 장소에서만 예배를 드려야 하며(신 12:5, 11, 14, 18, 21; 14:24), 그래서 해마다 각 가정에서 지키던 유월절도 바로 그 제의장소에서 나아가서 지켜야 한다(신 16:6). 또 다른 신들이 아닌 야훼 하나님 한 분만을 섬기라고 유별나게 강조한다. 열두 지파는 '온 이스라엘'이라는 용어로 바꾸어 부른다. 요약컨대 신명기 율법 혹은 법전은 한 장소(one place), 한 하나님(one God), 한 백성(one people)을 강조한다. 성서학자들은 이 법전을 포함한 신명기서가 뒤따르는 역사서(70인역의 배열에 따라 부르는 개신교의 명칭) 혹은 전기 예언서(히브리 성서의 분류)인 여호수아서부터 열왕기하까지의 기록과 깊은 상관이 있는 것으로 이해한다. 다시 말해서 신명기는 앞에 위치한 사경보다는 이어지는 전기 예언서(여호수아부터 열왕기까지)를 서술하는 신학적 관점을 담고 있다는 것이다.

신명기는 회상한다. 회상이란 기억(remembrance)하는 일이다. 신앙을 유지하는 주요한 방식 중 하나가 기억하는 일이다. 잊어버리는 일은 죄다. 과거의 은혜를 회상하고 기억하기가 현재와 미래를 위해 필수적이다.

3.2.7. 정리: 참된 삶의 길(True Way of Life)—정의, 생명, 평화

오경/토라는 구약성서의 모든 책들이 담고 있는 신앙적 가르침의 규범이 되는 하나님의 말씀이다. 오경/토라는 참된 삶의 길(true way of life)을 가르친다. 참된 삶의 길은 정의와 공평을 실현하며, 생명을 존중하고, 평화를 추구한다. 그것이 하나님의 형상으로 지음을 받은 사람이 존재하는 목적이다.

창세기는 인류가 살아간 두 가지 궤적의 삶을 대조적으로 진술한다. 하나는 하나님처럼 되려는 삶인데 그것이 권력의지를 표출한 태고사 사람들의 모습에서 찾아볼 수 있다. 권력의 길은 형제를 죽이고 이웃을 짓밟으며 사람들을 이용하여 자신들의 이름을 내려고 한다. 이와 대조적인 삶의 길을 걸어간 사람들의 자취가 족장사이다. 족장들은 땅 없고 자식이 없는 한계상황을 겪지만 땅과 자손을 주겠다는 하나님의 약속의 말씀을 믿고 따라가는 삶을 산다. 그들은 스스로 자신들이 이름을 떨치려고 노력하지 않는다. 그것은 하나님이 축복으로 주실 것이라고 믿기 때문이다. 권력의 길과 믿음의 길! 다소 이분법적이고 단순하지만 사람들의 삶은 이 둘 중 하나를 택하여 살아간다. 성서는 믿음의 길을 살라고 가르친다.

출애굽 사건은 지상의 절대 권력을 이용하여 다수의 백성을 강제노동시킴으로써 압제하는 상황에서 벌어진다. 하나님은 정치적 경제적 억압과 수탈을 당하면서도 거기서 스스로 벗어날 수 없는 무력한 백성(helpless people)들을 긍휼히 여겨 그들을 구원해내신다. 구원 사건은 처절하고 무기력한 인간의 부르짖음(outcry)과 이에 대한 하나님의 긍휼(mercy)에서 시작된다. 그것은 신학적으로 하나님의 정의(justice)가 어디에 기초하여 있는지를 보여준다. 이집트 바로에 대한 하나님의 정의로운 심판은 이스라엘이라고 부르는 사회적 약자 집단의 생명을 소중히 여기기 때문에 발생한다. 그것이 출애굽 해방 사건의 원리이다.

시내 산 언약은 십계명과 율법을 언약이행의 조건으로 삼고 야훼 하나님과 이스라엘 백성 사이에 맺어진 것이다. 구원은 목적이 있다. 시내 산 언약의 이행 조건인 십계명과 율법은 구원받은 사람들이 지키고 살아야 할 바른 삶을 담고 있다. 그것은 다시 정의와 공평의 실천, 생명존중, 평화 추구라는 가치로 요약된다. 즉, 하나님의 형상으로 살아야 하는 사람이 추구해야 할 진정한 삶의 구체적인 가르침들이 바로 시내 산 율법과 계명의 내용이다.

이러한 가르침을 위반할 경우를 대비하는 제도가 레위기에 기술한 성막 중심의 각종 제의법이다. 제사와 제의법은 언약을 위반한 구성원들이 다시 언약 안에서 살아가도록 하기 위한 제도적 장치이다. 성막은 구원과 언약을 기억시키는 제도이며 그것을 유지하기 위한 중심장소이다. 레위기를 작성한 제사장들이 애호하는 '거룩한 삶'이란 예배와 제사에만 치중한 삶을 말하지 않는다. 그것은 삶의 중심이 하나님께 있다는 고백 외에 다름이 아니다. 거룩 혹은 구별된 삶이란 삶의 영역 분리를 뜻하지 않는다. 거룩한 삶이란 사회적 도덕적 윤리적으로 바른 삶을 가리킨다. 다시 말해서 거룩한 삶이란 하나님의 형상으로 살아가기를 가르치는데 있어서는 똑같다. 율법은 구원의 조건이 아니라, 이미 구원을 받은 언약공동체가 구원의 목적을 구현하기 위해 마땅히 지키고 살아야 할 삶의 지침들이다.

민수기는 삶의 현실을 기술한다. 삶은 고달프고 험난하다. 숱한 위기가 산재해 있다. 그러나 그것은 포기하거나 주저앉거나 되돌아갈 수 없다. 삶은 목적지까지 인내하며 걸어가야 하는 운명적 여행이다. 삶이 축복임을 아는 일이 필요하다. 이 여정을 이끄는 건강한 리더십을 소중히 여기고 신앙인의 정체성을 유지해야 한다. 신앙인은 이 세상에 하나님의 형상으로서 지음 받은 존재이다. 그가 어떻게 사느냐가 세상에 하나님이 어떤 분인지를 보여준다. 이것을 잊거나 외면해서는 안 된다.

신명기는 과거를 회상하면서 우리가 누구인지, 무엇을 지향하며 살아야 하는지를 다시 한 번 강조한다. 신앙은 하나님의 은혜를 기억하는 일로 유지된다. 잘잘못을 반성하는 것이 인간의 고유한 특성이다. 그래야 과거의 실패를 거울삼아 현재를 변혁하고 내일을 꿈꾸며 전진할 수 있다. 신명기는 한 장소에서 한 하나님을 예배하고 섬기며 우리 모두가 하나의 가족 즉 형제자매라는 생각을 갖고 살도록 가르친다.

끝으로 신명기가 가나안 땅 정착을 앞두고 끝난다는 사실은 오경 전체가 앞으로 땅에서 벌어질 일을 염두에 놓고 볼 때 '약속 성취의 지연' '성취되지 않은 약속'으로서 희망을 품으라는 모양새를 지닌다.70) 그래서 오경은 희망의 신학을 가르친다. 오경은 장차 입성할 땅에서 실행해야 할 가르침이다. 땅에 들어가서 살 때 그것을 실행하지 않으면 그 땅에서 쫓겨날 수도 있다. 오경의 가르침은 언약백성들이 땅에 들어가 정착하며 살 때 그 땅에서 삶을 계속 유지할 것이냐 아니면 땅에서 쫓겨날 것이냐를 판가름하는 시금석의 기능을 한다.

3.3. 신명기역사의 신학-역사적 성찰, 하나

3.3.1. 들어가기

우리의 구약성서는 오경의 마지막 책인 신명기에 이어서 곧장 여호수아부터 사사기를 거쳐 룻기 다음에 사무엘상하를 거쳐 열왕기상하로 이어진다. 구약성서의 독자는 이 다섯 권의 성서를 역사서로 이해한다. 히브리 성서가 이 책들을 전기예언서로 분류하는 것과 차이가 있다. 이 중에 룻기는 히브리 성서의 구분에 의하면 성문서에 속한다. 우리는 룻기를 성문서 단락에서 다룰 것이다. 왜 이 책들을 예언서 범주로 분류했는지에 대해서는 히브리어로 예언이란 단어가 무엇을 뜻하는지를 알아야 한다. 예언은 하나님이 전해주신 말씀으로 정의된다. 예언자는 이 말씀들을 전달하는 사람(messenger)을 가리킨다. 그러나 개신교는 이 책들을 역사서 범주로 이해하고 있고 이 역사가 역대기 상하, 에스라, 느헤미야까지 이어진다고 생각한다. 우리는 이 구약성서의 배열과 범주를 따라서 이 성서들의 신학

---

70) J. Blenkinsopp, *The Pentateuch: An Introduction to the First Five Books of the Bible* (New York: Doubleday, 1992), 111.

사상을 논할 것이다. 성서학자들은 처음 네 권을 '신명기적 역사' 혹은 '신명기역사'(the Deuteronomistic history)로 부르고, 역대기상하, 에스라, 느헤미야는 '역대기역사서'(the Chronicler's history)로 부른다. 우리는 이 책들의 신학을 각각 '역사적 성찰, 하나'와 '역사적 성찰, 둘'로 부르고 기술할 것이다. 그러나 전기예언서로 분류된 신명기역사서의 경우, 원래 히브리어로 기록된 성서에서 간직하였던 예언 개념을 무시하지는 않을 것이다.

3.3.2. 신명기역사(여호수아, 사사기, 사무엘서, 열왕기)의 신학

여호수아서는 모세의 후계자인 여호수아가 이스라엘 백성을 인도하여 약속의 땅인 가나안을 정복하고 분배하는 내용을 담고 있다. 사사기는 여호수아가 죽은 뒤 이스라엘 지파들이 분배받은 땅에서 정착하며 살다가 하나님을 버리고 다른 신들을 섬기므로 이웃민족의 침략과 압제를 받게 된다. 그래서 고통 중에 이스라엘이 하나님께 부르짖고 회개하면 하나님은 사사(재판관이며 전쟁용사)들을 보내어 그들을 통해 자유를 회복하게 해 준다. 그러나 사사들이 죽고 없으면 또다시 다른 신들을 섬기는 과오를 반복하는 지파사회 시절의 역사를 기술한다. 사무엘상하와 열왕기상하는 이스라엘 백성들이 지파의 지도자인 사사의 지도력이 지속적이지 못한 현실에 만족치 못하고 보다 영속적인 지도력을 갖춘 군주/왕을 중심으로 하는 국가제도를 세운 사건부터 시작해서 국가가 남북으로 분열된 뒤에 결국 외세에 의해 멸망하는 과정을 기술한다. 간략히 말해서 여호수아, 사사기, 사무엘서, 열왕기서는 이스라엘 백성이 땅에 정착하여 살다가 땅에서 쫓겨나기까지의 역사를 기록하고 있다. 성서학자들은 이 네 권의 성서를 신명기적역사서 혹은 신명기역사서라고 부른다. 그 이유는 이 긴 역사서가 신명기의 신학적 강조점에 비추어 역사를 서술하고 있기 때문이다.

신명기역사서는 땅에서 벌어진 정치사를 중심으로 전개된다. 이스라엘이라는 나라의 역사를 기록한 이 정치사는 지상의 지도자인 왕들의 통치를 중심으로 기술한다. 궁극적으로는 나라의 흥망성쇠가 지도자들의 리더십에 의해 결정된다는 사실을 일깨워준다. 동시에 그 리더십은 도성 예루살렘에 건축한 예루살렘 성전과 철저한 야훼 신앙을 따라 통치했느냐 그렇지 못했느냐에 따라 판단된다. 무엇보다 중요한 것은 그들의 태도와 결정이 곧 나라의 운명을 결정지었다고 본다는 점이다. 그래서 지도자의 리더십은 예루살렘에서 모세의 가르침 즉 신명기에서 언급한 토라/율법을 얼마나 철저히 이행했는가에 따라 판단된다.[71] 지도자, 토라(야훼 신앙을 담은 가르침), 나라의 운명. 이 세 가지가 이 역사서의 신학적 핵심이다.

3.3.2.1. 하나님의 선물로서 공평하게 분배된 땅

여호수아서는 크게 두 단락으로 구성되어 있다. 1-12장까지 땅 정복, 13-22장은 땅 분배를 다룬다. 23-24장은 여호수아의 설교와 세겜에서 맺은 언약을 기술한다. 이스라엘은 여호수아의 지도를 따라 땅을 정복한다. 그러나 이 약속의 땅 정복은 사실상 모세의 율법 즉 '율법 책'(수 1:8)을 철저히 지키고 순종한 결과이다. 이 율법과 하나님의 명령 가운데 사소한 한 가지라도 어긴다면 땅 정복은 실패한다. 이런 내용이 여리고 성과 아이 성을 정복하는 가운데 벌어진 여호수아서 초반부의 강조점이다. 여리고

---

71) 신명기역사를 기록하고 완성할 시점에 오경이 존재했는지는 논란거리이다. 역사비평학자들은 이 역사서/전기 예언서를 작성할 때는 지금의 오경이 모습을 갖추지 않았다고 생각하며 그런 의미에서 이 역사서/전기 예언서에서 수차례 언급하는 율법 혹은 율법 책(수 1:8[율법책]; 8:30[모세의 율법책]; 왕상 2:3[모세의 율법]; 6:12[내 법도, 내 율례]; 왕하 17:13[나의 명령과 율례, 모든 율법], 15[여호와의 율례], 19[여호와의 명령]; 18:8[모세에게 명령한 계명]; 22:8[율법책]; 23:2[언약책]; 23:24[여호와의 성전에서 발견한 책에 기록된 율법의 말씀])을 신명기법전 혹은 신명기서라고 생각한다.

성 정복은 (성 주위를 돌라는 명령과 같은 말씀을) 철저히 순종한 결과이다. 아이 성 정복이 처음에 실패한 까닭은 유다 지파 출신인 아간의 탐욕에서 비롯된 불순종 때문이다. 이 대조법을 전반부에 설정한 다음 나머지 12장까지는 이스라엘이 결국 가나안 땅의 중부, 남부, 북부를 차례로 정복하는 내용을 기술한다. 여호수아 1-12장까지의 기사는 땅은 '율법 책'에 철저히 순종할 때(수 1:8) 오로지 하나님이 은혜로 주신 선물이라는 신앙에 터 잡고 있다. 후반부인 13-22장까지는 제비를 뽑아 열두 지파가 공평하게 분배된 결과를 기술한다.

이렇게 볼 때 여호수아서는 두 가지 중요한 신학사상을 가르친다. 첫째, 땅은 하나님의 선물이다. 둘째, 이스라엘을 구성하는 열두 지파는 땅을 공평하게 나누어 가졌다. 모든 지파는 땅이 넓고 좁음에 대한 불평이 없이 땅을 처음부터 동등한 처지에서 공평하게 나누어 가진 것이다. 이 가운데 더 가진 지파도 없고 덜 가진 지파도 없다. 땅 정복의 관건은 '율법 책'에 기록된 내용의 실천 여부에 달려 있다.

삶은 하나님의 선물이다. 건강, 재산, 지식, 지위, 성별 등의 다양한 삶의 조건들조차 하나님의 축복이다. 감사하는 마음으로 모두가 살아가는 자리에서 토라를 실천하며 살아가야 한다.

3.3.2.2. 한시적인 지도력과 불안정한 사회

사사기 1-16장은 사사(šōpēṭ)라고 부르는 지도자의 등장과 그 한계에 중점을 두고 기술한다. 이스라엘 백성이 가나안 땅에 들어간 뒤에 야훼 신앙을 버리고 다른 신들을 섬기게 되므로 야훼의 진노로 주변의 민족들이 이스라엘을 노략하기에 이른다. 이로 말미암아 이스라엘의 고통이 극심하게 되자 그들은 뉘우치고 야훼의 구원을 간절히 부르짖으므로 야훼께서 사사들을 보내신다(삿 2:23). 따라서 사사들의 등장은 이스라엘 백성이 다른 신들을 섬기는 배교 때문이었다. 이스라엘이 고난과 괴로움을 통해 뉘우치고 하나님의 도움을 간청하면 보내주시는 사람들이 사사이다. 사사들의 외형적 표식은 전형적으로 표현된다. 그것은 "하나님의 영(rûʾaḥ)이 임한 사람"이라는 것이다. 야훼의 영이 임한 사람은 일반 사람과 다른 카리스마를 보여준다. 훗날 왕을 세울 때, 사울과 다윗은 하나님이 영이 임했다는 전형적인 표현을 통해 통치자로서 지녀야 할 특성을 지니고 있다고 묘사된다. 그것은 하나님이 보낸 지도자라는 표시이며 신명기역사서 안에서 문학적 기능과 신학적 의도를 지닌다.

사사기 안에서 사사는 모두 열두 명이 등장한다. 사사들이 치리하는 동안에는 이스라엘이 평화를 누리다가 그들이 죽고 사사가 없는 시기에는 이스라엘은 거듭해서 다른 신들을 섬기는 배교행위에 빠진다. 이것은 사사들의 시대는 이스라엘 백성의 사회를 유지하는데 불연속적이었으며 사회적 안정을 유지하는데 비효과적이었다는 생각을 전한다. 더구나 사사기 17-21장은 사사시대에 이스라엘의 지파 사회에 벌어진 패역하고 잔인무도하며 무법한 사회상을 가감 없이 기술한다. 도중에 "이스라엘에 왕이 없을 때"라는 표현들(삿 18:1; 19:1; 21:25)은 의도적이다. 사사기는 이스라엘 역사에 군주사회의 도래를 준비한다. 사사들의 지도력은 시기적절하게 주어졌으나 영속적이지 않다는 문제를 안고 있다.

그러므로 사사기는 한시적인 지도력보다 지속적인 지도력을 통해 안정된 사회를 유지할 수 있는 지도자가 필요하다고 생각한다. 물론 그런 지도자는 하나님의 영이 임한 사람이어야 한다.

백성들은 지도자가 필요하다. 누구라도 지도자로 발탁될 수 있다. 그러나 발탁된 지도자가 존재하는 목적은 오로지 백성의 안녕을 위한 도구적 존재라는 사실을 기억해야 한다. 지도자가 자신을 백성보다 스스로를 소중히 여길 때 탈이 생긴다.

3.3.2.3. 군주사회의 흥망성쇠

이스라엘 백성이 군주를 가진 사회로 발전한 이면에는 사사들의 불안정하고 지속적이지 못한 지도력이 자리 잡고 있었다. 백성들은 자신들을 지켜줄 강력한 군주의 등장을 요구했다. 야훼 하나님이 그들의 왕이라는 믿음도 소홀히 여겼다. 그런데 이와 같은 요구는 출애굽 정신에 정면으로 위배된다는 사실을 기억할 필요가 있다.

군주시대의 시작과 종말을 다루는 성서는 사무엘서와 열왕기서이다. 이 역사는 궁정에서 기록된 것이 분명하고 왕권은 변천하였기 때문에 이 역사는 앞선 시대의 역사가 왜 그렇게 전개되었는지를 해명하는데 초점을 맞추고 있다는 측면에서 왕궁의 해명서(the royal apology)라는 특징을 갖고 있다.

사무엘의 등장과 활동을 다룬 사무엘상 1-7장은 엘리 제사장의 혈통을 따르지 않은 사무엘이 어떻게 제사장이며 예언자요 또 사사의 직능을 수행하게 되었는지를 해명한다. 사무엘상 8-15장은 사울이 어떻게 왕으로 추대되었는지를, 사무엘상 16-사무엘하 3:1까지는 사울의 왕권이 어떻게 다윗과 경합하여 몰락하게 되었는지를 의로운 다윗과 불의한 사울을 대비시키면서 해명한다. 사무엘하 3:2-10장까지는 다윗의 왕권이 예루살렘에 도성을 삼으면서 제도를 확립하고 남아 있는 사울 왕조의 잔당을 효과적으로 처리하는 과정을 기술한다. 사무엘하 11장-열왕기상 2장은 다윗의 왕위가 어떻게 밧세바의 아들 솔로몬에게로 계승되었는지를 해명한다. 열왕기 3-11장은 솔로몬이 다스린 다윗 왕조가 어떤 과정을 거쳐 남북으로 분열하게 되었는지에 초점을 맞추어 해명한다. 열왕기상 12-16장은 북 왕국이 출발하게 된 과정과 북 왕국의 역사초반을 서술한다. 열왕기상 17-열왕기하 10장은 북 왕국에서 가장 강력한 나라를 세우고 위세를 떨친 오므리 왕조가 어떻게 예후 왕조에게 전복되었는지를 모세와 같은 예언자 엘리야와 엘리사가 백성들을 여러 모로 돕는 활동과 대비하면서 해명한다. 열왕기하 11-17장은 북 왕국이 멸망하기 까지를 기술한다. 열왕기하 17장은 북 왕국이 몰락하게 된 신학적 이유를 기술한다. 열왕기하 18-23장은 남 유다의 왕 히스기야와 요시야의 개혁 정치를 소개하면서 이 신명기 역사의 절정을 묘사한 다음 열왕기하 24-25장까지 유다 왕국의 멸망과 바벨론에 포로로 잡혀간 유다 왕 여호야긴이 옥에서 풀려나 바벨론 왕의 식탁에서 식사하게 되었다는 기록으로 마무리한다. 이 긴 왕궁역사서는 다윗 왕조의 해명서(the apology of the house of David)라고 풀이할 때 효과적으로 설명된다.

이 긴 신명기역사서는 오늘 우리에게 무엇을 규범적으로 가르치는가? 이스라엘이 차지하고 살았다가 잃어버린 땅은 우리의 주요 관심사가 아니다. 땅이란 사람들이 안정적인 생존을 이어가기 위한 필수조건이라는 것은 만고불변의 원리이다. 그런데 그것을 얻었다가 상실하는 과정은 중차대한 신학적 의미를 부여한다. 이 문제에 있어서 신명기역사서는 리더십에 모든 문제의 원인과 해법을 찾는다. 땅에서 안정되게 살아가게 해 줄 군주는 어떤 사람인가? 성서는 다윗 왕조에 무게중심을 두고 정의롭고 공평한 통치를 한 초창기 다윗의 모습에서 올바른 성서적 리더십을 발견한다. 이 역사서의 마지막은 다윗의 후손인 여호야긴의 석방 기사로 마무리한다. 왜 여기까지만 기록했을까? 이 마지막 기록은 희망을 가리키는가? 절망을 가리키는가? 나라의 몰락을 기록한 저자들은 이 역사서로 무엇을 가르치려는 것일까?

나라의 몰락은 야훼의 준엄한 심판이었다. 일찍이 다윗 왕조가 영원히 지속될 것이라는 신탁을 남겼고(삼하 7:12-16) 히스기야 시절에는 예루살렘도 사마리아처럼 무너질 뻔한 위기(왕하 17장)가 닥쳤으나 극적으로 보존해준 은혜를 베푼 적(왕하 18-20장)이 있는 야훼 하나님은 강대국 바벨론이 예루살렘과 성전과 다윗 왕조를 파괴하도록 내버려두셨다. 과연 야훼는 이스라엘을 포기하셨는가? 야훼는 바벨론이 섬기는 신보다 나약한가? 야훼는 이스라엘에게 은혜 베풀기를 잊어버리셨는가? 수많은 질문 앞에 신명기역사서는 많은 답변을 제시하는 것 같다.

첫째, 야훼의 준엄한 심판으로서 나라의 몰락은 그 책임이 오로지 정권 유지에 급급한 지도자 혹은 지도층에게 있다. 땅을 차지하거나 잃는 것은 오로지 모세의 율법에 순종하고 야훼 하나님을 전심으로 섬기는데 달려 있다. 여호수아서와 사사기가 이 점을 누누이 천명하고 있다. 그럼에도 불구하고 지도자들은 이 단순명료한 통치 원칙을 망각했다. 그래서 외세에 의존하는 정책에 매달리고 백성의 삶을 도외시했다. 지도자들은 회개해야 한다. 회개하면 길이 있다.

둘째, 다윗 왕조는 완전히 사라지지 않았다. 다윗의 후손이었던 여호야긴 왕은 포로로 잡혀 있지만 죽지 않고 아직 건재하다.[72] 절망은 없다. 희망의 씨앗은 남아있다. 그러나 당장은 하나님이 이스라엘(남 유다)에게 내린 처절한 심판부터 올바른 해석을 해야 한다. 그것은 하나님이 주신 엄중한 경고와 교훈이었다. 이것을 깨달았는가? 이것을 받아들일 수 있겠느냐고 성서는 묻는다. 지도자가 존재하는 이유와 목적이 무엇인가? 자신들의 안녕과 복지가 아니라 백성 전체의 안녕이 아닌가? 지금까지 성서는 항상 백성을 중시하였다. 백성이든 지도자든 모두 야훼 앞에서는 동등하다. 지도자든 백성이든 모두 똑같은 목숨으로 똑같이 누리며 살 권리가 있다. 모두가 하나님의 형상으로 지음 받은 존재들이다. 돌이켜보자. 이집트의 바로가 이스라엘 백성에게 자행했던 압제와 강요를 기억하는가? 정치 자체가 우선일 수 없다. 어느 정권의 통치가 백성들을 고통으로 몰아넣는다

---

72) 참고. Matthew H. Patton, *Hope for a Tender Sprig: Jehojachin in Biblical Theology* (Winona Lake, IN: Eisenbrauns, 2017).

면 그런 정권은 존속할 이유가 없다. 그것이 출애굽 사건이 가리키는 교훈이었다! 태고사의 바벨탑 사건이 주는 교훈도 여기에 있었다. 권력자가 자신의 이름과 명예를 내려고 백성의 노동력을 착취했을 때 결과는 자명했다. 하나님의 개입과 간섭이었다. 바벨탑은 건설이 중단되었고 이집트에서는 수백만에 달하는 백성이 탈출하는 사건이 벌어졌다. 언약백성 이스라엘이 세운 나라라고 해서 다르지 않다. 이스라엘 백성이 고통과 압제 속에 시달리는데 왕권과 왕실의 안녕이 무슨 소용이 있는가? 다윗 왕조가 북 왕국 이스라엘의 몰락과 사마리아의 멸망 사건에서 배워야 할 무거운 교훈은 바로 이것이었다.

이 시점에서 오므리 왕조가 예후의 쿠데타로 무너지는 과정을 기록한 열왕기상 17장-열왕기하 13장까지의 내용을 의미심장한 신학사상을 담고 있다. '하나님의 사람'으로 알려진 엘리야와 엘리사는 기아과 굶주림 그리고 채무에 시달려 더 이상 살기보다 죽기를 택하려는 뭇 백성들과 함께 했다. 이 단락에서 기적 이야기가 많이 등장하는 이유도 바로 여기에 있다. 기적 이야기들의 강조점이 어디에 있는가? 하나님의 다스림과 임재가 고난당하는 백성과 함께 한다는 사실에 있다. 예후는 백성에게 인정을 받는 예언자들, 즉 '하나님의 사람들'의 기름부음을 근거 삼아 오므리 왕조를 무너뜨리는 쿠데타를 일으켜 왕권을 차지하였다. 정권교체 역사의 한 대목이지만 이 역사의 대목이 주는 교훈은 매우 중요하고 분명하다. 왕권은 오로지 백성을 위해 존재한다는 사실이다. 백성의 고귀한 목숨을 소홀히 다루거나 무시하는 왕권의 통치는 하나님을 무시하고 소홀히 다루는 것과 다를 바 없다. 그런 왕조는 더 이상 존속할 이유가 없다. 그래서 엘리야가 왕조에 대한 하나님의 심판 신탁을 전했다. 그것이 나봇 포도원 이야기(왕상 21장, 특히 17-26절)가 담고 있는 신학사상이다. 또한 850명의 바알 예언자와 아세라 예언자와 싸운 갈멜 산 사건직후에 왕비 이세벨을 피하여 도망한 호렙 산의 동굴에서 엘리야가 하나님의 세미한 음성 가운데 예후에게 기름 부으라는 말씀을 들은 까닭도 여기에 있다(왕상 19장, 특히 15-18절).

북 왕국이 패망한 후, 히스기야와 요시야가 잠시 예루살렘을 중심으로 야훼 신앙을 회복시키려고 노력했으나 그런 수고를 물거품으로 만든 것은 요시아 이전에 통치했던 므낫세 왕의 패역한 정치 때문이었다고 성서는 말한다(왕하 23:26-27; 왕하 21:1-18).

신앙의 원칙은 나라를 세울 때도 중요하지만 무너질 때도 엄중하게 기능한다. 야훼 하나님이 모세를 통해 전한 가르침(토라)은 왕과 백성에게 동일하게 적용된다. 그러나 무엇보다도 나라의 운명은 지도자의 손에 달려 있음을 가르쳐준다. 지도자의 역할은 백성의 삶을 안녕하게 만드는데 있고 또 그런 삶은 율법의 가르침(토라)을 실천할 때 이루어진다. 오경/토라, 때로는 율법이라고 부르는 구약성서의 첫 단락은 정의와 공평, 생명 존중, 평화추구라는 삶의 원칙을 가르쳤다. 이스라엘의 지도자는 물론이고 세상의 모든 나라, 모든 민족의 지도자가 바로 이 진리를 잊지 않아야 한다.

3.3.2.4. 정리: 역사를 잊은 민족에게 미래는 없다!

역사를 잊은 민족에게 미래는 없다. 우리나라 독립운동에 앞장섰던 신채호와 안중근 의사가 남긴 말로 알려져 있다. 하나님의 선민 이스라엘이 나라를 세웠으나 그 나라는 500년이 채 안되어 무너졌고 이후로 이스라엘 백성은 2천년 이상을 나라 없는 백성으로 세계에 흩어져 유리하여 생존해야 했다. 그 설움과 아픔 그리고 박해는 세계사가 생생하게 증언하고 있다. 현대사는 그들의 후손들이 다른 국가와 민족의 유대인 혐오사상(anti-Semitism)에 희생된 가슴 아픈 역사도 증언하고 있다.

하나님이 보시기에 이스라엘과 한국은 크게 다르지 않다. 우리민족의 역사는 수많은 외국의 침략과 긴 식민통치 역사를 경험했고 한국전쟁이라는 민족상잔의 아픔도 겪었다. 그러나 우리는 교회의 성장을 하나님의 축복으로 설명해왔다. 그래서 자칫 하나님이 우리민족을 심판하는 일은 없을 것이라고 착각하는 수도 있다. 하지만 우리나라라고 예외가 될 수는 없다. 이스라엘 백성도 심판하신 하나님임을 기억해야 한다는 뜻이다. 그러므로 하나님을 믿는 우리 땅의 신앙인들은 신명기역사가 주는 교훈을 가슴 깊이 새겨야 한다. 그럴 때 이스라엘 민족과 같은 아픔의 역사를 되풀이 하지 않을 수 있다.

역사를 잊은 민족에게 미래는 없다! 우리 민족이 무엇을 소중히 여기며 살아가야 하는지 구약성서는 특별히 신명기역사의 증언을 통해 웅변하고 있다. 그것은 토라의 정신만이 나라와 민족의 삶을 유지하고 발전시키는 근원적 가르침이 될 수 있다는 사실이다. 정의와 공평, 생명존중, 평화추구! 특별히 지도자들은 정치인이든 종교인이든 이 삶의 대원칙을 명심해야 한다. 신앙공동체인 교회는 우리 민족에게 하나님 신앙이란 예수 그리스도를 믿는 믿음 안에서 정의로운 삶, 생명을 존중하는 삶, 평화를 추구하는 삶이라는 진리를 전파할 막중한 사명이 있다.

3.4. 역대기역사의 신학-역사적 성찰, 둘

3.4.1. 들어가기

우리의 구약성서는 신명기역사서의 마지막인 열왕기하 25장에 이어 곧장 역대기서, 에스라서와 느헤미야서의 순서로 엮어져 있다. 그러나 히브리 성서는 이 세 권의 성서를 성문서로 분류하고 에스라서, 느헤미야서,

그리고 역대기서의 순서로 배열한다. 역대기하서는 히브리 성서의 마지막 책으로 수록되어 있다. 이러한 차이는 우리말 구약성서가 헬라어 역본인 70인역 성서의 배열원칙을 따르기 때문이다. 여하튼 우리는 이 세 권의 성서가 앞서의 신명기역사서와 다른 시대에, 그리고 다른 관점으로 이스라엘의 역사를 기술하고 있으므로 우리의 구약신학도 이 성서들을 두 번째 역사적 성찰로 간주하고 그 신학을 설명하려고 한다.

3.4.2. 역대기역사의 글 구조와 역사

역대기서, 에스라서, 느헤미야서가 실제로 작성된 순서는 아마도 에스라서, 느헤미야서, 그리고 역대기서일 것이다. 이 역사서는 바벨론 포로생활에서 유다 땅으로 귀환한 사람들(귀환공동체; 히, Golah)의 입장에서 기술한다. 이것이 포로생활 중에 완성된 신명기역사와 크게 다른 점이다.[73]

역대기상 1-10장은 최초의 인류인 아담부터 시작해서 사로잡혀간 유다 왕가의 후손 가운데 귀환한 사람들의 명단과 함께 다윗 왕 직전의 사울 왕가의 종말까지 기술한다. 역대기상 11-29장은 다윗 왕의 통치를 기술한다. 초점은 그가 예루살렘 성전 건축을 계획하고 준비한 왕이라는 데 있다. 역대기하 1-9장은 다윗을 계승한 솔로몬의 통치와 성전건축을 묘사하는데 집중한다. 역대기하 10장 이후부터 끝까지 역사서술은 오로지 유다 왕국의 관점에서 전개된다. 역대기하 10-12장은 왕국의 분열, 13-35장은 유다의 왕들 중에서 성전 중심의 개혁을 한 왕들을 중심으로 기술한다. 개혁적 조치를 취한 왕들은 아사, 여호사밧, 히스기야, 요시야이다. 역대기하의 마지막 단락인 36장 1-23절은 유다의 멸망과 포로로 사로잡힘에 이어

---

[73] 여호야긴의 석방(왕하 25:27-30)은 주전 560년에, 포로의 귀환을 허락한 고레스 칙령은 주전 538년에 반포되었다.

페르시아의 고레스가 귀환과 성전건축의 칙령을 반포했다는 기록(22-23절)으로 마무리한다.

에스라서는 바벨론 포로생활 중에 예루살렘으로 귀환한 유다의 후손들을 중심으로 성전을 재건한 뒤에 에스라가 일으킨 개혁적 조치들을 보도한다. 에스라 1장 1-4절은 성전재건에 관한 고레스 칙령으로 시작한다. 1-2장은 1차 귀환과 귀환자 명단, 3-6장은 방해에도 불구하고 성전을 재건하고 봉헌한 사실을 기술하며, 7-10장은 에스라의 귀환과 함께 유다 사회의 개혁적 조치를 보도한다. 에스라의 개혁은 이방민족의 딸과 이스라엘 백성의 통혼(hithātan, intermarriage) 금지에 초점을 두고 있다.

느헤미야서는 느헤미야의 귀환과 그의 개혁적 조치를 보도하는 데 치중한다. 느헤미야 1-2장은 페르시아의 총독이 된 느헤미야의 귀환, 3-7장은 무너진 예루살렘 성벽의 중건, 8-10장은 에스라의 율법 낭독과 언약 체결, 11-13장은 느헤미야의 개혁적 조치(통혼금지, 안식일 준수 강화, 레위사람을 우대하는 제의 규정, 인구재배치로 사회재조직과 경제 개혁)를 기술한다.

3.4.3. 정리: 정체성 확립을 위한 성전예배

성서학자들은 역대기서, 에스라서, 느헤미야서를 역대기역사서라고 부른다.74) 역대기역사서는 페르시아의 식민통치를 받는 예후드(페르시아시대에 예루살렘을 중심으로 한 유다지역을 부르는 명칭) 사회를 향하여 작성된 성서이다. 유다의 후손들이 식민시대의 팔레스타인 땅에 살아가면서 무엇을 중시하고 어떤 역사적 자취를 남겼는지를 엿볼 수 있는 성서인

---

74) 역대기상하서와 에스라-느헤미야를 하나의 신학사상으로 다룰 수 없고 상이한 신학사상을 지녔다는 논의에 관해서, 민경진, "에스라-느헤미야는 한 권인가 두 권인가?"「장신논단」19 (2003): 447-62, 특히 447-8을 보라.

것이다. 역대기서는 귀환과 성전재건을 염두에 둔 이스라엘 역사서술이고 에스라서는 귀환 공동체가 성전재건을 마무리하며 벌인 일을, 느헤미야는 무너진 예루살렘 성벽중건과 더불어 예후드 사회의 개혁을 추진한 기록을 담고 있다. 이 성서들의 규범적 신학사상은 무엇인가?

역대기 역사서는 식민지 시대를 살아가는 이스라엘 백성의 정체성 확립을 겨냥하고 있다. 정체성을 확립하기 위하여 역대기역사서가 강조하는 것은 성전예배, 안식일 준수, 레위 사람들을 포함한 제사장 계층의 사역을 위한 규정 보강과 통혼금지이다. 역대기서가 아담부터 시작하는 족보를 소개하는 이유와 목적은 당시 식민지 치하의 예후드 사회 구성원에게 순수 혈통을 강조하려는 데 목적이 있다. 이어지는 에스라서와 느헤미야서가 이방인과 통혼을 금지하는 개혁적 조치를 하는 목적도 '참 이스라엘' 정체성 확립에 초점을 둔다는 점에서 공통된다. 특별히 이 역사서는 이스라엘의 과거에 선한 왕들이 성전예배에 열과 성의를 다 쏟았다는 점을 강조적으로 보도한다. 개혁조치를 취한 왕들의 보도가 그렇지 않은 왕들에 비해 상대적으로 성전예배에 관한 내용을 소상하고 긴 이유가 여기에 있다. 식민치하의 예후드 사회는 페르시아 제국으로부터 재건한 예루살렘 성전 중심의 신앙생활만을 합법적으로 보장받았다. 정치적 독립운동은 허용되지 않았다. 따라서 이 시절의 주안점은 어떻게 하면 예후드 사회의 구성원들에게 정체성을 확립하여 민족의 소멸을 막을 수 있겠는가 하는 것이었다. 이를 위해 허용된 길은 성전예배뿐이었다.

역사적 이유와 상황 때문에 역대기역사서는 성전예배를 가장 강조한다. 그것은 역사기술의 초점이기도 하다. 그것도 북 왕국이 아니라 남 왕국역사의 관점으로만 전한다. 신명기역사서에 나타난 대로 다윗 왕과 밧세바의 부정한 과거나 솔로몬 왕이 이방 민족의 여인들과 정략적으로 혼인하면서 그들의 제의를 허용하는 모습을 전혀 보도하고 있지 않은 이유도 이 때문이다.

성전예배와 아울러 에스라서와 느헤미야서가 전하는 이방인과의 통혼금지,75) 안식일 준수, 경제정의실현에 대한 개혁조치 등도 큰 틀에서 이러한 필요와 맞물려 있다. 통혼금지(스 9-10장; 느 10:30; 13:23-31) 조치는 그때나 오늘날 현실적으로 어려웠을 것이다. 신앙유무를 막론하고 기왕의 부부를 어떻게 파혼시킬 수가 있겠는가?76) 안식일 준수(느 10:31; 13:15-22)는 당시에 안식일에 주변민족(특히, 그리스 상인들)과 자유로운 상거래를 막는데 목적이 있었다. 그런 거래는 예후드 사회가 페르시아의 관리와 통제를 벗어날 여지를 만들어주기 때문이기도 하였다. 어쨌든 당시의 특정한 시대적 정치적 필요는 안식일 준수를 철저하고 특별하게 강조하도록 이끌었다(참고. 창 2:3; 출 31:13-17; 레 23장; 민 15:32-36).77) 한편 느헤미야는 안식일 준수만을 유별나게 고집한 것이 아니었다. 그는 안식일 제도와 더불어 안식년(출 23:10-13; 레 25:1-7, 18-22)과 해방법(출 21:2-11; 신 15:12-18)처럼 경제생활과 관련한 전통적인 율법 준수를 함께 강조했다. 예후드 사회 안에서 벌어진 경제적 착취를 바로잡는 느헤미야의 개혁(느 5:1-13)은 오늘날에도 유효하다. 토라의 정의와 생명과 평화 강조는 어느 시대에도 통용되는 규범적 가르침이기 때문이다. 아울러 오늘날 개신교가 교회 출석과 예배를 강조하는 것은 오로지 신앙인의 정체성 확립이라는 목적에 기여하는 가르침으로서 의미가 있다. 그러나 예배와 삶은 유리되

---

75) 이방인이란 포로로 끌려가지 않고 팔레스타인 땅에 남은 유다 사람들도 포함된다. Jon L. Berquist, *Judaism in Persia's Shadow* 참조.

76) 에스라서는 통혼한 이스라엘 사람들의 목록만을 전하며(10:18-44) 느헤미야는 이 왕에 이루어진 통혼커플을 엄중히 책망하거나 그들과의 친교를 단절하였다는 기록을 남긴다.

77) 안식일 준수에 대한 포로기의 제사장 전승과 군주시대 전승은 전자가 상거래 금지와 성전예배를, 후자가 단순 노동 금지를 강조한다는 차이점이 있다. 참고. 우택주, 「8세기 예언서 이해의 새 지평」 (서울: 대한기독교서회, 2005), 160-7.

지 않는다는 사실을 잊으면 안 된다.

3.5. 성문서의 신학

3.5.1. 들어가기

성문서는 히브리어 케투빔(kətûbîm)의 우리말 번역이며 "기록된 글들"이란 뜻을 지닌다. 히브리어 성서에서 이 범주에 속한 성서들은 토라(tôrāh)와 예언서(nəbî'îm) 범주에 포함되지 않는 모든 장르의 글 모음집을 가리킨다. 이 글들은 크게 네 가지 장르로 나눌 수 있다.

① 시가서: 시편, 아가, 애가
② 지혜서: 욥기, 잠언, 전도서
③ 역사서: 역대기, 에스라-느헤미야, 룻, 에스더
④ 묵시서: 다니엘

현재 우리가 읽는 구약성서의 「개역개정」은 역사서로 읽고 있는 느헤미야서 다음에 에스더가 배치되어 있고 이어서 욥기, 시편, 잠언, 전도서, 아가서가 나온 다음에 예언서, 즉 히브리 성서의 후기예언서(이사야서~말라기)가 나온다. 또 애가는 예레미야서 다음에 위치하여 예레미야 애가로 명명되어 있고, 묵시서로 분류한 다니엘서는 에스겔과 호세아로 시작하여 말라기까지 이어지는 12 예언서 사이에 위치하여 예언서처럼 읽혀지고 있다. 이러한 배열은 애가의 배경이나 목적 그리고 묵시적 글인 다니엘서의 본래적 작성 배경, 장르, 목적을 오해하게 만들 수 있다. 실제로 우리 교회는 다니엘서를 역사적 예언서로 취급하는 경향이 있다. 우리는 히브리 성서의 배열과 다른「개역개정」의 배열을 염두에 둔 채, 성문서 각 권의 신학사상(역대기역사는 위에서 다루었으므로 생략)을 도출하는 일에 힘쓸 것이다.

성문서는 히브리 성서에서 다음과 같은 순서로 배열되어 있다.

~열왕기하]]-[[예언서: 이사야~말라기]]]-[[성문서: 시편-욥기-잠-룻-아가-전도서-애가-에스더-다니엘-[에스라-역대기상하]] {히브리 성서, 끝}
이 가운데 룻-아가-전도서-애가-에스더, 다섯 권은 메길롯(məgilliôt)이라고 부르는데 '축제의 때에 읽는 다섯 두루마리'를 가리킨다. 이와 대조되는「개역개정」의 순서는 다음과 같다.

~사사기-{룻}-사무엘상하-열왕기상하-역대기상하-에스라-느헤미야-{에스더}-**욥기**-**시편**-**잠언**-**전도서**-**아가**]-[예언서: 이사야-예레미야-애가-에스겔-{다니엘}-호세아~말라기]]

3.5.2. 성문서의 시대정서

(1) 성문서[78]는 지파사회부터 시작해서 군주시대를 거쳐 포로기와 포로 후기까지의 사회상과 정서를 망라하는 내용을 담고 있다. 최종적으로 완성된 시기는 대략 제2성전시대라고 볼 수 있는데 이것은 이 글 모음이 식민지 시대가 길어지면서 나타난 이스라엘 사람들의 상황과 정신을 반영하고 있음을 의미한다. 이 시대정신과 상황이 어떠했는지를 추정하는 일은 성문서의 신학사상을 고찰하는데 유익하다.

식민지 시대는 정치적 주권을 상실한 시대이다. 초반에는 다윗과 같은

---

[78] 이하에서 성문서는 역대기역사서를 제외한 글들을 가리킨다.

왕가의 후손에 의해 국권회복의 정서가 민족의 생존대안으로 등장했을 것이다. 그러나 식민통치의 장기화는 정치적 독립에 대한 기대감을 점차로 무뎌지게 만들어갔다. 바벨론이 페르시아에게 무너졌을 때, 어쩌면 포로들은 귀환으로 국권 회복의 기대감을 가졌을 수도 있다. 하지만 페르시아의 고레스 왕을 야훼의 "기름 부음을 받은 자"로 묘사한 것은 전통적인 메시아사상이 희석되었음을 의미한다(사 45:1). 페르시아는 200년이나 건재했다. 다시 페르시아가 그리스에게 무너졌을 때 다시 한 번 민족의 국권회복에 대한 기대감이 일어났을 수 있다. 그러나 그리스 제국의 팔레스타인 지역 통치는 300년 가까이 지속되었다. 다시 로마에게 그리스가 무너지고 로마의 식민 통치가 들어섰을 즈음에 어쩌면 팔레스타인에 거주하는 이스라엘 사람들 대다수는 더 이상 독립에 대한 열망을 포기했을 지도 모른다. 그러나 신약시대에 셀롯으로 불리는 일부 국수주의자들('열심당원')이 이런 기대감을 계속 간직해온 것이 사실이다(눅 6:15).[79] 그러나 크게 보면 제2성전시대의 메시아 대망사상은 예상과 달리 사회 구성원 대다수의 지배적인 사상은 아니었던 것 같다. 어쩌면 성전의 제사장들이 지도력을 장악하고 이스라엘 민족 사회를 이끌었기 때문에 정치지도자에 대한 기대감은 상대적으로 약화되었던 것 같다.

(2) 이 시절의 땅 소유권 문제는 신학적으로 단일하게 표명되지 않는다. 팔레스타인 땅에 살고 있는 자칭 이스라엘(실제로는 다윗 왕가가 통치했던 유다 왕국의 후손들)과 이 땅 밖에 살고 있는 이스라엘이 혼재하기 때문이다.[80] 그래서 역대기역사서가 강조하였듯이 당시에 할 수 있는 최선

---

79) 참고. David Rhoads, "Zealots," *Anchor Bible Dictionary*, vol. VI (New York: Doubleday, 1992), 1043-54.
80) 대표적으로 바벨론에 남아 있는 공동체, 이집트로 피난한 공동체, 팔레스타인 땅의 예후드로 이주한 귀환 공동체, 그리고 원래 유다 땅에 남아있던 사람들과 북쪽

의 조치란 성전예배를 통해 정체성을 잃지 않는 일이었다. 문제는 이 성전 중심 리더십에게서 발생했다. 제2성전 시대의 제사장 집단은 고대 이스라엘 역사의 군주시대에 기록했던 문헌들을 중점적으로 편찬하여 보존하고 전수하는 귀중한 자취를 남긴 것과 더불어 자신들끼리 치열하고 더러운 권력다툼을 벌였던 것으로 알려진다. 이에 실망한 예언자들은 심지어 자취를 감추거나 신분을 숨기는 사례(슥 13:3-6)가 벌어지기까지 했다.

(3) 그리스 사람과 함께 전달된 헬라문명과 종교는 백성 다수의 의식 고취에도 기여했다. 특히 글을 읽고 쓰는 능력에서 그렇다. 글을 쓰는 권한이 지배층의 전유물이던 군주시대가 끝난 뒤의 식민사회는 소수지만 상업에 종사하는 계층의 등장을 가져온 것으로 보인다. 독점적 권력을 휘두르던 엘리트 지배층이 사라진 상태에서 팔레스타인 사람들이 생존을 모색하는 방안 중 하나가 상업에 종사하는 일이었다. 그들을 중심으로 글쓰기는 차츰 대중에게 확대되어간 것으로 보인다. 그런 측면에서 룻기, 에스더서, 아가서의 경우는 어쩌면 이 시대의 중산층 여성이 작성했을 가능성도 없지는 않다.[81]

(4) 누구도 보호해주지 않는 식민지 사회의 구성원은 저마다 생존을 모색해야 했을 것이다. 성문서에 포함된 글은 전부는 아니지만 대체로 독립국가의 군주가 없는 상태에서 성전의 제사장도 개인의 안전과 삶을 보장해주지 않는 사회적 여건 속에서 다수의 일반 백성이 어떻게 자기 목숨을 보존하고 살아남을 수 있을지를 가르쳐주는 글들로 보인다.

사마리아 지역에 살던 사람들을 연상할 수 있다.

[81] P. R. Davies, "Is There a Class in This Text?" in *Concepts of Class in Ancient Israel*, Mark R. Sneed, ed. (Atlanta: Scholars Press, 1999), 37-49 (특히, 44-7).

성문서는 지배적인 신학사상을 표명하지 않는다. 다만, 다양한 삶의 양태를 전제로 다채로운 신앙의 길을 표명하는 글들이 수집되어 있다. 이 문집은 토라의 중요성을 강조하면서도 상주로 이스라엘이 과거에 겪었던 역사적 경험을 주제로 삼지 않는 글들로 구성되어 있다(역대기역사는 예외이다). 성문서는 다윗 가문의 지도자를 통해 국가를 재건하겠다는 정치적 재건의 꿈과 희망을 명시적으로 표명하지도 않는다. 물론 다윗의 도성이요 성전이 자리한 예루살렘/시온을 강조하는 소수의 시편들도 있다(시온시와 다윗시[82]). 특별히 성문서 가운데 지혜문학에는 민족의식이나 역사의식이 나타나지 않는다. 거기에는 족장 언약이나 역사적 전승인 출애굽 구원 사건에 관한 기억, 시내 산 언약이나 다윗 언약, 혹은 선민사상과 같은 내용이 없다. 토라의 정신을 외치면서 사회를 개혁하거나 회개를 촉구하는 등의 예언자적 사상이나 흔적도 찾아보기 힘들다. 삶의 경험을 고찰하고 인생살이의 질서나 원리로 이해되는 지식을 기록하는 '지혜문학'이라는 장르의 특성 때문일 수도 있다. 여하튼 전통적인 구약신학자들은 자신이 제안한 신학의 틀 안에 지혜문학을 포함시키기가 얼마나 어려운지 잘 보여주었다.[83] 한편, 전통적인 신학사상에 도전하고 의문을 제기하는 글(신명기사상이나 역대기역사의 인과응보 사상에 이의를 제기하는 욥기)은 있다. 여하튼 성문서는 전체적으로 현재의 삶을 어떻게 지탱하고 살아남느냐를 중요한 이슈로 삼고 나름대로 해법을 모색한 글들이라고 말할 수 있다. 성문서의 최종형태는 야훼 경외의 범주 안에 머물러 있다.[84]

---

82) 다윗시는 성전에 계시는 야훼에 대한 경건한 신앙의 모범적 사례로 기능한다.

83) 폰 라트의 제자이면서 전승사보다는 최종형태를 중시하는 정경적 접근을 시도하는 렌토르프의 「구약정경신학」도 지혜문학에 관해서는 겨우 3쪽을 할애한다. 렌토르프, 「구약정경신학」, 453-5.

84) 원래 성문서의 글들이 그 범주 안에서 사고했는지, 아니면 편집자의 관점이 역할을 했는지는 중요하지 않다. "야훼를 경외하는 것이 지혜의 시작이다"(잠 1:7; 9:10; 15:33). "일의 결국을 들었으니 하나님을 경외하고 그의 명령들을 지킬지어다 이것

우리는 아래에서 성문서 각권의 사상을 장르별로 간추려 기술하면서 각각이 「개역개정」의 현 위치에서는 어떤 사상과 가르침을 줄 수 있는지를 고찰할 것이다.

3.5.3. 살기, 살아남기의 신학[85]

3.5.3.1. 하나님의 통치와 메시아 그리고 토라(시편)

시편은 모두 150개의 개별시편들이 수집되어 있으며 이것들은 크게 다섯 권으로 나뉘어 있다. 1권은 1-41편, 2권은 42-72편, 3권은 73-89편, 4권은 90-106편, 5권은 107-150편이다.[86] 이것은 다섯 권으로 된 오경/토라의 구조를 본 딴 것이다. 시편에 오경/토라와 대등한 권위를 부여한다. 다시 말해서 최종 편찬자들은 시편을 일종의 오경/토라처럼 읽고 묵상하고 노래하고 기도하며 신앙을 바로 세우게 하는 하나님의 권위 있는 말씀으로 삼게 하려는 의도를 가졌음을 보여준다.[87]

시편은 여러 가지 유형의 시들이 수집되어 있다. 주요 유형으로 탄식시, 청원시, 찬양시, 감사시, 시온시, 군왕시(다윗시), 토라시, 지혜시 등이 있다.

다양한 장르와 개별시편을 수집해 놓은 시편의 신학사상은 다섯 권으

이 모든 사람의 본문이니라"(전 12:13). "보라 주를 경외함이 지혜요 악을 떠남이 명철이니라"(욥 28:28).

85) 왕대일은 "어떻게 살아야 하는가?(how to live)"를 성문서 신학의 주제어로 제시하였으나 필자는 이를 "어떻게 살아남을 수 있는가?"(how to survive)라는 뜻으로 바꾸었다. 참고. 왕대일, 「구약신학」, 223-4.
86) 마소라 전승은 147개 시편이었으나 이와 달리 기독교전통은 150개 시편으로 읽었다. 다시 말해서 시편을 150편으로 읽은 것은 기독교전통에 속한다. 참고. Erich Zenger, 「구약성경 개론」, 이종한 역 (서울: 분도출판사, 2012[orig., 1995]), 606.
87) 왕대일, 「구약신학」, 212-5.

로 수집된 것과 개별 시들이 배치되어 있는 위치와 반복해서 드러나는 표현들을 근거로 기술할 수 있다.[88] 각 책의 마지막 구절들(41:14; 72:18-19; 89:53; 106:48; 145:1,2,21)은 주로 이스라엘의 하나님 야훼를 영원부터 영원까지 송축하라는 내용과 아멘을 반복하는 구조로 이루어져 있다. 그리고 5권의 마지막에 있는 시 146-150편은 야훼를 찬양하라(할렐루야)는 문장을 10번 반복한다. 그리고 1권의 서두는 1편의 토라시와 2편의 군왕시로 시작하며 주로 다윗시(3-14, 15-24, 25-34, 35-41편)가 배치되어 있다. 2권은 고라시(42-49), 아삽시(50), 다윗시(51-72)로 구성되어 있고 마지막의 72편은 군왕시이다. 3권은 아삽시(73-83)와 고라시(84-89)로 구성되어 있고 마지막의 89편은 군왕시이다. 4권은 모세시(90-92)와 야훼의 왕권을 노래하는 시(93-100)와 다윗시(101-106)가 이어진다. 5권은 찬양시(107), 다윗시(108-110), 토라시(111-112), 유월절찬송(파스카 할랄, 113-118), 토라시(119), 순례시(120-134), 역사시(135-137), 다윗시(138-145), 야훼의 왕권 찬양시(145)에 이어 왕이신 야훼를 찬양하는 시 146-150로 끝난다.

이러한 배열구조에 내포된 신학사상은 다음과 같이 분석된다. 1편의 토라시는 뒤따르는 모든 시편을 지속적으로 묵상하여 모세의 토라(율법)처럼 여기라고 노래한다. 2편의 군왕시(다윗시)는 시온에 세운 메시아의 통치를 노래한다. 이스라엘 역사에서 군왕다운 군왕은 오직 다윗이다. 그래서 다윗 왕이 드린 기도문이 각 책의 곳곳에 배치되어 있고 마지막은 군왕시(41, 72, 89, 101, 144편)로 마무리한다. 시편을 다윗의 시라고 부르는 이유도 여기서 발생한다. 군왕시들과 나란히 시편을 관통하는 시들은 야훼의 왕권을 묘사하는 시들이다. 따라서 테두리 시편인 1-2편과 146-150편에 비추어 볼 때, 시편은 창조와 토라에 근거한 보편적인 하나님 통치를 노래하고 야훼는 시온에 세우신 하나님의 메시아 왕(2편)과 하나님의 메시아

---

88) 이하의 내용은, Zenger, 「구약성경개론」, 617의 도표를 풀어 설명한 것이다.

적 백성(149편)을 통해 종말에 세계를 심판하고 완성하실 것이라는 찬양과 고백을 담고 있다.[89]

시편은 "야훼 신앙의 역사를 표현한다." 그래서 그것은 "응축된 구약신학"을 담고 있다.[90] 시편의 신학사상은 이름 없이 살아가는 수많은 이스라엘 백성들의 삶을 토대를 삼고 표명된다는 사실을 기억하는 것이 중요하다. 이스라엘 백성들은 역사적 변천과 사회적 변동에 더불어 희노애락을 경험하며 살았다. 무엇보다 안정적이지 않은 삶의 여건 속에서 원치 않는 고통과 질병, 핍박과 억울함, 절망과 죽음의 그늘이 자기 땅에서 살 때나 땅에서 쫓겨나 이방 나라로 끌려가 살 때를 막론하고 항상 일상을 괴롭혔다. 그런 그들에게 희망이 있다면 그 같은 질고와 죽음의 위협이 사라지고 그 너머에 있는 평화와 정의가 깃든 세상에서 살기를 희망하는 일이었다. 그런 곳에서는 열심히 수고하며 수고한 만큼 얻은 대가를 기쁘게 누리며 하나님께 감사하며 살 수 있기 때문이다.

평화와 정의가 충만한 세상은 토라가 가르치는 원칙을 준수하는 메시아(기름부음을 받은 자)가 와서 다스릴 때 이루어질 수 있다. 그런 메시아가 다스리는 세상이 임할 때 비로소 정의롭고 자비로운 하나님의 통치가 완벽하게 구현되는 세상이 될 수 있다. 바로 이 믿음과 희망을 주는 것이 시편이다. 하지만 메시아에게 책임과 의무를 떠넘기고 일반 백성들은 토라와 상관없이 살아도 된다는 뜻은 아니다. 메시아를 기다리는 백성도 정의롭고 평화로우며 생명이 존중받는 세상을 위해 토라의 원칙을 지켜야 한다. 참된 희망은 메시아가 오셔서 하나님의 완벽한 통치를 이루는 날에 놓여 있다.

---

89) Ibid., 618.
90) Jan Christian Gertz, Angelika Berlejung, Konrad Schmid, and Markus Witte, *T & T Clark Handbook of the Old Testament* (New York: T & T Clark, 2012), 547.

우리 기독교인은 예수를 구약성서가 기다리는 바로 그 메시아라고 고백하는 사람들이다. 하나님의 통치가 완벽히 이루어지는 그 날이 오기까지 우리의 할 일은 구약성서의 토라의 원칙을 지키며 사는 일이다. 그래서 교회를 통해 하나님의 다스림을 세상에 보여주어야 한다. 승천하신 그리스도 예수께서 다시 오시는 날 그 분은 이 세상의 죄와 불의와 폭력을 심판하고 평화와 정의가 살아 숨 쉬는 아름다운 창조세계를 회복시켜주실 것이다.

시편은 「개역개정」에서 욥기 다음에 등장한다. 나라를 잃고 사는 백성이 경험하는 고난의 문제에 고차원적인 답을 제공하는 욥기 다음에 시편은 이제 창조주 하나님이 일으킬 메시아와 그의 나라 도래를 희망하면서 살라고 가르친다.

3.5.3.2. 고난의 문제와 하나님 중심으로 신학하기(욥기)

욥기는 의인 욥이 까닭 없이 당한 고난의 상황을 놓고 벌이는 신학적 논쟁을 기술한다. 산문으로 기록된 서두(1-2장)와 결론(42:7-17) 사이에 운문으로 기록된 긴 논쟁(3:1-42:6)이 이것을 보여준다. 그러나 이상하게도 욥기는 욥이 당한 고난에 대한 해답을 주지 않는다.

욥의 고난은 천상회의에서 사탄의 고발로 시작된 야훼의 시험형식을 통해 시작된다. 지상에서는 거듭해서 고난을 겪는 욥은 처음에는 믿음을 지켰으나 고난이 깊어지자 위로하러 온 친구들의 비난조의 권고를 연달아 받게 되자 반론을 펼치다가 급기야는 야훼 하나님을 비난하는 지경까지 발전한다. 중간에 등장하는 욥기 28장의 지혜시는 서두의 '인내자 욥'과 대화편의 '반항자 욥'을 중재하는 기능을 한다.[91] 그리고 이어서 폭풍 가운

---

91) Ibid., 586.

데 등장한 야훼의 두 번에 걸친 긴 연설(38:1-40; 40:34) 이후 욥은 순응하는 자세로 태도를 바꾼다.

친구들(엘리바스, 빌닷, 소발, 엘리후)의 주장은 '원인이 없는 현상이란 없다'는 논지이다. 그것은 구약성서에 지배적 신학사상으로 알려진 신명기의 인과응보사상을 대변한다. 율법에 순응하면 복을 누리고 불순종하거나 남이 모르는 죄악을 저지르면 그에 따르는 화와 불행을 겪게 된다는 신명기의 인과응보 신학은 인간의 경험에 뿌리를 두고 만들어진 신학사상이다. 그러나 그것은 욥의 현실에 해답이 되지 못한다. 야훼는 이것을 주장하는 친구들의 논지를 잘못된 것이라고 책망한다.

한편, 이와 대척점에 있는 야훼의 연설은 욥의 현재는 물론이고 인간세계의 경험과 사고를 전혀 다루지 않는다. 그 대신 세계 삼라만상을 운행하시는 하나님의 지혜와 지식을 자랑하듯 장황하게 나열한다. 이 야훼의 연설은 욥이 인간중심에서 신 중심으로 바뀌어야 함을 암시한다.[92] 하나님은 세상의 창조주이다. 그는 세계 전체를 운행하느라 바쁘다. 그는 세상의 지극히 일부분에 불과한 인간이 만들어 놓은 신학에 따라 움직여야 할 의무가 없다. 욥기는 하나님이 사람의 생각대로 움직여야 하는가 아니면 사람이 하나님의 생각에 비추어 움직여야 하는가를 결단하게 만든다. 세상에 일어난 모든 일-좋은 일이든 나쁜 일이든-이 하나님의 섭리를 따라 벌어진 것이라고 믿는다면 현실에 순응해야 할 존재는 사람이지 하나님이 아니다. 설혹 이유 없이 닥친 고난이라도 마찬가지이다.

여기서 왜 하나님은 사람의 고상한 삶을 가지고 시험하시거나 장난치

---

[92] Ibid., 599-600. 참고. Troy W. Martin, "Concluding the Book of Job and YHWH: Reading Job from the End to the Beginning," *JBL* 137 (2018): 299-318. 그는 대명사 구문으로 된 욥 42:5-6의 발언자를 야훼로 읽으면 최종적으로는 야훼가 욥의 처지를 옹호하게 된다는 견해를 펼친다. 그것이 정당하다면 기존 욥기의 신학은 새로운 변화의 국면을 맞이할 수도 있다.

시냐고 반문할 수 없다. 반문은 가능하지만 해답은 없다는 뜻이다. 주권은 하나님께 있다. 하나님이 이 세상을 정의의 원칙을 따라 다스리고 운영해야 하지 않느냐는 신정론(theoodicy) 역시 사람이 중심이 되어 고안해 낸 궤변일지도 모른다.93) 사람은 그저 닥친 운명에 순응하며 살아갈 수밖에 없는 나약한 존재이다. 하나님이 은혜를 베푼다면 감사할 일이다. 하나님이 마음을 바꾸어 재난을 허용한다고 해도 사람은 이에 저항할 수가 없다. 그러므로 욥기는 사람이 겪는 숱한 인생여정 가운데 고난을 경험할 때 "왜 나에게 이런 일이?"라고 묻지 말고 "이 일을 어떻게 대처할까?"를 물으며 살아야 하는 존재라는 것을 일깨워준다.94)

인간은 거대한 세계의 일부이다. 세계의 주인이 아니다. 욥기는 하나님 편에 서서 하나님 중심으로 사고하기를 가르친다. 인간의 경험은 한계가 있다. 경험의 총화로서 신학이론을 만드는 것은 가능하다. 그러나 그 신학은 하나님을 통제할 수 없는 이론에 불과하다. 우리는 인생의 신비를 헤아릴 길이 없다. 오로지 하나님은 의롭고 선하시다는 고백 위에 서서 살아야 한다. 여기서 벗어나는 생각과 행동을 하면 곤란하다. 그럴 경우에 그것은 신앙이라고 말할 수 없기 때문이다.

마지막으로 신앙이란 하나님을 소유하는 것이 아니며, 하나님을 전부 아는 일도 아니라는 사실을 기억해야 한다. 신앙은 다만 유한하고 유약한 인간이 살아갈 때 반드시 간직하고 추구해야 하는 마땅한 삶의 자세와 태도를 가르칠 뿐이다.

---

93) D. J. A. Clines, *Job 38-42* (Nashville: Thomas Nellson, 2011), 1092. 클라인즈는 체바트(Tsevat)가 "신의 정의란 실재하는 요소가 아니다. 그것은 너희가 왜곡되게 고안해낸 철학이나 존재하는 생각의 단편이다"라고 기술한 문장을 인용한다.
94) Zenger, 「구약개론」, 595-7. "고난을 겪는 인간의 올바른 태도"에서 욥기는 서두에서 고난을 감수하고 결론부에서는 다시 보상을 받는다. 반면, 세 친구는 "지혜신학의 대변자들이며… 그들이 '신론은 하나님에 관한 말'일 뿐이며… 오히려 '인간적 무관심의 아니 냉소적 인간모멸의 표현이 되어 버린다."

욥기는 「개역개정」에서 역대기-에스라-느헤미야-에스더서 다음에 등장한다. 페르시아 시대에 왕후가 된 유다 여인 에스더와 모르드개의 영웅적이고 신앙에 모범이 되는 이야기 다음에 고난의 문제를 다룬 욥기를 배치한 것은 아마도 고난의 심연이 깊어지는 사회현상을 대변하는 것이 아닐까 하는 생각이 든다. 고난의 해답이라고 생각하는 욥의 친구들의 주장을 대화편에서 논리적으로 반박하는 내용은 암담한 고난의 현실에서 경험의 총화로서 알려진 신학에 의존해서 하나님을 재단하지 말고 오히려 창조주 야훼 하나님을 긍정하라는 가르침을 주는 구조와 배열로 이해할 수 있을 것이다.

3.5.3.3. 실용주의 처세술(잠언)

잠언의 지혜는 이집트의 질서(Ma'at 마아트) 개념과 이집트 궁중관리들의 행동지침(22:17-22)에 많은 영향을 받았다. 그래서 신입회원이 기성사회의 규칙에 잘 적응하기 위한 처세 매뉴얼과 같은 기능을 한다. 잠언에는 씨족 생활에 기반을 두고 얻은 지혜, 궁중생활의 필요를 위해 기록한 지혜, 그리고 신학화한 지혜가 포함되어 있다.

책의 구조를 보면 1-9장은 지혜의 인격화(personification of wisdom)이라고 부를 수 있는 단락이다. 이것을 서두로 10-31장까지는 전통적인 지혜의 말씀 모음집이 배열되어 있다. 다시 1-9장의 내용을 살펴보면 두 여인의 초대가 두드러진다. 그것은 인격화된 지혜부인(Lady Wisdom, 1:20-33; 8:1-31)의 초대와 음녀(5:3-6; 7:6-23)의 초대이다.[95] 잠언서의 독자는 누구의 초대를 받아들여야 할지 스스로 결정해야 한다. 서두 단락은 지혜부인의 초대가 생명으로, 음녀의 초대가 사망으로 이끈다고 공언한다. 이런 맥락에서

---

95) '지혜부인(Lady Wisdom)'이란 표현은 히브리어 지혜에 해당하는 단어 호크마(ḥokmâ)가 여성명사이기 때문에 붙인 용어이다.

10-31장의 전통적 지혜수집물은 야훼 경외를 최종목적으로 삼고 현실생활에서 성공적으로 살아남는 삶의 태도를 가르친다.

잠언서는 결론적으로 생명을 택하라고 가르치는데 역점을 두고 있다. 그것은 곧 야훼 경외와 동일시된다. 순간의 탐욕에 눈이 어두워 잘못된 선택(어쩌면 야훼가 아닌 다른 신 숭배?)을 하게 되면 영원히 죽을 수밖에 없다. 이 잠언서는 현실의 타개나 혁신, 변화와 개혁의 의지가 나타나지 않는다. 이 성서는 사회구조 상 아랫사람이 윗사람에게 잘 보이고 직무를 유지하면서 평안을 누리게 하려는 목적을 가진 충고가 대부분이다.

가정, 직장, 사회라는 현실에서 가장 일차적으로 추구해야 하는 것은 기성 사회 안에서 자기에게 주어진 직무와 과제를 무난하게 수행하는 일이다. 피부에 닿은 현실(the reality)과 자연적인 인과응보의 원리를 무시하면 하나님이 수여하신 아름다운 삶을 유기하는 것과 다르지 않다. 잠언서는 기성사회 질서에 순응하면서 지금 여기서 충실하게 자기 직무를 수행할 때 윤택한 삶(생명의 삶)을 누릴 수 있다고 가르친다.

3.5.3.4. carpe Diem (전도서)[96]

"허무함"을 다섯 차례 반복(1:2)하며 시작하는 전도서는 인생을 종결하는 죽음 앞에서 인생에 가장 소중히 여겨야 할 것이 무엇인지를 가르친다. 살 수 있는 날이 지극히 짧은 순간만 남았다면 어떻게 살 것인지를 묻고 있는 것이다. 그럴 경우, 지식을 쌓는 일, 돈을 모으는 일, 명예를 추구하는 일, 높은 지위와 권력을 쥐기 위해 애쓰는 일은 참으로 부질없는 일이다.

세상은 뜻대로 전개되지 않는다. 불의하지만 재물을 얻으며 장수하는

---

96) R. N. Whybray, *Ecclesiastes* (Grand Rapids: Wm B. Eerdmans, 1989), 24-5. 와이브레이는 우리와 달리 마음을 열고 하나님이 주시는 즐거움을 누리는 자세를 더 중요하게 본다.

사람이 있고 심판은 더디다. 그런 한계 상황에서 오직 의미 있고 가치 있고 보람된 일은 살아 있다는 사실 자체(9:3-6)이다. 그래서 더욱 현재라는 시간과 여건이 소중하며 그것을 향유하는 일이 소중하다.

허무를 뜻하는 히브리어 헤벨(hebel)은 숨(breath)을 의미하기도 한다. 숨은 공기 중에 내뱉는 순간 즉시로 사라진다. 창세기의 아벨도 이 단어를 이용한 말놀이 이름으로 등장한다. 이 헤벨의 말놀이가 전도서를 작성하는 주요 소재이다. 전도서 9:7-10은 전도서의 신학사상을 담고 있다. "너는 가서 기쁨으로 네 음식물을 먹고 즐거운 마음으로 네 포도주를 마실지어다. 이는 하나님이 네가 하는 일들을 벌써 기쁘게 받으셨음이니라. 네 의복을 항상 희게 하며 네 머리에 향 기름을 그치지 아니하도록 할지니라. 네 헛된 평생의 모든 날 곧 하나님이 해 아래에서 네게 주신 모든 헛된 날에 네가 사랑하는 아내와 함께 즐겁게 살지어다. 그것이 네가 평생에 해 아래에서 수고하고 얻은 네 몫이니라. 네 손에 일을 얻는 대로 힘을 다하여 할지어다. 네가 장차 들어갈 스올에는 일도 없고 계획도 없고 지식도 없고 지혜도 없음이니라." 중요한 것은 현재뿐이다.

메길롯의 한 권인 전도서는 유대인들이 초막절(장막절)에 읽는 성서이다. 「개역개정」은 잠언에 이어 전도서가 등장한다. 현재의 사회질서와 구조에 순응하는 자세를 가르치는 잠언에 이어 전도서는 현재의 소중함을 누리라고 가르친다. 둘 다 현재에 집중한다.

3.5.3.5. 사랑은 가장 아름답다(아가서)

아가서는 남녀 사이에 나눈 사랑의 노래 모음집이다. 아가서를 솔로몬 왕과 술람미 여인 사이에 벌어진 사랑이야기로 이해하는 것은 본문을 충분하게 해석하지 못한다. 뿐만 아니라 본문의 남자를 야훼 하나님으로, 여성은 하나님의 백성 혹은 신앙공동체의 알레고리로 해석하는 방식도 마찬가지이다. 그러한 해석은 아가서에 일관성 없이 등장하는 순찰자와 파수꾼 일화와 적절히 해석하기가 어렵다.97) 문자 그대로 남녀의 사랑 노래모음집이 가장 적절하게 보인다.98)

아가서가 남녀의 사랑을 가장 아름답고 미학적인 용어로 노래하는 모습은 구약성서에서 새로운 의미를 부여한다. 창세기 3장에서 아담과 하와의 범죄는 최초로 사랑하는 남녀의 관계를 왜곡시켰다. 그래서 여자는 남자의 지배를 받게 된다(창 3:16, "너는 남편을 원하고 남편은 너를 다스릴 것이다"). 그것이 여자가 받은 하나님의 심판이었다. 남자는 여자를 무시한다. 그의 관심사는 평생 수고하여 먹거리를 제공하는 일이다(창 3:17-18). 여기에 여자에 대한 인격적 관심과 돌봄이나 인격적 배려는 없다. 최초의 남녀는 하나님의 명령을 어긴 대가로 서로를 사랑하지 못하고 오히려 도구적으로 사용하는 관계로 전락했다. 오경/토라에 수록된 십계명 가운데 열 번째 계명은 아내를 남성 가부장의 소유물 가운데 하나로 이해된다(출 20:17, "네 이웃의 집… 네 이웃의 아내나 그의 남종이나 그의 여종이나 그의 소나 그의 나귀나 무릇 네 이웃의 소유를 탐내지 말라"). 이와 같은 왜곡된 남녀 관계가 지금 이곳 아가서에서 회복되고 있다.99) 아가서에서 남녀는 사랑을 확인하고 거리낌 없이 고백하고 표현한다. 사랑하는데 위아래가 없다. 남자먼저, 여자먼저, 선후도 따지지 않는다. 남녀가 서로 사

---

97) 아 3:3는 야밤에 연인을 찾아 나선 길에서 순찰자를 만난 직후에 연인을 만난다. 그러나 5:7은 연인과 사랑을 나누려 문을 열어보았으나 이미 떠나버린 것을 알고 찾아 나선 길에 순찰자를 만났는데 그들이 노래하는 자를 치고 상하게 하였고 또 성벽 파수꾼들은 그의 겉옷을 벗겨 가졌다고 말한다. 이 두 곳에서 전통적인 방식에 따라 하나님과 언약백성 사이의 사랑 알레고리를 본문의 맥락에서 벗어나지 않은 채 어떻게 풀어낼 수 있겠는가?

98) 어느 정도 일관된 스토리가 있다고 보는 견해도 있다. John G. Snaith, *Song of Songs* (Grand Rapids: Wm B Eerdmans, 1993), 8.

99) Phyllis Trible, *God and The Rhetoric of Sexuality* (Philadelphia: Fortress Press, 1978), 146-62.

랑하는 일은 이 세상에서 가장 아름다운 것이다. 창세기의 왜곡된 남녀관계는 아가서에서 완전히 회복된다.

성의 왜곡과 편견으로 상품화되고 사랑의 이름으로 온갖 폭력이 난무하는 오늘날에 아가서는 사랑하는 남녀가 읽어야 할 귀중한 성서이다. 아가서가 주는 사랑의 가르침은 다음과 같다. 첫째, 사랑은 상대를 있는 그대로 인정하고 묘사하는 일이다. 둘째, "나는 사랑하는 자에게 속하였고 내 사랑하는 자는 내게 속하였다"(아 6:3). 사랑은 서로에게 소속되는 일이다. 셋째, 사랑은 함께 살아가는 일이다(아 2:10, 13; 4:8; 7:11의 "함께 가자"). 넷째, 사랑은 서로의 마음과 육체가 하나 되는 신성한 일이다.

이 아가서는 메길롯의 한 권으로서 기원후 8세기부터 유대인의 절기인 유월절에 읽혀졌다. 이 성서는 "남녀의 지극한 사랑을 통해 하나님의 사랑을 체험할 수 있다는 간절한 염원이 담겨 있다."[100]

3.5.3.6. 죽는다면 죽겠습니다(에스더서)

에스더서는 페르시아 치하의 유다민족이 아말렉 출신임을 암시하는 아각 사람 하만의 모함에 의해 말살당할 위기에서 살아남는데 결정적인 기여를 한 유다인 에스더와 모르드개의 이야기이다.

다섯 축제의 두루마리로 알려진 메길롯의 한 권으로서 부림절의 기원을 전하는 내용으로 구성되어 있다. 하나님이란 단어가 단 한 번도 사용되지 않은 성서로서 그 정경성이 논란이 되기도 했지만 결국 구약성서의 한 권이 되었다. 이 성서는 왕의 허락 없이는 왕 앞에 나갈 수 없는 왕비의 금지규정을 어기고 "죽으면 죽으리이다"(에 4:16)라는 고백과 함께 왕께 나아가 유다 민족을 위해 청원을 한 에스더의 결단을 칭송하며 여성의 몸으

---

100) 박종수, "아가서," 「구약성서개론」, 김영진 외 15인 공저 (서울: 대한기독교서회, 2004), 521.

로서 홀로 최고 지위와 영예를 누리게 된 기회를 오로지 민족의 운명을 위해 과감히 버리겠다는 결단을 내린 에스더의 신앙적 결단을 찬양한다. 조카 에스더에게 준 모르드개의 조언은 창세기의 요셉이 발언한 내용을 연상시킨다. "너는 왕궁에 있으니 모든 유다인 중에 홀로 목숨을 건지리라 생각하지 말라 이때에 네가 만일 잠잠하여 말이 없으면 유다인은 다른 데로 말미암아 놓임과 구원을 얻으려니와 너와 네 아버지 집은 멸망하리라 네가 왕후의 자리를 얻은 것이 이때를 위함이 아닌지 누가 알겠느냐"(에 4:14)

신앙인이 현재 누리는 축복과 영예는 무엇인가 더 큰 목적이 있다. 만일 자기 민족과 백성이 위기에 처해 있다면 자신의 현재 지위와 여건을 포기하고 취소하는 일이 있더라도 그것을 사용할 수 있는 용기를 낼 수 있는지를 묻는 성서이다. 에스더서는 보다 큰 신앙적 대의와 목적을 깨닫고 행동하는 자세를 고찰하게 만든다. 에스더의 결단은 신약성서에서 예수의 자기 비움과 신적 권력을 포기한 선택을 연상시킨다.

「개역개정」에 에스라서와 느헤미야서 다음에 위치한 까닭은 이 성서가 페르시아 시대의 사건을 전하기 때문으로 보인다.

3.5.3.7. 헤세드(룻기)

4장으로 구성된 룻기는 사사기를 배경으로 전개된다(1:1, "사사들이 치리하던 때에"). 구조는 발단(1장), 전개(2장), 절정(3장), 대단원(4장)이라는 희곡의 4대 요소를 갖춘 글로 평가받을 만큼 짜임새 있다.

룻기가 담고 있는 사상 가운데 주목되는 것은 모압 출신인 룻이 유다인 과부 나오미에게 보여준 충성심(히, 헤세드hesed, loyalty or constancy)이다. "내게 어머니를 떠나며 어머니를 따르지 말고 돌아가라 강권하지 마옵소서 어머니께서 가시는 곳에 나도 가고 어머니께서 머무시는 곳에 나도 머물겠나이다 어머니의 백성이 나의 백성이 되고 어머니의 하나님이 나의 하나님이 되시리니 어머니께서 죽으시는 곳에서 나도 죽어 거기 묻힐 것이라 만일 내가 죽는 일 외에 어머니를 떠나면 여호와께서 내게 벌을 내리시고 더 내리시기를 원하나이다"(룻 1:16). 시종일관 변함없는 마음으로 살아가는 자세가 헤세드이다. 룻기는 룻이란 이방 여성이 보여준 변함없이 일관된 삶의 태도를 중요한 신학적 가르침으로 전한다.

룻기의 이야기가 보리추수를 배경으로 하고 있어서 유대인들은 이 성서를 칠칠절(오순절)에 읽었다. 「개역개정」의 사사기 다음에 배치되어 있는 이유는 룻 1:1이 사사기를 배경으로 전개되기 때문이다. 더욱 중요한 것은 사사기에 비춰진 대로 이스라엘 백성이 야훼를 버리고 다른 신들을 쫓아가는 반복적이고 완고한 태도를 이방 여인 룻이 보여준 헤세드(충성 혹은 변함없이 일관된 태도와 자세)를 통해 교정하려는 의도와 기능을 한다.

3.5.3.8. 우리를 긍휼히 여겨주십시오(애가)

애가는 유다 왕국의 도성이요 야훼 성전이 있는 예루살렘이 파괴되고 폐허가 된 절망적이고 슬픈 상황을 뼈저리게 반성하고 회개하면서 야훼 하나님의 인애(히, 헤세드ḥesed)와 성실(히, 에무나'ĕmûnāh)을 간청하고 또 그것을 확신하는 목적의 5장으로 된 노래모음이다.[101] 민족이 가장 소중히 여기는 정치경제중심지인 예루살렘과 신앙의 상징인 예루살렘 성전이 (역사 속에 거듭해서) 파괴되는 상실감과 고난은 모두 자신들의 죄 때문이라는 사실을 시인하는 애가는 회개(히, 슈브šûb)의 참된 의미가 무엇인지 가르친다. "내 고초와 재난 곧 쑥과 담즙을 기억하소서 내 마음이 그것을 기억하고 내가 낙심되오나 이것을 내가 내 마음에 담아 두었더니 그

---

101) 박종수, "애가," 529.

것이 오히려 나의 소망이 되었사옴은 여호와의 인자(ḥesed)와 긍휼(reḥem)이 무궁하시므로 우리가 진멸되지 아니함이니이다 이것들이 아침마다 새로우니 주의 성실하심(ʼĕmûnāh)이 크시도소이다"(애 3:19-23).

「개역개정」은 예레미야서 다음에 위치하며 예레미야가 작성했다는 유대인 전통에 따라 예레미야 애가로 부르기도 한다. 기원전 587년의 솔로몬의 성전이 파괴된 데 이어 기원후 70년에는 제2성전마저 파괴되었다. 메길롯 중의 한 권이 애가서는 현대의 7월에 해당하는 아빕월 9일에 낭송하는 전통을 간직해왔다. 레위기 23장의 제의달력에 따르면 일곱째 달 10일이 일 년에 한 번 지키는 대속죄일(yôm kippûr)이므로 아마도 그 하루 전날에 민족의 중심지로 알려진 예루살렘 성전파괴를 자신의 죄로 고백하면서 야훼 하나님의 은혜로 그것이 회복되기를 간구했던 것 같다.

그 역사는 현재진행형이다. 우리 민족은 역사 속에서 중요하게 여기는 무엇을 잃었으며 그래서 무엇이 회복되기를 기도해야 하는지 생각하게 해주는 성서이다.

3.5.3.9. 잠시만 핍박을 견디시오, 하나님의 통치가 곧 임합니다!(다니엘서)

성문서 가운데 유일하게 이스라엘 역사의 가장 혹독한 시련과 투쟁을 담고 있는 성서가 바로 다니엘서이다. 다니엘서의 장르는 다른 시가서와 지혜서 혹은 역사서와 달리 묵시문학으로 분류된다. 구약성서에 존재하는 단 한 권의 묵시서로서 신약성서의 요한계시록과 함께 성서에 는 단 두 권뿐이다. 성서 밖에는 이와 같은 묵시서가 여러 권이 존재한다.[102] 묵시

---

[102] 에녹일서, 에녹이서, 에녹삼서, 에스라의 질문서, 에스라의 계시록, 세드락의 묵시록, 시빌의 신탁, 셈의 보고서, 바룩이서, 바룩삼서, 에스겔 외경, 아브라함의 묵시록, 스바냐의 묵시록, 아담의 묵시록, 에스라의 희랍어 묵시록, 엘리야의 묵시록, 에스라의 환상, 다니엘의 묵시록 등이 있다. 천사무엘, "신구약 중간 시대의 역사와 문학," 「구약개론」, 166.

문학은 기원전 250년경부터 기원후 100년경에 유대교에서 활발하게 기록된 글들로서,103) 시간을 다가오는 선한 때와 현재의 악한 때로 구분하고, 하나님을 두려워하는 소수의 의인과 이 의인을 박해하는 다수의 악인으로 구분하면서 소수의 의인이 곧 다가올 마지막 때에 구원받을 것임을 숫자, 기호, 암호와 같은 상징과 비유를 주로 사용하면서 역사의 시간은 이미 하나님이 정해놓았다는 확신을 표명하는 글들을 가리킨다.104)

묵시문학은 위기의 글이며 동시에 저항의 글이다.105) 왕대일은 "다니엘서는 기원전 2세기 중엽, 안티오코스 에피파네스가 팔레스타인의 유대인들을 박해하고 있을 때 유대인들에게 희망과 저항을 동시에 고취시킨 책"106)이라고 보고, 이런 장르의 글이 지닌 목적을 "위협 당하는 생존의 위기와 하나님의 숨어계심으로 표현되는 신학적 위기 속에서 역사와 신학을 반성하기 위한 목적으로 쓰였으며 절망, 박해, 수난의 현장에서 '희망과 위로를 선포함으로써 현실 역사의 억압을 이겨나가고 있다"107)고 설명한다. 우리는 그가 제시한 목적의 방점을 약간 달리해서 유대교에 대한 핍박과 억압이 목숨을 위협하는 극단적 상황(예를 들어, 다니엘 3장에서 풀무 불에 던져지거나 다니엘 6장에서 사자 굴에 던져지는 것처럼)까지 펼쳐져도 야훼 신앙을 지키고 조금만 더 견디라는 데 방점이 있다고 생각한다.108) 왜냐하면 다니엘서는 하나님의 나라의 도래가 하늘의 시간표

---

103) D. S. Russel, 「하나님의 계시: 유대 묵시문학의 개론」, 홍성혁 역 (서울: 제라서원, 2012[orig., 1992]), 47.

104) 천사무엘, "다니엘," 「구약개론」, 503-4. 참고. Russel, 「하나님의 계시」, 38-44; 왕대일, 「묵시문학과 종말론: 다니엘의 묵시록, 새롭게 읽기」 (서울: 대한기독교서회, 2004), 25-52.

105) 왕대일, 「묵시문학과 종말론」, 65.

106) Ibid., 65.

107) Ibid., 66.

108) 천사무엘, "다니엘," 510.

("한 때와 두 때와 반 때"[7:25]; "이천삼백 주야"[8:14]; "칠십 이레"[9:24]; "예순 두 이레"[9:25]; "천이백구십 일… 천삼백삼십오 일"[12:11-12])에 따라 몇 날이 안 되어 곧 임할 것이라는 점을 일관되게 강조하기 때문이다.

특별히 손대지 아니한 돌이 신상의 쇠와 진흙의 발을 쳐서 부서뜨리는 환상(2:31-35)과 해석(2:36-45), 땅의 중앙에 서 있는 나무를 자르는 하늘에서 내려온 순찰자 혹은 거룩한 자 환상(4:13)과 해석(4:20-27), 벨사살의 연회장 벽에 느닷없이 나타난 사람의 손가락들이 쓴 '메네 메네 데겔 우바르신'이란 글자의 의미(5:25-28) 등은 야훼 하나님이 세상의 모든 나라 주권을 임의로 세우기도 하고 폐지하는 권능을 가지고 섭리한다는 확신을 반복해서 제공한다.

가장 결정적인 사상은 다니엘 7장에서 다니엘이 본 하나님의 나라 환상에서 표명된다. "인자 같은 이가 하늘 구름을 타고 와서 옛적부터 항상 계신 이에게 나아가 그 앞으로 인도되매 그에게 권세와 영광과 나라를 주고 모든 백성과 나라들과 다른 언어를 말하는 모든 자들이 그를 섬기게 하였으니 그의 권세는 소멸되지 아니하는 영원한 권세요 그의 나라는 멸망하지 아니할 것이니라"(7:13-14). 이어서 다니엘서의 마지막은 다음과 같이 기록한다. "너는 가서 마지막을 기다리라 이는 네가 평안히 쉬다가 끝 날에는 네 몫을 누릴 것임이라"(12:13).

현재의 신앙적 핍박과 죽음의 위협을 조금만 참고 견디면 하나님의 나라가 곧 임하리라는 확신과 희망을 주는 이런 유형의 사상은 신약성서의 공관복음서(마 24-25장; 막 1:15; 눅 4:18-21 등등)에 이어진다.

「개역개정」은 다니엘서를 에스겔서와 호세아서 사이에 배치하고 있다. 그것은 다니엘서가 바벨론에 포로로 잡혀간 다니엘과 친구들의 이야기를 소재로 삼고 있어서 바벨론 포로시절에 본 환상을 주로 전개하는 에스겔서의 내용을 무리 없이 이어가고 있기 때문에 이렇게 배치했을 것이다.

그래서 다니엘서를 다른 예언서처럼 해석하게 만드는 경향이 있다. 그것은 이 성서의 의미를 곡해할 수 있다. 예언서와 묵시서는 분명한 차이가 있다. 특히 종말론 사상에서 그렇다. 예언서는 미래에 벌어질 일에 대한 막연한 희망으로 그치지만 다니엘서는 종말이 임하는 정확한 시간표를 제시하는 모습이 뚜렷하게 다르다.[109] 여하튼 다니엘서가 강조하는 하나님 나라에 대한 확신과 세상 모든 나라들을 다스리는 야훼 하나님의 통치를 긍정하는 태도는 앞서 배치된 이사야서, 예레미야서, 에스겔서와 이어지는 열두 예언서의 신학적 중심을 잡는 글 기능을 하는 것으로 이해할 수 있다.

정리해보자. 다양한 장르의 글들을 포함하고 있는 성문서는 식민통치 시절의 "살아남기"(how to survive) 신학을 표명한다. 성문서는 어둠과 절망으로 가득한 일상사에서 시시각각 조여 오는 죽음의 그림자들을 이기라고 가르친다. 임박한 하나님의 통치를 기다리며 신앙을 지키고 핍박을 참고 견딜 것을 가르치면서도(다니엘) 사랑할 때 아름답고 진실하며 뜨거운 사랑을 이어가고(아가), 하나님의 영원한 통치를 노래하면서 기도하고 희망하는 삶을 가르친다(시편). 물론 과거를 뼈아프게 반성하고 회개하기를 잊어서는 안 된다(애가). 한편으로는 안정된 삶과 성공을 위해 지혜롭게 살라고 가르친다(잠언). 때론 현실적 안일을 포기하고 희생할 때도 있으니 그 때 결단하면 함께 살 기회를 얻을 수도 있다(에스더). 짧은 인생이므로 매일이라는 순간을 향유해야 한다(전도서). 성실하고 충성된 삶을 살면서(룻) 까닭 없이 임하는 고통 앞에 하나님과 다투지 말고 하나님 편에서 서서 사고하라고 가르친다(욥).[110]

---

[109] 우택주, "가블러의 '순수한 구약신학' 프로그램의 빛에 비추어 해석한 구약성서의 종말론," 「사중복음과 성서신학」, 서울신학대학교 글로벌사중복음연구소 편 (서울: 한들, 2016), 591.

3.6. 예언서의 신학-역사적 성찰, 셋

3.6.1. 들어가기

지금부터 기술하려는 예언서는 히브리 성서에서 후기 예언서로 불리는 문집이다. 전기 예언서는 신명기역사서(수-왕하)를 가리킨다. 이 두 예언서 문집을 합하여 히브리 성서는 예언서라고 부르는 문집에 포함시키고 있다. 예언서는 「개역개정」에 아가서 다음에 등장하고 이사야서로 시작해서 말라기까지 모두 15권의 성서를 가리킨다. 그리고 「개역개정」 구약성서는 말라기서가 마지막 성서이다.

이 열다섯 권의 예언서는 내용이 매우 길고 또 그 구조 또한 복잡하다.111) 예언서는 앞서의 두 가지 역사적 성찰, 즉 신명기역사와 역대기역사에서 소상하게 접할 수 없었던 내용을 담고 있다. 그것은 예언자라고 부르는 사람들이 이스라엘 사회 안과 밖에서 벌어지는 매우 구체적이고 다양한 정치 경제 사회적 현실과 국제관계에 바탕을 둔 현실들을 겨냥하여 선포한 하나님의 말씀들을 담고 있다. 예언서는 이스라엘 역사의 두 가지 시대 즉, 군주시대와 식민지 시대(포로시대와 포로후기)에 이스라엘

---

110) 역대기서와 에스라서, 느헤미야서도 원래는 히브리 성서의 성문서 분류에 포함되어 있으나 우리는 이것을 '역사적 성찰, 둘' 항목에서 별도로 다루었으므로 여기서는 재론하지 않았다.

111) 히브리 성서(마소라 본문)와 70인역 성서의 예언서 배열은 상당히 다르다. 마소라 본문은 호-욜-암-옵-욘-미-나-합-습-학-슥-말의 순서로 배열되어 있고, 70인역(LXX)은 호-암-미-욜-옵-욘-나-합-습-학-슥-말의 순서이다. 여기서 주목할 것은 처음 여섯 권의 위치가 달라지는데 그것도 요엘, 오바댜, 요나, 세 권의 배열이 달라진다는 점이다. 다른 사본들도 이 책들의 경우에만 배열의 차이를 보여준다. 4QXIIa(주전 150년경)은 요나서가 말라기 다음에 위치하며, 4QXIIg(주전 50년경), 와디 무라바트 사본(주전 50년경), 나할 헤벨 사본(8Hev XII)는 옵-욘-미의 순서로 마소라 본문과 순서가 같다. 「개역개정」은 특이하게도 12예언서의 경우 70인역이 아니라 마소라 본문의 순서를 따른다.

민족이 자신들의 현실과 운명 그리고 주변 민족의 것들에 대한 견해를 비교적 구체적으로 진술하고 있으므로112) 우리는 여기서 구약성서의 신명기역사와 역대기 역사에서 들을 수 없었던 시대의 목소리를 들을 수 있다. 우리는 이것을 구약성서에서 세 번째 역사적 성찰을 담고 있는 것으로 해석한다.

3.6.1.1. 예언자의 정의

예언자는 하나님이 주재하시는 천상회의에서 특별한 사명을 위해 부르심을 받거나 그런 사명을 위임받은 사람을 가리키며 쉽게 '하나님의 심부름꾼, 혹은 메신저(사자使者)'라고 이해하면 좋다.113) 구약성서의 예언자 가운데 가장 위대한 예언자는 모세이다. 모세의 권위는 오경에 잘 표명되어 있고 전기 예언서인 여호수아부터 열왕기하까지의 역사서에도 예언자의 활동은 등장한다. 그들은 드보라, 사무엘, 나단, 갓, 아히야, 엘리야, 엘리사, 아모스, 이사야, 훌다 등이다. 이 역사에 이름은 거론되지 않았으나 수많은 예언자들이 고비마다 등장한다. 북 왕국의 경우, 신명기역사가는 이들의 선포를 통해 야훼 신앙을 회복하도록 무수히 경고했으나 결국에는 그들의 말을 듣지 않아서 나라가 멸망했다는 해석을 남기고 있다(왕하 17:13-14).

지금 15권의 후기예언서는 예언자들이 어떤 상황에서 무엇을 구체적으

---

112) 주변 민족과 교류한 외교 관계는 이스라엘 사람의 입장에서 전달되고 있으므로 자세한 국제관계가 어떻게 펼쳐졌는지는 정확히 알 수 없다.
113) 우택주, 「새로운 예언서 개론」, 수정판 (대전: 침례신학대학교출판부, 2009), 97-8. 우리나라 개신교는 대체로 예언자를 잘못 생각하는 경향이 있다. 이유는 주로 고린도전서 12장과 사도행전의 전도와 선교를 강조하는 미국 오순절적 부흥운동을 계승한 일부 개신교회가 말씀과 성령을 균형감 있게 가르치지 못한 채 주로 성령만을 강조하고 신비한 체험 위주의 설교와 교육을 해왔기 때문인 것으로 이해된다.

로 선포했는지를 남기고 있다. 이 예언서들은 왕실 서기관들이 특정한 목적에 따라 고대에 유명한 예언자들의 말과 행위 그리고 일화를 모아서 글로 기록한 것들이다.

3.6.1.2 예언서 작성 과정

우리가 읽는 예언서는 단순히 예언자들이 남긴 말과 행위에 관한 정보를 수집하여 글로 써내려간 책만은 아니다. 그 안에는 시대마다 하나님의 뜻을 헤아리고 확신했던 여러 가지 주요한 역사 해석들이 포함되어 있다. 이런 내용을 이해하려면 예언들이 예언서로 기록되어 가는 과정과 역사적 변천에 대한 지식이 필요하다.

우선, 예언자의 선포는 대체로 당대에 쉽게 이해되지 않는 측면이 있었다. 예언자들의 선포가 일반적인 사회적 통념과 조화되지 않았기 때문이다. 그들의 선포는 수용하거나 이해하기 어려웠고(사 6:9-10) 그래서 자주 반대에 부딪히거나 핍박을 받았고 심하면 투옥과 죽음을 감수해야 했다.[114] 아모스가 북 왕국의 국가성소인 벧엘에 나타나 여로보암 왕조의 몰락을 예언했을 때 받았던 반응(암 7:10-17)을 기억해보라. 그것은 배척이었다. 또 호세아는 어리석은 자요 미친 사람이라는 욕설을 들었다(호 9:7). 예레미야는 체벌을 당하고 투옥되기도 했다(렘 37:11-15; 38:6) 최고의 예언자인 모세가 불타는 가시덤불 가운데 야훼의 소명을 받을 때 무엇을 걱정했는가? 그것은 백성들의 반응이었다(출 3:13, "그들이 내게 묻기를 그의 이름이 무엇이냐 하리니 내가 무엇이라고 그들에게 말하리이까"). 출애굽의 영웅 모세조차 광야 40년 동안 항상 그 권위에 도전을 받지 않은 적이 없었다는 사실(출 14:11; 15:24; 민 12장; 16장; 20:2-5)을 기억한다면 이후의

---

[114] 우택주, "예언자가 뭐드래요?" 「모두 예언자가 되었으면」 (대전: 침례신학대학교 출판부, 2009), 1-6.

예언자들이 사회 가운데 받았던 오해와 반대를 충분히 이해할 수가 있다.

그럼에도 불구하고 이러한 예언자들의 말이 기록된 까닭은 무엇보다도 그들이 선포한 말이 역사 속에서 성취되었기 때문이다. 당대의 반대와 핍박에도 불구하고 역사 가운데 성취된 말씀들은 그들이 전한 말의 기원에 대한 권위를 새롭게 인식할 수밖에 없게 만들었다. 그래서 그들의 말은 임의로 한 것이 아니라 하나님이 전해주신 신성한 말씀임을 인정하기에 이르렀다.

그렇다면 어떻게 이들의 말이 기록되었을까? 예언자들은 당대에는 핍박을 받다가 무대 뒤로 사라졌다. 그들이 기억되고 새롭게 활용되는 때는 대개 그들의 말이 성취된 이후이다. 따라서 이미 죽은 예언자의 말들은 대부분 구전으로 기억되다가 새로운 시대, 새로운 상황, 새로운 장소(이를테면, 북 왕국이 멸망한 뒤에 남 왕국의 왕실)에서 필요 때문에 글로 기록되었다.

이를 테면, 유다 왕 요시야가 일으킨 개혁운동을 생각해보자(주전 622년). 나라 곳곳에 설치된 지방의 산당제의를 철폐하고 예루살렘 성전에서 모든 제의를 집중시키려는 요시야의 개혁은 백성들 다수의 저항과 반발에 대처해야 했을 것이다.[115] 이를 극복하는데 성전수리과정에서 발견된 율법 책의 권위와 역할이 매우 중요한 몫을 했으나 이와 더불어 요시야 왕실은 또 다른 신성한 권위를 동원했다. 그것이 사마리아의 멸망을 예언하고 핍박을 받았으나 성취된 적이 있는 죽은 거룩한 사람 아모스의 권위였다. 요시야 왕실은 아모스의 이름으로 된 글 즉 아모스서를 기록하면서 자신들의 개혁의지를 표명했던 것으로 보인다. 한 세기 전(주전 722년) 북 왕국의 몰락을 예언하고 그것이 성취되었던 아모스의 말을 수집하고 요시야

---

115) 마빈 체이니, "여호수아," 「농경사회 시각으로 바라본 성서 이스라엘: 구약성서의 종교와 사회의 역사·문학적 해석」 우택주 외 6인 공역 (서울: 한들, 2007), 151-5.

왕의 종교개혁 정책이 반영된 글을 쓴 것이다.116) 그래서 예루살렘으로 와서 야훼 하나님께 예배를 드려야 살 수 있다는 아모스의 말(암 1:2; 5:4-15)은 이제 거역할 수 없는 신성한 권위를 지닌 말로 읽힐 수가 있었다.

이후에도 다른 왕실은 서기관들을 통해 필요할 때마다 또 다른 예언서들을 작성했다. 나라가 멸망당한 뒤, 회복에 대한 기대가 필요할 때도 예언서의 문서 작업은 추가로 이루어졌다.

8세기 북 왕국에서 활동한 예언자들의 말을 7세기 남 유다 왕실이 글로 기록하여 읽은 예언서는 아모스서뿐만 아니라 호세아서도 있다.117) 북 왕국에서 활동한 예언자 호세아의 말을 담고 있는 호세아서는 남 유다의 관점에서 다시 기록한 흔적을 갖고 있다(호 1:11-2:1; 3:5; 5:5, 13, 14; 6:4; 12:2). 그리고 그 책들은 역사가 전개되는 과정에서 또 다른 시대적 필요에 부딪히게 되었다. 그것은 국가를 잃고 사는 암담한 포로생활이었다. 이 시절의 유다 포로들은 신앙적 정체성을 잃고 민족성마저 상실할 위기를 겪었다. 유다의 포로공동체 지도자들은 귀환의 희망을 일으킬 내용(암 9:11-15; 호 2:11-2:1; 3:5)을 아모스서와 호세아서에 추가적으로 보충했다. 귀환을 예고한 아모스와 호세아의 말들은 신앙공동체로 하여금 희망을 갖게 해 주었다. 이런 식으로 예언서들은 대체로 이스라엘의 역사가 전개되고 진행하면서 원래의 글이 여러 차례 추가해서 보충하는 과정을 거쳤다. 예언서 작성원리는 보충법(supplementation)이 지배적이었다.

이런 보충과정을 가장 잘 보여주는 예언서는 이사야서이다. 이사야서는 1-39장(제1이사야 혹은 예루살렘 이사야), 40-55장(제2이사야 혹은 바벨론 이사야), 그리고 56-66장(제3이사야 혹은 페르시아 이사야)로 단락을 구

---

116) 로버트 쿠트, 「아모스서의 형성과 신학」, 우택주 역 (서울: 대한기독교서회, 2004[orig., 1981]), 77-151.

117) 이사야와 미가서도 북 왕국의 현실을 언급하는 것으로 보이는 신탁들이 포함되어 있다(사 28:1-6; 미 1:5; 3:1, 9).

분하는 것이 학문적 전통이다. 그 가운데 제1이사야는 주로 8세기부터 7세기까지의 남 유다의 예루살렘 상황을, 제2이사야는 바벨론에 포로로 잡혀가 살던 포로공동체의 정황을, 제3이사야는 페르시아 시대에 포로민 일부가 귀환하여 재건한 제2성전을 중심으로 예후드(군주시대 유다에 대한 페르시아 시대의 명칭) 지방에서 벌어진 신앙적 갈등을 다루는 것으로 알려져 있다.

8세기말에 유다에서 활동했던 예언자 미가의 글을 담은 미가서도 마찬가지 해석의 과정을 겪었다. 미가 2:12-13과 4:1-5는 포로기의 귀환 희망을 표현한다.

이렇게 보면 아모스서와 호세아서는 200년에서 250년 정도, 이사야서는 300년이 넘는 매우 긴 기간에 걸친 시대변화와 사상 변화를 하나의 예언서 안에 포함하고 있다. 이렇게 작성된 예언서 15권을 모두 한 데 모아서 읽었던 시점은 늦어도 대략 주전 2세기 중반 하스몬 왕조 시절로 보인다.[118] 우리는 이런 글들을 읽고 규범적인 신학사상을 논해야 한다.

3.6.1.3. 역사적 변천

예언서를 이해하고 설명하는 데 가장 시급한 작업은 예언서 작성에 기여했을 이스라엘 역사의 주요 사건과 연대를 인지하는 일이다.[119] 각 시

---

118) 외경으로 분류된 벤 시락의 집회서 49:10("열두 명의 예언자에 대해서는 그들의 뼈가 무덤에서 다시 꽃을 피울 것이다. 이는 그들의 야곱을 위로하고 믿음과 소망으로 구속하였음이라."[사역])이 '열두 명의 예언자'를 언급하므로 이 책의 작성시기인 주전 2세기 중반을 예언서의 정경화시기로 삼는 것이다. 하스몬 왕조 시대의 히브리 성서 편집 작업에 관한 상세한 연구를 위해, David M. Carr, *The Formation of the Hebrew Bible: A New Reconstruction* (Oxford: Oxford University Press, 2011)을 보라.
119) 이스라엘 역사의 흐름에 따라 각 성서(혹은 일부)가 작성되었을 시점을 제시한 도표를 참고하면 유익하다. R. B. Coote and M. P. Coote, 「성서와 정치권력」, 장춘식 역 (서울: 한국신학연구소, 2000[orig., 1990]), 261-72을 보라.

점이 예언서를 보충하는 역사적 신학적 동기를 부여했기 때문이다.

문서예언서 가운데 가장 먼저 활동한 사람으로 알려진 예언자는 아모스이다. 그의 예언서에 주요한 배경으로 작용한 사건은 주전 734년 시리아-에브라임 위기이다. 주전 722년에는 북 왕국의 수도 사마리아가 파괴되었다. 이제 팔레스타인 땅에는 남 유다만 홀로 살아남은 상태에서 주전 701년 히스기야 왕 시절에는 앗수르의 산헤립 왕이 유다를 침공하여 예루살렘을 포위 공격하여 하마터면 유다마저 패망할 수도 있었으나 극적으로 생존하였다. 주전 622년에 유다 왕 요시야는 개혁운동을 전개하였고 주전 612년에는 앗수르의 수도 니느웨가 신바벨론 제국에게 파괴되었다. 주전 597년에 이어 주전 587년에는 두 번째 바벨론의 침공으로 남 유다의 수도 예루살렘과 성전은 철저히 파괴되고 도성의 엘리트들은 거의 모두 포로로 끌려갔다. 주전 538년 페르시아의 고레스는 바벨론을 무너뜨리고 새로운 제국을 열면서 포로민의 귀향과 성전건축을 허락했다. 주전 515년에는 바벨론 땅에서 예후드로 귀환한 일부 포로민이 무너진 예루살렘 성전을 재건하였으나 예후드 사회는 여러 가지 갈등 가운데 휩싸였고 페르시아는 주전 458년과 445년에 각각 에스라와 느헤미야를 파송하여 지역의 안정을 도모했다. 주전 332년에 페르시아는 그리스에게 패망하였다. 시리아의 왕 안티오커스 에피파네스 4세는 예루살렘에 매우 호전적으로 헬라종교 강화정책을 편 결과, 주전 167년에 유다 마카비 가문이 일으킨 전쟁을 치루어야 했다. 이 전쟁 승리자는 유다 마카비였다. 그는 주전 164년에는 예루살렘 성전을 정화하고 다시 봉헌하였다. 주전 142년부터 63년까지 유대인 제사장이 자치하는 하스몬 왕조가 존속하였으나 주전 63년에 로마의 폼페이 장군에게 예루살렘은 점령 당하고 로마의 식민지로 전락하였다. 주후 70년에 일어난 유다인 반란으로 로마는 예루살렘의 제2성전마저 파괴하였다.

현재 상태의 예언서 배열구조는 예언서를 올바로 이해하는데 장애가 된다. 역사적 사건 순서를 따라 배열한 것이 아니기 때문이다. 현재는 이사야, 예레미야, 에스겔 다음에 호세아부터 말라기까지 열두 권의 예언서가 차례로 배열되어 있다. 이런 순서는 주로 편집자가 생각하는 신학적 강조점의 우선순위와 함께 예언자의 활동 시기(주전 8세기부터 2세기까지)와 예언서의 분량(길고 짧음)을 고려한 것으로 보인다.

따라서 독자들은 최소한 예언자가 생전에 활동했을 시점을 중심으로 이해하는 것이 도움이 된다. 주전 8세기의 남북왕국이 공존하던 시기의 북 왕국에서는 아모스와 호세아가, 남 왕국에는 이사야와 미가가 활동했다. 주전 7세기에 남 왕국만 홀로 존재하던 때에 활동한 예언자는 나훔, 하박국, 스바냐, 예레미야이다. 남 왕국이 패망한 7세기말부터 시작해서 포로로 잡혀간 시절에는 에스겔과 제2이사야(사 40-55장)가 활동했다. 주전 6세기 말 포로생활에서 귀환해서 활동한 예언자 가운데는 학개, 스가랴, 말라기, 제3이사야(사 56-66장), 요엘, 오바댜 등이 활동했을 것으로 보인다.[120]

여기서 우리는 역사적 시기에 따라 개별 예언자의 선포를 글로 기록한 예언서가 담고 있는 규범적 신학사상을 기술하는 것이 목적이므로 개별 예언서의 신학사상을 상세히 다루는 일은 지면 관계상 피할 것이다. 하지만 이 글의 처음부터 우리는 정경적 형태에 대한 분석을 근거로 신학사상을 도출하는 작업을 해왔으므로 각 예언서의 문학구조에 대한 언급은 개략적 수준에서만 기술할 것이다. 하지만 개신교가 구약성서 안에서 예언서가 내포하는 신학사상을 올바로 이해하려면 이스라엘의 역사적 변천에 대한 인식이 절대적으로 요청된다는 점을 재차 강조해 둔다. 아래에서는

---

[120] 요나는 역사적 예언자를 주제로 한 예언서라기보다는 익명의 저자가 역사적 인물 요나를 소재삼아 식민지 시대에 특정한 신학적 교훈을 주려는 의도로 작성한 것으로 이해하는 경우가 많아서 이상의 역사구분에 포함시키지 않았다.

예언서 작성 시대를 구분하지 않고―이 작업은 많은 오해를 일으켜왔다는 점을 재차 강조해둔다―「개역개정」의 배열 순서를 따라서 '역사적 성찰, 셋'을 기술할 것이다.

3.6.2. 예언서의 글 구조와 주제

3.6.2.1. 예루살렘의 운명(이사야서)

이사야서는 군주시대와 식민지시대(포로기와 포로후기)에 이르는 긴 시간 동안 선포된 다양한 신탁들과 역사 해석들이 8세기 유다 왕실에서 활동했던 예언자 이사야의 이름 아래 수집되어 있다. 그것은 매우 길고 복합적인 구조를 갖고 있다. 큰 단락별로 내용을 나누어보면 1장(전체 서론), 2-10장(부패한 유다 사회의 고발과 아하스의 불신앙), 11-12장(회복에 대한 찬양), 13-23장(민족들에 대한 심판신탁), 24-27장(익명의 도시에 대한 심판과 회복에 관한 묵시적 신탁), 28-32장(유다에 대한 추가 심판 신탁), 33-35장(포로기의 구원과 회복 신탁), 36-39장(앗수르 위기와 히스기야의 신앙), 40-55장(포로기의 귀환 촉구), 56-66장(페르시아 시대 귀환 후 예루살렘 중심으로 벌어진 갈등과 해법)으로 되어 있다.

주전 734년, 아하스 왕 시절에 시리아-에브라임 동맹군이 유다를 상대로 일으킨 전쟁은 유다의 운명이 외국에게 종속되느냐 그렇지 않느냐를 판가름해주는 시금석이 되었다. 아하스는 앗수르에게 군사 원조를 요청하므로 예언자 이사야의 중립을 지키라는 하나님의 신탁을 거절하는 불신앙을 보여주었다(사 7-8장). 그 결과는 앗수르에게 상당한 조공을 바침으로 전쟁의 위기로부터 일시적이나마 벗어날 수 있었지만 이후 유다는 지속적으로 앗수르의 간섭을 받는 나라로 전락하는 계기를 제공하였다.

이사야서는 다시 히스기야 시절인 주전 701년에 앗수르의 산헤립이 유다를 침공하여 예루살렘의 존립을 위태롭게 만든 사건을 다룬다. 이때도 히스기야는 조공을 주고 앗수르를 무마하는 듯 했으나 앗수르 군대는 예루살렘을 포위하는 지경까지 벌어졌다. 이에 히스기야는 믿음을 갖고 야훼에게 의지하는 자세를 보이자 야훼의 극적인 개입으로 앗수르 군대는 십팔만오천 명이 죽고 퇴각하였으며 예루살렘은 안전해졌다(사 36-38장). 이사야서는 두 왕의 대조적인 신앙적 자세가 다윗 왕조의 도성이며 성전이 세워진 장소인 예루살렘, 즉 시온의 운명에 영향을 주었다고 기술한다.121) 이 단락의 주제는 "야훼를 믿는 믿음이 예루살렘을 보존하고 지키는 관건이다"(참고. 사 7:9b, "만일 너희가 굳게 믿지 아니하면 너희는 굳게 서지 못하리라").

역사는 새로운 궤도를 그리면서 전개된다. 이사야 40-55장은 유다의 엘리트 지배층이 주전 586년에 바벨론에 패망하고 포로로 끌려가 살면서 전개된 상황 속에서 선포된 신탁들로 읽는다. 주전 538년 페르시아 왕 고레스가 포로들의 귀환과 성전재건을 허용하는 칙령을 반포하는 사건을 계기로 익명의 예언자(제2이사야)는 포로민의 귀환을 촉구하는 설교를 한다. 예루살렘으로 귀환하는 일만이 야훼 하나님의 실추된 명예(영광)를 온 세상 백성이 보는 가운데 회복하는 길이며 그것이 야훼의 종으로 사는 길이라고 역설한다.122)

다시 이사야 56-66장은 주전 515년에 귀환공동체가 재건한 예루살렘 성전에 참여할 이방인의 자격을 놓고 벌어진 논쟁에 기초하여 있다. 여기서는 할례보다는 참 하나님을 믿고 윤리적 삶을 살면서 안식일을 지키기를 강조한다.123) 특별히 혈통보다는 정의(mišpāṭ)와 의(ṣĕdāqāh)를 행하는 윤

---

121) 우택주, 「새로운 예언서 개론」, 216-20.
122) Ibid., 297-309.
123) Ulrich Berges, *The Book of Isaiah: Its Composition and Final Form*, tr. M. C. Lind (Sheffield: Sheffield Phoenix Press, 2012), 508.

리적 삶을 하나님 백성의 기준이라고 말하는 대목들(56:1-8; 58:6-9; 61:1-3)이 눈에 띈다.

이사야서 전체는 예루살렘 즉 시온의 운명에 집중하고 있다. 이사야 1-39장은 시리아 에브라임 전쟁의 위기 중에 이사야가 "만일 너희가 굳게 믿지 아니하면 너희는 굳게 서지 못하리라"(7:9b)고 선포한 말에 집중해 있다. 아하스는 불신앙의 사례이고 히스기야는 신앙의 사례이다. 두 왕의 신앙과 불신앙은 민족(국가)의 중심지, 예루살렘의 운명에 결정적인 영향을 미쳤다는 것이다. 이 왕들의 태도에 대한 이사야의 선포를 해석한 결과, 우리는 '통치 군주의 군사방어정책은 옹호될 수 없다'는 명제를 도출할 수 있다.124) 군주의 군사방어정책이 결과적으로는 백성 다수의 삶에 파괴적 효과를 일으킨다는 취지이다. 그러므로 야훼를 믿는다는 것은 단순한 신앙고백이 아니다. 그것은 정의와 공평을 정책 기조로 삼아 모든 백성의 안녕을 진정으로 도모하는 길을 우선적으로 추구한다는 뜻이다. 그것이 토라를 실천하라는 말의 본래적 의미이다. 군주에게나 백성에게나 믿음이란 정의와 공평, 생명존중, 평화를 추구하는 일을 가리킨다. 믿음은 매우 구체적인 삶을 바탕으로 하는 말이다.125) 다시 말해서 정의와 공평을 실천하는 일이 야훼를 믿는 일이요 토라를 순종하는 일이다.

더불어 이사야 1-39장은 야훼의 거룩함을 강조한다(사 5:19; 6:3). '거룩'(holiness)이란 구별됨을 기본적인 의미로 갖고 있다. 그러나 본문의 의미는 적용 폭이 남다르다. 야훼의 거룩함은 야훼 신앙을 표방하는 정치지도자들이 내세우는 주장을 항상 지지하지 않는다. 그것은 야훼 신앙인들이 갖고 사는 통념과 다를 수 있다. 게다가, 그것은 힘 있는 다수의 합의가

---

124) 우택주,「새로운 예언서 개론」, 220.
125) 우택주, "시리아-에브라임 위기에 대한 이사야의 정치적 중립 신탁의 사회수사학적 분석: 신앙과 실천의 상관관계,"「8세기 예언서 이해의 새 지평」, 299-322. 특히, 314-5.

언제나 하나님의 뜻과 일치하지 않다는 것을 웅변하는 하나님의 힘을 내 포하고 있다.126) 이러한 가르침은 우리(특히 신앙지도자들의 경우에는 더 더욱)가 통념처럼 믿고 있는 하나님 신앙과 실천이 하나님의 뜻, 즉 정의, 생명, 평화의 원칙에 합당한지를 끊임없이 성찰하도록 이끈다.

이어서 이사야서는 겸손을 가르친다(2:12-22; 3:5-36).127) 교만은 자기의 현실이 남과 비교해서 우월하다고 여길 때 나타나는 자세이다. 정치지도 자나 종교지도자가 대표적으로 교만의 위험이 빠질 우려가 있는 사람들이 다. 그러나 참된 신앙은 모든 것을 하나님의 선물과 은혜라고 믿고 스스로 를 비우고 낮추는 자세를 유지하도록 만든다.

3.6.2.2. 하나님의 심판을 대하는 자세(예레미야서)

예레미야서는 이사야서보다 분량은 길지만 이사야서와 달리 아주 짧은 시기에 벌어진 역사적 사건에 집중한다. 그 사건은 유다 왕조가 멸망하고 바벨론에 포로로 잡혀간 사건 자체를 다룬다. 이 성서는 1-25장(유다에 대 한 심판신탁), 26-45장(예레미야 수난기), 46-51장(민족들에 대한 심판신 탁), 52장(역사후기)으로 구성되어 있다.

예레미야서는 다윗 왕조가 무너지고 포로로 잡혀간 사건은 사무엘하 7 장에 예언자 나단을 통해 다윗에게 약속한 내용, 즉 다윗 왕조는 영원히 지속될 것이라는 왕조신탁의 포기나 부정이 아니라 하나님의 정당한 심판 사건이라고 해석한다.

예레미야서의 관점은 예루살렘에 하나님의 심판이 임했다는 사실을 깨닫는 데 달려 있다. 모든 왕은 강대국 사이에서 예루살렘의 왕권을 어떻게 유지

---

126) 우택주, 「새로운 예언서 개론」, 221.
127) Ibid., 222.

할 것인지를 놓고 부심했다. 예레미야의 요지는 단순하다. '그런 일로 노심초사하는 것은 부질없는 짓이다. 지배계층은 스스로를 지킬 수 없다. 왜냐하면 그것은 하나님의 관심사가 아니기 때문이다. 너희들은 하나님의 계약에 따른 지시사항을 준수하지 못했다. 따라서 하나님의 심판이 임하는 것은 자명한 이치이다'라고 말한다.[128]

예레미야서는 인기가 많은 예언서이다. 특히, 그가 어렸을 때 소명을 받았다거나, 예언자로서 자신의 운명을 탄식하며 하나님께 항거하는 모습, 옥에 갇히면서까지 하나님의 말씀을 전하는 헌신적 사명자의 모습, 새로운 언약을 전하는 내용 등이 매력적이다. 그러나 예레미야서의 가르침은 전체적으로 유다 왕국의 몰락을 하나님을 불신앙한 결과로 해석하는 신명기역사가의 입장과 흡사하다. 그런 의미에서 예레미야서는 회개를 강조한다.[129] 그것은 마음의 변화에 초점을 맞춘다. 예언자 예레미야가 선포한 새 언약(31:31-34)도 마음의 변화를 강조한다. 새 언약은 완전히 다른 언약을 체결하겠다는 뜻이 아니라 시내 산 언약의 갱신(renewal)으로 이해된다.[130] '새 언약'의 결과는 시내 산 언약의 목표인 '나는 그들의 하나님이 되고 그들은 내 백성이 될 것이다'와 하나도 다르지 않기 때문이다. 신약성서의 예수를 믿고 하나님의 백성 또는 하나님의 자녀가 된다는 가르침은 이 언약들(시내 산 언약과 '새 언약')과 같은 내용의 연장선에 있다. 기독교에서 예수를 믿고 구원을 받는다는 가르침의 참된 의미는 하나님이 우리의 하나님이 되고 우리는 하나님의 자녀가 된다는 관계의 변화를 표현한 것이며, 성서가 토라를 통해 제시한 새로운 삶의 태도를 갖겠다는 결정과 전혀 다르지 않다. 새로운 관계 변화라는 것은 태고사의 인류처럼

---

128) Ibid., 263.
129) Ibid., 274.
130) Ibid.

욕망의 주체가 되어 하나님처럼 막강한 권력을 지향하며 사는 대신 하나님의 형상으로 지음 받은 피조물로서 족장사의 믿음의 조상들처럼 하나님의 약속을 굳게 믿고 하나님을 의지하며 하나님이 정해놓은 삶의 목적, 즉 정의와 생명과 평화를 추구하며 살겠다는 변화를 의미한다.

예레미야서는 현실을 부정하거나 외면하는 태도가 아니라 오히려 진실을 정면으로 직시하고 시인하는 용기를 가르친다. 나라와 민족의 패망 사건을 놓고 강력한 외세든 국론분열이든 왕실의 실정이든 누군가 제3자에게 탓을 하는 것이 아니라 하나님의 가르침을 어긴 자기 자신들의 잘못 때문이라고 공개적으로 문서를 작성하여 시인하는 일은 참으로 어려운 일이다.

3.6.2.3. 예루살렘 성전과 하나님의 영광(에스겔서)

에스겔서는 예루살렘 성전 밖에서 종교제도와 제사장 집단을 비평하는 여느 예언자들의 입장과 달리 예루살렘 성전을 몸소 섬기던 사독계열 제사장의 일원으로서 성전의 파괴와 포로사건을 해석한다는 특별함이 있다. 에스겔은 성전 내부자의 증언과 해석인 셈이다. 이 성서는 1-3장(야훼 비전과 소명), 4-24장(유다와 예루살렘에 대한 심판신탁), 25-32장(민족들에 대한 심판신탁), 33-39장(새로운 세계 건설을 위한 준비),[131] 40-48장(새로운 세계 건설: 성전과 새로운 땅)으로 구성되어 있다.

에스겔은 예루살렘 성전파괴를 하나님 영광(kābôd)의 실추로 보지 않고 이것을 야훼의 영(rûʻaḥ)의 이동으로 정당화한다. 성전이 파괴되기 전에 이미 야훼의 영은 더러워진 성전을 떠났다는 것이다. 아울러 성전파괴와 예루살렘의 멸망은 거룩한 하나님의 심판이라고 풀이한다. 이 점은 이

---

131) Ibid., 285-8.

사야서나 예레미야서와 다르지 않다. 다른 여러 가지 면에서도 독특한 에스겔서 가운데서도 특별한 점은 에스겔 33-48장이다. 그것은 새로운 성전을 중심으로 건설되는 새로운 세계 건설을 위한 환상이다. 특히 새로운 땅에서는 이스라엘 백성이 누가 어느 곳에 얼마만큼의 땅을 차지하고 살며 새로운 성전은 어떤 구조로 되어 있으며 어떤 식으로 운영되어야 하는지에 관한 청사진(blueprint)-설계도가 아님[132]-을 기록하고 있다. 미래의 성전과 땅 회복을 위한 이 비전을 통해 에스겔은 야훼 하나님의 주권과 영광을 강조한다.

적어도 에스겔서는 야훼 하나님이 예루살렘 성전에 갇혀 사는 존재가 아니라는 생각을 분명하게 가르친다. 그리고 수백 년 동안 종교적 중심지 역할을 한 성전이라고 할지라도 하나님의 기준에 어긋난다면 그런 건물은 언제든 철저히 파괴될 수 있으며, 참된 의미의 성전이란 하나님의 영광이 가득한 장소로서 모든 사람들의 삶이 질서정연하고 안정되게 유지되는 세계의 중심으로 기능한다는 점을 가르친다. 여기서 하나님의 영광과 사람들의 평안한 삶은 상호적이다. 다시 말해서 사람들의 삶이 평안하지 않다면 그것은 하나님의 영광이 떠난 증거이고, 하나님의 영광이 가득하다는 것은 사람들의 삶이 평안하다는 의미이다. 성전과 일상적인 삶은 떼려야 뗄 수 없는 상관관계가 있다.

---

[132] 참고. Kalinda R. Stevenson, *Vision of Transformation: The Territorial Rhetoric of Ezekiel 40-48* (Atlanta: Scholars Press, 1996), 5. 그녀는 성전환상에 가로 세로의 치수는 있으나 높이의 치수가 없으므로(40:5, 42,; 41:22는 예외) 설계도라고 보기 어렵다고 주장한다.

3.6.2.4. 절망과 희망의 갈림길에서(열두 예언서)[133]

이사야, 예레미야, 에스겔이 각각 다윗 왕조의 도성인 예루살렘, 포로사건, 예루살렘 성전이란 중요 주제를 다루었다면 이어지는 열두 권의 예언서는 이스라엘 역사의 고비마다 어김없이 등장해서 '하나님의 말씀'이라고 선포한 예언자들의 다채로운 역사적 현실 이해와 예리한 해석과 전망들이 기록되어 있다.

호세아는 1-3장(호세아와 음란한 여인 고멜의 결혼과 자녀들의 이야기를 소재로 삼은 역사풀이), 4:1-11:11(북 왕국 에브라임에 대한 심판신탁), 11:12-14:9(심판의 정당성과 권면)으로구성되어 있다. 호세아서 해석의 관건은 음란한 여인 고멜의 정체와 결혼의 의미 그리고 그들 사이에 태어난 자녀들의 상징적 이름(이스르엘, 로암미, 로루하마)의 의미풀이에 있다.[134] 호세아와 고멜의 결혼 이야기는 일종의 사법비유(judicial parable)로 해석할 수 있다.[135] 사법비유의 빛에서 보면 고멜은 남성 정치지도자들이고 호세아는 야훼 하나님이다. 고멜이 연애한 바알들은 정치지도자들의 욕망이 투사된 정치현실, 즉 나라 안에서는 최고가 되기 위해 경제력을 키워가고 국제적으로는 주변 강대국에게 정치권력의 보장을 구걸하는 목적의 사대외교를 펼치는 지도자들의 모습을 은유한다. 고멜의 음란은 야

---

133) 참고. M. A. Sweeney, "Twelve, Book of The," *Dictionary of the Old Testament Prophets*, eds. M. J. Boda and J. G. McConville (Downers Grove: IVP, 2012), 788-806.
134) Ibid., 198-204. 이스르엘은 북왕국의 풍요를 대표하는 평야 명칭이면서 '이스라엘'이란 국가의 운명을 담고 있는 말놀이(word play)이며, 로암미(내백성이 아니다)와 로루하마(긍휼은 없다)는 시내 산 언약전통에 입각하여 야훼와 이스라엘의 언약은 깨어졌다는 의미를 상징하는 이름들이다. 포로후기의 회복과 귀환을 예고하는 단락(2:1)에 이 이름들은 다시 부정어('로,' 아니다는 뜻)를 뺀 암미와 루하마로 불려진다. 이것은 언약관계의 회복을 의미한다.
135) 삼하 12:1-6에서 나단이 다윗에게 제시한 부자와 가난한 사람의 비유와 삼하 14:1-20에서 압살롬 구명을 위해 요압의 책략에 등장하는 드고아 여인의 두 아들 이야기가 이런 장르에 속한다.

훼 하나님이 중시하는 대로 백성 다수의 안녕과 복지를 지향하는 토라의 원칙을 무시하고 벌이는 지도자들의 정치경제 행위적 이익추구행위 일체를 가리킨다. 그래서 음란한 여인 고멜에게 내려진 수치스런 처벌(벌거벗김, 광야로 내쫓김과 상처와 갈증, 죽음)은 북 왕국 이스라엘의 정치 지도자들이 가까운 장래에 겪게 될 징계와 심판을 가리킨다.

요엘서는 메뚜기 떼의 파괴적인 자연재해(1:4)를 이스라엘 역사 가운데 야훼의 날이 도래한 표적(1:15; 2:1-3)으로 해석하면서 참된 회개(2:13)가 이루어진다면 새로운 야훼의 날이 이르러 성전 중심의 공동체가 회복되리라고 선포한다(3장).

아모스서는 다른 예언서처럼 문학적 구성이 눈에 띄는 것이 없이 사마리아의 멸망예고(2:6-8; 3:9-12; 4:1-3; 5:1-3, 16-20; 6:1-7; 7:10-11; 8:4-10; 9:1-4), 요시야의 제의 중앙화를 위한 권면(1:2; 2:4; 4:4-13; 5:4-15, 21-27; 7:1-8:3) 그리고 포로기의 회복 희망(9:7-15)으로 구성되어 있다.

아모스가 북 이스라엘의 도성 사마리아의 몰락을 선포한 이유는 지배계층의 사회경제적 착취와 억압에 있었다. 이것을 객관적 교훈으로 삼아 유다의 요시야는 벧엘이나 길갈이 아닌 예루살렘으로 와서 예배를 드리라고 촉구한다. 그래서 아모스서 서두에서 야훼는 예루살렘에서 사자처럼 울부짖는다(1:2), 그러므로 이제 여호와를 만나려면(5:4, 14) 예루살렘으로 가면 된다. 사마리아와 같은 운명을 피하려면 그래야 했다. 그러나 역사의 궤적은 예상과 다르게 펼쳐졌다. 유다 역시 멸망했다. 새로운 해석이 필요했겠지만 그런 내용은 아모스서에는 나타나지 않는다. 그러나 아모스서는 포로공동체에게 귀환과 회복의 희망을 추가하고 있다. 다윗의 허물어진 장막은 일으켜지고 농사는 중단 없이 진행될 것이며 다시는 하나님이 준 땅에서 뽑히지 않을 것이다(9:11, 13, 15). 아모스서는 사회경제적 억압에 대한 심판, 제의의 중앙화, 새로운 땅에서 누릴 안정된 삶을 정의라는 큰

범주 안에서 주요 주제로 다룬다.[136]

오바댜는 에돔에 대한 심판신탁이다. 일종의 민족들에 대한 하나님의 심판신탁에 해당하며 하나님의 주권을 천명한다.

요나서는 니느웨로 가라는 야훼의 명을 거역한 예언자 요나와 야훼가 벌인 네 가지 에피소드를 통해 요나로 대표되는 이스라엘의 기성신학을 교정하려는 의도를 지닌다. 그래서 정의보다 긍휼이 우선한다. 성전보다는 인간미가 넘치는 사람이 소중하다. 편협하고 자기기만적 신앙보다는 신학의 개방성을 긍정하면서 그것의 실천을 웅변하는 가르침을 전한다.[137]

미가서는 유다의 히스기야 왕 시절에 앗수르 왕 산헤립이 유다 지방을 침공하여 노략한 사건(미 1:10-16)을 계기삼아 유다의 도성 예루살렘과 그곳에 거주하는 지도자들에게 나라를 공정하게 다스리지 못한 책임(미 2:1-11; 3:1-8)을 물어 예루살렘과 성전을 하나님이 파괴할 것이라는 메시지(3:9-12)를 전한다. 심판신탁과 구원신탁(2:12-13; 4:1-5:15)이 교대로 등장하는 형식을 두드러지게 보여주는 예언서이다. 이스라엘과 유다의 역사에서 가장 소중히 여기는 유다의 도성이요 야훼의 집인 성전이 파괴될 것이라고 예고한 예언자로서는 처음이다. 더구나 신앙이 좋은 것으로 알려진 히스기야 왕 시절에 이런 예언을 했다는 사실 자체가 그 당시 도시와 농촌 사이의 사고방식과 생활 격차가 얼마나 컸는지를 알려준다.

나훔서는 앗수르의 수도 니느웨가 주전 612년에 적국에 의해 파괴되는 사건을 토대로 그것을 하나님의 심판이라는 틀에서 아주 생생한 언어로 묘사한다. 이 예언서 역시 하나님이 세계사의 주인이라는 신앙에 기여한다.

하박국서는 유다의 혼란스런 국내 정세의 해결사를 바벨론으로 보았으나 이내 바벨론이 유다를 압제하는 당사자로 변모하므로 이로부터 구원

---

136) Ibid., 181-9.
137) Ibid., 336-58. 참고. 우택주, 「요나서의 숨결」(대전: 침례신학대학교출판부, 2005).

받기를 희망하는 신탁으로 구성되어 있다.

스바냐서는 주전 7세기 말 요시야 왕의 개혁을 촉발시킨 유다의 사회적 상황을 근거로 유다와 예루살렘에게 임할 심판을 선포(1:2-18)하며 회개를 촉구(2:1-3)하면서 주변 민족들에 대한 심판선언(2:4-15)과 더불어 야훼가 역사를 운행하는 원칙을 소개(3:1-13)하고 예루살렘의 회복을 예고한다 (3:14-20).

학개는 주전 6세기 말 페르시아 시대에 바벨론 포로생활에서 귀환한 공동체가 성전을 재건하기를 촉구한다. 스가랴서는 포로후기의 역사에 근거한 1-8장과 작성 시기를 알 수 없고 묵시적 성격을 띤 9-14장으로 구성되어 있다. 전반부에는 여섯 가지 환상과 해석을 통해 학개처럼 성전재건을 촉구한다. 후반부는 하나님의 행동 여하에 따라 미래가 달라진다는 신학 위에 서 있다. 성전 재건과 더불어 예후드 사회에서 벌어진 모종의 사회적 갈등상황과 관계가 있는 성서이다.

말라기는 예언자와 백성 사이에서 벌어진 여섯 개의 신탁을 논쟁형식으로 전개하면서 제2성전공동체 내에서 벌어진 갈등해소와 희망을 기록한다. 이 성서의 교훈은 하나님의 공의가 제사를 드리는 신앙공동체 내부에서부터 이루어져야 하며 비록 현실이 암담하고 고통스러울지라도 신앙의 순수성을 지키고 견디면 야훼의 날이 이를 때에 의인은 치료와 구원을, 악인은 심판을 받게 되리라는 희망을 제시한다.[138]

열두 예언서의 현재 배열―마소라 본문과 70인역이 서로 다름―이 무작위적인지 의도적인지, 그리고 의도적이었다면 그 의도가 무엇인지에 관해서는 치열한 논의가 필요하다.[139] 학자들은 「개역개정」에 나오는 열두 예

---

138) Ibid., 333.
139) 참고. James D. Nogalski and Marvin A. Sweeney eds., *Reading and Hearing the Book of the Twelve* (Atlanta: Society of Biblical Literature, 2000); Paul L. Redditt and Aaron Schart eds., *Thematic Threads in the Book of the Twelve* (New York: Walter de

언서의 최종형태가 야훼의 날, 예루살렘의 역할, 민족들의 운명 그리고 회개와 같은 굵직한 신학적 주제들을 일관성 있게 기술하고 있는 것으로 이해한다.140) 이러한 신학적 주제들은 다수의 성서학자들이 열두 예언서의 최종형태를 가상의 편집과정에 따라 혹은 본문을 이스라엘이라는 사회를 구체적으로 염두에 두지 않은 채 문학적으로 읽은 결과로 이해된다. 간략히 말해서 그것은 구약신학의 역사-서술적 과제를 수행한 결과이다.

이와 달리 하우스(P. R. House)는 열두 예언서가 이스라엘 역사를 죄-심판-회복의 구조로 전개한다고 주장한다.141) 호세아, 요엘, 아모스, 오바댜, 요나, 미가가 주로 이스라엘과 민족들의 죄를, 나훔, 하박국, 스바냐는 그 죄에 대한 처벌을, 학개, 스가랴, 말라기는 민족들 가운데 이스라엘의 회복을 바라본다는 것이다. 하지만 이런 식으로 열두 예언서에 일관된 신학적 의도가 있다고 보는 것은 "너무 부정확하다."142) 왜냐하면 그런 사상이 열두 예언서 각권마다 전부 포함되어 있기 때이다. 열두 예언서의 규범적인 신학사상을 도출하려면 이런 방식보다는 다른 시각으로 읽을 필요가 있다.

3.6.3. 예언서의 공통된 관심사

서두에서 밝혔듯이, 신학은 구체적인 삶 속에서 잉태되고 발전하며 지

Gruyter, 2003).

140) 이를 테면, R. Rendtorff, "How to Read the Book of the Twelve as a Theological Unity," in *Reading and Hearing*, 75-87을 보라. 그는 야훼의 날을 중심으로 논의한다. P. L. Redditt, "The Formation of the Book of the Twelve: A Review of Research," in *Thematic Threads*, 1-12를 보라.

141) P. R. House, *The Unity of the Twelve* (Sheffield: Almond, 1990), 63-109.

142) A. Schart, "Reconstructing the Redaction History of the Twelve Prophets," in *Reading and Hearing*, 39.

속적으로 작용한다. 그래서 삶을 무시한 신학은 존재가치가 아예 없다. 만일 있다면 그것은 '해로운 신학'이 될 수밖에 없다. 과거의 서구 신학자들이 작업했듯이 언약, 하나님의 통치, 약속, 하나님과 사람의 교제와 같은 특정 개념들을 중심주제로 삼고 신학을 기술한다면 삶의 다양성이라는 매우 중요한 측면을 손상시키기 쉽다는 사실은 앞서 서구의 구약신학역사에서 잘 살펴보았다. 그러므로 규범적 신학을 도출하려면 삶이라는 현실을 분명하게 붙잡고 거기에 닻을 내려야 한다.

이런 관점을 갖고 이사야서부터 말라기까지 열다섯 권의 예언서를 다시 고찰해보면 이 성서들은 크게 네 가지 영역에서 사상을 전개하고 있음을 알 수 있다. 그것은 일상적인 삶, 국가의 운명, 성전 중심의 삶, 그리고 국제정세이다.

3.6.3.1. 백성의 일상

예언서들은 모두 대다수 농민들이 농사를 짓고 사는 일상사의 영역에 관심을 기울인다. 그들의 일상사는 기초생계 유지가 목표이다. 그런데 그것이 사회 기득권층이나 엘리트 지배층에 의해 국가정책과 합법의 이름으로 억압받고 착취당했다.[143] 그래서 예언자들은 정의와 공평의 부재 현실을 구체적으로 고발한다.

이사야 5장의 포도원 노래는 대표적이다. 이사야는 야훼 하나님이 이스라엘 족속과 유다 사람으로 대표되는 포도원을 정성으로 가꾸어 정의(mišpāṭ)를 원했으나 포학(mišpāḥ)이 돌아왔고 공의(ṣĕdāqāh)를 원하였으나 결과는 부르짖음(ṣĕ'āqāh)이라고 노래했다(사 5:3-7). 이어서 이사야는 구체적 현실을 나열한다. "가옥에 가옥을 이으며 전토에 전토를 더하여 빈

---

[143] 국가정책에 의한 사회경제적 억압상황에 대해서는 사 3:5-12(특히 12절); 10:1-2를 보라. 참조. 우택주, 「8세기 예언서 이해의 새 지평」, 293-5.

틈이 없도록 하고 이 땅 가운데 홀로 거하려 하는 자는 화 있을진저."(사 5:8) 아모스는 "그들이 은을 받고 의인을 팔며 신 한 켤레를 받고 가난한 자를 팔며 힘없는 자의 머리를 티끌 먼지 속에 발로 밟고 연약한 자의 길을 굽게"하는 현실을 신랄하게 고발하는데(암 2:6b-7) 이런 행위의 주체는 지배계층이다.

지배층이 일반 농민들에게 저지른 사회경제적 억압과 착취는 예언서 대부분의 지배적이고 일관된 주제이다(렘 2:8; 7:5-6; 겔 22:6-12; 호 4:1-3; 미 2:1-6; 합 1:3-4; 습 3:3-5; 슥 7:9-10; 말 3:5). 그래서 예언서는 누구보다도 먼저 지배층에게 정의와 공평을 요구한다. 지배층이란 왕족, 관료, 장군, 제사장, 예언자, 서기관 계층이다. 이들이 모두 야훼 신앙인이라는 점과 지도층에 종교지도자들이 포함되어 있다는 사실은 특별히 주목해야 한다(사 3:2; 5:9-12, 21-22; 10:1-2; 28:7-8; 렘 5:30; 6:13; 23:11; 겔 13-14장; 22:6; 23-31; 호 5:1-2; 7:3-7; 욜 1:2, 5, 13; 암 3:9-10; 4:1; 6:1-7; 미 3:1, 5, 7, 9; 합 2:9-12; 습 1:8; 3:1-4; 슥 10:2). 일반농민이 여기서 제외되는 것은 아니겠지만 그들은 혼합영농을 통해 자급자족하는 기초생계유지 외에는 다른 생각이 없는 사회적 약자에 속한다. 이와 달리 지배층은 노동을 하지 않는 사람들이며 농부들이 생산한 농산물 일부를 세금과 선물과 조공으로 받아서 정치와 종교의 전문직을 수행하는 사람들이다. 그래서 그들이 바로 토라의 주요 사상인 정의와 공의, 생명존중, 평화추구의 원칙을 실천해야 할 일차적인 장본인들인 것이다.

예언서의 출발점이 되는 이 영역은 우리에게 토라의 길, 특별히 창세기가 말하는 두 가지 길을 상기시켜준다. 하나님처럼 살려고 권력의 길을 걸을 것인가 피조물임을 인정하고 하나님의 은혜를 의지하면서 믿음의 길을 걸을 것인가? 고대 이스라엘 사회에 정의와 공의가 부재하여 예언자가 외친 심판선언들은 하나님의 형상으로서 사는 길이 어떠해야 하는지를 일깨워준다. 오늘날 교회의 선포는 혹시 이런 점이 결여되어 있지 않는지 살펴보아야 한다.

3.6.3.2. 국가의 운명

예언서는 국가의 운명과 존속을 주제로 삼는다. 여기서는 주로 북 이스라엘이란 나라, 남 유다라는 나라, 민족공동체로서의 이스라엘의 운명, 그리고 다윗 왕조, 다윗의 수도 예루살렘, 예루살렘 성전 등등이 거론된다. 나라들이 패망한 이유는 하나님의 엄중한 심판이라고 해석하고(겔 16장과 23장; 암 2:4-5, 13-16; 3:10-12 등등) 강대국들은 이스라엘의 불순종을 심판하기 위해 하나님이 불러낸 도구라고 말한다.

> 앗수르 사람은 화 있을진저 그는 내 진노의 막대기요 그 손의 몽둥이는 내 분노라 내가 그를 보내어 경건하지 아니한 나라를 치게 하며 내가 그에게 명령하여 나를 노하게 한 백성을 쳐서 탈취하며 노략하게 하며 또 그들을 길거리의 진흙 같이 짓밟게 하려하거니와(사 10:6)

> 너희는 예루살렘 거리로 빨리 다니며 그 넓은 거리에서 찾아보고 알라 너희가 만일 정의(mišpāṭ)를 행하며 진리(ʼĕmûnāh)를 구하는 자를 한 사람이라도 찾으면 내가 이 성읍을 용서하리라(렘 5:1)

> 주 여호와께서 이같이 이르시되 너는 손뼉을 치고 발을 구르며 말할지어다 오호라 이스라엘 족속이 모든 가증한 악을 행하므로 마침내 칼과 기근과 전염병에 망하되… 내가 내 손을 그들의 위에 펴서 그가 사는 온 Ekd 곧 광야에서부터 디블라까지 황량하고 황폐하게 하리니 내가 여호와인 줄을 그들이 알리라(겔 6:11, 14)

나라가 패망하여 포로로 끌려가 사는 중에 본국으로 귀환하고 처지가 회복되는 상황에 대한 희망적 선포도 이 영역에 속한다(렘 31:23-25; 호

1:10-11; 욜 3:1; 암 9:11-15; 미 2:12-13; 습 3:14-20).

나라가 패망하는데 결정적 책임을 져야 할 존재들이 있다. 그것은 지도자들이다. 이런 구절들에 따르면 지도자가 바로 서면 나라의 위기를 극복할 수도 있었을 것이라는 아쉬움과 안타까움이 배어 있다. 나라의 회복을 위해 기름부음 받은 자, 즉 메시야 도래를 희망하는 것도 이런 까닭에서이다. 메시야는 정의와 공평을 통치의 제일가치로 내세우는 지도자이다. 그는 하나님이 세우시고 보내신다.

> 그가 여호와를 경외함으로 즐거움을 삼을 것이며 그의 눈에 보이는 대로 심판하지(šāpaṭ) 아니하며 그의 귀에 들리는 대로 판단하지 아니하며 공의(ṣedeq)로 가난한 자를 심판하며(šāpaṭ) 정직(mîšôr)으로 세상의 겸손한 자를 판단할 것이며 그의 입의 막대기로 세상을 치며 그의 입술의 기운으로 악인을 죽일 것이며 공의(ṣedeq)로 그의 허리띠를 삼으며 성실(ʾĕmûnāh)로 그의 몸의 띠를 삼으리라(사 11:3-5).

3.6.3.3. 성전중심의 삶

예언서는 다른 성서들과 마찬가지로 식민시대의 성전을 중심으로 하는 정체성을 강조한다. 성전을 강조하는 사고방식은 신명기역사서와 역대기역사서에도 나타난다. 그러나 식민시대의 이스라엘은 예후드라는 페르시아의 변방 지역에 재건된 예루살렘 성전을 중심으로 신앙적 자율성만 보장 받은 채로 생존해야 했다. 이후 헬라시대와 로마시대까지도 상황은 크게 변하지 않았다. 그래서 이 영역의 사고방식은 예루살렘 성전과 제의에 초점을 맞추어 전개되고 그것은 이스라엘 백성의 정체성 확립을 겨냥한다(사 2:2-4; 겔 40-48장; 욜 3:16-17; 학개서; 슥 4:9; 8:3-8).

3.6.3.4. 국제정세와 신정론

예언서는 이스라엘을 포함하여 주변 민족들의 운명을 거론하는 국제정세 영역을 다룬다. 여기서 펼치는 사상은 신정론(theodicy)이라고 볼 수 있다.144) 신정론은 예언서의 특징적 신학사상으로서 예언서의 역사관을 대변한다. 상당수 예언서들은 이스라엘의 두 왕조의 연이은 패망과 더불어 주변민족들에 대한 심판신탁들을 수록하고 있다. 여기서 예언서는 이스라엘을 포함하여 여러 나라의 운명이 하나님의 정의로운 통치 아래 있다고 증언한다. 흔히 '민족들에 대한 심판신탁'(oracles against the nations=OAN)이라고 부르는 이 장르의 모음집은 주로 앗수르, 바벨론, 이집트, 두로, 에돔 등이 강조되고 있는데 그것은 해당 예언서의 예언자가 활동했을 것으로 여겨지는 특정한 역사의 경과와 깊은 상관관계가 있다(사 13-23장; 렘 46:1-51:64; 겔 25-32장; 암 1:3-2:3; 오바댜; 요나; 나훔; 합 2:5-8[바벨론]; 습 2:4-15; 슥 9:1-8).145) 이를 테면 아모스 1:3-2:3의 신탁들은 예후시절, 스바냐 2:4-15는 요시야 시절, 에스겔과 예레미야는 신바벨론 제국 시절의 유다의 주변 국가들의 정세와 관련이 있다.

이 네 가지 영역의 사고방식은 서로 긴밀한 관계가 있다. 국가가 망하면 땅에 사람이 살지 않고 황폐한 곳이 되었다고 말한다(렘 4:23-31). 그러나 실제로는 왕을 중심으로 하는 지도계층의 통치시스템이 제거된 것 일

---

144) 참고. Lydia Lee, *Mapping Judah's Fate in Ezekiel's Oracles Against the Nations* (Atlanta: SBL Press 2016); Else K. Holt, *Concerning the Nations: Essays on the Oracles Against the Nations in Isaiah, Jeremiah and Ezekiel* (New York: T&T Clark 2015); John Barton, *Amos's Oracles Against the Nations* (Cambridge: Cambridge University Press 1980).

145) M. A. Sweeney, *Isaiah 1-39 with an Introduction to Prophetic Literature* (Grand Rapids: Wm B Eerdmans, 1996), 216-7.

뿐 백성들은 대부분 여전히 자기 땅에서 농사를 짓는 삶을 이어간다(왕하 25:12; 렘 52:15-16). 이상적인 지도자, 즉 메시야의 도래를 선포하는 신탁들은 한결같이 평화롭게 농사를 지어 풍요를 누리는 삶을 묘사한다(사 11:1-9). 그런데 아모스서가 귀환의 희망을 선포할 때 풍요로운 농사가 이어지는 언어를 구사하면서도 귀환 후 재건할 성전이나 성전예배의 중요성에 대해서는 전혀 언급하지 않는 모습도 보인다(암 9:11-15). 한편, 성전 재건을 촉구하는 학개는 성전건축과 땅의 풍요로운 소출이 긴밀한 관계에 있음을 강조한다(학 1:6, 10-11; 2:19). 또, 하나님의 영이 머무른 성전은 사람들의 살아가는 세상의 중심지이며 성전의 활용(각종 제의를 통해)이 올바르게 이루어지면 그 세상도 풍요와 행복이 넘친다는 생각을 에스겔서 47:1-12에서 읽을 수 있다. 그러므로 근본적으로 중요한 영역은 네 가지 영역 가운데 언제나 삶의 기본적 수준인 일상사의 영역이다. 그것이 모든 규범적 신학의 출발점이고 귀착점임을 여기서 재차 확인할 수 있다.

예언서의 언어와 사상은 일상사에 초점을 두고 있으며 이것을 나머지 세 가지 영역과 통합시키고 있다. 농사가 잘 되고 평화로운 것은 다윗과 같은 정의로운 지도자가 이끌어내고 만들어갈 세상이다. 그것은 오로지 야훼의 가르침 즉 토라의 정신에 터를 두어야 한다. 이러한 사고방식은 민족들의 운명을 언급할 때도 나타난다. 민족들이 시온으로 몰려와 토라를 배우고 나면, 이로 인해 벌어지는 현실은 민족들이 전쟁무기를 농기구로 바꾸어 농사에 전념하므로 온 세상은 평화가 넘치고 살만한 세계가 이루어질 것이다(사 2:2-4; 미 4:1-4). 그것은 어떤 의미에서 보면 창세기의 에덴동산 이미지를 재현하는 일이다. 그 때 세상은 아름답고 질서가 있으며 풍요로웠다. 그 세상이 파괴되고 어지러워진 것은 하나님의 형상으로 지음 받은 사람들이 본분을 망각하고 하나님처럼 힘을 가지려는 욕망을 표출하면서부터였다.

3.6.4. 정리: 정의, 생명, 평화가 온 세상에 가득하길!

예언서가 이런 네 가지 영역의 사고방식을 전개하고 있다는 점을 염두에 두고 예언서의 규범적 신학을 다음 질문들에 대한 답변으로 정리할 수 있다.

첫째, 무엇이 문제의 출발이었는가? 예언서의 출발점은 이스라엘 역사 가운데 일상의 삶을 무시한 정치경제가 판을 친 때부터였다. 그 정치경제 시스템이 무너진 뒤에는 성전제도가 국가의 자리를 대신하였고 성전중심 사회는 새로운 종류의 사회통합과 유지라는 목표를 제시하기에 이르렀다. 여기서 우리가 주목해야 할 것은 사회구조와 구성원에 대한 인식이다. 예언서는 그냥 아무라도 읽고 개인적 경건을 위한 교훈을 삼는 그런 성격의 글이 아니다. 그것은 정치문서이다. 이 문서는 국가의 엘리트 지배층과 일반 백성 사이의 사회적 관계를 전제할 때 올바로 적절하게 해석할 수 있다. 누가 이익을 보고 누가 불이익을 당했는지는 시대의 변천에 따라 분석되어야 한다. 종종 이스라엘 백성 혹은 그 땅의 주민이라고 언급된 예언서의 표현들은 그것이 엘리트 지배층을 가리키는 말인지 아니면 민족의 운명을 염두에 두고 포괄적으로 사용한 표현인지 분간해야 한다는 뜻이다.[146] 정리하면 예언서는 3-4백년에 걸쳐 격변하는 이스라엘의 길고 긴 역사 속에서 이스라엘의 지도계층과 다수 백성에게 무엇이 근본적인 문제였는지, 무엇을 가장 먼저 지향하는 삶을 살아야 하는지를 가르쳐주는 살아있는 증언들인 것이다.

둘째, 역사의 변천과정에 따른 예언 선포를 통해 최종적으로 전하려는

---

146) 참고. Chaney, "누구의 신포도인가? 정치경제의 빛에서 본 이사야 5:1-7의 수신인," 「농경사회 시각으로 바라본 성서 이스라엘」, 249-69; "누구 때문에 누구를 비난하는가?-호세아의 음란과 수사학," 「농경사회 시각으로 바라본 성서 이스라엘」, 295-323.

가르침은 무엇인가? 그것은 야훼 하나님이 역사의 주인이라는 사실이다. 국가가 멸망하든, 성전이 파괴되든, 국가지도자들이 포로로 잡혀갔다가 돌아오든, 이 모든 역사의 배후에는 야훼 하나님이 섭리하신다는 고백이 자리하고 있다.

셋째, 이 야훼 하나님을 믿는 공동체가 취할 자세는 무엇인가? 답변은 지극히 평범하고 자명하다. 야훼가 세계역사의 주인이시며 민족역사의 운명을 좌우하는 분이심을 굳게 믿어야 한다. 그리고 그 하나님의 존재와 다스림을 세상에 알리기 위해 신앙공동체가 존재한다는 존재의 이유와 목적을 명심하고 움직이며 행동해야 한다. 기본적으로 가장 먼저 공동체 안에서 정의와 공의, 생명 존중, 평화를 추구하는 삶의 자세와 에토스가 확립되어야 한다. 성전 혹은 교회라는 제도 혹은 제사와 예배는 이러한 목적에 이바지하는 도구적 장치이다.

예언서의 이와 같은 증언들은 오랫동안 침략과 수탈의 역사를 버티고 견뎌온 우리민족의 역사와 깊은 공감대를 형성한다. 우리 민족이 과거에 수립한 왕정들의 변천과 현재 유지되고 있는 민주주의 국가라는 제도 아래서 경험한 다양한 현실이 이스라엘 백성의 역사적 체험과 증언과 역학적으로 매우 유사하다는 뜻이다. 일반 백성의 고난스런 삶, 흥망과 성쇠를 거듭한 정치경제 시스템들, 지배적인 종교들의 역할도 마찬가지로 유사하다. 고조선으로 시작해서 삼국시대, 통일신라, 고려, 조선, 일제강점기, 대한민국에 이르기까지 정치 시스템이 변천해왔으나 일반 백성들이 누리고 싶은 평화로운 삶은 거의 항상 위협받았고 안정과 평화를 누린 적은 드물었다. 신앙에 관한 한 우리 민족은 기독교신앙을 포함하여 샤머니즘과 같은 민간종교, 불교, 유교 그리고 기타 종교들의 등장으로 민족에게 구원의 길을 가르쳤다. 어떤 것은 쇠퇴하고 사라지기도 하고 기독교를 포함하여 어떤 것은 오늘날도 여전히 전파되고 있다. 우리는 예수 그리스도를 믿고 따라가는 기독교인이다. 우리는 우리의 신앙이 이 민족의 역사 속에 민족을 올바로 선도하는 으뜸가는 가르침이라고 확신하고 있다. 그런데 일각에서는 우리 교회의 강단사역에 주로 역사의식이 없고 신학이 없는 설교가 많다는 비판을 받고 있다. 교회가 우리 사회에 막중한 사명감을 못 느끼고 있다는 평가도 받고 있고 기독교가 쇠퇴하고 있다는 극단적 평가도 듣고 있다. 그러므로 우리는 새로운 각성을 요구받고 있다. 우리 개신교회는 우리의 과거와 현재를 철저히 반성하고 성찰하여 우리 민족이 앞으로 어떤 목표를 지향하며 살아야 하는지를 깨닫고 하나님의 말씀인 성서에 입각하여 올바르고 확고한 신앙체계를 가르치고 전파할 필요가 있다. 적어도 우리는 우리가 신앙하는 기독교 신앙이 현재 우리 민족이 처한 현실을 직시하고 과거 이스라엘이 걸었던 그런 과오를 반복하지 않도록 올바른 역사관과 가치관을 가르치는 신앙이 되도록 하는 사명을 외면해서는 안 될 것이다. 구약성서는 이런 목표를 달성하기에 충분한 가르침을 간직하고 있다. 그것은 거듭 진술하거니와 정의와 공평을 실천하며, 생명을 존중하고 평화를 추구하는 삶이다. 나라라는 정치체제와 교회라는 종교적 형식도 중요하지만 정작 나라든 교회라는 제도든 지향하는 가장 현실적인 장소는 매일 펼쳐지는 일상사이다. 나라와 지도자의 존재목적이 여기에 있고 교회가 궁극적으로 구현하려는 것도 여기에 있다. 구약성서가 말하는 하나님의 나라란 바로 이런 일상적인 삶을 표현한다. 그러므로 구약성서가 가르치는 하나님의 말씀이 지닌 본래적 의미는 지금 이곳을 떠나면 의미가 없다. 내세에 대한 희망도 현재의 위기와 절망이라는 상황을 전제할 때 의미가 있다. 역사적 예수는 그것을 깨달았고 그 깨달음을 실천했다. 이제 교회가 이 가르침을 우리 사회에 널리 전파해야 하고 우리 사회에 그런 모습을 보여주는 공동체로 인식되는 길을 걸어야 한다. 이는 한편으로 세계 가운데 우리 민족만을 중요하게 여기는 배타적 사고방식을 강조하는 것이 아니다. 우리 민족은 예수가 간파한 구약성서의 참다운 의미에 따라 우리사회의 정의와 생명과 평화는 물론이고 세계의 정의와 생명과 평화를 위해 존재하는 민족으로 살아가야 한다는 의미이다. 이것이 성서를 믿는 개신교회의 사명이다. 구약성서는 신약성서의 예수와 함께 이런 가르침을 '거룩한 계시'로 외치고 있다.

3.7. 총정리: 규범적 구약신학

창세기부터 말라기까지 구약성서는 인간 사회의 정의, 생명, 평화라는 가치를 규범적 신학사상으로 삼고 있다. 창세기는 하나님의 형상으로 지음을 받은 사람이 하나님을 대신해서 이 세상이 정의와 공의 아래 질서 있고 조화로우며 평화롭게 유지되도록 할 사명과 목적을 지니고 있음을 알려준다. 태고사 혹은 원역사에 묘사된 인류는 이와는 정반대의 삶을 산 궤적을 보여준다. 그들은 하나님처럼 되려는 욕구를 표출한다. 형제가 형제를 죽이기도 하고, 강한 자와 힘 있는 자가 자신의 상처나 욕망 때문에 폭력을 휘두르고 살인을 저지르고 약자를 억압한다. 그때마다 하나님은 이에 간섭하여 타당한 심판을 하거나 가로막는다. 그러나 태고적 인류가 하나님처럼 되기 위해 권력욕을 반복적으로 추구하는 모습은 더 이상 막을 수 없는 지경에 이를지 모른다는 하나님의 판단에 도달한다.

하나님은 새로운 길을 시작한다. 하나님은 아브람을 부르고 땅과 자손과 이름을 떨치는 축복을 약속한다. 아브람은 예상을 벗어나지 않고 이 약속을 끝까지 믿는 인간다운 삶을 살았다. 그의 후손들인 이삭과 야곱도 마찬가지이다. 요셉은 사람이란 하나님이 될 수 없으며 하나님이 아니라는 엄연한 사실을 삶으로 고백하며 이 족장사의 마지막을 장식한다. 연약하고 한계상황 속에 살아가는 사람은 하나님의 약속을 굳게 믿고 올바로 열심히 살아가는 길 외에는 다른 도리가 없다. 족장들은 믿음의 길을 유형적으로 보여준다. 창세기는 구약신학의 서언으로서 기독교인인 우리가 두 가지 길 가운데 믿음의 길을 택해야 함을 가르친다.

이어서 출애굽기부터 신명기는 이스라엘이라는 언약백성이 탄생하는 사건을 중심으로 규범적 신학사상을 전한다. 국가(이집트)가 백성(이스라엘이 될 히브리 노예)을 억압하는 사례는 인류사에서 전형적으로인 벌어지는 현실이다. 하나님은 가혹한 현실에서 벗어날 수 없는 약한 백성들을 궁휼히 여기신다. 그래서 하나님은 모세라는 사람을 택하여 노예들을 억압적 현실에서 탈출시킨다. 그리고 시내 산으로 이끌고 가서 그들과 언약을 맺는다. 그들은 이에 전폭적으로 동의한다. 그들은 이 언약을 통해 이스라엘이 된다. 이제 야훼 하나님은 이스라엘의 하나님이 되고 이스라엘은 야훼 하나님의 백성이 된다. 이 언약을 유지하려면 아니 언약백성은 십계명 속에 압축된 각종 율법을 의무적으로 지켜야 한다. 그것은 실상 하나님의 백성이 이루는 사회 구성원이 마땅히 지키고 살아야 할 바른 삶의 길이요 구체적 강령들이다. 언약의 조항들은 구원을 받거나 구원을 잃어버리는 조건이 아니다. 혹독한 이집트 제국의 압제 현실에서 구원 받은 사람들이 또 다시 비슷한 유형의 악을 반복해서 저지르지 않도록 하려는 뜻에서 주신 가르침이다. 그래서 이 율법과 계명은 억압과 압제에서 구원 받은 사람이 구원을 받았기 때문에 반드시 지키고 살아야 할 가르침들이다. 그것을 지키지 못하면 언약백성으로서 자격이 없다. 책임을 다하지 못했기 때문에 징계를 받을 뿐이다. 율법과 계명을 지키지 못하면 구원을 상실하는 것이 아니다. 그러나 그런 삶의 결과로 죽음에 이른다면 그/그녀가 누린 자유란 의미가 없다. 그런 측면에서 구원을 잃을 것이라고 말할 수도 있다. 그러나 중요한 것은 하나님이 사람의 본성을 잘 이해하고 계신다는 사실이다.

그래서 율법의 조항들을 위반할 경우를 전제로 언약관계를 회복시켜주는 보완책 혹은 구제책을 주신다. 그것이 회막을 짓고 그 회막을 중심으로 지켜야 할 제의와 제사 제도를 준 이유이다. 각종 제사와 절기에 대한 가르침들은 모두 이런 목적에 기여한다. 특히 훗날 성전이나 교회의 원형으로서 회막은 하늘의 하나님이 산으로 내려오시고, 다시 산에서 지상으로 내려와 언약백성 가운데 늘 함께 계신다는 표식으로 세워진 건축물이다. 그것은 하나님이 임재하신다는 표식이다.

성막 가운데 계시는 하나님의 임재는 언약백성에게 거룩한 삶을 요구한다. 거룩이란 추상적 의미의 구별된 삶을 말하는 것이 아니다. 그것은 삶 전체를 통해서 구현되고 실행되어야 할 삶의 자세를 가리킨다. 제의적 정결은 사회적 정결과 늘 함께 지켜져야 한다. 성과 속은 본질상 이원적으로 구별되지 않는다. 성은 속을 조절하는 영역이며 속은 성을 구현하는 영역일 뿐이다.

각종 제사 규정들은 언약백성의 삶을 하나님의 이름으로 조심스럽고도 신중하게 살아가도록 만든다. 제사제도는 경제적 손실을 규정하기 때문에 공동체 구성원 사이에서 벌어질 수 있는 각종 범죄를 막는 효과가 상당하다. 소를 잡아서 제사를 드리는 일과 곡식을 태워 제사를 드리는 일 그리고 공중의 새를 잡아서 제사를 드리는 일의 경제적 가치를 비교해 보라. 어느 것이 손쉽겠는가? 재산이 많은 사람들은 가난한 사람에 비해 제물을 바쳐 제사를 드림으로써 발생하는 경제적 손실이 크지 않을 수 있다. 제사가 매너리즘에 빠져 그것이 죄의 억제력을 약화시키는 경우가 생긴다면 그것은 아마 부자들에게나 벌어지는 현상일 것이다. 구약의 제사제도의 범죄 억제력은 개인적으로 입술의 고백과 마음의 회개에 맡기는 개신교의 속죄 방식보다 상대적으로 효과가 더 클 수 있다. 물론 이것은 성령이 사람의 인격을 변화시키는 역사는 고려하지 않은 것이다. 회막 중심의 언약공동체는 끊임없이 과거의 사건을 회상하고 은혜를 기억하며 언약의 조항들에 따라 권력의 길이 아닌 믿음의 길을 걷도록 가르친다.

출애굽하고 언약백성이 되어 성막을 짓고 각종 율례와 법도를 들은 사람들은 이제 목적지를 향해 떠나야 한다. 이스라엘의 출애굽 구원은 그 자체로 끝나지 않는다. 그 구원은 더 큰 목적을 향해 노정되어 있다. 구원의 의미를 지속적으로 알리고 확산시키는 삶이 기다리고 있다. 그런 의미에서 언약백성은 시내 산이나 광야에 머무르지 않고 약속의 땅으로 여행한다. 여기서 성서는 중대하고도 평범한 진리를 표명한다. 삶은 중단되는 법이 없다. 삶이란 우리 앞에 놓인 엄숙한 과제이다. 그 삶이 가치 있는 목적을 겨냥하여 사느냐 그렇지 않느냐만 있을 뿐이다. 이스라엘이 광야를 통과하는 중에 벌어지는 여러 가지 사건들은 언약공동체가 망각하고 반복할 수 있는 권력의 길에 대한 엄중한 경고로 기능한다. 그런 사건들은 공동체의 리더십과 질서를 확립하는데 기여한다.

모압 평지에 도착하여 모세가 죽고 유언으로 남긴 신명기는 지나간 사건들을 재해석하고 앞에 놓인 삶의 과제를 새롭게 강조한다. 모세의 유언인 신명기는 이어지는 역사서를 기술하는 주요 관점을 제공한다. 오경/토라가 약속의 땅으로 들어가기 전에 끝나는 모양새로 끝나는 것은 오경/토라가 미완성의 약속을 명시하며 약속의 성취를 희망하는 가르침이라는 의미를 가진다. 그런 의미에서 오경/토라는 구약성서 전체에 규범적 신학사상을 설정한다. 믿음으로 희망을 갖고 인간의 한계 속에서 참된 인간으로 성실하게 살아갈 것인가? 권력을 쥐고 자기 욕망을 표출하면서 신처럼 살기를 추구할 것인가?

이어지는 두 가지 역사서는 이스라엘이란 나라의 역사를 통해 신앙인에게 토라의 규범성이 어떻게 빗나갔으며 어떤 방식으로 성취될 수 있는지를 성찰하도록 이끈다. 신명기역사서는 첫 번째 역사적 성찰을 제공한다. 이스라엘이 가나안 땅에 입성하여 살다가 다시 쫓겨나가기까지를 기록한 신명기적 역사는 심오하고 중차대한 의미를 전한다. 땅은 하나님의 선물이다. 언약백성은 하나님의 은혜 가운데 공평하게 나누어 가졌다. 외부민족의 침략에 대항하는 사사들은 일시적인 리더십을 발휘했으나 이스라엘 사회에 지속적 안정을 가져다주지 못했다. 불가불 군주의 필요성이 제기되었고 군주가 통치하는 사회는 일종의 필요악으로 허락된 제도이다. 언약백성의 참된 군주는 야훼 하나님밖에 없기 때문이다.

원래 군주제도는 백성의 안녕을 목적으로 세워진 정치질서이다. 이스라엘 군주사회가 남긴 자취는 인류 역사에 또 하나의 신학적 증언으로 기능한다. 이스라엘의 군주 국가들은 오래 지속되지 못했다. 국가가 존속하는 중에도 분열과 다툼 그리고 혼란은 그치지 않았다. 그 나라는 처음에 하나로 시작했는데 둘로 분열한 끝에 결국 차례로 패망하였다. 패망의 이유는 정치지도자들의 욕망 때문이다. 군주는 모세의 율법 즉 토라의 정신에 따라 통치를 수행해야 했다. 그러나 그런 지도자는 찾아보기 드물었다. 나라가 망하고 포로로 잡혀간 사람들은 약속의 땅으로 귀환할 것과 참된 지도자(메시아)의 도래를 꿈꾼다. 메시아에게는 토라가 가장 중요하고 가장 권위 있는 기준이다. 그것은 사람들이 평화롭고 정의로우며 삶이 존중 받는 사회를 가르친다.

역대기 역사서는 두 번째 역사적 성찰을 제공한다. 이 성서들은 신명기 역사서와 비슷한 역사를 다루면서도 포로기를 거쳐 포로후기의 제2성전 시대를 겨냥한다. 성전만 허용된 식민지 시대의 유다 공동체는 정체성 혼란이 심각한 이슈로 부각되었다. 역대기서는 앞의 역사서술과 달리 특별히 성전예배에 대한 열성을 좋은 왕과 나쁜 왕을 가르는 기준으로 삼아 성전예배의 중요성을 강조한다. 에스라와 느헤미야서는 통혼을 금지하고 안식일 준수를 통해 참된 이스라엘을 강조한다. 이 역사서는 신앙인의 정체성을 어떻게 확립할 수 있는지를 보여준다. 성전예배를 강조하는 까닭이 여기에 있다. 교회가 예배를 강조하는 것은 중요한 일이고 필요한 일이다. 하지만 예배의 목적은 신앙인의 정체성 형성이라는 보다 큰 목적을 지니고 있음을 명심해야 한다. 예배만을 최고의 목적이요 유일한 것으로 가르친다면 그것은 성서가 규범적으로 가르쳐온 구체적 삶과 현실을 외면하는 기형적인 신앙인을 만들 위험성이 있다.

성문서는 식민시대의 정서를 반영한다. 성전만 존재하고 자국민에 의한 중앙정부가 없고 다른 민족이 세운 제국의 통제와 요구 앞에서 스스로를 지켜내야 하는 시절이다. 누구도 무엇도 식민시대의 이스라엘 백성을 보호해주지 않는다. 백성들은 각자 자기 삶을 소중히 여기고 열심히 살아야 한다. 그래서 살아남는 일(to survive)만이 지상최고의 가치로 등장한다. 이유 없는 고난을 당할 때(욥)도 있고 주변민족의 후손이 유다 민족을 말살할 계획과 맞서야 할 때(에스더와 다니엘)도 있다. 전자의 경우에는 해답이 없다. 그래서 인간 중심으로 생각하지 말고 하나님 편에서 생각하는 훈련도 필요하다. 후자의 경우에는 누군가가 특단의 결단을 내리는 모범을 기억할 필요가 있다. 개인의 성공과 안일만을 추구한다면 공멸할 수도 있지만 자기를 희생할 각오를 한다면 민족이 다 함께 살아갈 기회를 얻을 수 있다. 이와 같은 특정한 위기가 아니라면 현재의 처지 속에서 지혜롭게 대처하면서 목숨을 부지하고 일상적 삶을 풍요롭고 안전하게 지키기 위해 (잠언) 순수한 사랑도 나누고(아가) 충성심을 발휘하면서(룻) 유한한 시간 속에 매일의 현실을 향유할 필요(전도서)가 있다. 더불어 매일 기도문을 읽고 묵상하며 하나님의 통치를 굳게 믿고 찬양하는 삶을 살아야 한다(시편과 애가).

우리는 이제 세 번째이며 구약성서의 마지막 역사적 성찰을 담고 있는 예언서를 읽는다. 네 개의 두루마리 속에 15권으로 구별된 예언서는 이스라엘 군주시대 중후반부터 시작해서 식민시대에 이르기까지 아주 긴 기간에 걸쳐 예언자들이 역사 속에서 군주들과 지배층 그리고 백성을 향해 선포했던 다양하고 다채로운 해석들을 수록하고 있다. 그것은 네 가지 영역의 사고를 전개한다. 가장 밑바탕에는 백성들의 안정되고 평화로운 일상사를 지향한다. 다음으로는 군주제도와 군주들에 대한 비판을 출발점으로 이상적 군주에 대한 희망을 표출한다. 이상적 군주가 지향하는 사회상은 다수 백성들의 평화로운 삶이다. 정의와 공의가 요구되는 맥락도 여기에 있다. 식민시대의 성전중심 사회도 궁극적으로는 백성 전체가 누리는 사회적 안녕에 있다. 토라를 강조하는 까닭이 여기에 있다. 토라는 정의와 생명과 평화를 가르친다. 주변민족의 멸망/심판을 예고한 신탁들은 이스라엘의 흥망성쇠와 더불어 하나님의 정의로운 통치를 웅변한다.

　구약성서는 하나님의 세상 창조로 시작해서 그분의 정의로운 세상 통치에 대한 고백과 증언으로 마무리한다. 구약의 하나님은 정의롭게 세상을 지으셨고 모든 생명을 사랑하셨으며 온 세상이 조화롭게 움직이는 모습에 평화로이 안식하셨다. 사람은 이런 하나님의 모습을 본받아 그 모습을 비추면서 살도록 지음을 받은 하나님의 대리인이다. 토라는 이스라엘 민족이 시작된 역사를 통해 이 생각을 가르쳐준다. 토라의 규범성 때문에 그리고 그것에 의지해서 우리는 이후에 벌어지는 이스라엘 역사의 세 가지 성찰들과 각종 거룩한 글들을 성찰하였다. 어쩌면 이 구약성서를 읽은 역사적 예수는 우리가 기술한 규범적 가르침을 더욱 구체적으로 더욱 현실적으로 간파하였을 것이다. 그는 이것을 깨달았을 뿐 아니라 실제로 실천에 옮겼다. 신앙은 입술의 고백으로 그쳐서는 안 되며 삶으로 실천되어야 하는 정신자세이다. 예수를 믿고 따라가는 개신교회는 구약성서에서 무엇이 중요한지 어떻게 실천해야 하는지를 제대로 배워야 한다. 그것은 예수가 실천한 정의로운 삶이다. 정의란 상처와 무능력을 구원하는 것이다. 그것은 타인 특히 약자에 대한 배려가 없이는 어렵다. 그렇게 해야 생명을 존중하는 삶으로 이어진다. 내가 중요한 만큼 남도 중요하다. 서로 존중해야 한다. 약자는 특히 더 그렇다. 타인을 존중할 때 질서와 평화가 가능해진다. 남을 존중한다지만 무관심하면 그것은 평화가 아니라 방관으로 이어진다. 평화란 이기적 배타주의가 아니라 상호성을 전제한다. 정의와 생명을 소중히 여긴다면 타자에게 원한을 품게 만들거나 원한을 품을 일이 발생하지 않을 수 있다. 원한과 빚을 깨끗이 청산한 상태가 평화이다. 재물의 빚이든 목숨의 빚이든 모든 것이 깨끗이 정리되어 더 이상 주고받을 것이 없는 상태. 그것이 평화이다.

주예수가 다시 오실 때까지 개신교회는 교회라는 제도적 장치를 통해 토라를 필두로 하는 성서의 가르침 즉 정의로운 삶, 생명을 존중하는 삶, 평화를 이 세상에서 추구해야 한다. 교회는 바로 이런 사상을 가르치는 곳이다. 이 사실을 우리 사회 전체가 인정하는 그 날까지 21세기 개신교회는 성서를 다시 가르쳐야 한다.

제4부

21세기 한국개신교회를 위한 구약신학의 적용

제4부

21세기 한국개신교회를 위한 구약신학의 적용

3부에서 기술한 규범적 구약신학 사상은 정의, 생명, 평화라는 세 단어로 압축하여 말할 수 있다. 그것을 추구하면 사는 삶이 하나님의 형상으로 지음 받은 사람이 존재하는 목적이다. 구원받고 시내 산에서 언약을 체결한 이스라엘의 삶의 원칙도 정의, 생명, 평화이다. 그것이 토라의 핵심사상이다. 역사적 예수는 이 정신을 구현한 삶을 사셨다. 십자가에서 죽고 무덤에서 부활하신 예수 그리스도를 믿는 교회는 성서의 이 세 가지 사상(정의, 생명, 평화)를 온 세상에 보여주어야 한다.

정의, 생명, 평화. 이 세 가지 사상은 조금씩 중첩된다. 정의는 생명을 최우선으로 삼아야 올바로 실행될 수 있고 생명은 정의로운 질서를 추구할 때 존중받을 수 있다. 그리고 정의와 생명존중이 구현될 때 평화가 완성된다. 이 규범적 신학사상이 구약성서 전체에서 배어있지만 편의를 위해 오경은 정의를, 예언서는 생명존중을, 성문서를 평화를 대변한다고 말할 수 있다.

이 4부는 이 규범적 신학사상을 실천하기에 초점을 맞춘 글들을 모아놓았다. 성서의 규범적 사상이 이론적 사변과 주장으로 그치지 않기 위해서는 구체적 사안에 대한 실천적 성찰이 필요하다. 서론에서 밝혔듯이 우리는 신학하기(doing theology)를 지향한다. 우리 교회 안에는 지도자든 평신도든 신학적으로 사유하는 신앙인이 늘어나야 한다. 그럴 때 개혁과 갱신이 가능하다.

생각이 바뀌어야 행동이 달라질 수 있다. 성서를 신학적으로 사유하는 일은 결코 단순하지도 않고 쉬운 일도 아니다. 그래서 우리가 사용하는 용어에 손쉽게 "성서적"이나 "성경적"라는 형용사를 붙이는 일은 무척 신중해야 한다.

이곳에 모아 놓은 다섯 개의 글은 다섯 가지 주제(권력, 기후변화, 세계화, 통일, 성서교육)를 규범적 신학사상의 틀 안에서 다룬 글들이다. 그것들은 제기한 질문에 대한 표준적 답변이 아니다. 결코 그럴 수 없다. 다만, 신학하기를 위한 하나의 사례들일 뿐이다.

첫 번째 글("해석의 힘과 힘의 해석")은 권력지향적인 신앙지도자들의 역할을 재고하기 위한 성찰이다. 성서는 처음에 권력집단에 의해 작성되기 시작했으나 그것은 곧 권력집단을 다시 심판하는 근거가 되었다. 우리가 성서를 읽고 있으나 어느새 성서가 우리를 읽고 있다는 점을 깨달을 필요가 있다. 교회의 지도자들은 성서의 권력 앞에 진솔하게 무릎을 꿇어야 한다. 두 번째 글("기후변화의 위기와 구약신학적 응답")은 지구의 환경과 기후를 객체로 보지 않고 주체로 보는 해석학적 인식의 전환을 통하여 구약성서를 읽는 길을 시도한다. 세 번째 글("세계화에 대한 구약성서의 응답")은 세계화 현상이 경제적 이익을 우선시하는 것과 달리 성서와 기독교 신앙의 최우선 강조점은 이익보다 사람에게 있음을 보여준다. 네 번째 글("통일담론을 위한 구약성서의 제안")은 성서 이스라엘의 역사와 한국의 분단현실을 단순히 비교하면서 통일담론을 거론하는 것은 문제가 있고 선물로 받은 땅, 열두지파 체제, 분열된 민족의 통합을 염원하는 자세 등의 세 가지 사항이 통일담론에 유익하다는 점을 발견했다. 다섯 번째 글("교회 갱신을 위한 성서교육")은 교회의 문제가 성서교육에서 비롯된다고 보고 기존 성서교육을 개선하려면 교육 프로그램이나 커리큘럼 조정만으로는 부족하며 성서교사의 성서에 대한 근본적인 인식변화가 필요하다는 점을 제안했다.

 이 중 두 편은 한국구약학회에서 발행하는 「구약논단」에, 세 편은 침례신학대학교 교내 학술지 「복음과 실천」에 게재한 것들이다. 두 학술지의 편집방침이 달라서 목차 표기, 각주 그리고 참고문헌을 제시하는 방식도 조금씩 다르다. 독자의 양해를 구한다.

4.1. 해석의 힘과 힘의 해석: 종교개혁의 구호 '성서만으로'의 비평적 성찰[1]

I. 들어가는 말

2017년은 종교개혁 500주년이 되는 해이다. 이 연구는 종교개혁 500주년이 되는 2017년에 종교개혁이 남긴 중요한 유산 가운데 하나인 "성서만으로(*sola scriptura*)"라는 구호와 그것이 내포하는 힘(또는 권력)의 관계를 우리나라 개신교회(이후, 교회)의 현실과 접목하여 고찰하려고 한다. 개신교의 "성서만으로"라는 구호는 로마가톨릭교회의 교황의 권위(the Papal authority)와 전통의 권위(the authority of tradition)로부터 성서의 권위(the authority of the Bible)를 독립시키고 전자에 비해 후자가 더 우위에 있다는 신념을 표방한다. 여기서 권위(authority)란 신앙생활을 지도하는 정당한 권력(the legitimate power)을 의미한다. 개혁의 기치를 앞세워 로마가톨릭교회에서 분리되어 나온 개신교의 DNA는 *semper reformanda* ('교회는 항상 개혁되어야 한다')이다. 이 종교개혁의 과정에서 눈여겨보아야 할 현상은 성직자이며 신학자들에 의해 이루어진 성서 해석이 갖고 있는 힘이다. 루터는 로마서 해석을 통해 교황의 면죄부가 주는 효력을 원천적으로 부정하고 믿음으로 구원을 얻는다는 가르침을 확산시켰다. 그래서 종교개혁은 성서해석의 힘을 통해 새로운 신앙공동체를 탄생시킨 사건이라고 묘사할 수 있다. 따라서 만일 21세기의 한국 개신교가 제2의 종교개혁 운동을 전개하여 당면한 위기들을 극복하기를 희망한다면 무엇보다 필요한 것은

---

[1] 「구약논단」 68집 (2018년 봄): 144-74. 이 글은 한국기독교학회가 2017년 10월에 주최한 종교개혁 500주년 기념 학술대회의 구약학회에서 읽은 글을 토대로 하고 있다.

어쩌면-아니 필연적으로-지금까지의 성서해석을 개혁하는 작업을 수행해야 할 것으로 여겨진다. 물론 그러한 해석은 현재 교회의 믿음(fide)과 실천(praxis)에 경각심을 주어 건전한 방향전환을 일으킬만한 내용이어야 한다. 그것은 기존의 것을[2] 해체하고(deconstruction)[3] 뒤집는(subversive) 수준일 수도 있다. 이 과정에서 성서해석자(목회자와 신학자)가 지닌 역할이 가장 중요하다. 문제는 '항상 개혁'해야 하는 개신교의 개혁을 진심으로 원하고 그래서 새로운 성서해석의[4] 필요성을 공감한다면 그 해석이 겨냥하는 개혁 대상은 다름 아닌 성서해석자들 자신이라는 사실 또한 자명하다. 이것을 전제로, 성서해석자가 논의해야 할 과제는 자신들의 성서해석과 그 방향에 관한 것이 될 수밖에 없다. 어떤 해석을 선택하든 그것은 먼저 우리 교회가 우리 민족의 운명과 역사에 무관심했으며 무책임했다는 점을 시인하고 난 뒤, 이 땅에 교회가 존재하는 이유와 목적을 새롭게 고취시켜 우리 민족과 사회 앞에 뚜렷한 방향과 목적을 제시하는 신앙공동체로 발전하는데 기여할만한 내용이어야 한다. 결국 우리의 성서해석은 무엇을 간과하였고 무엇에서 어긋났는지 그래서 어떻게 방향 전환해야 옳은지를 놓고 성서해석자 사이의 치열한 토론과 논쟁이 불가피하다. 이 연구는 21세기 우리 교회의 진정한 개혁을 염원하는 맥락에서 기성 교회와 구약해석자들이 간과해온 측면, 즉 구약성서해석과 힘(권력)의 상관관계를 논하고 그것으로부터 우리 성서해석의 현재와 미래를 성찰하려고 한다.

성서해석에는 네 가지 변수가 있다. 그것은 성서, 저자, 독자, 세계이

---

2) 참고. Philip W. Comfort eds., *The Origin of the Bible*, 김광남 역,「성경의 기원」(서울: 엔크리스토, 2010 [원서, 1992]. 이 책은 복음주의 신학자들의 성서이해를 기술한다.

3) 이 말은 전통과 기존의 논리를 파괴한다기보다 전통적인 로고스 중심주의에 입각한 성서해석에 내재해 있는 논리적 비정합성과 불완전성을 드러내는 일이라는 의미로 제한한다.

4) 이후로 '성서' 혹은 '성서해석'은 구약성서에 국한한다.

다.5) 어느 변수에 초점을 맞출 것인지는 해석자의 선택에 달려있다. 성서 해석과 힘(권력)의 상관관계를 논의하기 위해서 연구자는 성서와 저자의 관계에 주목할 것이다. 특별히 성서 작성에 책임 있는 집단, 즉 저자를 주목하고 그들이 성서를 작성한 의도와 그 결과물인 성서가 미친 영향력(힘 혹은 권력)에 초점을 맞추어 우리의 과제를 수행하려고 한다.

성서의 최종적인 형태는 고대 이스라엘의 권력집단(들)이 직면한 여러 현실(realities)을 극복하려고 해석한 결과물이라고 기술할 수 있다.6) 성서는 권력집단의 이해를 증진시켜주는 매개체였다.7) 그러나 저자와 글의 관계는 그렇게 단순하지가 않다. 역사적 현실 자체가 복합적이기도 하지만 글 작성과정도 복잡하고 시간이 오래 걸렸기 때문이다. 그래서 양자의 관계는 우호적이지 않으며 때로 비판적이기도 하며 모순되는 주장을 하는 것처럼 비춰지기도 한다. 이 연구는 바로 이런 현상에 주목하여 성서가 권력자들이 부여한 해석의 힘 때문에 존재하게 되었으나 바로 그 성서가 거꾸로 권력자의 힘(권력) 사용을 판단하는 근거가 된다는 사실을 구약성서의 주요 단락(오경과 예언서)의 토론을 통해 보여주려고 한다. 우리는

---

5) M. H. Abrams, *The Mirror and the Lamp* (New york: Oxford University Press, 1953), 3-29; J. Barton, "Classifying Biblical Criticism," *Journal for the Study of the Old Testament* 29 (1984): 19-35.

6) 성서가 벌어진 현실을 단순보도한 것이 아니라고 한 주장에 관해서는 현실(혹은 말)과 글의 관계에 관한 언어구조주의 철학자 소쉬르(F. de Saussure)와 해체주의 사상가인 데리다(J. Derrida)의 글을 참고하라. Ferdinand de Saussure, "Course in General Linguistics," in *Critical Theory Since Plato*, rev. ed. Hazard Adams (New York: Harcourt Brace Jovanovich College Publishers, 1992), 718-726; Jacques Derrida, "Structure, Sign, and Play in the Discourse of the Human Sciences," in *Critical Theory*, 1116-26. 또한 서명수, "이야기와 역사,"「구약과 신학의 세계: 박준서교수 헌정논문집」(서울: 한들, 2001), 186-200; V. Philips Long, "History and Fiction: What is History," in *Israel's Past in Present Research: Essays on Ancient Israelite Historiography*, V. P. Long, ed. (Winona Lake: Eisenbrauns, 1999), 232-54.

7) 성서와 권력집단의 관계를 논한 최근의 연구서로 다음을 참고하라. 김은규,「구약 속의 종교권력」(서울: 도서출판 동연, 2013).

고대 이스라엘 사회가 진보한 농경사회(advanced agrarian society)의 틀 속에 존재하였다는 점에 착안하여 이 논의를 전개할 것이다.

II. 성서 작성과 권력자

누가 성서를 작성했는가? 구약성서에 관한 한, 이 질문에 대한 역사비평학자들의 답변은 대체로 잘 알려져 있다. 토라와 예언서의 경우, 어느 책이든, 어느 문서층(strand)이든,[8] 어느 단계의 글이든 작성자는 군주시대 왕실이나 제2성전시대의 제사장 계층에 의해 고용된 서기관들이라는 점에 거의 이견이 없다.[9] 서기관들은 J, E, P라고 부르는 문서층을 통해 사경, 즉 창세기부터 민수기까지를 군주시대부터 포로기 혹은 포로후기에 걸쳐 작성했고,[10] 오경의 다섯 번째 책인 신명기는 여호수아부터 열왕기

---

8) 괄호안의 'strand'는 하나의 굵은 줄이나 굵은 실을 구성하고 있는 여러 가닥 중의 하나의 줄이나 실을 일컬으며 그 줄이나 실을 풀어내면 한 가닥의 길고 온전한 줄이나 실을 분해할 수 있는 경우를 가정하여 '일관된 성서전승'을 표현하기 위해 사용된 용어이다. 우리말에는 이것을 표현할 마땅한 말이 없다. 그래서 '층'으로 표현했다. 그러나 '층'은 시간의 경과에 따라 차곡차곡 쌓여있는 모습을 연상시키고 또 개별 '층'은 의미상 불연속성에 노출되어 있다는 문제를 안고 있다.

9) Robert B. Coote and Mary P. Coote, *The Bible's First History*, 장춘식 역, 「성서와 정치권력」 (서울: 한국신학연구소, 2000); Richard E. Friedman, *Who Wrote the Bible?* 이사야 역, 「누가 성서를 기록했는가?」 (서울: 한들출판사, 2008); William M. Schniedewind, *How the Bible Became a Book: A Textualization of Ancient Israel*, 박정연 역, 「성경은 어떻게 책이 되었는가?」 (서울: 에코리브스, 2006); Christoph Levin, *The Old Testament: A Brief Introduction*, tr. by Margaret Kohl (Princeton: Princeton University Press, 2005).

10) Robert B. Coote and David R. Ord, *The Bible's First History*, 우택주, 임상국 역, 「성서의 처음 역사」 (파주: 한울아카데미, 2017); *In the Beginning: Creation and the Priestly History* (Minneapolis: Fortress Press, 1991); Robert B. Coote, *In Defense of Revolution: The Elohist History*, 우택주, 임상국 역, 「여로보암과 혁명의 역사」 (파주: 한울아카데미, 2018); *Deuteronomistic History* (파주: 한울아카데미, 근간8).

하까지의 글과 함께 군주시대 말기 히스기야와 요시야 시대의 궁전에서 쓰기 시작하여 포로기 중반에 완성한 것으로 정리해볼 수 있다.[11] 이사야서부터 말라기까지를 일컫는 후기 예언서도 군주시대 말(요시야 시대?)부터 시작하여 페르시아 시대를 거쳐 하스몬 왕조 시대의 서기관들에 의해 기록되고 보완되고 전수되었다고 할 수 있다.[12] 성문서의 경우는 위의 두 가지 문집에 비해 작성 시기에 대한 견해가 다양하고 완성 시기도 불확실이다. 그것이 정경화된 시기가 주후 90년경이라는 정보만이 유대교를 통해 전해지고 있으나 그 역사적 정확성은 확인하기 어렵다.

한편, 서기관 계층은 군주시대에는 왕에게 고용되었고, 식민지 시대에는 제사장 계층이 고용한 전문 지식인들이었다.[13] 진보된 농경사회였던 고대 이스라엘 사회에서 이들은 전체 인구의 5퍼센트 범위 안에 존재하는 소수의 통치 계층에게 고용된 신하들(retainers)이었다.[14] 글쓰기에 관한 전문지식을 지닌 이들은 독자적으로 글을 쓰지 않았으며 반드시 그리고 언제나 통치자와 통치계층(제2성전시대의 제사장 집단)의 요구에 부응하는 글을 썼던 것으로 이해된다. 그래서 교회가 구약성경이라고 부르는 책

---

11) 성서학자들은 이 글을 '신명기역사'라고 부른다. 작성과정에 대한 이론을 위해, 참조. Steven L. McKenzie, "Deuteronomistic History," *Anchor Bible Dictionary*, vol. 2 (New York: Doubleday, 1992), 160-68; Thomas C. Römer, *The So-Called Deuteronomistic History: A Sociological, Historical and Literary Introduction* (New York: T & T Clark International, 2005), 13-43.

12) 카(David M. Carr)는 헬라문명에 대한 도전의식을 갖고 있는 하스몬 왕조(143-63년 BCE) 시대가 '예언의 끝'을 학개와 스가랴와 같은 페르시아 시대 예언자의 글로 규정한 후로 더 이상의 예언서 작성이나 손질이 막았다고 추정하고 이 시기를 후기 예언서 완결시기로 본다. 참조. David M. Carr, *The Formation of the Hebrew Bible: A New Reconstruction* (New York: Oxford University Press, 2011), 153-79.

13) 다윗의 관리명단과 솔로몬의 관리명단(삼하 8:15-18; 20:23-26; 왕상 4:1-6)을 보면 다윗 왕실의 서기관은 스라야와 스와였고 솔로몬 왕실의 서기관은 엘리호렙과 아히야였다.

14) Gerhard E. Lenski, *Power and Privilege: A Theory of Social Stratification* (The University of North Carolina Press, 1984), 245, 284.

들은 사회학적 관점에서 볼 때 '국가문서(state literature),'[15] '제2성전 문서(Second Temple document)'[16] 혹은 구성원 전체와 통치 집단의 인구비율로 따져볼 때 '소수자의 보고서(minority report)'라고[17] 묘사할 수 있다. 고대 농경사회에서 글은 사회적 통제의 도구(an instrument for social control)이며 정치 효율성을 높여주는 기제 역할을 했다.[18] 글이 희귀했고 글자를 읽고 쓸 줄 아는 사람도 매우 적었기 때문이다. 고대 이스라엘 사회에서도 마찬가지였다.[19] 이스라엘에서 글은 통치계층의 통치 행위를 지지하고 합법화하는 도구였다.

---

15) Coote, "Tribalism," *Ancient Israel: The Old Testament in its Social Context*, ed. Philip F. Esler (Minneapolis: Fortress Press, 2007), 37. "성서문헌은 사실상 전체가 국가 문서이다."

16) Robert P. Carroll, "Textual Strategies and Ideology in the Second Temple Period," in *Second Temple Studies 1: Persian Period*, ed. Philip R. Davies (Sheffield: Sheffield Academic Press, 1991), 108.

17) William G. Dever, *What Did the Biblical Writers Know & When Did They Know It? What Archaeology Can Tell Us About the Reality of Ancient Israel* (Grand Rapids: Wm. B. Eerdmans Publishing Co., 2001), 173. 그는 2002년에 상영된 미국 영화, '마이너리티 리포트'(스티븐 스틸버그 감독)라는 제목으로 구약성서의 성격을 묘사하였다.

18) Lenski, *Power and Privilege*, 207.

19) Gerhard Lenski, Patrick Nolan, and Jean Lenski, *Human Societies: An Introduction to Macrosociology*, 7th ed. (New York: McGraw-Hill, 1995), 185. 그는 농경사회가 소수의 식자층과 다수의 문맹자로 이루어져 있다고 본다. 고대 이스라엘의 경우, 글을 읽고 쓸 줄 아는 능력(literacy)는 주전 8세기부터 보편화되기 시작했을 것이라는 견해(D. W. Jameson-Drake, *Scribes and Schools in Monarchic Judah: A Socio-Archaeological Approach* [Sheffield: sheffield Academic Press, 1991])와 이를 반박하고 주전 12세기경부터라는 견해(Richard S. Hess, "Literacy in Iron Age Israel," in *Windows into Old Testament History: Evidence, Argument, and The Crisis of Biblical Israel*, Philips V. Long [Grand Rapids: Wm B. Eerdmans Publishing co., 2002]: 82-102)가 논쟁중이다. 참고로, 2005년에 발견된 텔 자이트(Tell Zayit)의 알파벳 글(abecedary)에 대한 논쟁을 위해, Ron E. Tapy and P. Kyle McCarter (eds), *Literate Culture and Tenth-Century Canaan: The Tel Zayit Abecedary in Context* (Winona Lake: Eisenbrauns, 2008)을 보라. 이곳에 수록된 학자들의 글들은 대체로 10세기에 히브리 글자 사용에 회의적이다.

구약성서 서두에 등장하는 두 가지 주요 문집, 오경과 예언서는 한 마디로 고대 이스라엘에게 역사 속에 벌어진 하나님의 행위와 뜻을 알려주는 유일한 정보원이었다.20) 이 글들은 과거 조상들의 삶과 역사 가운데 나타나 일하신 야훼 하나님을 기술한다. 고대 이스라엘 역사와 그 예언자적 해석에 대한 내러티브 틀로 삼고 있는 오경과 예언서는 그것들이 기술하는 내용을 반박할만한 또 다른 객관적이고 신뢰할 만한 권위 있는 정보원이 없는 한, 기정사실로 받아들일 수밖에 없는 까닭도 여기에서 비롯되었다고 볼 수 있다. 그래서 오경과 예언서의 글들(그리고 이후의 성문서를 포함하여)은 그것이 진술하는 내용을 통해 세계를 규정하는 유일한 근거로 기능했다. 그런 의미에서 글은 세계를 창조하는 힘을 지닌다.21)

고대 메소포타미아의 창조신화인 에누마 엘리쉬(Enuma Elish)가 마르둑 신전 건립의 정당성을 해설하는 신화이며22) 동시에 고대 바벨론 제국의 통치철학, 특히 국가가 주도하여 백성에게 부여하는 강제부역을 정당화하는 내용으로 이루어져 있다는 것은 잘 알려진 사실이다.23) 또 구약성서의

---

20) 성문서를 여기서 제외한 이유는 이 문집에 포함된 글들의 기원이 다양하기 때문이다. 특히 욥기, 룻기, 아가서 같은 경우, 당대의 지배층인 제사장 집단이 서기관으로 하여금 이런 글을 쓰게 하였다고 생각할 만한 근거가 명확하지 않다. 심지어 에스더서와 룻기는 헬라시대 유대인 여성의 작품이었을 가능성도 제기되고 있다 (Philip R. Davies, "Is There a Class in This Text?" in *Concepts of Class in Ancient Israel*, Mark R. Sneed, ed. [Atlanta: Scholars Press, 1999], 37-51). 반면에 시편, 잠언, 전도서, 다니엘서, 역대기상하, 에스라-느헤미야는 포로후기 제사장 계층의 의도와 부합한다. 한편, 슈미트(Konrad Schmid)는 예언서와 성문서를 토라에 대한 두 가지 해석으로 본다. Konrad Schmid, *Is There Theology in the Hebrew Bible?* tr. by Peter Altmann (Winona Lake: Eisenbrauns, 2015), 100-5.

21) 훔볼트(Friedrich W. Humbolt)는 신화와 관련하여 "언어가 세계를 반영하는 것이 아니라 그것을 창조한다."고 말한다(김은규, 「구약속의 종교권력」, 43 [재인용]). 이런 현상은 신화에 사용된 언어의 기능일 뿐만 아니라 고대 사회의 통치권이 작성한 글이 가진 현상으로 확대할 수 있다. 2011년 방영된 SBS 드라마 "뿌리 깊은 나무"의 한 장면에서 세종과 3대 밀본 정도광(백정 가리온)의 논쟁 가운데 "글자는 권력이다"는 대사는 의미심장하다.

22) 신화와 통치 권력의 관계에 대하여, 김은규, 「구약 속의 종교권력」, 41-9 참조.

홍수기사와 흡사한 내러티브 구조를 지닌 아트라하시스(Atrahasis) 서사시는 고대 메소포타미아 사회의 인구폭등을 통제하려는 의도로 쓴 것으로 해석하기도 한다.24) 고대 이집트의 창조기사("인간은 기회균등하게 창조되었는가?")도 통치 권력의 목적과 분리되지 않는다.25) 이와 마찬가지로 구약성서의 인간 창조기사(창 2:4a-3:24)는 다윗 왕실에서 작성한 글로서 국가가 시행하는 강제부역(corveé)을 배척하는 건국이념을 표명한다고 해석되기도 한다.26)

구약성서의 오경과 예언서는 이스라엘에 존재했던 통치 집단(들)의 통치행위를 정당화하고 진작시킨다.27) 서기관들은 당대의 권력에 적대적인 파벌이나 잠재적 권력 경쟁자들의 주장을 사용하여 그것을 중화시키기도 한다.28) 그들은 자기보다 앞선 시대의 글을 매우 신성하게 여겨서 함부로 다루지 않았다. 그래서 여러 세대에 걸쳐 추가되면서 완성된 이 글들 안에는 상이한 의도를 지닌 내용이 공존하는 모양새를 지니게 되었다. 그래서 해석자들은 같은 책 안에서 상이한 의도와 목적을 지닌 내용들을 분별해

---

23) Coote and Ord, 「성서의 처음 역사」, 90-7.
24) 참고. Anne D. Kilmer, "The Mesopotamian Concept of Overpopulation and its Solution as Represented in the Mythology," Orientalia 41 (1972): 160-77; Tikva S. Frymer-Kensky, "The Atrahasis Epic and Its Significance for Our Understanding of Genesis 1-9," The Biblical Archaeologist 40 (1977): 147-55.
25) Coote and Ord, 「성서의 처음 역사」, 96.
26) Ibid., 97-103.
27) 이런 정치적 목적을 지닌 글을 해명서(apology)라고 부른다. 참고. P. Kyle McCarter, Jr., "The Apology of David," Journal of Biblical Literature 99/4 (1980): 489-504. 그는 법궤 내러티브(삼상 4:1b-7:1), 다윗의 등장(삼상 16-삼하 5), 그리고 계승 내러티브(삼하 9-왕상 2)를 이 범주에 포함시킨다. 그러나 전기예언서 전체가 다윗 왕실의 해명서(royal apology)라고 말할 수도 있다. 우택주, 「새로운 예언서 개론」, 수정판 (대전: 침례신학대학교출판부, 2009), 135-48 (특히, 147).
28) 우택주, 「새로운 예언서 개론」, 125-33. 특히, 신명기역사의 독자(청중)와 수사법을 보라.

내기 위해 단락과 장절을 세밀하게 나눈다.

동일주제의 글이 불일치하는 사례를 살펴보자. 오경 안에서 출애굽기 20:22-25는 복수 성소법을, 신명기 12장은 단일성소법을 명시한다. 그래서 전자는 통일왕국이나 북 이스라엘의 왕실의 현실을 전제하고 후자는 주전 722년 북 이스라엘이 사라지고 남 유다만 홀로 존재하던 시절의 현실을 전제하는 것으로 해석된다. 이러한 불일치하는 진술을 놓고 야훼 제의를 한 곳에서만 드려야 하는가 아니면 여러 곳에서 드려도 되는가를 묻는 것은 잘못이다. 이런 진술을 놓고 하나는 옳고 다른 하나는 틀렸다고 판가름 할 수 없고 또 그 중 하나를 선택할 수도 없다. 해석자의 과제는, 문학비평을 선택하지 않았을 경우, 어느 시대에 어떤 주장으로 변천하게 되었는지를 분별하는 작업으로 귀착된다.

또 다른 사례들은 비일관성을 보여준다. 열왕기상 17장부터 열왕기하 10장까지는 오므리 왕조를 전복시킨 예후 왕조의 해명서로 읽혀진다.[29] 그 단락은 예후의 쿠데타를 긍정적으로 묘사한다. 하지만 호세아 1:4-5는 예후 왕조가 흘린 피에 대하여 야훼 하나님이 북 왕국을 심판하실 것을 기록한다. 북 이스라엘에서 예언활동을 한 아모스의 선포를 담은 아모스서의 경우, 하나의 예언서 안에 분열왕국시대에 북 이스라엘에서 활동할 때의 선포, 북 왕국 몰락 후 남 유다만 존재하던 시대의 글, 그리고 그 유다가 패망하고 바벨론에 포로로 사로잡혀 가서 귀환을 희망하던 포로공동체의 현실을 담은 내용까지 포함하고 있다.[30] 이럴 경우는 한 권의 글 안에서 상이한 왕조시대를 전제해야 적절한 해석을 도출해낼 수가 있다. 어떤 이는 구약성서의 이러한 현상을 일컬어 "다이나믹한 사상들의 싸움터"

---

29) Judith A. Todd, "The Pre-Deuteronomistic Elijah Cycle," in *Elijah and Elisha in Socioliterary Perpspective*, ed., by Robert B. Coote (Atlanta: Scholars Press, 1992), 1.
30) Robert B. Coote, *Amos among the Prophets: Composition and Theology*, 우택주 역 (서울: 대한기독교서회, 2004), 21-31.

라고 묘사한 적도 있다.31) 그러므로 오경이나 예언서를 읽을 때 불일치하거나 일관성이 없는 단락을 접할 경우, 상이한 통치 시대를 가정하고 그에 따른 의도고찰이 필요하다.

정리해보자. 고대 사회에서 글은 통치 계층이 작성하였고 그 글들을 통해 통치행위를 정당화했다. 이보다 더 중요한 사실은 이러한 글들이 고대나 현재의 독자에게 기록된 그대로 세계 현실을 받아들이도록 만든다는 점이다. 결론적으로, 성서라는 글은 힘(권력)을 가진 자들이 작성하기 시작했으며32) 그 글들은 사회적 통제의 힘을 발휘했다는 데에 이의가 없을 것이다.

위와 같은 진술은 오경과 예언서라는 글이 마치 통치계층에 속한 사람들이 현실을 조작하고 없는 것을 있는 것처럼 만들어낸 글이라는 식으로 종종 오해된다. 또 성서해석이란 하나님의 뜻을 헤아리는 작업이라기보다 통치자의 의도 풀이 수준에 머물 수밖에 없다고 비평하기도 한다. 또 이런 작성과정을 거쳐 기록된 정치적인 성격의 글을 읽고 영적인 삶을 영위해 갈 수 있겠느냐고 반문하기도 한다. 마지막 질문부터 차분히 고찰해보자.

성서학계는 진보든 보수든 성서가 진공 속에서 나온 것이 아니라고 말한다. 또 실제로 글이 작성되는 과정에서 하나님이 직접 글을 썼다는 주장도 하지 않는다. 양측 모두 하나님이 영감을 주었다고 말하는데 있어서는 동일하다. 그러나 보수진영 성서학계는 그 영감과정을 시인하는 것으로 그치고 구체적인 과정 설명은 생략하거나 방치한다.33) 상대적으로 진보

---

31) David Frankel, *The Land of Canaan and the Destiny of Israel: Theologies of Territory in the Hebrew Bible* (Winona Lake: Eisenbrauns, 2011), 64.
32) 고대 사회의 서기관들이 어떻게 그런 글을 쓸 수 있었는지에 대해서는 오늘날의 해석자들이 자세히 알기가 어렵다. 다만 기록자의 수중에는 그가 활용할 수 있는 수많은 정보(구전과 문서)가 존재했다는 점은 인정해야 한다. 현재로서는 통치계층이 산출한 글이 해당 사회에 어떤 영향을 끼쳤는지를 헤아리는 일(to divine)만이 해석자의 할 일이다.

진영 성서학계는 하나님의 영감과정을 매우 구체적으로 설명한다.[34] 하나님이 자신의 "손가락으로" 쓴 것(출 31:18; 신 4:13; 참고. 단 5:24)이 아니라면 하나님은 글을 쓰는 사람(서기관)에게 특정한 내용을 쓰도록 지성적 깨달음이나 확신-직접적 정보 전달이 아님-을 주었음이 분명하다는 전제 위에서 그렇다. 결국 저자와 하나님은 글 작성과정에서 공동저자가 되는 셈이다. 하나님은 불가시적 영향은 주었으나 직접 글을 쓴 쪽은 서기관들이었다. 그렇다면 그런 글의 내용에 어느 쪽 의도가 더 많이 내포되었는지를 물어보자. 하나님과 서기관. 어느 쪽 의견이 얼마나 포함되어 있는지를 과연 어떤 기준으로 판단할 수 있을까? 이론상 신에 관한 인식과 인간의 인식은 인간의 정신세계와 의식 안에 공존한다. 만일 통치자가 표명한 어떤 조치나 판단이 하나님의 뜻이라고 주장한다면 일반 백성이 그렇지 않다고 부인하거나 반박할 방법이 있겠는가?

반면에 어느 통치자의 이해나 주장이 하나님의 계시를 표방하여 글로 기록되었다면 그런 글이 하나님의 계시로서 진실한지의 여부는 또 어떻게 판단할 수 있을까? 방법은 하나밖에 없다. 다른 글과 비교해보거나 실제로 전개되는 역사 앞에서 진위를 판단할 수밖에 없다. 오경과 예언서의 글들은 장구한 기간 동안 존재했던 다양한 통치 집단들의 기록이 축적된 최종산물이므로 긴 세월 동안 변천하는 사회와 시대상과 기대감과 전개된 현실들을 통해 그런 글들의 의도와 진실성 여부를 어느 정도 판단해 볼

---

33) Comfort eds., 「성경의 기원」, 50-61; R. K. Harrison, *Introduction to the Old Testament*, 「구약서론 I」, 류호준, 박철현 역 (고양: 크리스찬다이제스트, 1994), 578-85.

34) 우택주, 「새로운 예언서 개론」, 25-7. "영감이란 성서를 기록한 사람들의 하나님과의 관계 안에서 인간의 삶에 대한 반성을 통해 세상에 대한 하나님의 어떤 의도를 포착했다는 뜻이다. 성경의 영감이란 이해하려고 고심하는 노력과 인도를 받으려고 노력하는 가운데 있는 것이지 그런 노력이 기록되어 있는 책 속에 있는 것이 아니다."(26-27)

수 있다. 그리고 그것이 해석자의 할 일이다. 그러므로 오경과 예언서가 통치 집단의 산물이라고 해도 하나님의 말씀(계시) 혹은 하나님에 대한 말씀(해석)이 혼재해 있는 성서의 글이 신앙생활을 어렵게 만든다고 생각할 이유가 없다고 여겨진다.

다시 원점으로 돌아가 보자. 개신교의 '성서만으로!'라는 구호는 그 자체로 의미를 지닐 뿐 아니라 그것이 기독교 안에서 새로운 해석을 통해 가톨릭교회와 개신교를 나누는 힘겨루기의 출발점이기도 하였다. 고대에 완성된 구약성서에 관한 한 그 글 대부분은 고대 사회의 통치계층에 의해 통치행위를 정당화하고 통치를 진작시키려는 목적으로 작성되었다. 그런 의미에서 성서는 사회적 통제를 위한 도구라는 주장이 과언이 아니다. 오경와 예언서 그리고 상당수의 성문서(잠언, 전도서, 역대기, 에스라, 느헤미야, 다니엘서)는 해당사회의 통치계층(군주시대 왕실이든 제2성전시대의 제사장 집단이든)이 그들의 주문과 요구에 합당한 글을 서기관들을 통해 작성한 것이다. 최종 형태의 글에는 오랜 기간 여러 통치계층의 다양한 필요를 채워 주어온 글들이 축적되어 있다. 그래서 구약성서는 대부분이 장구한 세월동안 이루어진 현실 해석의 산물이라고 말할 수도 있다. 그것은 힘(권력)의 산물이다. 과거의 통치 집단이 하나님의 이름으로 혹은 하나님의 분부에 따라 그렇게 해당 시대와 상황을 해석하고 기록할 힘이 없었더라면 지금의 성서는 우리의 손에 들어오지 않았을지도 모른다.[35] 오늘날도 교회가 성서를 해석하는 힘으로 유지되고 있는 것과 마찬가지다.

그러나 성서를 단지 통치계층의 힘을 지지하는 도구로만 이해한다면 성서는 사람의 글로 전락할 지도 모른다. 하지만 성서는 바로 그 통치 권력의 정당성을 되묻는 권위로도 작용한다. 왜냐하면 성서는 성서를 읽는 모든 독자에게 언제나 해방과 자유 그리고 생명과 희망을 주시는 살아계

---

35) Coote, 「아모스서의 형성과 신학」, 우택주 역 (서울: 대한기독교서회, 2004), 23-5.

신 하나님의 말씀이기 때문이다. 성서가 과연 그런 논리를 펼만한 근거를 갖고 있는지 또 어떻게 그런 작업이 가능한지는 다음 단락에서 살펴보려고 한다.

III. 힘(권력)의 해석

여기서는 힘(권력)의 산물인 성서가 그 힘(권력)을 다시 해석하는 길을 제공하고 있는지를 살펴볼 것이다. 구약성서는 배열을 따라 사경, 신명기와 신명기역사, 후기 예언서(아모스서의 경우)의 순서로 논의한다.

1. 사경과 힘(권력)

오경은 창조 기사로 시작해서 모세의 죽음으로 끝나는 내러티브로 구성되어 있다. 그러나 신명기는 출애굽기~민수기에 등장하는 출애굽 사건, 시내 산 율법과 언약체결, 그리고 광야여정을 압축적으로 재해석(신 1-11장)하며 새로운 율법(신 12-26장)을 제시하고 있고 뒤따르는 네 권의 성서 즉 여호수아~열왕기까지의 기술내용과 사상적으로 더 밀접한 관계가 있기 때문에 앞의 네 권의 성서와 구별하여 이해하는 경향이 있다.[36] 이 견해에 의하면 사경(창~민)은 세계의 기원(창 1-11), 민족의 기원(창 12-50), 그리고 신앙의 기원(출-민)을 다룬다. 이 글들은 군주시대에 왕실 해명서(royal apologies)로 출발했던 글들(J, E, 혹은 JE)에 제2성전시대 제사장들이 자신의 필요와 관심사에 따라 안식일과 성전 중심의 야훼 제의 규정을 강

---

[36] 모세의 죽음은 신 34장보다 민 27:12-23에 먼저 예고되어 있고 신명기가 창세기~민수기와 구별되는 전승으로 간주해온 학문적 경향에 따라 창세기-민수기를 신명기와 구분되는 사경으로 나누어 부르기도 한다.

조하는 내용을 추가하여 완성한 글(JEP 혹은 JP)로 이해된다.37) 페르시아 시대의 식민지 예후드 사회가 이 글(JEP)을 통해 야훼 신앙을 중심으로 자신들의 정체성(identity)을 확립해나갔을 것이라는 사실은 명백하다(참고. 느 8장). 사경의 최종 완성자인 제사장 집단은 페르시아 시대 예후드의 통치계층으로서 하나님의 권위와 모세의 권위로 전해지는 이 글들을 통해 사회의 당면 문제를 해소하고 통치를 진작시키려고 했을 것이다. 이 글들은 예후드 사회의 성전중심 경제가 질서와 안정을 회복하고 그로 인해 제국에 대한 의무(조세)를 원활하게 이행하도록 만들어 주었을 것으로 추정된다. 이와 달리 예후드 사회의 상류층은 사회경제적 억압과 부패를 조장했던 것으로 보인다(스 9-10장; 느 5:1-13; 13:1-28). 사경은 제2성전 시대에 발생한 지도계층의 탐욕과 불법을 눈감아주지 않는다. 현상을 유지(status quo)하려는 글이 현상을 비판하는 내용도 담고 있기 때문이다.

사경의 첫 번째 책인 창세기는 서두부터 인간이 하나님의 형상으로 지음을 받았다는 내용(창 1:26-27)을 기술한 뒤 최초의 인류인 아담과 하와의 죄는 '하나님처럼 되려는 시도'였다고 밝힌다(창 3:5, 22). 하나님의 형상으로 지음 받은 인간의 의미를 해석하면, 인간은 하나님을 대신하여 세상에 정의라는 질서를 세우고 생명을 존중하며 평화를 지켜가는 존재로 지음 받은 것으로 이해된다.38) 이러한 존재목적에 어긋나게 스스로 하나님이

---

37) 우택주, "민수기의 군주시대 전승과 그 제사장적 편집에 나타난 수사적 의도,"「구약논단」54집 (2014): 164-94. 오경의 형성가설에 관한 독일학자들의 주장에 관하여 Erich Zenger ed., *Einleitung in das alte Testament*, 이종한 역, 구약성경개론 (왜관: 분도출판사, 2012), 152-209를 참조하라. 한편, 최근 성서학계의 오경연구와 전통적인 JEDP 구분의 필요성에 관한 논의를 위해, Thomas B. Dozeman, Konrad Schmid and Baruch J. Schwartz eds., *The Pentateuch: International Perspectives on Current Research* (Tübingen: Mohr Siebeck, 2011)를 참조하라. 괄호 안의 JP는 사경 안에서 야훼 전승(J)과 제사장 전승(P)만 식별가능하다고 보는 크리스토프 레빈의 주장을 나타낸다. Christoph Levin, *The Old Testament: A Brief Introduction*, tr. by Margaret Kohl (Princeton: Princeton University Press, 2005), 110-4.

38) 우택주,「구약성서와 오늘 II」(대전: 도서출판 대장간, 2013), 203-12 (하나님 형상

되려고 했던 욕망의 표현이 곧 죄이다. 태고사의 인류가 보여주는 행위들은 하나같이 신처럼 군림하려는 욕망을 표출하였고 하나님은 그 때마다 간섭하여 인류역사와 세계를 운영하셨다.[39] 그러나 하나님은 보다 모범적인 인간의 존재양식을 가르치기 위해 조상들을 선택하고 약속을 주셨다. 족장들은 태고사의 인류와 정반대로 자신들은 신이 아니며 신처럼 행동할 수 없다고 고백하고(창 30:2[내가 하나님을 대신하겠느냐]; 50:19[내가 하나님을 대신하리이까]) 오로지 약속한 말씀을 믿음으로 살아갔다. 그래서 창세기의 최종형태는 태고사와 족장사로 나뉘며 태고사는 권력의 길을 걸은 인류에 초점을 두고 있고, 족장사는 믿음을 갖고 인간답게 사는 길을 강조하므로 서로 대조적인 내용이 공존하는 글이다.[40] 그래서 이 성서는 권력을 마음대로 휘두르는 신이 되는 삶을 살 것이냐 아니면 유한한 존재로서 신의 약속을 믿으며 하나님의 피조물다운 삶을 살 것이냐를 선택하도록 이끄는 글로 풀이할 수 있다.[41] 그런 의미에서 창세기는 땅에서 최고 권력을 쥐고 신처럼 군림하며 살고 싶어 하는 지배계층이 새겨들어야 할 성서인 셈이다. 그러나 "권력을 쥔 입장에서 자기기만을 교정하기란 어려운 일이다."[42]

출애굽기~민수기까지의 성서는 출애굽, 시내 산 언약, 성막 건설, 광야 이동 전승을 주요한 신학적 소재로 삼는 글이다. 출애굽기의 해방 전승은 어떤 정치적 경제적 압제도 거부한다는 사상을 고취시킨다. 시내 산 언약은 이스라엘이라고 부르는 사람들의 존재목적과 방향을 명시한다. 그것은 창세기에서 하나님의 형상으로 지음 받은 인간의 모습에 대한 진술이 지

의 신학).
39) 우택주, "구약신학의 서언, 창세기의 신학," 「복음과 실천」 50집 (2012): 20-8.
40) Ibid., 29-33.
41) Ibid., 33-5.
42) 쿠트, 「아모스서의 형성과 신학」, 51.

니는 의미와 다르지 않다. 십계명과 율법은 언제나 정의로운 사회, 생명을 소중히 여기는 사회, 평화로운 사회를 이룩하기 위해 지켜야 할 구체적 강령들과 가르침들이다.[43] 성막은 하나님의 임재장소이다. 그곳의 거룩함은 언약백성을 정화시키는 기능을 한다. 그곳은 백성의 부정과 불법 그리고 각종 의지적이거나 비의지적인 죄악 때문에 언약을 위반한 경우, 언약관계를 회복시켜주는 제사와 가르침을 주는 곳이다. 만일 성막과 백성 중 어느 것이 더 중요한가 묻는다면 대답은 이렇다. 어느 하나도 다른 하나보다 우위에 있지 않다.[44] 하나님은 성막 임재를 통해 백성에게 자신의 영광을 드러내는 한편, 백성은 하나님의 영광의 임재를 체험하면서 하나님의 백성으로 마땅한 삶을 이 세상에서 보여주며 살아갈 책무를 각성하며 살아간다. 다시 말해서 언약을 체결한 백성이 없다면 하나님은 자신의 영광을 나타낼 방편이 사라지고 반대로 하나님이 없는 백성은 해방을 통해 거룩한 삶을 살아갈 근본적인 동기가 사라진다. 모세나 아론과 같은 백성의 지도자들은 이러한 관계를 끊임없이 일깨워주는 중재자에 불과하다. 그러므로 하나님이 중요하게 여기는 존재는 사실상 중재역할을 하는 지도자들이 아니라 다수의 백성이다. 이 말은 지도자들이 불필요하다거나 무가치하다는 뜻이 아니다. 그들의 기능과 존재이유가 백성과 비교할 때 이차적이라는 의미이다. 하나님, 지도자, 백성의 관계에 대한 사경의 가르침은 인류사회 안에서 힘을 가진 자들의 힘 사용 방식과 방향에 관한 성서적 원리를 담고 있다.

---

43) 우택주, 「구약성서와 오늘 II」, 213-33.
44) 연구자는 이점에 있어서 성막건설과 성막공동체 건설이 출애굽과 언약체결의 최종적 목적이라고 해설하는 왕대일의 견해(「구약신학」, 개정판 [서울: 감신대성서학연구소, 2010], 141, 149, 154)에 동의하지 않는다.

2. 신명기역사와 힘(권력)

신명기는 모세의 유언 형식을 통해 광야 사십 년을 회고하는 방식으로 호렙(시내) 산 계시 사건과 언약을 새롭게 강조한다. 신명기는 모세가 전한 하나님의 율법(토라)이며 이후에 전개되는 이스라엘 역사 서술의 척도이다. 여호수아서부터 열왕기하(전기예언서)는 언약백성 이스라엘이 하나님이 선물로 주신 가나안 땅에 정착하여 나라를 일구면서 살다가 바벨론에게 사로잡혀 포로로 끌려가기까지를 기술한다.[45] 이 역사서는 모든 이스라엘이 야훼 하나님 한 분만을 예루살렘 성전에서 섬기는 것이 모세의 율법 책에 나타난 원리(신 12장)라고 가르친다. 이 원칙에 어긋난 지파 사회(사사기)때문에 군주사회가 필요했고 군주들은 이 원리를 무시했기 때문에 파국(북 왕국과 남 왕국의 몰락과 유배)을 맞이했다고 기술한다. 원래 이 역사서는 요시야의 종교개혁을 추진하는 근거문서로 활용되었으나 나라가 몰락한 이후에 패망에 대한 신학적 이유를 추가하여 최종형태를 완성했다고 본다. 그런 의미에서 이 역사서의 최종형태는 다윗 왕조의 해명서(the apology of the house of David)라고 볼 수 있다. 이 긴 글은 나라의 몰락과 왕조의 유배라는 역사적 현실은 다윗 왕조를 영원히 지켜주겠다는 야훼 하나님의 약속(삼하 7)을 폐기하는가? 약속의 땅은 영원히 잃어버렸는가? 야훼 하나님은 자기 백성을 지킬 수 없는 나약한 신인가? 와 같은 질문들에 답변한다. 어쨌든 그것은 신학적으로 해석된 역사이다. 이 역사서는 다음과 같이 말한다. 만일 이 백성의 나라와 땅을 회복하길 원한다면 방법이 하나 있다. 그것은 다른 신을 섬긴 사실을 회개하고, 모세의 율법

---

[45] 이 글은 신명기역사의 이중 편집설을 전제한다. 참고. Richard Nelson, "The Double Redaction of the DtrH: The Case is Still Compelling," *Journal for the Study of the Old Testament* 29 (2005): 319-337. 이 역사서가 히스기야 왕실에서 유래했다는 주장에 관하여, Coote, 「신명기역사」(근간)을 참고하라.

(신명기)에 따라 야훼 하나님 한 분만을 섬기기로 작정하는 일이다.

이 역사는 통치의 합법성, 왕조계승과 반대파의 불법성, 예루살렘 성전 제의, 제의의 율법, 지파로 구성된 나라, 지파의 영토와 같은 여러 주제들을 다룬다.[46] 이 중에 일관된 주제는 통치자의 리더십에 놓여 있다.[47] 이 역사서는 나라의 흥망성쇠가 국가의 지도자인 왕에게 달려 있음을 일깨워 준다. 지도자들의 통치 원칙은 야훼 하나님께서 모세에게 준 토라(신명기)이어야 한다. 신명기역사는 그 사회에서 가장 막강한 힘을 가진 지도자와 그 신하들에게 토라에 근거한 힘 사용법을 교훈한다. 그 글은 토라에 비추어 나라와 백성의 관계를 가르친다. 나라는 땅과 백성 그리고 소유권이라는 세 가지 조건을 갖추어야 한다. 그래서 이 역사서는 과거나 현대의 독자에게 질문한다. 나라가 우선인가, 백성이 우선인가? 통치자들은 나라를 우선순위로 삼을 것이다. 그러나 토라는 나라보다 백성을 우선순위로 삼는다. 통치자라고 해도 한 명의 백성과 똑같이 모세의 토라(율법)를 배우고 지켜야 하기(신 17:14-20) 때문이다.[48] 그러므로 나라를 앞세워 백성을 기만하고 착취하는 지도자가 있다면 토라의 하나님은 좌시하지 않는다.

---

46) Coote, 「신명기역사」, 1.

47) David Janzen, "The Sins of Josiah and Hezekiah: A Synchronic Reading of the Final Chapters of Kings." *Journal for the Study of the Old Testament* 37 (2013): 359.

48) 제사장 집단이 완성한 사경(P)과 예언자적 정신이 지배적인 신명기역사(D)가 어떤 과정을 거쳐 통합되어 오경을 형성하게 되었는지에 관한 문제는 깊이 있게 논의되지 않았다. Zenger, 「구약성경개론」, 182, 188-190. 여기에 대해 쿠트 부부는 아론 계열 제사장이 신명기를 간직한 레위인 서기관과 예언자들을 통제하려는 의도 때문이었다고 생각한다. Robert B. Coote and Mary P. Coote, *Power, Politics and the Making of the Bible*, 장춘식 역, 「성서와 정치권력」(서울: 한국신학연구소, 2000), 127 참조. 최근에 오경과 신명기역사의 관계에 대한 논의는 활발하게 이루어지고 있다. Konrad Schmid and Raymond F. Person, Jr. eds. *Deuteronomy in the Pentateuch, Hexateuch, and the Deuteronomistic History* (Tübingen: Mohr Siebeck, 2012); Thomas B. Dozeman, Thomas Römer and Konrad Schmid eds., *Pentateuch, Hexateuch, Or Enneateuch? Identifying Literary Works in Genesis through Kings* (Atlanta: Society of Biblical Literature, 2011).

이를 단적으로 보여주는 사례가 나봇의 포도원 이야기(왕상 21장)이다. 북 이스라엘의 오므리 왕조를 비판하기 위해 기록한 성서이지만 그 성서는 왕가의 권력을 남이니 북이니 분간하지 않는다. 그래서 이 성서들은 정치 권력을 합법화하기 위해 작성되었지만 거꾸로 그 정치권력을 심판하는 근거로 기능한다. 남이든 북이든 나라의 몰락은 왕들이 모세의 토라(신명기)을 어긴 죄로 하나님이 내린 징계라고 해석하기 때문이다.

3. 아모스서의 힘(권력)[49]

앞서 살펴본 바에 의하면 통치계층이 사회적 통제의 수단으로 작성한 성서의 글들은 거꾸로 바로 그 통치계층의 행위를 판단할 근거로 작용한다. 힘을 행사하려고 작성한 글이 거꾸로 그 힘을 판단하는 근거가 된다는 뜻이다. 그것은 글이 갖고 있는 속성 때문이다.

아모스서는 예언자의 구두 선포가 처음으로 문서화된 최초의 예언서로 알려진다. 아모스서의 형성과정에 대한 견해는 다양하다. 여기서는 쿠트(Robert Coote)의 3단계 편집이론을 따를 것이다. 그는 아모스서가 적어도 이백년에 걸쳐 세 차례 편집되었다고 본다.[50] 그것을 아모스 A, B, C 단계로 부른다. 아모스A는 8세기 말에 분열왕국 시대의 북 이스라엘 사회에 남 유다 출신 아모스가 직접 선포한 말들이고, 아모스B는 7세기 말에 남 유다의 요시야 시대가 개혁을 위해 왕실 서기관이 아모스의 신성한 권위에 의지하여 처음으로 글로 쓴 내용이며, 아모스C는 6세기에 앞서의 아모스의 글(A+B)에 바벨론 포로시대 서기관들이 귀환의 희망을 심어주려고

---

[49] 아모스서 한 권의 예언서를 선택한 것은 지면상의 제한 때문이다. 다른 예언서들도 이 연구가 제안하는 것과 같은 해석(편집비평)이 가능하다.
[50] Coote, 「아모스서의 형성과 신학」, 33-177.

추가한 내용이다. 쿠트의 주장에 따르면 북 이스라엘에서 선포된 아모스의 말은 정의라는 단어는 사용하지 않은 채 지배층의 사회경제적 불의를 고발하고 하나님의 심판을 예고하는 내용으로 이루어져 있다. 이 선포들이 처음 글로 옮겨진 때는 남 유다의 요시야가 개혁을 추진하던 때이다. 주전 622년 요시야는 이스라엘 역사에 유례없는 개혁, 즉 지방 성소에서 드려온 제의를 전면적으로 폐지하고 모든 제의를 예루살렘 성전 한 곳에서만 드리도록 하는 제의 단일화 정책을 추진하였다(신 12:2-14:29). 이러한 정책의 궁극적 목적은 중앙통치를 강화하여 백 년 전에 잃어버린 땅을 수복하는데 있었다.51) 왕실의 이와 같은 급진적 정책은 통치계층 내의 반대파벌의 반발은 물론이고 지방 지주계층과 백성 다수의 지지를 받기가 힘들었다. 그래서 강구한 방식이 이미 죽은 아모스라는 예언자의 신성한 권위를 활용하는 일이었다. 사마리아의 멸망을 예고했던 아모스의 말은 성취되었다. 그의 말은 이제 사람의 말이 아니라 하나님의 말씀이었다. 이제 그 예언자가 남 유다 백성에게 이렇게 말한다. "너희는 나를 찾으라 그리하면 살리라 벧엘을 찾지 말며 길갈로 들어가지 말며 브엘세바로도 나아가지 말라 길갈은 반드시 사로잡히겠고 벧엘은 비참하게 될 것임이라 하셨나니 그러므로 너희는 여호와를 찾으라 그리하면 살리라"(암 5:4b-6a). 이 선포를 들은 청중은 이렇게 물을 것이다. 여호와를 어디에서 찾을 수 있습니까? 아모스서는 이렇게 답변한다. "여호와께서 시온에서부터 부르짖으며 예루살렘에서부터 소리를 내시리니 목자의 초장이 마르고 갈멜산 꼭대기가 마르리로다"(암 1:2). 즉, 야훼 하나님을 찾으려면 예루살렘으로 가라고 말하는 예언서가 아모스서인 것이다. 아모스B의 글은 요시야 시절에 예배의 단일화 개혁을 위한 문서로 존재하게 되었다는 것이다.

---

51) Coote, "The Book of Joshua: Introduction, Commentary, and Reflection," *The New Interpreter's Bible*, vol. II (Nashville: Abingdon, 1998), 558-77; *The Deutronomistic History*, 「신명기역사」 (파주: 한울아카데미, 근간).

이 때 또 다시 청중의 질문이 시작된다. 왜 예루살렘으로만 가서 예배를 드려야 하는가? 조상들은 수백 년 동안 야훼의 이름이 기념되는 장소라면 이 땅 어디서든 예배를 드려왔고 그것이 아무런 문제도 없었지 않은가?(참고. 출 20:24[어디서든]; 삼상 10:8[길갈]; 왕상 3:4[기브온]; 참고. 창 28:19[벧엘]) 이에 대하여 아모스서는 아무런 대답도 하지 않는다. 이 질문에 어떻게 대답할 수 있을까?

예루살렘은 통치 권력의 중심지이다. 아모스는 북 이스라엘에서 사회경제적 정의가 이루어지지 않는 모습을 근거로 북 이스라엘 통치권의 종말을 외친 하나님의 사람이다. 아모스의 선포를 글로 옮긴 과정의 산물로 우리의 손에 쥐어진 아모스서는 쿠트에 의하면 100년 뒤에 유다 왕실이 처음 작성했다. 그러나 정치권력을 옹호하고 그 통치행위를 정당화하는 목적을 지닌 아모스서의 예루살렘 판본('아모스 B')은 요시야의 통치행위를 어떻게 바라보는가? 사마리아 왕실을 탄핵한 아모스를 유다의 왕실은 글로 옮겨 자신들의 정치적 목적을 위해 사용하였다. 아모스서 본문은 사마리아 왕실과 유다 왕실을 명백하게 구분하지 않는다. 그런 구분은 해석자의 의식 속에서만 존재한다. 사회경제적 정의와 엘리트 계층의 책임론을 외치는 예언자의 말은 훗날 다른 시대의 통치 권력이 추진하는 개혁을 겨냥하고 있다. 이 문제를 쿠트는 다음과 같이 해설한다.[52]

> 정의와 예루살렘, 책임과 권력의 유지, 개혁과 중앙 집중화를 연결시키면서, 서기관과 그들이 기록한 문서는 본질적으로 그리고 충성스럽게 예루살렘의 권력을 유지하려고 애쓰는 측은 물론이고 개혁 측에도 기여한다. 예루살렘 군주제가 군주를 종속적인 권력으로 생각하는 예언전승을 보존하는 일을 후원하는 대가는 예루살렘에서 외치는(1:2) 예루살렘 권력과 관점의 정당화이다. 고대 이스라엘의 글쓰기에 관한 사회적 배경을 두고 볼 때, 예

---

52) 쿠트,「아모스서의 형성과 신학」, 142-4.

언의 보존은 불가피하게 모종의 거래를 요구하는 것 같다. 일종의 예언 통제가 실제로 이런 매체를 보존하기 위한 선결조건이다.

그러나 그것은 곧 질문을 발생시킨다…. 예언자들이 엘리트 지배층에게 그들 자신의 배경 속에서 효과적으로 말할 수 있는 유일한 길은 엘리트가 활용하는 매개체를 통해 말하는 일이다. 글이 그런 매개체이다. B편집자는 권력을 쥐고 있는 자들이 정의를 시행할 능력을 지닌다고 믿었을 뿐 아니라 글이란 말로 다하지 못한 곳에서 작용할 수 있고 그의 매개체의 상대적 지속성과 권위가 하나님과 예언자는 물론이고 왕의 권위도 세워주며, 그리고 예언을 보존하여 글이 영속적인 것처럼 불의를 영속적으로 진정시킬 수 있다는 믿음을 가졌다고 생각할 수 있다….

책임과 권력 유지를 연결시키는 일은 항상 문제가 있다. 정의를 제도화하는 다른 대안은 전혀 없을 수 있다. 예언이 효과적으로 힘을 발휘하기 위한 진정한 대안은 다른 일들이 그런 것처럼 글로 제도화하는 길밖에 없을 것이다. 그리고 그것을 배양된 예언 혹은 모호한 인간사 가운데 성취되는 과정 속에 있는 정의라고 부르는 길 밖에 없을 것이다. 그러나 책임과 권력유지의 관계에 대하여 질문하지 않는 것, 그것의 문제성을 경고하지 않고 내버려두는 것이 바로 불의가 제도화되는 일을 묵과하는 가장 확실한 방법일 것이다.
…
B단계는 7세기 후반 엘리트 지배층에 부속된 서기관 계층에 의해 예루살렘에서 작성되었다. 글과 문학기법을 통해서 서기관은 지배자들을 대신하여 사회적이며 정치적 중심지인 예루살렘의 지위와 권력을 유지하려는 욕망과 관습적이고 사법적인 개혁 프로그램 속에서 이 권력을 활용하려는 동기를 표현하고 보존한다. B 단계의 매개체도 본질적으로 문제가 있기는 마찬가지이다. 문학은 제도와 유사하고 예언을 문학 속에 봉쇄하는 일은 정부나 교회 안에서 예언자의 의식을 봉쇄하는 일과 유사하다. 그들은 똑같은 목적을 수행하며 똑같은 위험성을 안고 있다. 그러나 그 의식이 질서를 유지하는 자에게 통제되면 길들여지고, 또 권력자의 손아귀에 들어가면 무력해지는가? 성서 자체는 이런 위기를 구체화한다. 우리는 그것이(성서가) 기독교 역사 속에서 얼마나 자주 정치적인 권력수단들로써 활용되었는지를 손

쉽게 망각한다. 왜냐하면 오늘날 성서의 영향력이 그렇게 상당히 줄어들었기 때문이다. 기독교인들은 항상 통제력을 유지하기 위해서가 아니라 해방하는 힘을 얻기 위하여 성서를 사용하려고 투쟁해야 했다.

아모스서 B 단계의 글에 대한 쿠트의 설명은 성서작성과 통치 권력에 관한 우리의 논의에 대하여 세 가지 사항을 고찰하도록 이끈다. 첫째, 성서사용법이다. 성서해석은 정의 구현의 책임과 권력 유지의 관계에 대하여 반드시 질문을 던지도록 이끈다. 그렇게 하는 궁극적 목적은 성서를 통해 통제하는 힘보다 해방하는 힘을 얻기 위해서이다. 둘째, 성서해석의 책임 유기를 경고한다. 정의 구현의 책임과 권력유지의 관계에 대하여 묻지 않는 것은 제도화된 불의를 묵과하는 일과 같다고 지적한다. 셋째, 성서해석과 실천의 방향에 대한 암시이다. 통치권을 질타하는 예언이 통치권력의 매개체인 글로 기록되었다고 해서 예언정신이 길들여지는 것은 아니다. 글로 제도화된 예언자의 정의의 요구는 '성취되는 과정 속에 있는 정의'(justice in the making)라고 부를 수 있다. 다시 말해서 통치 권력이 글이라는 매개체를 통해 예언을 길들였으나 글로 남은 예언자의 선포는 다시 정의의 원칙에 입각해서 권력층을 질타하는 근거로 작용한다는 뜻이다. 쿠트의 위 해석은 통치 권력에 의해 성서가 기록되어 존재하게 된 것은 사실이지만 그럼에도 불구하고 아모스서를 포함하여 성서는 거꾸로 통치계층을 향하여 그들 자신이 성서의 정의의 원칙을 준수하는지 되묻는 근거가 된다는 것을 일깨워준다. 이것은 일종의 성서의 해석학적 순환을 보여준다. 우리는 성서를 읽고(we read the Bible) 성서는 다시 우리를 읽는다(The Bible reads us).[53]

요시야는 예루살렘 성전에서만 드리는 제의를 합법화하고 단일화해서

---

53) 우택주,「새로운 예언서 개론」, 10.

통치 권력을 집중시킬 수 있었으나 그는 전쟁터에서 사망했고 수년 후 나라와 성전은 파괴되었다. 포로기의 유배 공동체가 예루살렘 즉 시온으로 귀환하기를 열망(사 2:2-4; 미 4:1-4)한 까닭은 이 장소 자체가 신성한 곳이기 때문에 중요한 것이 아니라 흩어진 백성의 마음을 하나로 모을 필요성 때문이었다. 예루살렘과 성전을 신성시 하는 사상은 다윗 왕조의 요시야가 역사적 단초를 제공하고 에스겔이 강화시켰다. 그러나 그런 글들이 오랜 포로생활과 귀환공동체의 지도자들이 내놓은 수사법이라는 사실을 기억한다면 성서의 진술을 근거로 예루살렘 중심성을 맹목적으로 추종할 이유는 없다. 야훼 하나님을 믿는 믿음으로 신앙적 정체성과 민족적 정체성을 확립하려는 목적 이외에 또 다른 거룩한 것이 있겠는가? 그곳에 세워진 성전은 솔로몬 성전, 제2성전, 헤롯성전이든 계속해서 무너지고 파괴되었다. 성전이 보존되지 않고 파괴되었는데 성전의 중심성을 어디에서 찾을 수 있는가? 예루살렘은 하나님이 선택한 다윗 왕조의 도성이고 성전은 하나님의 거처이기 때문에 절대시하거나 신성시 할 이유는 없는 까닭이 여기에 있다. 그곳은 백성과 나라의 정체성을 확립시켜주는 곳이기에 특별한 도시이며 장소이다. 그곳은 언제든 파괴될 수 있다. 성전의 거룩한 영향력은 보다 근원적이고 영원한 성서의 가르침인 정의, 생명, 평화에 비추어보아야 한다. 여기서 어긋나고 벗어나는 성전과 가르침이라면 존재가치가 없다고 생각된다.

　이렇게 보면 구약성서(오경과 예언서)는 나라와 왕, 성전과 지방성소, 제사장과 제의, 예언과 예언자, 특정 장소(예루살렘이든 벧엘이든)와 시간 등등 무엇 하나도 절대시하지 않는다. 이들을 절대시하는 것처럼 보이는 주장이 있다면 그것은 반드시 토라의 근원적 가치에 비추어 해석되어야 한다. 다시 말해서 오경과 예언서가 절대적인 가치를 부여하는 것은 인간사회의 제도나 직무나 파벌이나 건물이나 장소나 사람이 아니다. 성서가 절대적 가치를 부여하는 것은 정의와 생명과 평화라는 사상이다.54) 그러므로 구약성서의 진술에 근거하여 힘(권력)을 가진 누군가가 어떤 행위와 계획을 합리화하여 다수에게 힘을 행사하려고 한다면 그의 힘은 정의를 구현하고, 생명을 존중하며 평화를 진작시키는 것인지에 따라 평가를 받는다는 점을 기억해야 한다.

VI. 나가는 말

종교개혁자들이 유산으로 남긴 구호 '성서만으로'는 성서해석이 가진 힘을 표현한다. 믿음으로 의롭다는 성서해석이 개신교회를 만들었기 때문이다. 개신교의 문제는 바로 여기서부터 발생한다. 해석자는 성서해석에서 신성한 권위를 부여받기 때문에 그는 자신의 성서해석으로 얼마든지 힘을 행사할 위치에 서게 된 것이다. 개신교에 각종 이단과 사설이 판을 치는 이유도 여기에 있다. 오늘날 우리 교회는 종교개혁 이전의 로마가톨릭교회와 같은 현실로 되돌아간 것과 같은 모습을 볼 수 있다. 종교권력자에게서 성서해석을 앞세워 신앙공동체에게 자유와 해방을 제공한 개신교는 지금 해석자가 성서보다 더 강력한 힘을 갖고 성서(성서해석)를 통제하고 있는 모양새이다. 그러므로 이제는 다시 그가 사용하는 힘을 성서에 비추어 평가해볼 때이다.

구약성서는 고대 사회의 통치권자가 글쓰기에 관한 전문 지식인을 동원하여 자신들의 의도를 담은 글이다. 구약성서라는 글은 다채로운 현실을 해석한 결과로 완성되었으며 무에서 유를 창조하는 힘이 있다. 그 글을

---

54) 우택주, 「구약성서와 오늘 II」 (대전: 도서출판 대장간, 2013), 203-302; 김은규, 「구약 속의 종교권력」, 542.

통해 통치자들은 사회를 통제하였다. 거꾸로 구약성서라는 글은 통치계층의 힘을 평가하고 판단하는 유일한 방편으로도 작용한다. 힘(권력)을 발휘하여 기록된 구약성서는 힘의 정당성을 판단하고 평가하는 거룩한 근거가 된 것이다. 그래서 하나님의 말씀인 것이다.

지금까지 개신교의 성서해석은 교회의 힘을 유지하고 강화시키기 위해 수행되어온 경향이 강하다. 앞으로의 성서해석은 이 힘의 정당한 사용법에 초점을 맞출 필요가 있다. 성서와 힘의 관계에 있어서 시금석은 당연히 우리 주 예수 그리스도이다. 예수는 하나님으로서 힘을 행사하지 않고 하나님이기를 포기하고 인간이 되었다. 이것이 힘 사용 방법에 관하여 유일무이한 성서적 지침이다.[55]

성서해석은 훈련받은 전문가(목회자와 신학자)의 영역이다. 그런데 우리 교회가 위기에 처해 있고 그래서 교회 개혁을 요구하는 목소리가 높아지고 있다. 왜 그런가? 그리고 무엇 때문인가? 우리는 그것이 성서해석자의 역할과 책임 때문이라고 밝혔다. 성서해석자들은 한편으로 안일한 성서해석을 통해 교회 전통을 지키려고만 애썼고 다른 한편으로는 교회로 하여금 힘을 가지려는 욕구를 부채질해왔다. 성서해석을 훈련받은 목회자(신학자)가 교회를 일구어내느라 희생과 헌신을 하지만 결국에는 교회 안에 막강한 권력자로 존재한다. 그는 성서의 권위를 이용하여 막강한 해석의 힘을 휘두를 위치에 있다. 그러나 과연 그 성서의 힘으로 자신을 돌아보고 성찰하고 있는가? 오늘날 너도 나도 힘을 가지려고 한다. 하나님처럼 되어 힘을 마음껏 휘두르고 싶은 모양이다. 그러나 정작 예수님처럼 하나님 됨을 포기하고 자기를 비우는 해석자는 찾아보기 드물다. 예수의 제자라면 예수처럼 힘을 사용해야 한다.

---

55) 우택주, "힘 기르기와 힘 버리기의 각성을 위하여," 「모두 예언자가 되었으면」 (대전: 침례신학대학교출판부, 2009): 61-73.

4.2. 기후변화의 위기와 구약신학적 응답[1]

I. 들어가는 말

2002년에 연구자가 기독교환경연대가 출판한 「녹색의 눈으로 읽는 성서」란 책에 "환경친화적 성서읽기: 12예언서"란 글을 기고한 지 7년이 지났다. 언제나 마음 한 구석에 그리스도인은 모름지기 자연환경과 생태계를 보존해야 할 막중한 지상사명을 하나님께로부터 받았다는 생각을 잊지 않고 있었다고 자부해왔다. 그러나 막상 또 다시 "기후붕괴와 신학적 응답"이란 주제의 학술세미나에 초대되어 글을 발표하게 될 과제 앞에 선 연구자는 그저 머리를 숙이고 한없이 부끄러운 자신을 고백하지 않을 수 없다. 이 주제에 관하여 참으로 무관심하고 무식하고 또 무책임했기 때문이다. 심지어 연구자가 7년 전에 위의 글을 쓸 당시의 생각이 거의 기억나지 않을 정도였다.[2]

그래서 관련 서적을 몇 권 들춰보았다. 두 권이 인상적이었다. 여성신학자 샐리 맥페이그(Sally McFague)의 「기후변화와 신학의 재구성」(2008)과 성서학자 노만 하벨(Norman C. Habel)과 피터 트루딩거(Peter Trudinger)가 편집한 *Exploring Ecological Hermeneutics*(2008)였다. 첫 번째 책 맥페이그의 글은 무엇보다 큰 충격으로 다가왔다. 유엔의 기후변화에 관한 정부

---

[1] "기후붕괴와 구약신학적 응답"「복음과 실천」44집 (2009, 가을): 39-63. 이 논문은 2009년 4월 23일에 한국교회환경연구소에서 주최한 "기후붕괴와 신학적 응답"이란 주제로 열린 '2009 지구의 날' 기념 생태신학 세미나에서 발표한 내용을 확대 보충한 것이다.
[2] 이하의 내용은 연구자가 기후붕괴라는 생태계의 위기를 충분히 그리고 철저히 깨닫지 못한 상태에서 이제까지 수행한 성서 연구결과에 대한 회개를 동반하고 있음을 밝혀둔다.

간협의체(IPCC)의 2007년 보고서들을 근거로 내린 그의 예고 때문이었다. 현재 진행 중인 지구온난화의 현상과 맞물려 발생하고 있는 기후변화란 "기후임계점의 상황"으로서 "통제 불능의 상태"라고 한다.[3] 끔찍한 결과를 초래할 기후변화의 실례를 들면서 그는 우리가 "기후에 의존하면서 사는 존재"이며 먹이사슬의 정점에 있는 창조의 면류관이 아니라 그 아래에 있는 여타의 생명체에 전적으로 의존하는 존재요 세계 인구의 20%의 에너지 독점이 지구상 빈곤의 원인제공자로서 지구별의 파괴 주범이라는 사실을 인정하고 개인적으로 국가적으로 조속히 지금의 삶의 태도를 바꾸어 생태적 인간관을 구축하고 "다른 세상"을 건설해야 할 때라고 역설한다. 아울러 책임 있는 신학적 응답으로서 그의 창의적인 신학적 모델, 즉 생물과 무생물의 거주지인 지구세계를 "하나님의 몸"이라는 은유로 이해할 것을 제안한다.[4] 그의 신학적 모델을 전적으로 수용하기는 어렵지만 기후임계점의 상황에서 새로운 신학 작업을 통하여 그리스도교인의 인식을 순화시키고 대안적 세상을 추구하는 그의 신학입장만은 충분히 이해하고 동의할 수 있었다.

하벨은 2003년에 생태해석학의 근거에 관한 소논문을 발표한 이후 3년간(2004, 2005, 2006년)에 걸쳐 미국성서학회(SBL) 안에서 생태해석학 협의회를 구성하고 이와 관련한 성서연구논문을 발표하는 장을 만들어 생태학적 성서해석의 초석을 다져왔다. 이 생태학적 성서해석은 하벨을 중심으로 하는 "지구성경프로젝트"에 소속한 성서학자들의 기여에 기초를 두고 있다.

이 프로젝트는 "성서 읽기에 앞서 서구의 해석자들이 오랫동안 인간중

---

3) Sally McFague, 「기후변화와 신학의 재구성」, 김준우 역 (서울: 한국기독교연구소, 2008), 21.
4) Ibid., 109-26.

심적, 가부장적, 남성 중심적인 태도로 성서를 읽으면서 지구를 평가절하 해왔고 그런 읽기를 보편화시켜왔음을 인정하기, 본문 읽기에 앞서 우리가 지구공동체의 생존을 착취하고 억압하며 위협해왔음을 공개적으로 시인하기, 고대의 성서 본문과 대화를 할 때 우리 모두는 위험에 처한 지구공동체의 일원임을 적극적으로 의식하기, 지구를 성서에서 합리적 분석대상이 아닌 동병상련의 가슴으로 다루어야 할 주체로 인식하기, 지구를 위한 정의 구현하기와 지구 및 지구공동체가 본문에서 억압되거나 침묵을 강요받거나 해방되는지를 확인하기, 그리고 지구와 지구공동체의 목소리가 잠식당한 곳에서 대안적 전승을 분별해내고 회복시키는 성서읽기 기술을 발전시키기를 목표로 삼았다."5) 그의 주장은 이 연구의 방향과 방법론에 정확한 지침서가 되었다. 위 두 사람이 제공하는 생태학적 성서해석의 원리는 "성서본문에 대한 급진적인 재조정"을 필요로 하며 성서본문에서 "창조, 자연, 혹은 지구에 관해 말하고 있는 것을 탐구하는 정도가 아니라… 본문읽기에서 지구를 주체로 삼는 급진적 자세 변화를 통해… 의심하고 동일시하며 복구하는 해석학(hermeneutics of suspicion, identification, and retrieval)"이라고 요약할 수 있다.6)

 연구자는 이 두 권을 통해 기후붕괴에 직면한 지구와 인류의 미래를 위해서는 성서 신학적 혁신이 반드시 이루어져야 한다고 확신하게 되었다. 그 혁신이란 다른 해석학적 관점들에 의한 성서해석의 결과가 그러하듯이7) 다만 생태학적 관점으로 변경된 상태에서 이루어진 성서해석의 또 다

---

5) Norman C. Habel and Peter Trudinger eds., *Exploring Ecological Hermeneutics* (Atlanta: SBL, 2008), 1-2.

6) Ibid., 3.

7) 여기서 다른 해석학적 관점이란 대표적으로 라틴 아메리카 원주민의 인권과 삶을 다룬 해방신학, 인종적 탄압을 받은 흑인의 인권을 다룬 흑인신학, 가부장사회의 의식을 타파하고 여성의 평등과 인권을 다룬 여성신학, 한국 민중의 문제를 다룬 민중 신학 등을 지칭한다.

른 읽기를 통해 얻어진 성서 의미의 풍부함을 만끽하는 수준에 그치지 않고 생태학적 위기타개를 성서 해석의 수단과 방법 그리고 목적으로 삼는 근본적인 변화를 의미한다.

이런 맥락에서 본 연구는 비록 철저하거나 체계적으로 숙성되지는 않았지만 위의 하벨의 제안에 따라 생태학적 관점에 따른 성서연구를 어떻게 수행할 수 있는 지를 나름대로 이해하고 이에 기초하여 그 실례를 제시하는 데 목적이 있다. 특히 이 연구는 기존의 성서해석이 구원신학과 대조하여 창조신학을 보다 강조해서 읽는 수준에 그치지 않고 창조기사에 대한 생태학적 읽기가 얼마나 철저하고 체계적으로 수행될 수 있는지를 보여주려고 한다. 이 연구는 기존의 구원사 중심의 구약성서 이해를 생태학적 해석학에 따라 전환하여 읽는 데 의의가 있다.[8]

이 목표를 추진하기 위해 채택한 구약성서의 해석 전략은 다음과 같다. 연구자는 다윗 왕국 시대의 문서(J)로 분류되는 태고사(창 2:4b-11)를 먼저 생태학적 관점으로 다시 읽은 뒤에 역사적으로 이보다 늦게 포로기 제사장들이 이 태고사의 머리말 위치에 덧붙인 창조기사(창 1:1-2:4a[P])가 갖는 역할과 기능을 생태학의 빛에서 재고해보려고 한다. 이 같은 본문 해석의 순서는 창세기 1장으로 시작해서 2장 해석으로 나아가는 생태학적 해석 방식과 차별성을 지닌다.[9] 기존의 해석은 창세기 해석에 있어서 이스라엘 신앙공동체가 왕국시대에서 포로기까지 겪어 가는 역사적 경험과 그에

---

8) 성서본문을 생태학적으로 새롭게 읽는 연구자의 해석방법은 고대 이스라엘의 과거사를 근거로 펼쳐지고 있는 성서본문의 세계를 마치 현대인의 시각으로 볼 때 일종의 가상현실(virtual reality)처럼 읽는 경우를 포함하고 있다. 이하에서 본문을 놓고 연구자의 개인적 현실(Dasein=situated-in-the world)을 반영하는 고백적 읽기를 아무런 해석적 전제 없이 감행하는 경우가 바로 그런 경우임을 밝혀둔다.
9) 예를 들어 다음을 참조하라. 강성열, "구약성서의 창조론과 생태학,"「생태학과 기독교 신학의 미래」호남신학대학교 편 (서울: 한들출판사, 1999), 9-48. 그는 창세기 1-2장을 순서대로 해석하고 있다.

대한 신학적 반성의 역동적 변화를 고려하지 못하는 단점을 안고 있다. 우리는 구약성서의 전반부 단락인 창세기부터 열왕기하까지를 '이스라엘 역사'라고 규정하고 생태학적으로 다시 읽을 것이다.

연구자의 창세기부터 열왕기하까지의 이스라엘 역사에 대한 생태학적 읽기는 예언서에서도 거듭 확인할 수 있으나 여기서는 지면관계상 생략한다.[10] 다만 성문서에서도 이와 같은 해석적 단초를 발견할 수 있다는 사실을 보여줌으로써 생태위기에 대해 구약성서가 비록 고대문서이긴 하지만 현대의 신앙공동체와 지구별을 위해 충분한 신학적 해석적 원천이 된다는 사실을 역설하고자 한다. 이것은 특별히 지혜문학인 욥기 38~41장에 기록된 하나님의 연설에 잘 나타나 있다.

연구자는 이 글에서 기후붕괴의 위기 앞에서 성서신학자들이 지구생태계의 미래에 대한 안일한 생각을 버리고 이를 보다 철저하게 성서신학하기에 반영해야 한다는 막중한 책임감으로 새로운 성서 읽기를 수행하였다. 이 글은 기후붕괴에 직면하고 있는 지구촌의 한국에 사는 구약학자의 신학적 응답이다.

II. 이스라엘 역사의 생태학적 읽기

구약성서에 기록된 이스라엘 역사는 태고사(창 1-11), 족장사(창 12-50), 민족사(출-왕하)로 구성되어 있다. 태고사는 다시 야훼문서(J)과 제사장문서(P)로, 족장사는 야훼문서(J), 엘로힘문서(E), 제사장문서(P)로, 그리고 민족사는 JEP(출~민)와 신명기역사서(D와 DtrH: 신~왕하)로 이루어져 있다.

---

10) 예언서의 생태 신학적 해석에 관해서는 다음을 참조하라. 기독교환경연대, 「녹색의 눈으로 읽는 성서」(서울: 대한기독교서회, 2002), 85-124; 우택주, "요나서의 생명신학," 「요나서의 숨결」(대전: 침례신학대학교출판부, 2009), 89-99.

창세기 2:4b로 시작하는 야훼문서(J)는 에덴동산에서 벌어지는 일을 시작으로 창세기 11장까지 태고사를 기술한다. 야훼기자(J)는 그의 창조기사에서 가장 먼저 지구별의 생태환경을 묘사하는 일로 시작한다. 이 기사는 지구의 시작을 "땅과 하늘"(2:4b)로 묘사함으로써[11] "땅"에 우선적인 초점을 맞추고 있다. 창세기 2:5에서 "비가 없을 때, 사람도 없을 때, 초목이 없을 때"란 다시 말해서 기후조건이 갖춰지기 전 그리고 사람과 생태계가 조성되기 전이라는 뜻으로 풀이된다. 이후 사람이 만들어지고, 그 사람이 존속하기에 가장 적합한 생태환경으로서 에덴동산이 조성된다(창 2:8).

이어서 사람은 지구라는 생태계 안에서 살아갈 때 지켜야 할 준칙을 하나님으로부터 받는다. 모든 것이 가능하지만 모든 것이 유익하지 않다. 즉, 생태계의 중앙에 있는 선악을 알게 하는 나무의 열매는 먹지 말라. 이를 어기고 그 열매를 먹는 날에는 죽음을 맞볼 것이다(창 2:16-17). 그러나 하나님과 같이 될지도 모른다는 유혹에 빠진 사람은 결국 이 준칙을 어기고 금지된 열매를 먹게 되었고 그 참담한 결과를 맛보아야 하는 처지에 이르게 된다(창 3장).[12]

가장 적합한 생태환경에서 쫓겨난 인류는 대안적 환경인 도시문명을 건설하여 위기에 빠진 생존을 보존하려고 노력한다. 가인이 세운 에녹이란 성(city)이 최초의 증거이다(창 4:17). 그러나 도시문명 속의 인류는 기껏해야 부패와 폭력으로 가득한 세상을 만든 것이 고작이었다 (창 6:12-13).[13]

---

[11] 이는 제사장 문서의 창조기사(창 1:1, 2:4a)에 반복적으로 언급되는 "하늘과 땅"이란 어법과 어순이 반대로 되어있는 구조의 용법이며 여기에도 나름의 생태학적 해석의 여지가 있으며 그것은 뒤에서 다룰 것이다.

[12] 창세기 1장(P, 1:26-28)과 2장(J, 2:15)의 창조기사 모두 인간이 자연생태계를 돌볼 책임과 의무를 명시하고 있다. 특별히 J 문서의 창조기사는 인간의 행동이 자연생태계의 순응도 여부를 결정한다는 사고구조를 반영하고 있다. 인간의 죄에 대한 자연의 변화에 대해서는 다음을 참조하라. G. Friedrich, "생태학과 성서," 이정배 편 「생태학과 신학-생태학적 정의를 향하여」 (서울: 종로서적, 1989), 44-50, 강성열, "구약성서의 창조론과 생태학," 27 n. 38 재인용.

이에 대한 하나님은 "사람의 죄악이 세상에 가득함과 그 마음으로 생각하는 모든 계획이 항상 악할 뿐임을 보시고 땅 위에 사람 지으셨음을 한탄" 하시고 그 "마음에 근심하시고" "창조한 사람을 지면에서 쓸어버리되 사람으로부터 가축과 기는 것과 공중의 새까지 그리"하겠다고 결심(창 6:5-7)하신 끝에 장맛비(geshem)를 내려 홍수를 일으킨다. 홍수에서 구원받은 노아와 그의 방주 이야기는 지구별의 생태위기를 모면한 유일한 사례로 존재한다. 그러나 홍수 후에도 인류의 교만은 그칠 줄 모른다. 인류는 또다시 시날 땅에서 성(city)과 대(temple tower)를 건설하는 모험을 감행한다(창 11:1-9).[14]

태고사의 인류는 지구별에서 무엇을 어떻게 하는 것이 하나님이 만들어 놓으신 세계에서 올바로 생존하는 길인지를 묻지 않고 자기네 욕망이 이끄는 데로 살아갔다. 태고사는 문명을 일구고 문화를 창달시키는 모든 노력이란 결국 공동운명체인 인류사회와 지구 안에 불법과 폭력 그리고 상호간 의사소통의 불일치만을 초래했다는 경험구조를 보여준다. 그래서 인류는 거대한 홍수를 맞이하기에 이르렀다. 홍수는 인류와 지구 사이에서 지구가 인류를 향해 일으킨 가장 폭력적 반사작용으로 해석할 수 있다.[15]

이 대목에서 땅과 인류, 지구와 사람은 서로의 생존을 위해 필수불가결

---

13) 도시문화(혹은 사회)에 대비되는 성서적 현실은 도시 바깥에 위치한 농촌사회이다. 구약성서는 정치와 경제 그리고 문화와 종교가 집중하는 도시들에 대한 혐오감과 거부사상이 강하게 배어있다. 참고. L. L. Grabbe and R. D. Haak eds., *Every City Shall be Forsaken: Urbanism and Prophecy in the Ancient Israel and the Near East* (Sheffield: Sheffield Academic Press, 2001). 예언서에 지배적인 예루살렘 성에 대한 종말론적 희망은 단순히 종교적 측면만을 부각시킨 결과이며 이마저 유다 왕조의 예언자 미가에 의해 철저히 비판받은 경우를 기억할 필요가 있다(미 3:10; 6:9-16).
14) 참고. 우택주, "사회학적 관점에서 해석한 바벨탑 사건(창 11:1-9): 도시문명비판의 신학," 「8세기 예언서 이해의 새 지평」 (서울: 대한기독교서회, 2005), 369-96.
15) 참고. T. Frymer-Kensky, "Pollution, Purification, and Purgation in Biblical Israel," *The Word of the Lord Shall Go Forth*, C. L. Meyers and M. O'conner eds. (Winona Lake: Eisenbrauns, 1983), 409, 강성열, "구약성서의 창조론과 생태학," 28 n. 41 재인용.

한 동반자라는 깨달음이 필요하다. 인류는 땅에 친화적인 삶을 꾸려가야 하고, 땅은 그런 인류를 보존하는 환경으로 응답한다는 것이다. 한 마디로 에덴동산에서 누렸던 자연친화적 삶을 추방되어 도시중심, 인간중심의 삶을 그린 태고사는 지구와 인류가 평화롭게 공존하는 세상이 무엇이며 어떠해야 하는지 그리고 그것을 어길 경우 어떤 현실을 경험하게 되는지를 신화적 언어로 제시한다. J의 태고사는 생태적 성서신학을 위한 서설이다. 그래서 J의 태고사는 또 다른 역사를 기다리고 있다. 그것이 생태위기에 처한 인류와 지구에게 새로운 성서적 해법을 줄 수 있을지는 두고 볼 일이다.

J의 태고사를 오늘의 현실에 접목해보자. 오늘날 지구상의 모든 인류사회에서는 정치, 경제, 사회, 문화, 종교 어느 국면에서든지 이와 같은 태고사의 폭력적 현상과 혼란이 중단될 줄 모른 채 확대되고 있고 그에 따라 생태위기도 더욱 가중되고 있다.[16] 성서의 태고사와 마찬가지로 오늘날 역시 새로운 성서적 해법을 기다리고 있다.

이와 같은 생태위기에 처한 인류와 지구에게 J는 족장사(창 12-50장)를 열어준다. 그것이 태고사 이후 지속된 인류와 지구별의 위기에 대한 대안이 될 수 있을지는 여전히 미정이다. 족장사의 가장 지배적인 주제는 아브라함이란 인물에게 준 하나님의 약속의 말씀과 그것의 성취과정이다. 그는 이를 믿음이라는 자세로 삶을 살아간다. 하나님이 주신 약속의 내용은 땅과 자손이다(창 12:1-3). 아브라함, 이삭, 야곱이란 인물들이 성서의 세계 속에서 약속받은 것은 문자 그대로 정착할 땅과 자손이다. 이를 생태 신학적 용어로 바꾸어 생각한다면 그것은 인류와 지구가 함께 존속이 가능한

---

16) Ibid. 창 6:11의 "포악(히, 하마스)"은 "강한 자가 힘없고 약한 자를 짓누를 때 사용하는 것이지만 여기서는 그것이 인간의 삶의 터전인 땅을 오염시키고 부패케 하는 주범으로 작용함으로써 인간의 비뚤어진 행동이 자연계에까지 영향을 미치고 있음을 보여준다."

생존환경과 그 미래의 인류사회라고 말할 수 있다. 이를 성취하기 위한 도구는 온갖 장애요인과 열악한 조건 속에서도 오로지 약속의 말씀에 대한 믿음뿐이라는 것이 족장사의 강조점인 것이 틀림없다.17)

이 족장사의 끝에 요셉에 관한 긴 이야기가 등장한다. 요셉 이야기도 지구별의 생태위기를 극복하는 내용으로 이해된다. 온갖 고초 끝에 총리대신이 된 요셉은 7년 가뭄이라는 기후붕괴로 식량위기에 처한 이집트 사회와 자기 형제들을 사전에 준비해둔 식량으로 구해주는 공헌을 한다는 측면에서 특히 그렇다. 요셉 이야기의 극적인 결말은 그가 평소 꾸었던 꿈과 그 꿈에 대한 신앙적 해석이 이루어낸 소득이었다. 해와 달과 열한개의 별이 요셉에게 절하고 곡식 단들이 요셉의 단을 중심에 두고 둘러서있는 꿈 이야기(창 37:5-10)에 등장하는 이미지가 뜻하는 바는 물론 요셉, 요셉의 부모, 그리고 그의 형제들이다. 하지만 꿈에 등장하는 캐릭터들의 일차적 의미를 고려하면 이것들은 모두 자연계 전체가 요셉이란 신앙인을 통하여 구원받게 되는 이야기로 보아도 크게 문제가 되지 않는다. 그것들이 요셉에 절한다! 그런 의미에서 요셉은 생태위기에 처한 지구별과 세상을 구할 구원자를 상징한다. 이 이야기는 전체적으로 닥쳐올 지구별의 위기를 간파하고 이를 실천적으로 대비하는 신앙인의 손에 진정한 희망이 놓여 있다는 의미로 읽혀진다.

요셉 이야기 속에도 태고사 이래 계속되는 폭력과 부패의 기운은 여전하다. 요셉은 형제들에게 부당하게 미움을 받았고 그들에게 죽임을 당할 위기에 처한다. 미디안 상인들은 구덩이에 빠진 요셉을 애굽에 팔아넘긴다. 보디발 장군의 아내는 청년 요셉을 유혹하는 일에 실패하자 누명을 씌워 감옥에 가둔다. 요셉은 한을 품고 원망하거나 불평하는 대신 오로지

---

17) 우택주, "창세기", 「성서입문」, 침례교신학연구소 편 (대전: 침례신학대학교출판부, 2007), 25, 27.

하나님의 섭리를 믿고(!) 성실하게 생활한다. 위기는 기회가 된다. 옥살이하는 애굽의 술 맡은 관원의 꿈을 해석해 주고 요셉은 그의 관직회복에 기여하고 급기야 애굽 왕의 꿈까지 해석해주는 실력을 발휘한다. 애굽 왕은 요셉을 가리켜 "하나님의 영에 감동한 사람"(창 41:38)이라고 부른다. 이렇게 왕에게 인정받은 요셉은 총리대신의 직위에 오르게 된다.

요셉의 해석에 따르면 애굽 왕의 꿈은 7년 풍년에 7년 흉년이 든다는 예고였다. 우리는 꿈에 깃든 하나님의 재앙 예고 앞에 그가 보여준 태도를 눈여겨 볼 필요가 있다. 예고는 하늘로부터 오지만 이를 극복할 대책은 요셉의 결단으로부터 시작된다.[18] 닥쳐올 7년 흉년 앞에 그는 나라 곳곳에 식량 창고를 건축하고 그곳에 식량을 비축해둠으로써 흉년을 극복하는 지혜를 발휘한다. 여기서 흉년이란 고대 세계에 벌어진 기후붕괴 현상이다! 흉년과 기근은 자연재해 일뿐 아니라 식량분배를 둘러싸고 벌어지는 사회 경제적이고 정치적 현상이었을 수도 있다.[19] 요셉은 이 기후붕괴의 예고 앞에 지혜를 발휘하여 이를 대비하고 온 나라와 백성을 지킨다. 요셉 이야기는 족장사 가운데서 태고사 이래 지속된 생태위기와 이를 극복하는 중요한 실례로 자리매김하고 있다.

기후임계점에 도달한 인류와 지구의 모습은 태고사에서 폭력적 인류 앞에 큰 홍수를 일으켜서 맞서는 지구와 닮아 있다. 노아와 그 가족을 제외하고 당시의 모든 사람들이 방주 건설의 의도를 깨닫지 못하는 모습은 오늘날 인류가 환경위기가 지구와 인류의 몰락을 가져올 수 있다고 예고해도 무시하는 현상과 닮아 있다. 자식을 낳지 못하는 족장들의 믿음은 현재 진행 중인 기후변동을 순화시키지는 못할지언정 더 이상 악화되지

---

18) T. W. Mann, *The Book of Torah: The Narrative Integrity of the Pentateuch* (Atlanta: John Knox Press, 1988), 69.

19) Robert B. Coote and David R. Ord, 「성서의 처음 역사」, 우택주, 임상국 역 (파주: 한울엠플러스, 2017),

못하게끔 해야 하고 그렇게 할 수 있다고 믿고 고단한 환경운동에 헌신하는 극소수 인류의 희망과 닮아 있다. 이에 성서는 사회와 생명을 구원한 요셉에게서 희망의 단초를 발견케 하고 그의 삶을 하나의 모델로 제시하고 있다.

이후에 전개되는 출애굽 이야기와 이스라엘 민족의 형성사 그리고 가나안 땅에서 왕국을 이루면 살다가 멸망당하는 이야기(신명기역사서)와 귀환하는 공동체가 벌이는 이야기(역대기역사서)는 방금 제시한 태고사와 족장사가 함께 제시하고 있는 생태 신학적 원리를 또 한 번 거시적인 관점에서 실증한다.

이스라엘은 하나님과 언약을 맺은 백성을 일컫는다. 그들은 언약을 준수하며 살아야 한다. 언약의 요지는 땅(지구)과 인류를 소중히 여겨 서로 돌보며 사는 일이다.[20] 가나안 땅은 이스라엘 백성이 하나님께 선물로 받은 것이다. 그 땅에서 나라를 만들어 살다가 멸망당하고 그 땅에서 쫓겨나게 된 까닭은 이 언약을 위배했기 때문에 하나님께로부터 심판을 받은 것이다.[21] 귀환한 백성들에게 오로지 율법에 충실한 삶을 요구하는 야훼 종교는 제사장들에 의해 또 다른 형태의 정치권력으로 발전한다.

신명기역사서에서 읽을 수 있는 이와 같은 구원사적 이해를 생태 신학적으로 이해한다면 어떻게 될까? 지구생태계는 신앙인에게 하나님이 선물로 주신 것이다. 지구생태계가 위태롭게 된 까닭은 신앙인이 지구와 세상을 돌보아야 할 책임과 의무가 담긴 언약을 위반하였기 때문이다. 그동안 신앙인은 자신을 살찌우기에 여념이 없었다. 정치적으로 경제적으로

---

[20] 율법에 환경을 보호하라는 취지의 조항이 명시된 곳은 그리 많지 않지만 특히 신 20:19-20에서 이를 엿볼 수 있다. 이에 관한 논의를 위해 다음을 보라. Jacob L. Wright, "Warfare and Wanton Destruction: A Reexamination of Deuteronomy 20:19-20 on Relation to Ancient Siegecraft," *JBL* 127 (2008): 423-58.

[21] M. Noth, *The Deuteronomistic History* (Sheffield: JSOT Press, 1981[orig., 1943]), 89.

강대국과 강자가 약소국과 약자를 짓밟고 무력과 폭력을 행사해 온 것이다. 이런 현상은 태고사에서 보여준 인류의 고질적인 죄악과 닮아 있다. 언약을 맺은 사람들에게 십계명과 율법을 통해 하나님은 정의와 생명존중과 평화를 기대했으나 사람들은 포학한 행위만 저질렀고 공평을 원했지만 울부짖는 지구촌으로 만들었던 것이다(참고. 사 5:7). 결국 하나님을 신앙하는 사람들은 다른 신앙인을 물론이고 불신앙의 자연인을 포함한 인류 전체와 함께 이 지구에서 멸망당할지도 모른다.

예언자들은 꾸준히 이를 경고하였다. 지구는 얼마든지 이런 인류를 거부하고 토해낼 수 있다.[22] 기후임계점에 도달한 지구별의 현재 상황은 이제 지구별이 인류를 토해내기까지 시간이 얼마 남지 않았다는 마지막 구조 신호를 보내고 있는 상황이다. 대안은 어디에 있는가?

III. 포로기 제사장의 창조기사와 생태학적 이해

창세기 1:1-2:4a가 바벨론에 끌려간 유다왕국의 지도계층 가운데 주요 구성원이었던 제사장 집단(the Priestly group)이 기록한 본문이라는 점은 역사 비평학에서 주장하고 있는 논지이다.[23] 이 집단은 기원전 586년 유

---

22) 이와 같은 사상을 두드러지게 담고 있는 예언서가 요나서이다. 참고. 우택주, "환경친화적 성서 읽기: 12예언서," 「녹색의 눈으로 읽는 성서」 (서울: 기독교환경운동연대, 2002), 116-23. 물고기에게 삼켜진 요나가 물고기 배 속에서 종교적 안일을 누리며 희희낙락할 때 물고기(생태계를 상징!)가 그를 토해내는 상황이나 거센 풍랑이 자신을 찾는 여호와 하나님의 손길인 것을 깨닫고 배 밑 전으로 숨어 깊은 잠을 청하는 요나의 모습 그리고 더욱 거칠어진 풍랑에 배를 다시 육지로 되돌리려는 선원들의 노력에도 불구하고 풍랑이 이를 거부하는 일과 얼마나 흡사한가!
23) Cf. M. Noth, *A History of Pentateuchal Tradition*, tr. by B. W. Anderson (Chico: Scholars Press, 1981), 262; R. B. Coote and D. R. Ord, *In the Beginning: Creation and the Priestly History* (Minneapolis: Fortress Press, 1991), 29-38.

다의 정권이 몰락하고 야훼 성전이 파괴되는 현실을 목도하면서 오랫동안 확고부동하게 믿어왔던 야훼 신앙의 붕괴를 몸소 체험한 사람들이었다. 이들이 어떤 식으로 신앙적인 회복과정을 거쳤는지 더 이상 추정할 길 없지만[24] 그들은 꺼져 가는 야훼 신앙과 무너진 정체성을 회복하기 위해 인류 역사에 영원 무궁히 남을 가장 고상한 업적을 창안하기에 이르렀다.[25] 그들의 업적은 신명기를 제외하고 창세기부터 민수기에 이르는 사경(Tetrateuch)을 편찬한 일로 드러났다.[26] 이 사경의 구조를 살펴볼 때 이들은 창세기 2:4b로부터 시작하여 민수기에서 끝나는 야훼문서(J) 혹은 야훼엘로힘 통합문서(JE) 앞에 창세기 1:1-2:4a를 배치하기로 결정하였다. 바로 이 결정 자체가 생태학적 성서해석에 중대한 의미를 제공한다.

앞에서 우리는 창세기 2:4b로 시작하는 태고사를 생태학적으로 읽었다. 그런데 포로기를 겪고 있는 제사장들은 이 역사이해에 자신들이 생각하는 보다 나은 해결방안을 작성하여 배치시킨 것이다. 그것이 생태학적 해법을 담은 창조기사이다. 왜 그랬을까? 그들은 종종 곧 발생하리라고 예상하는 애기들을 직접 혹은 간접적으로 들었을 것이다. 그러나 듣기는 들었지만 그런 일은 절대로 일어나지는 않을 것이라고 굳게 믿었던 바로 그런 현실을 경험한 사람들이었다. 이들이 창조기사를 작성한 업적은 종교사적인 의의뿐 아니라 생태학적으로도 시사하는 바가 크다. 포로기 이전의 경험은 지구 온난화로 기후체계가 붕괴되어가는 위기에 처해 있다고 경고음

---

[24] 포로기의 신앙공동체가 정체성 확보를 위한 투쟁을 벌인 성서적 증거를 다룬 연구를 위해 다음을 보라. R. Albertz, 「이스라엘 종교사 II」, 강성열 역 (서울: 크리스찬다이제스트, 2004[orig., 1992]), 189-249. 그는 이 시기에 제사장 계열 신학자와 평신도 신학자들 사이의 갈등과 그 해소를 설정하고 있다.

[25] P. R. Ackroyd, *Exile and Restoration* (London: SCM Press, 1968), 7. 토마스(D. Winton Thomas)는 이 시기를 "이스라엘 역사에 창의적인 시대(a creative epoch)"라고 불렀다.

[26] B. W. Anderson, *Understanding the Old Testament*, 4th ed (Englewood Cliffs, New Jersey: Prentice-Hall, 1986), 453.

을 듣는 때와 견줄 수 있다. 그리고 포로 경험은 마치 기후붕괴로 인류가 더 이상 존속할 수 없게 된 운명에 처한 상황과 견줄 수 있다.

포로기를 경험한 제사장들은 아마 신앙적 해설과 비평 그리고 자성의 목소리를 내면서 대응책 마련에 부심했을 것이다.[27] 그 가운데 어떤 사람은 포로기 이전의 구원사적 이해는 민족의 현실을 거꾸로 되돌리기에는 불충분한 것 같다는 지적을 했을 수도 있다. 모세 언약이나 다윗언약과 같은 사상만으로는 백성들의 흔들린 신앙을 격려하기에 역부족이라는 비평도 나왔을 것이다. 그래서 새로운 창조신앙으로 구원신앙의 결점을 보완하고 해소시켜주자는 대안이 제시되었을 수 있다. 어쩌면 최종적으로는 이 마지막 견해가 제사장 집단 내부에서 보다 만족스런 해법으로 받아들여졌을 것이다. 물론 포로기 제사장들이 생태계에 대해 얼마만큼 관심을 갖고 있었는지는 아무도 모르고 또 그것을 가늠하기란 불가능하다. 그러나 분명한 것은 제사장의 창조기사에는 기존의 창조이야기, 즉 야훼 문서의 창조기사로 시작하는 태고사(창 2:4b-11장)가 전해주려고 하는 신학적 해법에 더욱 완벽한 신학적 해법을 추가하고 있다는 사실이다. 그리고 그 빛에 비추어 이전의 태고사와 족장사 그리고 민족사를 이해해 주길 염원했다고 추정할 수 있다. 이를 통해 제사장들은 인류가 지구라는 생태계에서 살아갈 때 가장 근원적인 태도를 명시하고 있다.[28] 그것은 이후에 뒤따르는 성서에 기록된 모든 역사의 대원칙이요 대전제라는 것을 깨우쳐주는 공헌을 한다. 그것은 지금 이스라엘 백성이 경험하고 있는 포로기라는 가공할 혼란은 바로 이 대원칙을 망각하였기 때문이라는 역사 해석과

---

27) 참고. R. Albertz, 「이스라엘 종교사 II」, 강성열 역 (서울: 크리스챤다이제스트, 2004[orig., 1992]).
28) 그들이 은유로 표현한 것을 오늘 우리가 직설적 서술로 이해할 수도 있겠고 또 실제로 상징적인 표현을 통하여 신앙인들에게 지구 생태계에서 살아가는 방식을 제안해놓았을 수도 있다.

고백을 제공하고 있다. 생태신학적 관점에서 볼 때 창세기 1장은 현재 지구가 직면하고 있는 기후임계점의 상황에 대한 인류와 신앙공동체가 취해야 할 가장 근원적인 원리와 태도를 담고 있다.

제사장들은 이제 땅에서 하늘을 쳐다보는 인간중심주의 신학을 하던 때를 회상하고 그것의 불완전함을 경험하였다. 이제 그들은 미래를 위해 하늘에서 땅을 쳐다보는 신중심주의 신학을 선포한다. 그들은 "하나님이 (땅과 하늘이 아니라) 하늘과 땅을 만드시는" 태초의 시점에서 이야기를 시작한다. 제사장들은 매우 체계적인 방식으로 질서 있게 창조하시는 하나님의 행동을 묘사한다. 빛, 궁창, 바다와 육지, 식물, 크고 작은 광명체, 육지 짐승과 조류, 그리고 사람. 그들은 이 세계에서 어떤 피조물이 다른 피조물보다 우월하다거나 열등하다고 말한 적 없다. 본문은 이를 추정할 만한 단서도 남기지 않고 있다.[29] 먼저 창조된 것이 나중 창조된 것에 비해 중요치 않다거나 나중에 창조된 것이 더 중요하다고 볼 수 있는 근거는 빈약하다. 성서는 창조의 행위를 즐기시면서 만물이 '보기에 좋았다' 혹은 '매우 좋았다'는 하나님의 찬사만을 보도할 뿐이다. 따라서 전통적으로 인간 창조에 대한 묘사가 다른 날 창조에 비해 본문에서 비중을 많이 차지하는 현상을 두고 인간창조가 하나님 창조의 면류관으로 보는 해석은 지극히 인간중심적 해석에 속한다. 주목할 것은 인간을 제외한 모든 피조세계도 마찬가지로 좋다는 평가를 받았다는 점이다.

성서는 피조세계가 각각 수행할 역할에 대한 정보를 유추하게 만든다. 빛은 낮과 밤을 구분한다. 궁창은 윗물과 아랫물을 나눈다. 뭍(마른 땅)은 바다를 한 곳에 가두어 두는 역할을 한다. 동시에 식물이 뿌리를 내리고 자라는 토양을 제공한다. 햇빛, 물, 온도 모든 것은 식물이라는 생명체가

---

[29] 수사비평학자는 창조 기사 가운데 내용묘사가 긴 것이 중요한 것이요 마지막에 언급한 것이 중요하다는 판단을 할 수도 있을 것이다. 그러나 중요한 것이 우월하다는 표식은 본문 어디에도 발견할 수 없다는 뜻이다.

존속하는 환경에 협력하도록 조정되었다. 광명체들은 그 움직임으로 징조와 계절(기후변화)과 일자와 연한을 알려주면서 그와 동시에 필요한 역할을 했다. 그리고 짐승과 사람은 이 완벽한 생태계에 몸담고 살아가는 생명체들로 지음 받았다. 짐승의 역할은 더 이상 자세하게 언급되어 있지 않는다. 하나님의 형상대로 지음 받은 사람은 이 모든 창조세계를 돌볼 책임이 부여된다.

하나님의 행동에서 발견할 수 있는 특징적 양상은 질서 창조, 생명수여, 평화 유지이다.30) 하나님의 형상대로 지음 받은 사람이란 표현의 의미는 이 하나님의 특징적 행동양태를 반영하며 살아가는 존재로 지음 받았다는 뜻이다. 따라서 사람이 살아가야 할 마땅한 자세와 삶의 목표란 바로 이와 같아야 한다. 세상의 질서를 원래의 창조 질서에 합당하게 유지하거나 복구하기, 생명세계를 지키고 돌보며 그래서 지구의 안식과 평화를 추구하기를 위해 지음 받은 존재가 사람이라는 뜻이 담겨 있다. 특별히, 인류사회 안에서는 강자와 약자 사이에 정의와 공평을 구현해야 하고 지구생태계에 대해서는 사람이 그것에 의존하며 살아갈 존재이므로 지구생태계가 인류가 지속적으로 생존 가능한 환경을 만들기 위해 노력하는 일은 전적으로 사람의 결단 여하에 달려 있다. 이 해석은 인간중심적 신학에 입각한 역사이해(태고사-족장사-민족사)를 완벽하게 보완해준다.

여기서 사람에게 주신 하나님의 문화명령(창 1:28, "생육하고 번성하여 땅에 충만하기 땅을 정복하기, 모든 생물을 다스리기")은 오랫동안 인류의 지구 착취와 개발의 근거로 읽혀왔다. 그러나 이는 생태 신학적 관점에서 재해석되어야 한다. 이 본문은 사람의 '생육하고 번성하여 땅에 충만하기'는 모든 생태계의 보호와 돌봄 그리고 유지를 위한 적절한 숫자적 증가를,

---

30) 우택주, "교수논단: 하나님 형상의 신학," 「침신대학보」 219호, 2007년 3월 23일, 2면.

땅의 '정복(subdue)'은 땅의 환경에 적절하게 적응하되 자연을 신성시하고 숭배하는 굴종적 태도를 탈피하고 무한한 파괴력을 가진 자연의 힘을 초래하여 이에 종속되는 상황이 발생하지 않기를, '다스리기'는 지구에서 유일한 하나님의 대리인으로서 하나님처럼 질서를 유지하며 생명을 보호하며 지구를 지극한 정성으로 돌보아 평화로운 세상을 간직하기를 각각 뜻하는 것으로 읽어야 한다. 이런 해석은 각종 짐승과 생명체들을 창조하신 후 하나님이 이들에게도 복을 주시며 하신 말씀(창 1:21)의 속뜻과도 상응한다. 하나님이 각종 생명체들에게도 생육하고 번성하고 충만하라는 복을 주신 까닭은 결국 지구공동체 안의 구성원인 모든 생명체들의 먹이사슬을 지속시키려는 의도도 포함하고 있다. 어느 부분이 지나치거나 부족하면, 지구의 생태계를 지키는 먹이사슬은 깨지고 지구의 생명공동체는 그 무엇도 더 이상 존속하기가 불가능해지게 된다.

결론적으로 말해서 하나님이 지으신 세상에서 자연과 인간은 공동운명체이다. 양자는 상호 의존적이다. 양자의 균형이 깨어지게 되면 그 결과는 지극히 파괴적이 될 수밖에 없다.[31] 특별히 지구별의 역사는 언제나 인류가 먼저 자연의 분노를 촉발시킨 주체로 살아왔다. 제사장들은 포로기 상황에서 이 새로운 창조기사를 통해 생태계의 질서가 바로잡힌 새로운 세상을 꿈꾸고 있는 것이다. 그들은 신앙인의 생태계에 대한 돌봄과 관리의 책임을 명시하면서 기존의 인간중심적 구원사에 나타난 불완전한 세계이해를 교정하고 있는 것이다. 이런 측면에서 포로기와 그 이후의 경험에

---

31) 또한 예언서 전반에는 대체로 인간 공동체의 잘못(언약 위반의 죄) 때문에 자연세계의 급격한 변동 현상(지진, 가뭄, 폭풍, 폭염, 흑암, 전염병, 생물계의 비정상적 출몰 등등)으로 하나님이 심판한다는 예고와 이것이 종말의 시기에 회복되어 에덴동산의 삶과 같은 온전한 생태계에서 살아가는 삶이 도래하기를 희망하는 심판-회복의 신학적 구조 속에서 생태계의 파괴와 회복이라는 주제를 공통적으로 담고 있다. 예언서에 지배적으로 등장하는 메시야에 대한 기대 사상도 창조 질서에 합당한 정의로운 통치자를 기대하는 것에 다름 아니라고 해석된다.

근거하여 제사장 집단을 제의와 의식을 소중히 여기고 경직된 율법주의로 전락했다는 개신교 성서신학자들의 평가는 재고되어야 마땅하다.32) 이 시기의 제사장들은 인간과 자연이 조화로운 관계를 통하여 존속하는 세상을 꿈꾸었던 것이다. 왕국이 출발하던 처음부터 제사장들은 그렇게 질서 잡힌 세상이 언제나 지속되리라고 안일하게 생각해왔었다. 비록 문서로 기록되지는 않았지만 구전전승에 따라, 레위기에 대표적인 구절들로 기억되는 정하고 부정한 짐승을 나누어 식생활을 조정하려 했던 의도도 이러한 질서 잡힌 생태적 세상에 대한 제사장들의 판단이 자리 잡고 있었던 것으로 상정할 수 있다. 왕국이 멸망한 지금 제사장들은 이러한 생태계와 조화로운 관계를 유지하며 사는 책임 있는 삶을 향한 뼈아픈 신앙적 각성을 글로 고백하고 있는 것이다. 그들은 이 대원칙 아래 자기 민족이 걸어온 길과 신학을 되돌아보고 반성하여 지금의 사경을 편찬하였던 것으로 보인다.

IV. 욥기: 생태학적 읽기33)

지혜문학에 속한 욥기는 앞서의 생태적 성서 신학적 해석에 결정적인 성서적 자원이다. 욥기서는 까닭 없이 고난을 당하다가 스스로 의롭다고 여기고 하나님을 원망하는 욥의 현실을 중심으로 생태위기에 처한 인류를 향한 하나님의 계시를 전하고 있다. 욥의 세 친구와 뒤늦게 등장하는 엘리

---

32) 참고. 우택주, "오경에 나타난 제사장 문헌의 공헌에 대한 재평가," 「복음과 실천」 40 (2007): 69-93. 이 논문에서 필자는 제사장들의 생태학적 위기 인식을 미처 반영치 못했다.
33) 이 해석은 2005년 여름 싱가포르에서 열린 SBL International Meeting에서 주강연자였던 클라인즈(David J. A. Clines)의 강연으로부터 영감을 얻었다. 참고. David J. A. Clines, *Job 38-42*, (Word Biblical Commentary; Nashville: Nelson Thomas, 2011).

후라는 친구는 욥이 당하는 고난의 문제를 순전히 인간의 경험을 중심으로 구성된 신학의 틀로 해결하려는 모습을 보여준다. 세 명의 친구가 차례로 등장하는 모습과 이에 만족치 못하는 욥에게 뒤늦게 등장하는 엘리후는 인간의 다양한 경험구조에 의거한 인간중심적 신학 그리고 새롭게 제시하는 다른 풍조의 인간중심 신학조차 욥의 문제를 풀기에는 역부족임을 확인시켜준다. 특히 엘리후는 천둥과 번개를 자연을 통치하시는 하나님의 모습이라고 설득했지만 욥은 이를 부인하고 하나님의 직접적인 나타나심(신현현)만을 고집했었다(욥 37:3-7).[34] 그래서 드디어 이 폭풍 가운데 하나님은 언약백성의 하나님 명칭인 야훼로 등장하고 긴 연설을 토한다(욥 38-41장).[35]

무엇보다 먼저 "폭풍" 가운데 등장하는 하나님의 모습이란 다시 말해서 생태계의 파괴나 혼란으로 야기된 환경적 변화와 그 속에 말씀하시는 하나님을 제시한다.[36] 반대로 욥은 생태계의 파괴 현실인 이 폭풍 속에서 창조주 하나님의 연설을 듣고 있는 것이다. 그런데 하나님의 장황한 연설이 초점을 맞추고 있는 것은 욥이 고난을 받게 된 연유의 해명이 아니라는 데 문제의 핵심이 있다. 대신에 이와 전혀 무관심한 채로 오로지 인간을 제외한 지구 생태계 전체(생명체, 무생명체, 기후) 전체에 대한 하나님의 돌봄(설계와 운영)을 강요하고 있다.[37] 야훼의 이 긴 연설은 법정 소송 형

---

34) N. C. Habel, *The Book of Job* (London: SCM Press, 1985), 535.
35) Ibid. 욥 38장 이전까지 사용된 신명은 El, Shaddai, Eloha이고 Yahweh가 아니었음은 주목할 필요가 있다.
36) "폭풍"이 신현현(theophany)을 나타내는 구약성서의 보편적인 표상이다(시 18:8-16; 50:3, 68:8-9, 14; 합 3:5-6; 나 1:3; 겔 1:4; 슥 9:14; 출 13:22, 19:16). Marvin H. Pope, *Job: A New Translation with Introduction and Commentary* (New York: Doubleday, 1965), 290.
37) 욥 38:2에 사용된 "생각"(히, 에짜)은 "디자인, 설계, 구도"를 의미한다. 욥 38:4-41:34는 하나님의 삼라만상에 대한 정의로운 운영방식(특히, 욥 40:8)에 대한 법정 진술 형식을 띠고 있다.

식을 띠고 있으며 이 법정에서 야훼는 욥을 고소하는 자(=검사)가 되어 말씀하고 있다. 이런 말씀의 신학적 의도는 어떻게 풀이할 수 있을까?

첫째, 인간의 경험구조에 입각한 신학은 그것이 어떤 권위-모세의 권위든 족장의 권위든-에 입각한 것일지라도 인간에게 벌어지는 고난의 문제를 궁극적으로 풀기에 역부족이라는 것을 역설한다. 욥을 시험하기로 하늘회의(욥 1-2장)에서 내린 결정을 의롭지 못하다고 할 처지에 있지 않은 것이 피조물 인간이기에 더욱 그렇다. 이는 지구 생태계 파괴의 관점에서 볼 때 욥은 바로 그 파괴의 주범이거나 방관자였다는 의미가 내포되어 있지 않은 것일까? 욥이 부자였다는 사실을 기억한다면 대체로 부자가 그렇듯이 과연 욥이 자연생태계의 보존에도 관심을 기울였을까? 인간 중심의 신학 자체가 그렇듯이 지구 생태계에 대한 관심 자체가 없었거나 지극히 부족했다고 보아야 옳다. 그렇다면 욥이 당하는 고난은 이유가 없는 것이 아닐 수도 있다.

둘째, 하나님의 진정어린 관심사는 인간에게만 국한된 것이 아니다. 그의 관심사는 인간을 제외한 창조세계 즉 생태계 전체를 향하여 있다. 기존의 인간중심적 신학은 이에 대해 무지하고 무책임하며 무능하다. 그렇지만 이제라도 생태계 전체를 포용하는 신학을 구사한다면 인간중심적 신학의 무능함과 무책임을 극복할 수 있다. 하나님은 삼위일체라는 교리적 진술로 정의되지만 그 안에 규정된 존재가 아니라 그 개념적 정의 저 너머에 자유롭게 존재하시며 활동하신다.[38] 하나님은 인간만의 하나님이 아니라 지구공동체 전체의 하나님이다.[39] 하나님은 인간의 신학에 따라 피동적으로 움직이는 분이 아니다. 지구별의 생태계를 고려하지 않은 신학은 시작부터 문제를 안고 있었고 이제는 그 한계에 도달했다. 그간의 신학 작업

---

[38] 우택주, 「모두 예언자가 되었으면」 (대전: 침례신학대학교출판부, 2009), 159-72.
[39] 이것이 제사장의 창조기사인 창 1:1-2:4a의 주장이었다.

이 폐기처분되기를 원치 않는다면 이제는 생태계를 돌보시는 하나님의 마음과 행동을 반영한 신학으로 환골탈태해야 한다.

이어지는 욥의 회개(욥 42:1-6)는 전통적 신학적 해법의 미흡함을 깨닫고 자기주장에 치우쳐 의로움을 내세워왔던 인간적 완고함에 대한 뉘우침으로 이해된다. "내가 주께 대하여 귀로 듣기만 하였사오나 이제는 눈으로 주를 뵈옵나이다."(욥 42:5)는 고백은 폭풍 속에 나타나 음성을 들려주신 하나님의 모습 앞에 욥이 토설한 내용이다. 욥에게 듣고 보는 시청각적 체험은 분리되어 있었다.

이를 생태계의 위기 상황에 대입하여 해석한다면 욥이란 사람은 기후붕괴와 생태계 위기에 대한 담론은 오랫동안 들어 왔다. 하지만 이를 직접 목도하고 체험하기는 지금에 와서야 비로소 이루어진 경험이라는 뜻이란 뜻이다. 마치 오늘날의 대다수 사람들처럼.

생태계 전체가 절체절명의 위기에 처해있다. 지구온난화로 인한 기후시스템이 붕괴되어 가는 중이라고 한다. 생태계의 구조 자체가 파괴되어 가고 있다. 그로 인해 인간이 엄청난 재난과 고통을 당하고 있다. 본문에 묘사된 폭풍은 바로 이러한 생태계의 파괴현상으로 이해할 수 있다. 모두가 오로지 인간(본문 안에서 욥)이 무관심하여 방치하거나 무의식 속에 벌인 일들이다. 이제 그 욥은 이 위기를 깨닫는다. 결국 그는 처음의 행복한 삶을 회복한다. 무슨 의미인가? 우리 인류가 지구전체의 위기 앞에 이를 자행한 과거를 뉘우치고 생태계 파괴와 기후붕괴 현상을 제지하기 위해 과감하게 결단을 한다면 미래가 그리 암담하지만은 않을 것이며 지구상에서 지금껏 누려왔던 복된 삶을 지속할 수 있는 길이 열릴 수 있음을 긍정하는 내용으로 이해할 수 있다.

V. 나가는 말

창세기부터 열왕기하까지 기록된 이스라엘 역사기록에 대한 생태학적 읽기는 의미 있고 생산적인 해석을 알려준다. 세계창조로부터 이스라엘민족이 나라를 잃고 포로로 잡혀가기까지의 기나긴 여정 속에 나타난 파괴적 현실을 들여다보면 그 안에는 언제나 인간군상의 권력지향적인 욕망이 자리 잡고 있음을 알려준다. 그리고 그때마다 이루어진 하나님의 심판은 자연의 폭발적 영향력으로 나타났다. 에덴동산에서의 추방, 거대한 홍수, 탑 건설 와해, 장기간의 가뭄과 식량고갈, 열 가지 재앙, 이집트 군대의 홍해 수장, 땅에서 추방 등이 그것이었다. 이와 달리 족장사는 믿음이라는 도구로 생존을 이어가는 모범적 사례들로 읽혀진다.

이스라엘 민족은 출애굽하여 시내 산에서 언약백성으로 거듭난 뒤 가나안 땅에 정착하여 세운 나라는 다시 멸망당한다. 언약은 구원받은 공동체가 이 세상을 의롭고 평화롭게 돌볼 책임자로 살아가라는 명령과 그것을 받아들이는 이스라엘의 결정이 들어있다. 나라의 멸망은 언약에 대한 불순종, 다시 말해서 이 책임을 위배한 민족과 그 삶에 대한 하나님의 엄중한 징계를 뜻한다.

포로기 제사장이 기록한 것으로 이해되는 창세기 1:1-2:4a는 최종적으로 J보다 앞에 놓인 상태로 정경화가 이루어졌다. 포로시절 제사장들의 의도를 확인할 길은 없으나 현재 위치의 이 글 단락은 생태학적 성서이해를 위한 최선의 자리에서 생태계의 위기를 극복하기 위한 성서신학 작업에 가장 중요한 기능을 제공한다. 그것은 자연의 질서를 규정하면서 사람의 창조목적을 시사하고 있기 때문이다. 사람은 하나님의 형상으로서 이 세계에 정의와 공평, 생명존중과 평화추구가 목적인 존재이다.

이어서 지혜문학인 욥기 38-40장은 인간중심적인 기존 신학의 한계를 지적하면서 동시에 생태계의 위기를 자초한 인류가 지구별의 생태계 회복과 복구에 나서야함을 촉구하는 내용으로 읽혀진다.

자연과 인간은 하나님의 피조세계로서 공동운명체이다. 양자는 상호의존적이므로 균형이 깨어진다면 한쪽에 막대한 피해를 주고 결국은 상호공존이 불가능하게 될지도 모른다. 창세기에서 제사장들이 생태계의 질서가 바로잡힌 세상을 고백했듯이 이제 교회는 질서와 평화가 있는 생태계의 회복을 위해 노력해야 한다. 아울러 오랫동안 이와 같은 생태계의 위기에 무관심한 채 오로지 인간의 구원론에 집중한 성서 읽기를 반성해야 한다. 이제 성서신학은 막중한 책임감을 갖고 지구 생태계의 보존을 위해 보다 생산적인 생태학적 성서 읽기를 수행해야 한다. 우리의 성서는 얼마든지 그렇게 할 수 있는 충분한 원천이 된다. 기후붕괴 현상이 새로운 성서해석의 주제가 되어야 한다. 현재 지구별의 위기는 이에 무관심했던 성서학자들의 안일한 성서해석 탓이었다. 이를 위해 성서신학은 환골탈태할 필요가 있다. 지구별의 구성원 중에서 가장 지적인 생명체로서 인류는 작금에 당면한 기후임계점의 상황을 깨닫고 생태계 보존을 위해 보다 과감하게 삶을 변화시켜야 할 시점이다.

4.3. 세계화에 대한 구약성서의 응답[1]

I. 들어가는 말

이 연구의 목적은 전 세계에 확산된 "세계화(globalization)" 현상과 그 부정적 영향에 맞서 구약성서가 담고 있는 핵심 신학 사상을 서술하는 데 있다. 이 작업은 세계화 현상에 대한 기독교의 올바른 대응자세 구축을 돕는 데 의의가 있다. 세계화란 용어가 등장한 지 거의 한 세기가 지났다. 이 용어는 다양한 사람에게 다양한 실재를 가리킨다. 그래서 세계화는 "정치, 경제, 사회, 문화적 측면에서 국제화, 자유화, 보편화, 표준화, 서구화, 미국화, 탈영토화 등으로 표현되기도 한다."[2] 무엇보다도 그것은 세계의 경제 구조 단일화에 초점을 두고 벌어지는 제반 현상을 일컫는다. 경제는 정치, 사회, 문화, 환경, 교육, 노동, 주거, 건강 등등 세계인의 전 방위적 삶에 깊숙이 연관되어 있으므로 그것은 즉시 인류 공동의 생존 문제로 인식된다. 동시에 이 현상이 좋은 것인지 혹은 나쁜 것인지에 대한 가치판단은 누가 이 현상을 주도하고 있으며 그 현상으로 인한 수혜자는 누구이며 또 피해자는 누구인가 하는 데 달려 있다. 세계화를 주도하는 측에서는 이것이 궁극적으로 인류사회 발전을 초래할 것이라고 믿고 있으며 세계화의 피해를 보는 측에서는 이것이 일방적으로 결정되고 진행되는 현상을 막기 위해서 공동으로 협력하여 대처하는 모양새이다. 세계화를 주도하는 집단은 선진국의 소수 거대 자본가이고 세계화의 피해자들은 대다수 세계

---

[1] 「복음과 실천」 52집 (2013년 가을): 17-39.
[2] 유윤종, "구약성서에 나타난 세계화: '세계화' 상황에 대한 예언자적 사역," 제92차 한국구약학회 춘계학술대회, 2013년 4월, 242.

시민들인 것으로 드러나고 있다. 이를 테면 1999년 11월 미국의 시애틀에서 개최될 예정이었던 세계무역기구(WTO)가 이를 저지하기 위해 모인 수많은 시민들의 시위로 무산된 적이 있다. 그 당시 수많은 시민들이 자발적으로 모인 까닭은 1981년에 설립된 이후 세계무역체제를 주도해온 비공식 위원회로서 미국, 유럽연합, 일본 그리고 캐나다 대표로 구성된 4자무역장관모임이 사전에 세계 각국의 시장개방을 목적으로 하는 다자간 투자협정(Multinational Agreement on Investment) 안건을 상정하기로 결의한 사실을 캐나다의 NGO가 사전에 입수하고 이를 웹사이트에 공개하면서 전 세계적인 시위운동으로 확산되었기 때문이다.3) 결국 이 논의는 중단되었다. 2007년에 타결된 우리나라와 미국의 FTA 협정도 이런 세계화 현상 가운데 일부이다.

이렇듯 인류 공동의 관심사가 되고 있는 이 세계화 현상 앞에 우리의 기독교는 어떻게 대처해야 하는지를 묻는 것은 신앙인의 당연한 책임과 의무이다. 기독교는 예수 그리스도의 복음 내용의 본질에 근거하여 세계화로 혜택을 보는 소수의 거대자본가보다는 피해를 입고 있는 세계시민과 각 나라들의 입장에 설 수밖에 없다. 이 연구는 세계화의 수혜자와 피해자의 입장을 고려하면서 기독교 정신의 토대가 되는 구약성서의 신학사상을 탐구함으로써 세계화 현상 앞에 우리가 가장 우선적으로 취해야 하는 가치와 목표가 무엇인지를 밝히려고 한다.4) 이를 위해 먼저 세계화 현상을

---

3) William K. Tabb, 「반세계화의 논리」, 이강국 역 (서울: 도서출판 월간말, 2001), 26-7. 다자간 투자협정(MAI)이란 외국인 직접투자를 보호하고 촉진하자는 취지로 경제협력개발기구(OECD)가 체결을 추진하고 있는 다자간 규범이다.

4) 2013년 4월에 제92차 한국구약학회 춘계학술대회는 "구약성서와 세계화"란 주제로 열렸고 이 주제에 관해 두 개의 논문(유윤종, 박영신)이 발표되었다. 연구자는 이 두 논문이 세계화란 주제를 개괄적으로 제시하는 데는 성과가 있었으나 이에 대응하는 구약성서의 사상을 도출하는 일에는 충분치 않았다고 판단하여 연구를 시작하였다.

정확하게 이해할 필요가 있다. 그래서 우선 세계화의 정체를 간략히 소개하려고 한다. 초점은 세계화가 추구하는 가치와 궁극적 목적이 무엇인지를 설명하는데 있다. 그 다음으로는 구약성서에서 가장 원천적인 것으로 믿어지는 신학 사상을 도출할 것이다. 이것은 세계화의 위험에 맞서는 기독교적 대응자세가 어떠해야 할지를 가르쳐줄 것이다. 문제는 구약성서의 신학사상을 얻어내기 위한 방식이 하나로 고정되어 있지 않고 다양하다는 사실이다. 구약성서의 신학도 하나가 아니라 다수라는 관점은 이미 폰 라트(G. von Rad) 이후 널리 알려진 사실이다.5) 세계화 현상의 가치에 대항하는 기독교적 가치를 정립하기 위해 우리는 구약성서를 역사적으로 접근하고 또 사회학이라는 프리즘을 통해 살피는 방식이 적절하다고 생각한다. 세계화 역시 정치, 경제, 문화 모두를 아우르는 사회 일반적 현상이기 때문이다.

II. 세계화의 목표와 궁극적 가치

오늘날 세계화는 적어도 네 가지 현상을 포함하고 있는 것으로 설명되고 있다. 레베카 피터스(Rebecca T. Peters)는 이것을 신자유주의(neoliberal), 개발주의(development), 환경주의(earthist), 탈식민주의(postcolonial)와 같은 네 가지 상이한 이념에 근거하여 움직이고 있다고 분석한다.6) 그는 이 이념들에 근거하여 세계화란 첫째, 통합된 하나의 세계경제를 추구하는 경제 세계화, 둘째, 사회형평주의에 입각한 개발세계화, 그리고 이 두 가지

---

5) 참고. G. von Rad, *Old Testament Theology I, II* (Edinburgh/New York: Oliver & Boyd/Harper & Row, 1962-1965).
6) Rebecca Todd Peters, 「좋은 세계화 나쁜 세계화: 누구를 위한 발전인가?」, 방연상, 윤요한 역 (서울: 새물결플러스, 2012).

지배적인 세계화에 대한 두 가지 저항운동으로서 셋째, 지역화로서의 세계화(환경주의), 넷째, 탈식민주의로서의 세계화 개념이 공존하고 있다고 말한다. 이 연구는 지면의 제한으로 경제세계화와 개발주의 세계화에만 초점을 맞추어 그것이 추구하는 목표와 방법, 우선적 가치를 각각 기술하려고 한다.

1. 경제세계화의 전개와 우선적 가치[7]

경제세계화란 "신자유주의" 이데올로기에 근거한 현상으로서 소위 초국적, 다국적 기업과 기업 지도자와 은행가와 OECD(경제개발협력기구), ICC(국제상업회의소), WTO(세계무역기구)과 같은 선진국 대기업의 자본가가 주축이 되어 경제를 운영하는 세계적 현상을 말한다. 일반적으로 경제세계화의 출발점은 1944년 뉴햄프셔의 브레턴우즈에서 개최한 세계 정상회의에서 2차 세계대전 이후 피해를 입은 유럽과 일본의 복구를 위해 경제적 원조를 결정할 권한을 지닌 경제기관으로 세계은행(World Bank)과 국제통화기금(International Monetary Fund)을 설립하면서부터 시작된 것으로 볼 수 있다.[8] 이들은 미국과 유럽 선진국 경제 운영에서 발생한 위기타개의 해법을 아프리카, 아시아, 남미와 같은 저개발국가의 풍부한 자원, 낙후한 경제여건, 값싼 노동력에서 찾았다. 그래서 이들은 개발과 원조를 앞세워 엄청난 국제 금융대출을 해주고 이것을 무기삼아 이들 국가에 공장을 설립하여 값싼 노동력을 착취하거나 엄청난 천연 자원개발권을 장악

---

[7] 이 단락은 Peters, 「좋은 세계화 나쁜 세계화」, 66-114를 인용하고 약술한 것이다.
[8] 어떤 학자들은 세계화가 콜롬부스의 신대륙 발견부터 시작되었다고 주장하기도 한다. A. MacGillivary, *A Brief History of Globalisation: the Untold Story of Our Incredible Shrinking Ianet* (London: Constable and Robinson, 2006), 유윤종, "구약성서와 세계화," 242 n. 12. 재인용.

하면서 자신들의 경제적 이윤을 극대화해왔다. 이 작업이 보다 수월하게 이루어지도록 그들은 해당국의 국가부채를 빌미로 무역자유화, 정부의 규제철폐 또는 완화, 기업의 민영화 등의 경제 구조 조정안을 강요하였다. 결과적으로 아프리카, 아시아, 남미의 대다수 저개발국가와 개발도상국가들은 세계경제네트워크의 일개 시장으로 변모하였고 이러한 국제 거래의 불공평한 이익 분배구조 때문에 수혜보다는 피해자로 전락하였다.

그런 의미에서 경제세계화의 궁극적 목표는 세계 대기업 자본가의 경제적 이윤 창출이다. 그들에게 세계화란 통합된 세계경제를 의미한다. 이들의 우선적 가치는 개인주의, 자유, 번영이다. 여기서 개인주의는 시장자유화를 추진하는 원동력이고, 자유는 개인이 수단방법을 가리지 않고 자유무역에 참여하여 부와 성공과 번영을 추구할 수 있게 해 주는 가치이다. 한 마디로 경제세계화 현상의 배후에는 다국적 혹은 초국적 거대자본가들이 세계 경제 운영을 통해 경제적 약소국으로부터 돈과 권력을 원하는 만큼 무한정 추출해가려는 욕망이 자리하고 있다. 물론 이런 현상을 지지하고 추진하는 당사자들은 낙수효과(trickle-down economics)를[9] 통해 약소국과 약소국 국민의 경제에 긍정적 파급효과가 있을 것이라고 선전하고 있다.

경제세계화의 우선적 가치는 시장경제에서 생기는 이익(interest)증대에 있다. 이를 위해 초국적 자본가들은 각국의 경제구조가 효율성(efficiency) 우선주의에 맞추어 개편되도록 압력을 행사한다.

---

[9] 이 용어는 대기업과 부유층의 성장이 사회 전체의 이윤 증대로 이어진다는 경제이론이다.

2. 개발주의 세계화의 목표와 우선적 가치[10]

개발주의 세계화는 앞서의 경제세계화와 더불어 세계의 소외계층을 보호하고 돌볼 책임이 있음을 강조한다. 이 입장은 세계화와 더불어 사회개발을 가치 있는 과제로 삼아야 한다고 주장한다. 주창자들은 주로 정부기관과 기구 혹은 NGO에서 일하는 서구인 혹은 서구식 교육을 받은 토착 엘리트들로서 유엔개발계획(United Nations Development Programme)과 밀접하게 연계되어 있다. 그러나 더욱 중요한 것은 이런 주장이 원조를 받는 사람들의 목소리가 아니라 원조를 제공하는 사람들의 목소리라는 점이다.

이 현상은 1940-1950년대에 많은 식민국가가 독립하였을 때 식민주의를 청산하고 대체할 수 있는 정책이 바로 "개발"이었다는 각성으로부터 시작하였다.[11] 얼핏 보기에 매우 긍정적으로 보이지만 이 "개발주의"는 성장을 최고의 가치로 삼고 있기 때문에 사회개발과정에서 발생하는 사회 불평등이나 빈곤 문제를 해결하는 데는 결정적인 도움을 주지 못했다. 사회 불평등이나 빈곤 퇴치 문제는 개발도상국의 국민총생산(GNP) 수치의 증가와 크게 무관하다는 사실이 1970년대에 확인되었다. 그 원인은 상품과 자원 분배의 형평(equity)을 고려하지 않고 국가생산량만을 종합하는 데 집중했기 때문이다.

위의 유엔개발계획은 1990년부터 매년 「인간개발보고서」를 발행하고 있다. 「인간개발보고서 1999」는 성공적 인류 개발을 위협하는 세계화 모델의 세 측면을 불평등의 증가, 돌봄 노동자의 주변화, 불안 증대를 손꼽았다. 이를 상세히 설명한다면, 세계화는 이익 분배의 불평등 증가, 돌봄

---

10) 이 단락은 Peters,「좋은 세계화 나쁜 세계화」, 116-58을 인용하고 약술한 것이다.
11) 우리나라 박정희 정권 시절에 경제개발 5개년 계획이라는 국가적 과제를 추진한 이후 온 나라가 경제발전이라는 목표에 총력을 기울여온 지나간 반세기의 역사가 이를 잘 입증해주고 있다.

노동의 주체인 여성 노동력의 주변화, 금융시장의 변동으로 인한 경제 불안 증가, 일자리 불안, 여행과 이주 증가로 인한 세계적 질병 확산으로 인한 의료 불안, 소비문화의 침탈로 인한 문화적 정체성 불안, 마약과 무기거래 및 섹스 산업의 세계화로 인한 개인 불안, 대기와 수질, 토양 오염으로 인한 환경 불안, 세계 곳곳에서 벌어지는 공동체 사이의 마찰로 인한 정치의 불안을 초래한 것으로 평가된다.

이와 같은 문제들에 직면하여 세계적 개발공동체들은 보다 개량된 형태의 인간화 이론과 실천을 위해 노력하고 있는 것이 사실이다. 지구를 지배하는 심각한 빈곤, 그로 인한 죽음과 질병, 불행에 대한 인식과 관심에 근거하여 이들은 세계중앙은행, 세계환경기구, 세계투자신탁, 국제형사재판소, 더 광범위한 유엔 체제 같은 조직을 통해 책임 있는 강력한 가버넌스(governance)를 추구하고 있다. 그럼에도 불구하고 개발주의 세계화 이론은 이 모든 개발과 복지의 문제를 완화시키는 가장 편리하고 효율적인 방법이 역시 경제성장과 무역이라는 원리를 여전히 고수하고 있다. 개발주의 세계화 이론은 세계화 주체들의 책임, 인류 사회의 번영을 위한 진보(progress), 인류 공동체 구성원 사이의 형평(equity)이라는 주요 가치에 관심을 기울일 필요성을 각성하고 있다.

방금 간략하게 살핀 두 가지 세계화 현상은 무역을 통한 경제적 성장과 이에 따른 이익 증대가 곧 개인의 번영을 초래할 수 있다는 신념에 따라 움직이고 있다. 이 현상 배후에 다국적 기업 혹은 초국적 기업, 유엔 기구들과 세계적 기구가 존재한다. 이들의 우선적 가치는 효율적인 경제구조 개편에 입각한 경제적 이윤증대에 있다.

과연 인류는 경제적 이익을 극대화시킴으로써 번영과 행복을 누릴 수 있을까? 각국의 경제구조가 세계시장의 요구에 부합하여 효율적으로 재편된다면 그렇게 해서 획득한 경제적 이익은 구성원 모두에게 공평하게 분배될 수 있을까? 앞의 두 세계화는 낙수효과에 근거하여 긍정적 결과를 선전하지만 이러한 요구와 이념은 필요당사자에 의해 제기된 것이 아니라는 결정적 허점을 안고 있고 동시에 형평성 있는 이익 분배의 실현이 현실적으로 어려움을 안고 있다는 점도 지적할 수 있다.

III. 구약성서의 역사와 사상

세계화란 선진국의 그늘 아래 자본가와 대기업이 이익 극대화를 최고의 가치로 삼고 그것을 달성하기 위해 벌이고 있는 세계의 시장경제 현상이다. 여기에 인간적 삶의 조건을 향상시키는 작업과 함께 시장 무역과 경제성장을 도구화하는 개발주의 세계화도 공존하고 있다.[12] 이 현상은 한 마디로 현대판 바알주의라고 규정할 수 있다. 그렇다면 구약성서의 사상은 과연 어디에 우선적 가치를 두고 있는가?

세계화 현상에 관하여 구약성서가 기독교에게 전하는 가르침의 본질을 얻어내는 방법은 다양하다. 금방 연상되는 것 가운데 교리적 방법, 역사적 방법, 문학적 방법이 있다.[13] 이 외에도 다양하다. 이 연구는 앞에서 언급한 바와 같이 구약성서를 역사적으로 접근하고 구약성서를 형성한 사회와 그 변천을 살피는 사회적 접근을 택하려고 한다. 구약성서가 사회적 산물이라는 전제는 다시 구약성서를 작성한 사람들이 전통적으로 농경사회로 출발했으며 사회구조상 국가 단위에서 작성한 문서(state literature)로서 사

---

12) 앞에서 자세히 언급하지는 않았지만 이러한 부정적 세계화 현상에 대항하는 환경주의 세계화 운동도 있고 경제세계화를 새로운 식민주의로 규정하고 이에 맞서 탈식민주의 운동에 근거한 세계화 운동도 있다. Peters,「좋은 세계화 나쁜 세계화」, 166-262.

13) 참고. Gerhard Hasel,「구약신학: 현대 논쟁의 기본이슈들」, 김정우 역(서울: 엠마오, 1993), 43-140.

회계층으로 보면 엘리트 소수자 집단의 보고서(minority report)이고 역사적으로 보면 페르시아의 식민지였던 시대에 대부분 작성된 제 2성전시대 문서(the second temple document)라는 관점을 갖게 한다.14)

연구자는 구약성서가 신앙공동체의 핵심인 예수 그리스도가 자신의 역사적 삶으로 완벽히 구현한 하나님의 일차 계시라는 전제하에서 구약성서의 가르침을 탐구할 것이다. 그래서 구약성서는 다수의 신학사상이 내포되어 있음에도 불구하고 인류에게 보편적으로 적용할 수 있는 일관된 몇 가지 가르침을 준다고 전제할 것이다. 그런 신학사상들은 세계화에 대한 적절한 기독교적 대응자세를 알려줄 것으로 기대하기 때문이다.

구약성서에 일관되게 흐르고 있는 핵심 사상을 얻기 위해 우리는 가장 먼저 구약성서의 주인공인 고대 이스라엘 백성의 역사적 삶의 현장을 방문해야 한다. 나중에 설명하겠지만 이스라엘 백성이 처음 모습을 드러내고 일군 사회의 정서는 훗날 해당 사회의 정치구조가 바뀌고 모습이 달라져도 구약성서의 기본 사상으로 계승된 것으로 분석된다. 그것은 주로 오경의 법전에 포함되어 있고 구약성서 곳곳에서도 암시되어 있다. 고대 이스라엘의 초창기 역사는 초기 이스라엘(early Israel) 사회로부터 시작된다. 초기 이스라엘이라고 일컬어지는 사회는 다시 군주사회(monarchic Israel)로 발전하였고 군주사회는 주변 강대국에게 패망한 후 주권을 잃고 제국의 식민지가 된 이스라엘(provincial or colonial Israel)로 존속하였고15) 로마

---

14) 우택주, "구약성서 법전에 나타난 '공정한 사회론'의 허와 실,"「구약논단」41집 (2011): 36.
15) 페르시아 치하의 이스라엘은 예루살렘을 중심으로 하는 지역, 즉 유다지역을 행정구역으로 삼는 예후드(Yehud) 지방으로, 북부지역은 사마리아 지방으로 불렀다. 구약성서에서 이 시기를 다룬 문헌들은 대부분이 예후드 지역에서 나온 것이고 예후드의 지도자들은 자신들을 전체 이스라엘이라는 관점으로 표현하였다. 참고. Erhard S. Gerstenberger, *Israel in the Persian Period: The Fifth and Fourth Centuries B.C.E.*, tr. S. S. Schatzmann (Atlanta: SBL, 2011). 한편, 고대 이스라엘 역사를 지파 이스라엘-군주제 이스라엘-제국의 지방 이스라엘의 세 시기로 구분하여 묘사하는

시대에 신약성서의 예수와 교회의 시대까지 이어졌다. 따라서 우리는 초기 이스라엘, 군주제 이스라엘, 제국의 지방이 된 식민지 이스라엘의 순서로 역사를 나누고 이 시기에 합당한 구약성서의 문헌을 선택하여 그곳에 담긴 정서와 영성을 살피려고 한다. 지면의 제한은 각 시대의 상세한 토론을 허락하지 않는다. 본문의 주석도 제한적으로 수행할 것이다. 또한 구약신학사상으로서 다루어지는 출애굽 구원, 선택, 언약, 메시야 대망, 하나님의 나라 등등과 같은 통상적인 주제도 다루지 않을 것이다. 우리는 세계화 현상과 관련하여 의미 있는 성서적 관점을 얻는 데만 치중할 것이다.

1. 초기 이스라엘[16]

구약성서의 창세기가 하나님의 창조와 인류역사의 시초를 기록하고 있는 것과 달리 고대 이스라엘 백성이 팔레스타인 땅에 처음으로 모습을 드러낸 시기는 역사적으로 후기 청동기시대(주전 1500-1200년)에서 철기 I 시대(주전 1200-1000년)로 이행하는 전환기였다. 학자들은 이 시기의 이스라엘을 초기 이스라엘이라고 부른다. 초기 이스라엘은 훗날 다윗 왕에 의해 널리 알려진 군주제 이스라엘의 모태가 된 사회이다. 이 시기에 팔레스타인의 중앙 산간지대에는 후기 청동기 시대에는 없었던 새로운 주거지가 대거 등장하였다.[17] 이 현상의 외적 동인에 대해서는 다양한 견해가 제출

것은 쿠트(R. B. Coote)의 견해를 따른 것이다. R. B. Coote, "Israel, Social and Economic Development of," *The New Interpreter's Dictionary of the Bible*, vol. 3 (Nashville: Abingdon Press, 2008), 138. 여기서는 쿠트의 "지파 이스라엘"(tribal Israel)을 초기 이스라엘(early Israel)로 바꾸었는데 이것은 순전히 독자의 이해를 돕기 위한 것이다.

16) 이 시기에 대한 개괄적 서술을 위해, 우택주, 「새로운 예언서 개론」, 수정판 (대전: 침례신학대학교출판부, 2009), 53-72.

17) 후기 청동기 시대의 32개 정착지가 114개로 증가했고 처녀정착지는 97개이다. L. E. Stager, "The Archaeology of the Family in Ancient Israel," *Bulletin of American*

되었으나 지배적인 견해는 수립되지 않고 있다.[18]

이 주거지 집단의 물질문명은 팔레스타인 저지대에 도시국가로 알려진 사회집단의 것과 문화적으로 크게 다르지 않다. 대표적인 것은 다양한 크기의 조잡한 무색 토기, 테라스, 철제 도구, 삼방 혹은 사방 가옥(기둥 가옥), 가옥 주변에 위치한 다수의 물웅덩이 등이다. 이와 같은 동질의 물질문화를 가졌다는 근거 위에서 학자들은 이 새로운 주거군락에 살았던 사람들이 팔레스타인 지역 바깥에서 이주해온 사람들이 아니라 아마도 내부의 사람들이 이주하여 정착한 것으로 이해한다. 그들은 농사를 주업으로 삼았던 저지대 도시 주변의 농민이거나 정착사회와 긴밀한 상호관계를 유지하면서 살았던 목축 유목민이었을 것이다.[19] 이들 외에 다양한 기원, 다양한 직종, 다양한 신분의 사람들도 포함되었을 가능성을 배제할 수 없다.[20]

중앙 산지의 초기 이스라엘이 남긴 이 주거지들은 후기청동기 시대 대형도시들로부터 거리가 멀리 떨어져 있으며 소규모의 촌락들로 이루어져 있고 촌락 안에는 성소나 행정기능을 담당하는 다른 가옥에 비해 비교적

Society of Oriental Research 260 (1985): 4.

18) Robert B. Coote, "The Emergence of Israel Again," in *History, Politics and the Bible from the Iron Age to the Media Age: Essays in Honor of Keith W. Whitelam*, eds., by Jim West and James Crossway (New York: Bloomsbury T & T Clark, 2017), 19-40.

19) 팔레스타인 지역 내 농민이라는 견해는 데버(W. G. Dever), 이와 달리 팔레스타인 지역의 유목민이라는 견해는 핑켈스타인(I. Finkelstein)이 주장하고 있다. 참고. 우택주, "초기 이스라엘의 가나안 정착 모델에 관한 최신연구동향,"「복음과 실천」46집 (2010): 9-34; L. L. Grabbe, *Ancient Israel: What Do We Know and How Do We Know It?* (New York: t & T Clark, 2007), 65-122.

20) Anne E. Killbrew, "The Emergence of Ancient Israel: the Social Boundaries of a 'Mixed Multitude' in Canaan," *'I Will Speak the Riddle of Ancient Times'': Archaeology and Historical Studies in Honor of Amihai Mazar on the Occasion of His Sixtieth Birthday*, vol. II, ed. A. M. Maeir and P. de Miroschedji (Winona Lake: Eisenbrauns, 2006), 555-72.

큰 규모의 공공가옥 터가 전혀 발견되지 않는다. 또 가옥마다 담이 없는 것이 특징이며 비구심형이라는 특징을 지녔다. 또한 대부분의 주거지가 수원지에서 멀리 떨어져 있어서 가옥주변에는 식수를 모으는 웅덩이들이 많다. 이 촌락들의 주요 생계수단은 밀이나 보리 같은 건식농업과 올리브와 포도나무 같은 과수재배 그리고 각종 가축을 기르는 지중해식 혼합농업에 의존했다. 농업기술로는 평지가 부족한 탓에 비탈진 산지를 테라스로 개간하여 농사를 짓고 토질 보존을 위해 농지를 구분하여 휴경을 교대로 실시하는 등 집약농업(agricultural intensification)을 실시하였다.21) 철기 I 시대는 후반부를 제외하고는 대체로 이집트나 블레셋 혹은 시리아나 아라비아 반도와 같은 외부사회와 교역을 한 증거는 발견되지 않았다. 따라서 초기 이스라엘 사회는 최소한의 생계를 유지하는 데 충분한 만큼만 생산하고 소비하는 자급자족형 경제를 유지했던 것으로 보인다.

초기 이스라엘을 지탱한 사회질서가 지파사회(tribal society)였다.22) 초기 이스라엘이 동일종족이 아닌 상태에서 팔레스타인 중앙산지(갈릴리 산지, 에브라임 산지, 유다 산지)의 곳곳에 흩어진 채 정착이 시작되었고 시간이 흐르면서 공존했다면 이들은 지파동맹(tribal coalition) 상태를 유지했을 것으로 보아야 한다.23) 이렇게 생각하는 근거는 이 당시에 우후죽순으로 등장한 수많은 촌락 사회의 내부 질서 문제 때문이다. 인류사회가 항상 그렇듯이 그런 사회에서도 각종 도둑, 살인, 강도행위 등의 범법행위가 있

---

21) 집약농업에 관하여, 우택주, 「8세기 예언서 이해의 새 지평」 (서울: 대한기독교서회, 2005), 107-13.
22) 지파개념(tribalism)은 인류문명사 연구에 관한 지식 가운데 가장 모호한 개념 중 하나이다. 다행히도 최근 들어 활발한 연구를 통해 이 개념의 실체가 어느 정도 드러나고 있다. 참고. R. B. Coote, "Tribalism-Social Organization in the Biblical Israels," *Ancient Israel: The Old Testament in its Social Context*, ed. P. F. Esler (Minneapolis: Fortress, 2006), 35-49.
23) 물론 이 지파동맹을 누가 주창하고 관리했는지에 대해 우리는 아는 바가 전혀 없다.

었을 것이고 그것을 막고 질서를 유지할 대안은 자치조직밖에 없는데 이 것을 표현하는 사회질서가 바로 지파사회이기 때문이다.24) 지파란 사실 이든 그렇다고 주장하든 무엇보다 혈연개념을 중심으로 구성원이 확대되 며 동시에 외부인을 구별하는 개념이다. 성서는 곳곳에서 이스라엘이 열 두 지파로 구성되었다는 생각을 심어주고 있다. 군주시대에 기록된 창세 기에 야곱의 열두 아들에 대한 언급으로부터 시작해서 구약의 마지막 책 이요 페르시아 시대에 기록된 역대기상 1-9장이 열두 지파의 족보를 제시 하고 있는 것이 이를 지지한다.25) 각 지파는 장로(elder, zaqēn)로 불리는 지파의 연장자 그룹에 의해 질서가 유지되었다.26) 이들은 지파가 관할하 는 지역 내의 촌락사회 구성원 사이에서 벌어지는 각종 문제를 해결하는 지역법정의 사법권을 지녔다(참조, 룻기 4장). 지파사회는 상호 위계질서 가 없다. 다만 공존할 뿐이다. 지파동맹은 필요할 경우 지파들 각자의 고 유한 의사결정을 통해 연합하는 사회를 뜻한다.27) 초기 이스라엘의 지파 사회구조는 훗날 군주사회가 형성되어 일정 기간 지속되다가 몰락한 이후 에도 여전히 촌락사회를 중심으로 지속되었던 변함없는 전통적 사회질서

---

24) Coote, "Tribalism," 36.
25) 창 29:31-30:24; 35:23-26(야곱의 열두 아들 목록); 49:1-27(야곱의 축복); 민수기 1장 과 26장(광야의 인구계수); 신 33장(모세의 축복); 수 13-21장(가나안 땅 분배); 삿 5 장(드보라의 노래); 겔 48장(성전재건 환상의 땅 분배); 대상 1-9장(지파의 족보).
26) 참고. H. Reviv, *The Elders in Ancient Israel: A Study of Biblical Institution* (Jerusalem: Magnes, 1989).
27) 사사기 5장의 드보라의 노래에는 열 지파만 언급한다. 그 이유는 드보라의 전쟁에 열 지파만 참여했기 때문일 수도 있고 아직 열두 지파로 확장되기 이전의 지파동 맹 상태였기 때문일 수도 있다. 이런 면에서 지파의 결정권은 그 당위성을 부여할 제도적 근거가 없었고 온전히 자율에 맡겨졌다. 더욱이 그 결정권을 강제할 상위 질서(예를 들어, 국가)도 없었음을 보여준다. 특이한 것은 여기서 기존의 열두 지 파목록에 없는 마길 지파(14절)와 길르앗 지파(17절)가 언급되고 있다는 사실이다. 그래서 많은 학자들은 이 본문을 이스라엘의 열두 지파가 형성되기 이전의 사회 상태를 보여주는 것으로 이해한다.

였다. 한 마디로 지파사회는 구약성서에 표현된 고대 이스라엘 사회의 근간이요 토대였다.

구약성서의 법전에는 이제까지 묘사한 초기 이스라엘의 지파사회 현실을 반영하고 있는 내용이 상당수 포함되어 있다. 법전 대다수는 아래의 군주시대에 왕의 궁전 서기관이 작성하였다. 군주들은 민심을 사기 위해 지파사회의 정서와 관습법을 백분 활용하여 법전을 작성하였던 것으로 보인다. 북 왕국에서 유래한 것으로 이해되는 언약법전(출 20:22-23:33)의 서두는 히브리 종의 해방법(출 21:1-11)이 자리하고 있으며 이어서 촌락중심 지파사회에서 다루었을 폭력의 경우(출 21:12-27), 인명상해시의 처결(출 21:28-36)을 다룬 후 이에 대한 배상문제(출 22:1-15)를 언급한다. 이후에 눈에 띠는 것은 가난한 백성에게 무이자로 꾸어주고 옷과 같은 담보를 저당 잡지 말라는 대목(출 22:25-27)이다. 그리고 판결의 원칙(출 23:1-9), 농사의 안식년과 안식일 규정(출 23:10-13)으로 이어진다. 안식년의 목적은 가난한 백성과 들짐승과 같은 동물계에 대한 배려를 지향하고 있고 안식일의 목적은 주인, 일꾼, 나그네 모두에게 동등하게 휴식을 주려는데 있다고 밝힌다. 언약법전은 경제적으로 사법적으로 사회적 약자를 배려하는 정신을 곳곳에서 보여준다. 이것은 지파사회의 정서를 반영하는 것으로 이해할 수 있다.

정리하면, 초기 이스라엘의 사회상과 언약법전을 동시에 고찰해볼 때 고대 이스라엘이 근본적으로 추구하던 삶은 정치적으로는 사회적 약자에 대한 인권 침해 요소를 최대한 억제하는 평등과 공존을 지향했고, 자율생존권을 보장하면서 자급자족적인 기초생계를 목표로 하는 삶의 가치를 추구했다고 볼 수 있다. 고대 이스라엘 사회의 지배적 종교인 야훼 신앙은 이렇게 그들 역사의 시초부터 정치적으로 지파들의 자율결정권을 허용하고, 경제적으로는 집약농업에 의한 자급자족에 목표를 두었으며 사회적으로는 약자의 인권과 생존권을 보호하는 데 역점을 두는 태도를 재가하였다. 이에 대한 증거를 시내 산 언약체결 과정을 설명하는 대목에 등장하는 십계명(출 20:1-17; 신 5:6-21)이 요약적으로 대변한다. 십계명은 빈부의 격차(여섯 번째 계명, "도둑질하지 말라")와 신분의 높낮이에 대한 인식을 근거로 이루어지는 가진 자의 없는 자의 토지나 재산 갈취(열 번째 계명, "이웃의 아내, 집, 밭, 소유를 탐내지 말라")를 금지하고 있다. 지파사회를 형성했던 초기 이스라엘은 구성원의 능력 차이에 따른 빈부, 지역 내 권력의 높낮이(법정의 위증), 신분의 높낮이(종과 자유인)가 발생한 것을 전제하며 그것이 좋고 나쁘다는 가치판단도 하지 않는다. 다만 종교를 활용하여 권력을 탐하거나,28) 부의 축적을 위해 그 권력을 오남용하는 사례와 그로 인해 인권이 유린되고 기본생존권이 박탈당하는 상황 방지를 야훼 신앙인이 반드시 지켜야 할 계명의 필수조항으로 삼고 있다.29)

2. 군주제 이스라엘(monarchic Israel)

초기 이스라엘은 해당 사회의 내외적 요인에 의해 주전 1000년경부터 본격적인 군주제 사회로 발전하였고30) 이 사회는 주전 586년에 몰락하였

---

28) 이것은 1계명부터 4계명까지의 해석에 근거한 판단이다. 우택주, "기독교휴머니즘과 구약신학: 신본주의와 인본주의 이분법의 극복을 위하여," 「크리스첸 휴머니즘의 길」, 침례교신학연구소 편 (대전: 침례신학대학교출판부, 2012), 207-51.
29) M. A. Chaney, "사회적 맥락에서 본 '너희 이웃의 집을 탐내는 것': 제10계명," 「농경사회 시각으로 바라본 성서 이스라엘: 구약성서의 종교와 사회의 역사, 문학 해석」, 우택주 외 6인 역 (서울: 한들출판사, 2007), 325-51.
30) 내적 요인은 인구증가, 농토의 부족, 생산과 소비 및 각종 사회 문제의 해결 필요성을, 외적 요인은 블레셋의 침공을 각각 지목할 수 있다. 참고. R. B. Coote and K. W. Whitelam, *The Emergence of Early Israel in Historical Perspective* (Sheffield: the Almond Press, 1987); F. S. Frick, *The Formation of the State in Ancient Israel: A Study of Models and Theories* (Sheffield: The Almond Press, 1985).

다. 고고학적으로는 철기 II 시대라고 부른다. 이 시대는 사무엘상부터 열왕기하까지, 그리고 역대기상하에 반영되어 있다. 그러나 앞서 잠시 언급했듯이 군주시대가 되었다고 해서 지파사회가 사라진 것은 아니었다.31) 지파사회에 군주제도가 추가된 것뿐이었다. 군주시대 내내 지파사회의 구조와 정서는 여전히 존속하고 있었다. 군주시대의 군주들은 이 지파사회를 어떻게 효과적으로 통치하느냐에 따라 그 정권이 유지되거나 몰락하곤 했다. 다윗은 지파정서에 매우 효과적으로 적응했으나 그의 아들 솔로몬은 이를 무시하고 오로지 군주의 입장에서만 정치와 경제를 운영했다. 그로 인해 솔로몬의 아들 르호보암 시절에는 나라가 남북으로 분열하는 사태로 이어졌다. 북왕국의 초대 군주인 여로보암은 솔로몬에게 상처받은 지파정서를 달래는 방식으로 새로운 정권을 열었다. 아마도 이 시절에 언약법전이 작성되었을 가능성이 높다.32) 그러나 개성 있고 자율적인 지파정서를 통제하기란 그리 쉽지 않았던 것으로 보인다. 이스라엘의 왕조 전체를 두고 볼 때 왕조(monarchic dynasty)는 도합 열한 번 나타났지만 대개 한 두 세대 만에 교체되었다.33) 그 가운데 유일하게 오므리 왕조는 세 세대를, 예후 왕조는 다섯 세대를 계승할 만큼 상대적으로 장수했다. 북왕국의 빈번한 왕조 교체는 자율권을 지닌 지파정서의 다양한 기호와 정치적 욕망을 등에 업고 벌어진 일들이었다. 대표적인 인물인 예후와 예후 왕조는 열왕기상 17장부터 열왕기하 15장까지 이어지는 기록에서 읽을 수 있

---

31) E. J. van der Steen, *Tribes and Territories in Transition: The Central East Jordan Valley in the Late Bronze Age and Early Iron Ages: A Study of the Sources* (Leuven: Peeters, 2004), 7. "(지파는) 휴면상태였을지언정 항상 그곳에 있었으며 결코 죽지 않았다."
32) R. B. Coote and M. P. Coote, 「성서와 정치권력」, 장춘식 역 (서울: 한국신학연구소, 2000), 64-70. 위에서 언급한 언약법전의 채무노예 해방법은 지파정서를 달래려는 바로 이런 정치적 의도에 기여한 것으로 볼 수 있다.
33) 왕조 창건자는 사울, 다윗, 여로보암, 바아사, 시므리, 오므리, 예후, 살룸, 므나헴, 베가, 호세아로서 도합 열 한 명이다.

다. 열왕기서는 예후왕조가 오므리 왕조를 전복시킨 피의 쿠데타는 엘리야와 엘리사라는 하나님 사람의 개입과 경제적 삶에 허덕이는 지파 사회의 구성원들의 지지와 후원을 받은 것으로 묘사하고 있다.[34]

군주제 이스라엘 사회는 지파사회에 뿌리를 내리고 살아가는 다수 백성의 관심사보다는 군주의 국가 운영의 입장에 따라 움직였다. 다시 말해서 전체 인구의 상위 5%도 안 되는 소수의 엘리트 지배계층이 나머지 백성 전체의 삶을 좌우했다는 뜻이다. 군주의 지배적 관심사는 전쟁이며 통치권 유지이다. 이것은 땅의 소산에 목숨을 걸고 살아가는 대다수 백성의 관심사와 크게 유리된 것이다. 아래에서 살펴보겠지만 군주가 경제적 번영을 추구하는 정책을 폈다면 그것은 농사에 의존하여 사는 다수 백성의 삶을 향상시키려는 것이 아니라 정치권력의 확대와 유지라는 목적을 달성하려는 것이었던 것으로 분석된다. 한편 야훼 종교는 이러한 정치권력에 명분을 주는 기능으로 활용되었다. 제사장 집단도 일반적으로는 권력층의 가신 집단이었을 뿐이다.

군주시대의 다수 이스라엘 백성의 정서와 실제 사회의 모습을 엿보기는 그리 쉽지 않다. 하지만 열왕기상 17장-열왕기하 8장은 오므리 왕조 시절의 다수 백성의 고단한 삶에 대해서 잘 알려준다. 엘리트 지배층은 국제관계를 통해 정권 유지를 위한 전쟁에 몰두하는 한편으로 상당수 백성은 가뭄과 기근, 질병과 채무에 시달려 죽음을 목전에 두고 있었다(왕상 17:8-24; 왕하 4:1-7). 왕들은 군마에게 먹일 물과 곡식을 찾고(왕하 3:9, 15-20) 성안의 백성들은 서로의 자식을 식량으로 삼자는 제안을 주고받는 형편이었다(왕하 6:24-29).

군주시대의 국가 경제는 명령경제(command economy)가 특징이다. 특

---

[34] 참고. R. B. Coote, ed., *Elijah and Elisha in Socioliterary Perspective* (Atlanta: Scholars Press, 1992).

히 주전 8세기에 남북 왕조가 주도하는 집약농업 정책은 예언자들의 등장을 초래할 정도로 유명하다.35) 역대하 26:10은 웃시야 왕의 통치를 서술하는 한 대목이다. "또 광야에 망대를 세워 견고하게 하고 물웅덩이를 많이 파고 고원과 평지에 가축을 많이 길렀으며 또 여러 산과 좋은 밭에 농부와 포도원을 다스리는 자들을 두었으니 농사를 좋아함이었더라." 이 구절은 웃시야 왕이 국토 전체를 그 효용성에 따라 경제적 용도에 맞추어 지역을 특수화(regional specialization)한 정책을 기록한 것이다.36) 군주의 명령경제는 단일품종의 대량생산과 국제수출입 무역에 중점을 두었기 때문에 토지를 효율적으로 활용하려고 했다. 그러나 대다수 촌민의 자급자족형 혼합영농과 기초생활 경제는 충분한 생계유지가 목적이므로 이 정책은 지파 사회의 경제방식에 역행하는 정책이었던 것으로 평가된다. 여하튼 국가는 곡물, 포도주, 기름 수출에 열을 올리면서 지주들의 작은 단위 토지를 거대 농지로 통합하는 과정(land consolidation)을 묵인하였고(사 5:8, "가옥에 가옥을 이으며 전토에 전토를 더하여 빈틈이 없도록 하고 이 땅 가운데에 홀로 거주하려 하는 자들은 화 있을진저") 이로 인해 촌민들의 생존은 부채증가와 저당권 상실 선고 등으로 위협받고 토지에서 쫓겨나 일용직 노동자로 전락하는 일이 허다했다. 정치권력의 유지와 연장에 최종목표가 있는 엘리트 지배계층은 농산물을 수출하고 군수품과 사치품을 주로 수입하였으므로 생산자인 농가에게는 혜택이 거의 분배되지 않았던 것이다.

그래서 예언자들은 왕실의 이런 정책에 기대어 자신의 이익 확대에 몰두하는 엘리트 지배계층의 부패를 고발하고 삶의 터전인 토지와 집에서 쫓겨난 촌락 농가 대다수를 옹호하고 대변하는 목소리를 냈다(미 2:1-5, 8-11). 8세기 예언자들의 선포는 토지 사용방식에 관하여 국가주도형 경제

---

35) 우택주, 「8세기 예언서 이해의 새 지평」, 107-18.
36) Ibid., 132.

가 효율성(efficiency)을 추구하는 반면 지파사회의 농민의 혼합영농 경제는 충분성(sufficiency)을 지향한다는 점을 알려준다. 특별히 예언자 아모스는 농업을 상업화하는 국가 정책과 운용방식에 반대하는 목소리를 대표한다.[37] 호세아는 엘리트 지배계층에 의해 억압당하는 사회적 약자인 다수 농민에 대한 하나님의 거룩한 연민을 표현한다.[38] 8세기의 예루살렘에서 아하스 왕과 히스기야 왕 시절에 예언활동을 한 이사야는 군주의 군사방어정책마저 옹호 받을 수 없음을 천명한다.[39] 미가는 도시와 농촌으로 이원화된 사회 속에서 농촌을 무시한 도시란 지탱될 수 없다는 전제하에 공평과 정의로 농촌의 정서를 배려한 통치자인 메시야를 희망한다.[40]

한편, 유다 왕조 후반부에 요시야 왕의 개혁을 후원할 목적으로 작성된 법전으로 해석되고 있는 신명기법전(신 12-26장)은 촌락 중심의 언약법전과 달리 도시 중심의 내용을 수록하고 있다. 이 법전의 서두인 신명기 12-14장은 요시야 개혁의 일차 목표인 단일성소법과 야훼 신앙의 순수화를 강조한다. 이어서 신명기 15장에서 곧장 채무면제 법과 채무노예해방법을 언급한다. 그리고 3대 절기(16:1-17), 군주사회의 지도계층인 재판관, 왕, 제사장과 레위인, 예언자(16:18-18:22)를 언급한 후 도피성(신 19장), 전쟁규정, 시신에 대한 결백의 규정, 여성 포로 대우, 장자 상속권, 길 잃은 가축의 소유권, 여성의 순결 규정, 야훼 총회 구성원 자격, 전쟁용 막사 운영 규정, 도피한 종(23:15-16), 성매매 금지, 무이자 규정(23:19-20), 타인소유의 포도원에서 허락된 것과 금지된 것(23:24-25), 이혼과 재혼(24:1-6), 금지된 전당물(24:6), 인신매매 금지(24:7-9), 전당 절차(24:10-13), 품삯(24:14-15), 객과 고아와 과부 배려의 규정(24:17-22), 재판의 형량(25:1-3), 혈족 유지를

---

[37] 우택주,「새로운 예언서 개론」, 189.
[38] Ibid., 205.
[39] Ibid., 220.
[40] Ibid., 233.

위한 결혼 법(25:5-10), 공정한 상거래 규정(25:13-16), 추수감사 법(26:1-11), 셋째해의 십일조와 용도(26:12-15) 등을 수록하고 있다. 신명기법전은 종과 객과 과부와 고아와 같은 사회적 약자 보호를 특별히 강조하고 있다는 것은 잘 알려진 사실이다.

요시야의 개혁은 국가경제의 활성이나 정권 강화보다는 백년 넘도록 강대국인 앗수르에 의존해온 민족의 정치경제적 예속에서 벗어나는 데 초점이 있었다.[41] 그래서 강대국에 의타적인 국민정서를 회복시키기 위해 야훼 신앙을 순수하게 하는 일을 강조했으며 잃어 버렸던 북쪽의 땅을 되찾기 위해 여호수아서로 시작하는 신명기역사서(여호수아, 사사기, 사무엘, 열왕기)를 작성했으며 사회적 약자 보호를 앞세워 사회 대통합이라는 대의를 표방하였다. 법전의 채무면제와 채무노예해방 법은 이런 왕실의 사회 대통합 목적에 기여한다. 신명기가 모세의 유언 형식을 빌려 주전 7세기의 현실 역사를 재해석하면서 시내 산 언약의 정신을 재천명하고 있는 모습은 군주정치가 지파정신을 재차 추인하는 것과 다르지 않다.

요약하면, 군주시대 이스라엘의 역사와 예언서 그리고 법전은 구약성서가 군주 중심으로 효율성을 추구하는 정치경제보다 촌락농부가 생존에 필요한 충분성을 추구하는 정치경제를 선호한다는 것을 가르쳐 준다. 한 마디로 구약성서는 잘 살기(well being)의 목표가 개인적 부의 축적이나 경제 활성화라는 정치적 구호에서 비롯된 것이 아니라 구성원 모두의 생명을 중시하고 상호공존을 추구하는 자세로부터 우러나온다는 점을 일깨워준다. 더불어 구약성서는 군주제 자체의 도구적 필요성은 인정하지만 그 자체를 절대화하지 않는다는 점도 엿볼 수 있다. 군주사회는 북쪽이 722년에 남쪽은 586년에 몰락했기 때문이다.

---

41) 우택주, "요시야 개혁의 입체적 분석," 「복음과 실천」 39집 (2006): 133-58.

3. 페르시아 제국의 지방이 된 이스라엘(provincial Israel)

바벨론제국에게 패망한 유다 지역은 국가 제도가 붕괴하고 제국의 변두리에 예속되었고 이 지역의 인구는 감소하고 경제는 황폐해서 특별히 다룰 것이 없다. 신 바벨론제국을 무너뜨린 페르시아 제국은 유다 지역을 성전중심의 일개 지방인 예후드(Yehud)로 불렀다. 재건한 예루살렘 성전의 제사장 집단은 오경 가운데 제사 법전을 편찬하였고 이후 역대기서에 나타난 대로 열두 지파의 족보를 나열하면서 지파사회의 정서에 입각하여 성전중심 정치 경제를 이어갔다. 이후 주전 5세기에 페르시아 제국이 에스라와 느헤미야를 파견한 이유는 구약성서에서 묘사된 대로 야훼 종교와 예루살렘 성전을 강화하고 예루살렘 성벽을 중건하는 데만 있지 않았다. 그것은 표면상 드러난 이유였을 뿐 정치적으로 숨은 동기와 목적은 페르시아와 그리스 사이에 진행되어온 정치경제적, 군사적 갈등의 최전방 지역인 예후드의 경제를 제국의 영역 안에서 확실하게 장악하려는 의도였다. 이 시기에 안식일 제도를 강화하고 이방인과 통혼하는 사례를 방지하는 조치를 취한 까닭은 페르시아 변두리 지방인 예후드의 정치 경제적 이권을 확보하려는 목적이 있었던 것으로 해석된다.[42]

이 시기에 편찬된 것으로 이해되는 레위기는 성전공동체 구성원에게 야훼 신앙을 통해 백성들에게 신앙적 정체성을 부여하려는 목적이 지배적이다. 이를 위해 제사장들은 제사법, 주요 절기법, 정결법, 음식법, 윤리법, 사회법 등의 각종 제도적 장치를 문서로 규범화하였다. 특히 레위기의 후반부에 위치한 성결법전(17-26장)은 종교규범과 사회 윤리적 규범을 대등하게 제시하고 있다. 이를 테면 "부모를 경외하고 안식일을 지키라"(레 19:3)는 말씀이 대표적이다. 또한 신앙생활을 성과 속으로 이분화하지 않는

---

[42] R. B. Coote, "Israel, Social and Economic Development of," 142-3.

다. 이를 테면 "너는 네 이웃을 억압하지 말며 착취하지 말며 품꾼의 삯을 아침까지 밤새도록 네게 두지 말며… 네 하나님을 경외하라."(레 19:13-14)고 적시한다. 이는 경제적 착취를 금지함과 동시에 개인의 이윤추구 행위와 야훼 경외를 전혀 분리하지 않고 있다. 레위기 25장의 안식년 법은 토질보존의 목적 외에 토지를 통한 경제적 이윤추구가 절대적 목적이 되어서는 안 된다는 것을 가르친다. 희년법은 토지의 소유권 보호를 궁극적 목표로 삼고 토지를 통해서만 삶을 영위해야 하는 공동체 구성원의 삶을 보호하려는 의도가 내포되어 있다. 비록 레위기 25:35-55에서는 이스라엘과 비 이스라엘을 구분하여 경제행위를 하도록 명시하고 있으나(39-46절) 이는 앞서 페르시아 치하의 경제정책과 같은 맥락에서 이해할 수 있다. 페르시아는 예후드 지역에서 비 이스라엘인(즉, 그리스인)과의 상거래를 엄히 규제하였던 것으로 보인다. 그럼에도 불구하고 성결법전은 같은 이스라엘 사람끼리는 대부사업을 통한 경제적 이윤추구 행위를 금지하고 오히려 구제를 명령한다(35-37절, 47-55절).

IV. 나가는 말: 세계화에 대한 구약성서의 응답

위에서 살펴본 대로 구약성서는 고대 이스라엘의 삶과 역사 속에서 시종일관 지파사회의 정서와 영성을 간직하고 그에 따라 사고한 것을 기초로 기록한 글임을 알 수 있다. 비록 군주사회의 지도계층과 성전시대의 제사장들이 구약성서를 정치적 종교적 목적을 갖고 기록했다 할지라도 그들은 지파의 자율성을 강조하는 정서에 뿌리내린 영성을 적극적으로 활용하고 표방하였다.

지파의 정서란 다름 아니라 대가족 중심의 촌락 생활을 의미한다. 지파

사회가 추구하는 것은 자급자족적 기초생계 유지에 있다. 그들은 생존에 필요한 만큼 토지를 개발하고 개간을 하지만 생산량을 극대화하여 이윤을 창출하는 데는 관심이 없다. 농업기술이 열악하고 농사에 필요한 기후조건을 임의로 조정할 수 없기 때문에 그랬을 것이다. 그럴지라도 구약성서는 생존에 필요한 만큼 생산하는 것을 추구할 뿐이다. 소비할 양보다 더욱 많이 생산해서 국외 시장에 팔고 이윤을 극대화 하는 노력을 꿈꾸지 않았다. 물물거래가 이루어지는 시장에 관해서도 항상 공정한 상거래를 요구한다. 농사의 생산량이 예상보다 많아서 남은 경우에도 그것은 부족하게 생산된 식량 때문에 궁핍을 겪고 있는 이웃을 위해 무이자 구제용으로 활용하도록 요구한다. 그래서 구약성서는 이웃과 공생하고 공존하는 삶을 우선적 가치로 삼는다. 그런 맥락에서 가족 중심의 지파적 정서는 공동체 구성원 개개인의 인간적 가치를 가장 소중히 여긴다.

구약성서는 도시가 발전하고 군주사회가 새롭게 형성되고 몰락하며 제국의 지방으로 전락하는 동안에도 삶의 정치 경제적 영역을 신앙적 삶과 유리시킨 적이 결코 없다. 구약성서는 윤리적으로 도덕적으로 정의롭고 공평한 삶이 곧 야훼를 경외하는 일이라고 누누이 강조하고 있기 때문이다. 우리가 간략히 살핀 언약법전, 신명기법전, 군주시대의 역사기록 일부, 주전 8세기 예언자의 말, 그리고 성결법전은 바로 이러한 영성에 기초하여 있다. 구약성서는 소수가 누리는 경제적 이윤이 아니라 상호공존을 더 중시한다. 번영과 더 나은 삶을 위해 구약성서는 돈이나 권력보다 사람의 본질적 가치를 더 중시한다.

그러므로 이러한 구약성서의 영성을 밑거름 삼아 형성된 기독교는 경제적 이윤 추구가 지상목표인 경제세계화나 무역과 시장개방을 통해 경제성장을 통한 개발주의 세계화 앞에 맞서 대항문화 건설에 가장 적합한 신앙관이라고 볼 수 있다. 맘몬을 신격화하는 현대판 바알주의인 세계화 앞에 기독교와 교회는 성서를 통해 돈과 세속적 성공 대신 인간적 삶의 본질적 가치와 생명 자체를 가장 우선가치로 삼는다는 진리를 전파할 수 있다. 기독교와 교회는 경제 성장의 이름으로 소수의 힘 있는 자(거대자본)가 다수의 약자를 짓밟고 약탈하는 그 어떤 행위도 방관할 수 없다. 구약성서는 정의와 공평의 원칙에 따라 인권을 소중히 여기고 생명을 존중할 것을 가르치며 세계 시민 모두의 공존과 공생을 더 나은 삶(a better life)이요 번영하는 삶(well being)이라고 가르치고 있기 때문이다. 특별히 구약성서는 지역에 터를 잡고 사는 지파들의 지역자율주의와 자급자족 경제가 추구하는 충족한 삶과 인권을 소중히 간직하고 있다. 인류의 삶 전 영역에서 강력하게 압박하는 금전만능주의의 화신, 경제세계화와 개발세계주의의 비인간적 이데올로기와 그 부정적 영향력 앞에 우리 기독교와 교회는 구약성서의 정신에 입각하여 대항 이데올로기 구축에 앞장서야 한다. 다시 말하지만 성서는 사람의 존재가치와 삶 자체에 최고의 가치를 부여한다.

4.4. 통일담론을 위한 구약성서의 제안[1])

I. 들어가는 말

이 연구의 목적은 민족의 염원인 통일을 논의하기 위해 유용한 구약성서의 제안들을 탐구하는 데 있다. 통일은 우리 민족의 숙원이다. 연구자는 이 땅에 세워진 교회가 이 숙원 성취를 위해 겨레와 민족사회를 하나님 신앙으로 견인해야 하는 막중한 사명을 갖고 있다고 생각한다. 그동안 통일담론은 주로 남북갈등과 남남갈등을 화두로 삼아 '통일신학'을 전개해왔다.[2]) 지금껏 수행한 신학자들의 진지한 통일담론들은 장차 통일한국의 길목에서 그리고 그 후에 유용하게 활용될 수 있는 훌륭한 자원이 될 것이다. 더불어 통일은 민족사회의 염원이기 때문에 이에 관한 신학적 담론들이 신앙인 다수 혹은 전체에게 지속적으로 확산(또는 교육)시키는 방안이 필요하다.[3]) 이와 동시에 통일 담론 자체가 안고 있는 문제들은 향후 더욱 다듬고 발전시킬 필요가 있다. 지금까지 등장한 신학자들의 통일담론을 개괄적으로 살펴보면 그 통찰력과 효용성이 탁월함을 시인하지 않을 수

---

1) 「복음과 실천」 62집 (2018년 가을): 7-33.
2) '남남갈등'이란 통일 정책에 관하여 남한의 진보사상과 보수사상 사이의 논쟁을 일컫는다. 대표적으로 작고한 김대중 전 대통령의 햇볕 정책은 진보사상을, 이명박 전 대통령의 대북강경노선은 보수사상을 나타낸다. 이를 위해, 주도홍, "무엇이 한국교회의 통일관인가?" 한국기독교 통일포럼, 「통일한국포럼: 통일을 향한 북한선교의 과제와 전망」 (서울: 도서출판 바울, 2006), 43-65; 허호익, 「통일을 위한 기독교신학의 모색: 남남 및 남북 갈등과 통합적 통일신학」 (서울: 동연, 2010), 111-82를 보라.
3) 참고. 허호익, "화해 및 통일을 위한 신학교육: 반공이념 극복을 중심으로," 「한국신학논총」 14 (2015), 35-61; 유재덕, "한반도 통일문제와 기독교 교육," 「한국신학논총」 14 (2015), 63-86; 한국신학교육원·전국신학대학협의회, "분단상황에서의 기독교 평화교육과 통일교육," 「한국신학논총」 14 (2015), 1-176.

없다. 다만 일부는 마치 우리나라 최고 정치인의 통일관처럼 들리기도 하고[4] 혹은 한국교회 최고합의기구—지금 존재하지 않는 가상의 기구를 전제할 때—의 대표가 읽는 성명서처럼 들리기도 한다.[5] 그럼에도 불구하고 이런 논의들은 통일이라는 궁극의 목적을 위하여 필요하고 유용한 담론들임에 틀림없다. 하지만 신학계의 통일담론은 논의의 목적에 따라 또 그러한 담론전개의 사회적 처지와 학문적 목표 그리고 한계를 분명하게 명시하는 것이 바람직하게 보인다. 자명한 사실은 우리 신학자들이 통일을 위한 어떠한 정치적 결정을 내릴 위치에 있지 않다는 것이다. 또 우리 신학자들은 진보진영이든 보수진영이든 교회전체의 입장을 대변하거나 표명할 위치에 있지도 않다. 다만 개인적인 성향에 따라 다양한 의견을 피력할 뿐이다. 우리 신학자들은 성서에 근거한 기독교 신앙과 신학적 입장에서서 우리 교회 앞에 그리고 원한다면 우리 사회 앞에 통일이라는 주제에 관하여 하나님 신앙을 통해 깨달은 지식과 지혜를 나누어줄 뿐이다. 바라기는 통일주제와 관련하여 신학자들, 특히 성서학자들의 논의는 이제까지보다 더 풍성하고 다양하게 이루어져야 할 것으로 보인다.

이 연구는 구약성서에서 통일관련 담론을 발굴하는데 초점을 맞추고 있다. 이를 위해 우리는 먼저 구약성서를 근거로 이루어진 통일 관련 선행연구들을 살펴보려고 한다. 선행연구들에 관한 검토는 구약성서가 영감

---

4) 적어도 허호익의 글(「통일을 위한 기독교신학의 모색」)이 그렇게 보인다. 그는 1941년 10월 28일 수립한 대한민국임시정부의 건국강령에 나타난 삼균주의, 즉 정치의 균등(참정권), 경제의 균등(수익권), 교육의 균등(수학권)에 입각한 통일론을 전개한다. 이 논의의 성서적 기초는 초기 이스라엘의 계약 공동체이다. 그는 초기이스라엘의 사상도 종교, 정치, 경제 세 가지의 균등 혹은 평등사상을 펼친다고 본다. 그의 성서에 관한 이해는 대체적으로 수긍할 만하지만 구약성서에 관한 세부적인 해석은 논란의 여지가 있다. 하지만 그의 글은 통일 논의의 기초적 정보를 습득하는데 매우 유용한 안내서로 여겨진다.
5) 적어도 주도홍의 글(「통일로 향하는 교회의 길」 [서울: 기독교문서선교회, 2015])이 그렇게 보인다. 현실 정치에 대한 입장보다는 신앙적 논조가 매우 강하다는 의미이다.

받은 하나님의 말씀인 기독교 경전의 일부로서 역사속의 실체인 이스라엘 민족의 생생한 역사와 함께 호흡하며 작성된 글모음집이라는 실상을 고려하도록 이끈다. 그것은 구약성서의 이스라엘 역사와 상관있는 주장들과 진술들(역사적 특수성을 지닌 성서로서)을 통해 한국의 통일 담론을 도출하거나 비교하는 일(보편적 가치를 지닌 성서로서)이 얼마나 논리적으로 가능한지를 물어보게 만든다. 이 질문은 구약성서의 통일관련 담론을 본격적으로 이끌어내기에 앞서 반드시 다루어져야 한다. 구약성서를 읽고 그것으로부터 우리민족의 통일담론을 이끌어내려면 무엇보다도 구약성서의 활용법과 한계를 분명히 명시해야 하기 때문이다. 이 질문에 대한 논의에 이어 마지막으로 우리는 구약성서의 통일 제안이나 방안들을 탐구할 것이다. 그 방안으로는 구약성서가 이스라엘 민족의 영토 설정을 여러 차례 언급한 사실, 열두지파체제를 유지하려는 일관된 태도, 또 예언서 곳곳에서 이스라엘과 유다의 통일을 희구하는 내용으로 요약된다.

II. 성서학계의 기존 통일담론

신학 일반 영역에서 이루어진 통일담론은 방대하다.[6] 성서학계는 1970년대부터 성서를 근거로 통일에 관한 연구를 내놓았다.[7] 초기에는 히브리

---

6) 최근까지 이루어진 통일논의를 간추려보면 다음과 같다. 주도홍, 「통일로 향하는 교회의 길」; 허호익, 「통일을 위한 기독교신학 모색」; 전우택 외 9인, 「통일에 대한 기독교적 성찰: 증오와 배제의 논리를 넘어 포용과 화합의 마당으로」 (서울: 새물결플러스, 2014); 한국기독교통일포럼, 「통일한국포럼: 통일을 향한 북한선교의 과제와 전망」 (서울: 도서출판 바울, 2006); 평화와통일신학연구소 편, 「평화와 통일신학 1」 (서울: 한들, 2002). 주로 조직신학을 전공한 신학자들이 두드러지게 기여하고 있다.
7) 이하의 연구동향은 아래의 하경택의 논문("이스라엘 개혁 운동을 통해서 본 '통일신학'-신명기 역사서에 나타난 요시야 개혁운동을 중심으로")에서 제공한 정보('II.

어 샬롬(평화)이란 단어[8] 혹은 희년 개념을 중심으로 전개하거나[9] 이스라엘 역사와 역사를 다룬 문헌 연구를[10] 통해 통일주제를 성찰하는 방식을 취했다. 이러한 연구들은 통일논의를 위해 적절한 성서개념을 발견해 준 성과가 있다. 반면에 당시의 연구들은 성서역사와 한반도의 역사적 현실을 아무런 여과장치나 제한사항 없이 곧장 대입하고 접목하는 일이 가능한가에 대한 질문을 남겼다. 이를 테면 이스라엘 역사와 성서역사문헌을 통한 통일논의에서도 발견되는 질문은 남 왕조와 북 왕조의 분열이 우리와 같은 분단현실로 직접 치환할 수 있는가와 같은 질문을 던진다.

이 글에서는 신구약성서를 근거로 이루어진 최근의 통일담론 넷을 선택하고 이들의 논의만을 살펴볼 것이다. 그와 같은 작업은 성서학계가 내놓은 통일담론의 현주소를 파악하는데 유용하게 사용될 수 있다. 장로회신학대학교에 설치된 남북한평화신학연구소는 2015년과 2016년에 연이어 평화통일신학포럼을 열고 여기서 다양한 주제의 논문들을 발표하였다. 이 가운데 성서학자들이 발표한 통일논의는 구약 2편, 신약 1편이다.

배희숙은 에서와 야곱 이야기의 분석을 통해 통일신학의 근거를 제시하였다.[11] 그녀는 사마리아와 유다의 갈등을 내적 통일의 문제로, 에돔과 유다의 관계는 외적 통일 문제로 분류하고 형제임에도 불구하고 이스라엘

선행연구요약)를 참조한 것이다.

[8] 민영진, "구약에서 본 샬롬,"「기독교사상」, 247호 1979년 1월, 46-54; 김이곤, "구약성서에서 본 평화,"「교회와 세계」 38 1985년 2월, 8-10.

[9] 임태수, "희년의 의미와 그 현대적 적용,"「기독교사상」, 395호 1991년 12월, 105-24; 민영진,「평화, 통일, 희년」(서울: 대한기독교서회, 1995), 207; 강사문, "희년법의 성서적 의미,"「장신논단」 6 (1990): 148-71.

[10] 김찬국, "이스라엘의 역사와 통일의 의지,"「기독교사상」, 276 1981년 6월, 10-9; 임태수, "역대기 사가의 통일신학,"「신학연구」 28 (1987): 415-37.

[11] 배희숙, "에서(에돔)-야곱(이스라엘) 관계에 나타난 통일신학의 기초,"「평화통일신학: 신학적 근거의 모색」, 배희숙 외 4인 (서울: 장로회신학대학교 남북한평화신학연구소, 2015), 17-48.

이 에돔을 형제로 수용하게 되는 구약성서의 내용(창 25-27장과 신 23:8-9)을 한반도 평화통일신학의 근거로 삼으려고 한다.12) 그녀는 창세기에서 야곱의 속임수를 적시한 자기이해가 훗날 왕정말기 에돔이 유다백성에게 보여준 기만적 행위를 포용하는 근거가 되었을 것이라는 방식으로 결론을 내린다.13) 이러한 분석을 근거로 남북한 화해와 통일의 첫걸음은 투철한 자기이해부터 선행되어야 한다고 제안하고 남한이 통일을 감당할 준비가 되었는지 살펴보라는 견해를 덧붙인다.14) 매우 흥미로운 연구이다. 하지만 사마리아와 유다, 유다와 에돔의 관계를 내적 외적 통일문제로 설정하는 것은 동의하기 어렵고 야곱의 부적절한 처신에 대한 기록을 이스라엘의 자기이해로 간주하고 이를 훗날 이스라엘-에돔 관계 개선 혹은 통일을 위한 화해의 제스처로 볼 수 있는 근거가 된다는 해석은 임의적이며 자의적인 관점처럼 보인다. 그녀의 해석은 좀 더 구체적인 역사적 실마리를 찾아서 보완하는 작업이 필요해 보인다. 게다가 이런 성서기사를 한반도 통일을 위한 자기이해의 근거로 제안하는 결론부는 통일담론에 미치는 유용성과 유해성 측면에서 신중하게 재고되어야 한다는 생각이다. 남북한의 자기이해는 서로 상반된 정치이데올로기에 정초하여 있고 또 지금의 분단현실은 우리 민족이 스스로 선택한 결과라기보다는 강대국의 정치적 이해관계에 따른 결정에 의해 이루어졌기 때문이다.

이어서 하경택은 열왕기하 22-23장에 기록된 요시야의 종교개혁 분석을 통해 한국사회에 필요한 '통일신학의 근거와 기초를 마련'하는데 초점을 맞춘다. 그는 전체 논문 30여 쪽 분량가운데 4/5를 요시야 개혁의 서술 작업에 할애하고 나머지 1/5에서 '개혁운동이 주는 시사점'으로 할애한다. 이

---

12) Ibid., 17-8.
13) Ibid., 42.
14) Ibid., 43.

런 모습은 논문의 목적과 결론이 차지하는 담론들이 균형을 잃고 부자연스럽게 여겨지게 한다. 그의 제안은 다음과 같이 요약된다.[15] 첫째, 민족 동질성과 같은 남북한이 공유하는 정신과 가치가 있어야 한다. 둘째, 국제정치와 역학관계에 올바른 대처해야 한다. 이는 일종의 다양한 외교채널 확보를 주문하는 소리로 들린다. 셋째, 신명기의 약자보호법처럼 사회통합을 위한 법과 장치가 필요하다.

그의 결론부 제안들은 매우 유용하게 보인다. 다만 그의 요시야 개혁 분석은 여러 가지 측면에서 아쉬운 점이 발견된다. 요시야의 개혁이 왕실이 주도한 개혁이었다는 점은 우리의 통일논의에 어떻게 적용할지를 접촉점을 만들어내기가 어렵게 한다. 또 이러한 왕실 개혁이 상당한 사회적 부작용을 초래했을 것이고 또 그 개혁이 왕의 재임 기간 동안에만 한시적으로 이루어졌다는 점을 고찰했더라면 더욱 유용하지 않았을까 하는 생각이 든다. 전체적으로 그의 성서해석에 근거한 통일논의는 체계적이지도 않고 신선하지 않다.

신약학자 천세종은 바울의 "새 창조" 개념의 관점을 평화통일신학에 적용하는 연구를 했다.[16] 그는 바울의 이 개념을 풀이하고 그것을 교회의 사명과 연결시킨 뒤 평화통일을 위한 실천적 방안을 교회에게 주문하는 방식으로 마무리한다. 그가 요약한 평화통일에 대한 '새 창조' 신학적 통찰은 모호한 표현들로 가득하다. 이를 테면 남북한의 통일이 "이미 진행되고 있다"거나 "하나님께서 허락한 시간에 완성될 사건"이라는 진술은 지극히 주관적이며 고백적 표현에 불과하다. 평화통일의 주체가 하나님이라는 진술 역시 외견상 타당하지만 반면에 통일을 이루어야 할 역사적 주체 인식

---

[15] 하경택, "이스라엘 개혁운동을 통해서 본 '통일신학'—신명기 역사서에 나타난 요시야 개혁운동을 중심으로," 「평화통일신학: 신학적 근거의 모색」, 81-4.
[16] 천세종, "바울의 새 창조 관점으로 바라본 평화통일신학," 「독일 통일 경험과 한반도 통일전망: 신학적 성찰과 과제」, 안교성 편집 (서울: 나눔출판사, 2016), 127-58.

은 모호하게 남는다. 남북의 평화통일을 "지구상에 함께 살고 있는 모든 민족들이 힘을 모아 함께 이루어가야 하는 역사적 과제"라는 표현 역시 세계 각국이 자신들의 정치현실을 처리하기에도 바쁜 냉엄한 현실을 완전히 무시한 주장이다. 남북한 평화통일을 "그리스도 중심적 사건으로 이해"해야 하고 "고난과 희생의 열매가 필요"하다는 진술 역시 이상적이며 관념적 주장일 뿐이다. 통일을 "나누어짐과 깨어진 관계를 회복하는 일"로 규정하는 문장 역시 원론적인 주장이다. 따라서 그의 논의는 앞서의 두 연구와 더불어 평화통일신학이란 주제 앞에 성서 해석의 문제점과 한계를 인정할 수밖에 없게 만든다.[17]

이밖에 구약학자인 한동구의 논문을 하나 더 살펴보려고 한다. 한동구는 에스겔서 40-48장의 성전환상을 중심으로 이 예언자의 영토 사상을 분석하고 이를 근거로 통일한국의 모습을 제안했다.[18] 그는 에스겔의 성전환상이 재건보다는 개혁에 초점을 맞춘 프로그램이라고 간주하고[19] 영토의 경계와 토지분배 보도를 분석한다.[20] 이어서 성서학 바깥의 기존 신학자들(박종화, 안병무, 허문영)이 제안한 통일공동체 사상들을 분석한 뒤[21] 앞서의 논의를 바탕으로 자신의 통일한국의 모습을 제안한다. 그는 에스겔의 성전환상이 정치권력보다는 가치 지향적 공동체, 정복과 지배의 철학 포기, 이방인의 토지 소유권을 허용하는 다문화적 사회를 지향하며, 열두 지파에게 균등하게 토지를 배분한다는 점들을 근거로 통일한국의 모습은 가치 중심의 세계화를 추구하는 국가, 정복과 지배가 아닌 평화의 형성

---

17) Ibid., 150-1.
18) 한동구, "통일 한국의 모양(像)-에스겔의 영토 사상을 중심으로," 「한국기독교신학논총」 61 (2009): 33-54.
19) Ibid., 35, n. 2.
20) Ibid., 35-43.
21) Ibid., 43-6.

자로 자리매김하는 국가, 민족주의 국가를 넘어서는 다문화적 국가, 그리고 연방정부가 되어야 한다고 제안한다.[22]

그의 연구에서 제안한 통일한국의 모습은 그 자체로 의미심장한 주문들임이 분명하다. 하지만 에스겔서의 성전환상에서 이러한 국가의 모습을 도출하는 과정은 상당히 비약적으로 비춰진다. 게다가 성서주석의 결과를 신학적으로 사유하기보다는 자신의 세계이해를 본문 주석결과로 확인하는 경향성을 보여준다. 예를 들어 다음과 같은 표현을 살펴보자.

> 구약성서는 이런 부정적 가치관(양극화와 세계와-연구자 주)과 싸운 책이다. 왕조시대에는 예언자들이 이스라엘 국내의 양극화와 싸웠으며 국가가 망한 후에는 이스라엘과 주변국 사이에서 힘의 논리와 군사적 논리에 맞서 싸웠다. 에스겔과 에스겔 집단도 이러한 부정적 가치와 맞서 싸운 자들이다. 이들은 국가의 경영을 하나님의 통치하에 두고자 하였다…. 에스겔 집단은 단순한 종교공동체를 추구한 것이 아니라 가치 지향적 공동체를 추구하였다.[23]

이스라엘은 나라가 망한 뒤 주변국 사이에서 힘의 논리와 군사적 논리에 맞서 싸웠다는 근거는 어디에서 추론한 것인가? 한동구는 이것을 밝히지 않고 있다. 또 그가 연구한 에스겔 본문이 과연 그런 의도를 지니고 있는지 아닌지를 구체적으로 논의하지도 않는다. 나라가 망하고 강대국의 포로로 잡혀 간 그들이 남긴 문서에 어떤 방식으로 군사적 논리와 맞섰는지 소상한 설명이 필요하다는 뜻이다. 게다가 예언자들, 특히 에스겔과 에스겔의 집단이 국가 경영을 하나님의 통치 아래 두고자 했다는 진술은 진부하기 짝이 없다. 제사장이었던 그 혹은 그들의 신 중심적 사고방식은 당연한 일이며 전혀 특별하지 않기 때문이다. 하지만 그가 사용한 '가치

---

22) Ibid., 47-50.
23) Ibid., 47.

지향적 공동체 추구'란 표현은 매우 의미심장하다. 성서학자의 입장에서 본다면 이런 용어는 단순히 직접 사용하기에 앞서 그것을 성서적으로 논증하는 일이 선행되어야 한다고 생각된다. 또 그는 '지배와 정복적 세계관 포기'를 논술할 때,24) "에스겔 집단이 민족주의에 입각한 정복적 역사관을 주장하지 않는다."고 진술한 뒤 이를 뒷받침하는 근거로 신명기의 모압 땅에서의 율법 해설(신 1:5; 28:69)과 이사야서의 몇몇 구절(사 50:6; 55:5)에 등장하는 비폭력무저항 사상을 제시한다. 그러나 에스겔서의 저자가 포로 상황에 처해 있으므로 그에게서 정복적 역사관을 기대하는 것은 처음부터 무리한 주문을 하는 것이 아닐까? 또 신명기의 모압 땅에서 율법을 해설한 기록을 곧장 영토포기사상이라고 해석할 수 있는지도 의문스럽다. 게다가 이스라엘 열두 지파가 영토 분배에 등장하는 모습을 근거로 통일한국이 연방정부가 되어야 한다고 추론하는 것 역시 지나친 논리적 비약이다. 특별히 '연방정부'라는 용어 사용도 심각한 문제를 야기한다.25) 물론 이스라엘이란 나라가 열두지파로 구성되어 있다는 사실에는 이의가 없다. 그러나 그것을 곧장 우리나라의 통일현실에 대입하는 것이 바람직한 것인지는 논란의 여지가 남아 있다. 그의 연구는 통일논의에 성서적 해석을 활용할 때 고대 이스라엘의 역사적 현실과 우리의 것이 전혀 다르다는 사실부터 인식할 필요가 있음을 각성시켜 준다.

이상의 비평을 종합해 볼 때 통일과 관련 한 성서연구를 시도한다면 다음 몇 가지 점은 반드시 유의할 필요가 있다는 생각이다. 첫째, 인종, 국적, 국민과 같은 개념은 현대적이므로 고대사회에 적용할 때는 신중할 필요가 있다. 둘째, 이스라엘 역사를 반영한 본문에서 한반도의 분단현실과

---

24) Ibid., 48-9.
25) Ibid., 50. 2000년 6.15 남북공동선언에 따르면, 남한의 통일론은 연합제를, 북한의 통일론은 연방제를 내세우기 때문이다.

관련된 가르침이나 원리를 직접 도출하는 작업은 논리적 비약을 전제한다. 따라서 이 문제를 피하려면 성서현실과 우리나라의 현실 사이를 연결해주는 해석학적 전제나 방법론이 필요하다. 셋째, 그럼에도 불구하고 성서적 논의를 바탕으로 통일한국을 지향하는 연구는 아무리 많아도 지나치지 않다.

III. 구약성서의 이스라엘과 한국의 통일: 비교가능한가?

구약성서의 이스라엘과 한국은 엄연히 별개의 실체이다. 성서가 신자의 삶에 신성한 권위로 기능한다는 사실에는 이의가 없다. 그렇다고 해서 서로 다른 역사적 실체를 아무런 차이도 없는 것처럼 다루는 데는 이의가 있다. 성서에서 벌어진 일을 근거로 우리나라의 현실에 성서적 사건이나 진술을 직접 대입하여 논의하는 작업은 처음부터 문제를 안고 있다. 우리는 성서로부터 한반도 통일담론에 관한 지혜를 얻으려고 한다. 따라서 이런 작업을 수행할 때는 양자의 관계가 무엇이며 그런 작업의 한계 그리고 타당성에 대한 논의가 선행되어야 한다. 여기서는 민족통일 담론을 통하여 구약성서(고대 이스라엘 역사를 포함하여)를 다룰 때 양자가 어느 정도 그리고 어떤 방식으로 비교가능한지를 알아보려고 한다.

가장 먼저 언급할 사항은 구약성서의 고대 이스라엘과 한국이 지정학적으로 매우 유사하다는 점이다. 강대국 사이에 위치해 있다는 점 때문에 그렇다. 강대국들의 침탈로 인해 정치국가로서의 주권을 상실한 경험도 동일하다. 고대 이스라엘은 주전 722년에 앗수르에게 북 이스라엘이 몰락했고 주전 587년에는 신 바벨론 제국에게 남 유다가 몰락했다. 이후 1000년 가까이 팔레스타인에 존재했던 이스라엘 민족은 지중해 연안의 패권지도가 페르시아 제국, 헬라 제국, 로마제국으로 바뀌는 동안 독립된 정치국가의 위상을 회복하지 못했다. 2000년 동안 세계에 흩어져 살던 이스라엘 민족은 1948년에 UN 결의에 따라 현대의 정치국가로서 공식 출범하게 되었다. 구약성서는 이 긴 기간의 서두인 주전 1000년의 다윗의 나라로부터 주전 143년에 유대인의 자치왕권인 하스몬 왕조가 출범하고 다시 주전 63년 로마에 의해 식민지로 전락하기까지 벌어진 매우 긴 기간의 다양한 역사적 경험과 신학적 해석을 담고 있다.

이런 정보에 입각하여 구약성서를 읽는다면 주전 587년 이후 나라를 회복하지 못한 이스라엘 민족에게 통일이란 주제가 주요하게 대두된 이슈였는지는 의구심이 생긴다. 적어도 통일을 염원한다는 것은 염원주체가 정치적 독립을 유지한 상태를 전제한다. 그런 의미에서 정치적 자율성을 빼앗긴 식민지 민족에게 통일이 얼마나 의미가 있었는지 물어볼 필요가 있다. 물론 이스라엘은 국권의 회복을 위해 메시야의 도래를 희망하였다. 그러나 메시아 사상은 이스라엘의 통일과는 한 걸음 동떨어진 사상이었던 것으로 보인다. 그것은 민족 전체가 주지하는 강력한 희망사항이기보다는 일부 구성원 사이에서 정치적 필요에 의해 활용되었다는 인상을 받는다.26) 이런 맥락에서 많은 성서학자들이 통일이슈로 간주하고 해석하는 열두 지파의 하나 됨이나 유다 사람과 사마리아 사람들과의 분열을 극복하려는 내용들은 사실상 정치적 통일(unification)보다는 민족 생활이나 신학담론의 분열상을 통합(unity)하려는데 초점이 맞추어져 있는 것으로 분석되어야 적절하다.

---

26) 참고. Jan Christian Gertz, Angelika Berlejung, Konrad Schmid, and Markus Witte, *T & T Clark Handbook of the Old Testament* (New York: T & T Clark International, 2012), 232. 메시야 사상은 헬라시대 유다 사회에서 일어난 여러 분파 운동 중 하나였다. 특히 하스몬 가문이 다윗혈통과 무관한 통치가문이기에 메시야 사상은 당대의 하스몬 왕가에 대한 비평적인 어조를 띠고 있었다는 분석도 가능하다.

또한 통일왕국이 남북으로 분열되어 두 왕국 시대를 이어간 역사적 경험을 분단현상으로 바라보는 것도 문제가 있다. 우선, 두 왕국 시대는 서로 다른 지파 출신의 영웅들이 정권을 장악하였다. 남 왕국은 한 번을 제외하고는(북 왕국 오므리 가문의 딸 아달랴가 예루살렘을 통치한 때는 제외, 왕하 8:25-29; 11:1-20) 유다 지파의 다윗 가문이 줄곧 왕권을 장악했다. 북 왕국은 여로보암, 바아사, 시므리, 오므리, 예후, 살룸, 므나헴, 베가, 호세아 등이 쿠데타를 일으켜 차례로 정권을 차지하였다(왕상 12:1-왕하 17:4). 남북 왕국은 종종 동맹을 맺고 아람과 대항하여 싸우기도 하였다(왕상 22:1-50; 왕하 3:1-12) 두 나라의 주민은 왕래와 이주에 큰 제약이 없었던 것으로 보인다(남 유다 사람 아모스는 북쪽의 왕실 성소인 벧엘에 가서 예언사역을 했다, 암 7:10-17). 어쩌면 고대 사회는 현대와 달리 국경선 통제가 없거나 느슨하였기 때문일 수도 있다. 여하튼 이스라엘의 두 왕국은 분열된 상태였지만 한국과 같은 분단된 상태는 아니었다고 말할 수 있다.

한국은 고조선 시대를 포함하여 5000년(주전 3000년과 주후 2000년을 합산)의 장구한 역사속에서 주변 강대국의 숱한 외침에도 불구하고 독립을 유지해왔으나 1910년에 일본제국에게 합병되어 식민지로 전락했고 이후 36년의 치욕스런 일본제국의 강점기 이후 1945년에 해방을 맞이하였으나 또 다시 주변 강대국의 결정과 냉전 이데올로기에 경도된 일부 정치지도자들에 의해 남북으로 나뉘게 되었고 1950-1953년에는 북한의 침략으로 민족상잔의 비극인 한국전쟁을 치룬 뒤에 우리 민족은 우리의 의지와 상관없이 현재의 분단현실을 맞이하기에 이르렀다.[27]

---

27) 남태욱,「한반도 통일과 기독교현실주의: 라인홀드 니버를 중심으로」(서울: 나눔사, 2012), 19. 그는 분단과정을 미·중·일 3국의 카이로선언(1943년 11월 27일), 미·영·소 3국의 얄타회담(1945년 2월 8일)과 포츠담선언(1945년 7월 26일)을 거쳐 확정된 1945년 8월15일의 '국토분단,' 남한정부와 북한정부 수립에 의한 1948년의 '정치분단' 그리고 한국전쟁이 끝난 1953년의 '민족분단'의 세 가지로 나누어 이해한다.

그렇다면 우리와 역사적 경험이 다른 이스라엘 민족의 과거를 담고 있는 구약성서를 어떻게 우리 민족의 통일담론에 활용할 수 있을까? 크게 보면 두 가지 방법밖에 없는 것 같다. 먼저 구약성서를 우리 민족 사회의 현실에 접목시키려면 구약성서가 기독교 신앙공동체의 경전이라는 점을 근거로 이 경전으로부터 신앙적 가르침을 도출하는 길이 있다. 이 방식은 기존의 성서학자들이 통일관을 성서적 평화와 화해 혹은 희년 사상에 근거하여 펼치는 모습을 상기시킨다. 그 다음으로는 통합의 해석학(hermeneutics of integration) 이론에 의지하여 역사적 유비의 역학(dynamics of historical analogy)을 활용하는 길이 있다.28) 통합의 해석학은 구약성서에 반영된 고대 이스라엘의 경험세계를 우리민족의 경험세계와 동일한 해석지평에 놓고 풀이하는 방식을 가리킨다. 고대 이스라엘과 우리는 거시사회학적 관점에 따르면 진보한 농경사회로서 공통된 경험과 의식구조를 갖고 있다. 특히 지배층과 피지배층으로 나뉜 위계사회구조, 연고주의 선호, 만연한 미신과 운명론 등등이 그렇다. 하지만 고대 이스라엘의 분열국가 경험은 우리의 분단 현실을 위한 직접적 해법으로 보려는 것은 아니다.

구약성서의 이스라엘은 분열국가 상태를 경험했으나 그들이 남긴 구약성서는 자기 민족을 하나로 통합하려는 시도를 지속적으로 그리고 적극적으로 표명했다. 이를 테면, 히스기야는 유월절 축제에 남 유다 주민만이 아니라 북쪽 주민의 참여를 요청하였고(대하 30-31장) 요시야는 북쪽의 벧엘과 사마리아까지 내려가서 개혁의 주장을 펼치고 돌아온 적이 있다(왕하 23:15-20). 또 포로기의 에스겔서에 등장하는 성전회복 프로그램에는 열두 지파 중 어느 하나도 누락시키지 않은 채 보존하는 모습을 볼 수 있다. 이러한 염원과 시도는 현실 정치사에서 자신들의 노력이 아니라 외부의 힘

---

28) 우택주, "Toward a Reconciliation of Two Old Testament Disciplines, 'History of Ancient Israel' and 'Old Testament Theology' in Korea" 「신학논단」 86 2016년 12월, 276-7.

에 의해 성취되었다. 페르시아 치하의 예후드 사회는 사마리아와 갈등을 체험하였고 헬라시대의 하스몬 왕조 시절에는 결국 사마리아 사람들이 예루살렘과 다른 오경을 주장하는 방향으로 분리되었으나(the Samaritan schism)29) 주후 1948년의 국가에서는 하나의 정치체제로 통합되었기 때문이다.

이런 관점에서 보면 구약성서는 우리의 통일담론에 아주 유용하거나 유의미한 해법들이나 전거들을 제공해주고 있다고 간주할 수 있다. 이스라엘의 조상들은 구약성서의 글들을 통해 민족 구성원이 분열된 상태를 방치하지 않고 단일한 영토에 하나의 민족을 이루기 위해 줄기찬 노력을 기울였다. 그리고 그러한 모습들은 우리민족의 통일담론에 유용한 지혜와 제안으로 기여할 수 있을 것으로 여겨진다. 고대 이스라엘 민족이 구약성서를 통해 우리 민족의 통일담론에 요긴하게 활용할 수 있을 만한 어떤 유용한 제안들을 남겼을까?

IV. 통일담론을 위한 구약성서의 제안

위에서 우리는 이스라엘 민족이 구약성서를 통해서 우리민족의 통일담론을 위해 유용한 제안들을 남겼다고 언급했다. 그것들은 영토의 경계에 대한 주장, 열두 지파 체제, 그리고 남과 북 혹은 이스라엘과 유다의 통합에 관한 담론 등 세 가지로 간추릴 수 있다.

---

29) 참고. Robert T. Anderson, "Samaritans," *Anchor Bible Dictionary*, vol. 5 (New York: Doubleday, 1992), 940-7.

1. 이스라엘 영토

구약성서에서 땅이란 주제는 성서저자들이 매우 일관되고 집요하게 추구하는 주제에 속한다. 이스라엘의 조상인 아브라함이 갈대아 땅을 떠나 가나안 땅으로 이주하여 정착하게 된 동기는 야훼 하나님이 선행적으로 제시한 '땅' 약속 때문이다(창 12:1, "내가 네게 보여줄 땅으로 가라"). 이 땅의 경계에 대한 성서의 진술은 이후로 여러 가지 방식으로 달라지고 변경된다. 창세기 15장 18-21절(J 문서층)에서는 "내가 이 땅을 애굽 강에서부터 그 큰 강 유브라데까지 네 자손에게 주노니 곧 겐 족속과 그니스 족속과 갓몬 족속과 헷 족속과 브리스 족속과 르바 족속과 아모리 족속과 가나안 족속과 기르가스 족속과 여부스 족속의 땅"이라고 첨언한다. 다시 창세기 17장 8절(P 문서층)에서는 "내가 너와 네 후손에게 네가 거류하는 이 땅 곧 가나안 온 땅을 주어 영원한 기업이 되게 하"겠다고 말한다. 이후의 아브라함의 후손들은 땅을 떠난 후에 다시 이 약속을 의지하여 가나안 땅으로 돌아와 정착한다. 이집트의 요셉은 임종할 때 형제들에게 이 약속을 일깨워주고 자신의 유골마저 이 약속의 땅에 묻어달라고 당부한다(창 50:24-25). 이집트의 이스라엘이 출애굽하게 된 사건 배후에는 하나님이 이 약속을 기억하셨기 때문이라는 해석을 잊지 않는다(출 2:23-25; 3:6-8).

약속의 땅 가나안을 향해 이동하던 출애굽 공동체는 민수기 32장에서 가나안 땅의 경계 가운데 요단 동편 땅을 르우벤, 갓, 므낫세 반 지파에게 할당한다(민 32:33-42). 이어서 민수기는 34장에서 가나안 땅의 경계를 남, 서, 북, 동의 순서로 명시한다(민 34:1-15).

이어지는 신명기는 민수기와 조금 다른 방식으로 영토의 경계선을 기술한다. 그 땅은 "아모리 족속의 산지, 아라바와 산지와 평지와 네겝과 해변과 가나안 족속의 땅과 레바논과 큰 강 유브라데까지"이며(신 1:7) 또 가나안의 일곱 족속이 거주하는 땅(신 7:1)이라고 기술한다. 여호수아서는 이 땅을 "광야와 이 레바논에서부터 큰 강 곧 유브라데 강까지 헷 족속의 온 땅과 또 해 지는 쪽 대해까지"로 기술하고(수 1:4)30) 이곳에서 쳐서 멸한 "서른한 명의 왕" 목록을 공개한다(수 12:7-24). 이어서 정복하지 못한 땅 일부를 묘사(수 13:1-6a)한 뒤 열두 지파에게 분배한 땅의 경계를 기술한다(수 13:6b-21:42). 이 영토의 경계표시는 "현실과 동떨어진 것이지만" 신 앗수르 제국 시대 후반의 요시야 시절에 표명된 것으로서 "유프라테스 강부터 이집트 사이의 모든 영토"를 다스리고 싶은 민족적 "염원"을 담은 것으로 보인다.31)

군주시대를 보도하는 글에서는 이스라엘의 영토를 "단부터 브엘세바"라고 종종 표현한다(삿 20:1; 삼상 3:20; 삼하 3:10; 왕상 4:25). 이것은 통일 왕국시대에 이스라엘의 북쪽 끝과 남쪽 끝 지역의 도시 명칭을 활용하여 전체 영토를 표시했던 것 같다. 분열한 이후 북 이스라엘의 여로보암 2세는 "이스라엘 영토를 하맛 어귀에서부터 아라바 바다까지" 확장한 적도 있다(왕하 14:25). 앗수르에게 북 이스라엘이 패망한 이후 홀로 남은 유다는 요시야 왕이 개혁을 단행할 때 영토를 "게바에서부터 브엘세바까지"로 축소해서 언급한다(왕하 23:8)

또 후기 예언서 가운데 에스겔서는 제사장적 이상으로써 "다윗 혈통의 지도자 아래 유다와 이스라엘이 연합하여 이스라엘 자치구역을 회복하는 일"을 묘사한다(겔 34:23-24; 37:15-28).32) 그 자치구역은 지극히 이상적이

---

30) 이 표현과 유사한 것을 다음 구절들에서 찾아볼 수 있다. 수 9:1, 10:40; 11:16, 12:7-8, 신 1:7; 11:24. LXX에는 "헷 족속의 온 땅"이란 문구가 없으므로 본문비평학자들은 이것을 확장된 문구로 이해한다. R. B. Coote, "Joshua," in *The New Interpreter's Bible*, vol. II (Nashville: Abingdon Press, 1998) 586.

31) Harmut N. Rösel, *Joshua* (Leuven: Peeters, 2011), 32.

32) Robert B. Coote, "LAND," *The Oxford Encyclopedia of the Bible and Theology*, vol. 2, Samuel E. Balentine, ed. (New York: Oxford University Press, 2015), 27-33.

다. 요단강부터 지중해까지의 땅을 동서로 잇는 경계선을 따라 열세개의 띠 모양의 구획으로 나누고 각 구획은 열두 지파에게 할당하고 나머지 하나는 새로운 성전과 성전에 인접한 도성에 할당한다(겔 47:13-21; 48:1-35).

비록 구약성서는 시대별로 이스라엘 민족의 땅의 크기를 조금씩 다르게 표현했으나 중요한 사실은 땅에 대한 염원이 다른 그 무엇보다 절실하였고 지속적이었음을 보여준다.[33] 그런 의미에서 "영토를 성서는 가장 중요하게 여겼다."는 쿠트의 해설은 우리 민족의 통일담론에 매우 의미심장하다.

2. 열두지파 체제

고대 이스라엘이 우리의 통일담론을 위해 제안하는 두 번째 주제는 그들이 이스라엘을 가리킬 때 항상 열두 지파 체제로 부른다는 점이다. 이 점은 나머지 두 가지 주제보다 더욱 두드러지게 나타난다. 고대 이스라엘 사회가 언제부터 열두 지파를 포함한 집단이 되었는지에 대해서 확실히 말하기는 어렵다. 아브라함, 이삭에 이어 야곱이 열두 아들을 낳은 이야기가 이스라엘의 사회조직을 알려주는 원인론이라는 사실은 잘 알려져 있다. 이 아들들이 시간이 흐르면서 각각 하나의 지파로 부를 정도로 규모가 커지고 그래서 최종적으로 이스라엘은 열두 지파가 모여 이루어진 사회라는 것이 출애굽기의 출애굽 사건과 시내 산 언약 그리고 광야의 성막 중심의 이동 내러티브를 구성하고 있는 사경의 스토리가 주장하는 바탕이다. 그러나 한 명의 가장을 중심으로 이루어진 가족단위의 사회가 지파라고 불리는 사회조직으로 성장하고 발전하는 과정에 대해서 구약성서는 자세히 설명하지 않는다. 학자들은 사사기 5장의 드보라의 노래가 제공하는 정보(삿 5:14-19)를 근거로 이스라엘의 역사 초기에는 열 개의 지파 정도가

---

33) Ibid., 1.

모인 사회였는데 시간이 흐르면서 열두 개의 지파로 확대되었을 것이라는 관찰과 해석을 내놓고 있다.34) 하지만 그보다 더 이른 시기에는 또 몇 개의 지파가 포섭되고 함께 행동했는지는 알 수 없다. 더욱이 지파의 정체와 구성 그리고 기원에 대해서 우리는 정확한 정보가 현저히 부족하다.35) 지파란 용어는 국가와 모종의 관계 속에서만 인식된다는 설명만이 존재할 뿐이다. 우리는 지파의 기원과 지파연합의 형성기에 대해서는 정확히 알수 없으나 구약성서에서 이스라엘이 열두 지파 체제로 확정된 이후로는 단 한 번도 이 체제에서 이탈하거나 벗어난 담론을 찾아볼 수 없다는 점을 기억할 필요가 있다.36)

또 한 가지 특이한 사항은 군주국가 체제가 통일과 분열, 멸망과 포로 그리고 귀환으로 이어지는 변천사를 보여주는데 비해서 '열두 지파' 체제에 대한 관념은 구약성서의 어느 글이든 크게 달라지지 않는다. 히브리어로 기록된 마소라 본문(MT=the Masoretic text)에서 성문서는 다른 성서들보다 늦게 기록된 글들이다. 히브리 성서에서 가장 마지막에 위치한 역대기서에는 열두 지파의 족보가 등장한다(대상 2:1-8:40). 룻기는 룻의 이야기를 유다 지파의 다윗 왕의 조상들로 귀결시키고 에스더서는 유다 사람

---

34) Lawrence E. Stager, "The Song of Devorah: Why Some Tribes Answered the Call and Others Did Not," *Biblical Archaeologist Review* 15 (1989): 53. 여기에 언급된 지파명은 에브라임, 베냐민, 마길, 스블론, 잇사갈, 르우벤, 길르앗, 단, 아셀, 납달리의 열개 지파이다. Susan Niditch, *Judges: A Commentary* (Louisville: Westminster John Knox Perss, 2008), 79을 보라. 여기서 '마길'과 '길르앗'이 다른 지파와 대등하게 호명된 사실이 눈에 띤다. 마길은 수 17:1에 따르면 므낫세의 장자이며 길르앗의 아버지이다. 여하튼 길르앗은 지파 명칭으로 발전하지 않는다.

35) Robert B. Coote, "Tribalism" *Ancient Israel: The Old Testament in Its Social Context*, ed. Philip F. Esler (Minneapolis: Fortress Press, 2006), 35-49; 우택주, "고대 이스라엘의 열두 지파 체제는 언제 제정되었는가?"「한국기독교신학논총」90 (1913): 5-36.

36) E. J. van der Steen, *Tribes and Territories in Transition: The Central East Jordan Valleys in the Late Bronze Age and Early Iron Ages: A Study of the Sources* (Leuven: Peeters, 2004), 7.

(모르드개)과 아말렉 족속(하만) 사이의 반감을 전제로 이야기를 전개하기도 한다. 이렇게 지파나 민족적 정서를 간직하는 모습은 신구약중간기의 문헌뿐 아니라 신약성서의 복음서까지도 이어진다(참고. 마태1장과 누가3장의 예수족보).

위에서 잠시 언급했듯이 에스겔 47-48장에 기록된 성전회복 청사진의 말미에서도 예언자는 땅의 경계(겔 47:15-20)에 이어서 열두 지파에게 공평하게 땅을 분배하는 모습을 기록한다(겔 48:30-35). 물론 에스겔의 글이 역사적 정치적 현실과 동떨어진 이상적인 비전이라고 해석되지만 이런 글들이 후대의 신앙공동체에게 읽혔을 때 자기 민족이 언젠가는 하나가 되는 날이 올 것이라는 희망과 꿈을 품게 했을 것이 분명하다.

이러한 지파연합에 대한 꿈과 비전을 더욱 의미 있게 만드는 것은 이러한 생각이 분열과 멸망이라는 역사적 경험 속에서 표명되었다는 사실 때문이다. 군주국가로 발전하기 전 이스라엘은 지파사회로 출발했다. 군주들이 통치하는 국가는 400년 이상 지속되지 못했다. 통일왕국은 80년 만에 남북으로 분열되었고 분열된 나라는 2-300년 사이에 강대국에게 차례로 멸망당했다. 정치지도자들은 전부 강대국에 포로로 끌려갔다. 그 중에서 유다 나라의 후손들만이 일부가 약속의 땅으로 귀환했을 뿐이다. 그리고 그들과 그 후손들이 남긴 글이 구약성서이다. 여기에는 열두 지파에 대한 언급이 지속적으로 남아 있다. 강대국에게 짓밟혀온 긴 세월 동안 열두 지파로 구성된 예전 사회에 대한 꿈을 놓지 않았다는 뜻이다. 역사적 경과를 놓고 본다면 그들은 자신들의 힘으로 독립된 나라를 세우지 못했다. 하지만 지금의 정치국가 이스라엘은 과거에 나라를 일구고 살던 시절만큼의 영토를 가진 나라로 존재하지 않은가?

이스라엘 민족과 구약성서는 우리의 분단현실 가운데서도 남과 북은 하나의 민족이며 통일된 영토 안에서 함께 살아가려는 꿈과 이상을 간직해야 할 필요성을 가르쳐준다. 그래야 역사의 어느 순간에 우리는 통일을 이룩하고 하나의 영토 위에서 평화롭게 살아가는 민족이 될 수 있다. 구약성서는 바로 이 점을 교훈한다.

3. 예언자의 통일담론

우리의 통일담론을 지지하고 격려하는 구약성서의 제안 중 세 번째는 예언자들의 글에서 찾아볼 수 있다.37) 이미 잘 아는 바와 같이 고대 이스라엘은 역사적으로 통일, 분열, 순차적 멸망의 과정을 겪었다. 하지만 독립된 정치체제는 회복되지 않았고 다만 종교적 자유를 허용 받은 상태에서 예루살렘 성전 예배를 강조하는 내용으로 기록된 구약성서를 유산으로 물려주었다. 구약성서의 예언서는 길이가 긴 이사야서, 예레미야서, 에스겔서에 이어 짧은 열두 권의 예언서의 순서로 배열되어 있다.38) 만일 구약성서의 예언서가 주전 2세기의 하스몬 왕조(143-63 BCE)에 정경으로 완결되었다면 이 예언서는 적어도 세 가지 이상의 역사적 관점을 갖고 있다고 볼 수 있다. 그것은 주전 722년 사마리아 멸망 이후 팔레스타인 땅에 홀로 살아남은 남 유다 왕국의 관점, 바벨론에게 멸망당해 포로 생활 중에 있는 유다 왕 여호야긴 왕실의 관점, 페르시아 시대에 예후드(페르시아 시대의 유다 지역명칭)로 귀환하여 재건한 예루살렘 성전 중심의 관점이다.39) 여기에 하스몬 왕조의 시각도 추가할 수 있다.40) 실제로 이사야서,

---

37) 히브리어 성서는 분류상 예언서가 여호수아서부터 열왕기하서까지를 포함하는 전기 예언서와 이사야서부터 말라기서까지 15권의 후기예언서로 되어 있다. 구약성서는 후기예언서만을 예언서로 부른다.
38) 다니엘서는 예언서와 다른 장르인 묵시문학에 속하기 때문에 여기서 제외한다.
39) 구약성서의 최종 형태는 유다 왕조(와 페르시아 시대의 예후드)의 관점으로 완성되었다는 견해를 위해 다음을 참고하라. Daniel E. Fleming, *The Legacy of Israel in Judah's Bible: History, Politics, and the Reinscribing of Tradition* (New York:

미가서, 하박국서, 스바냐서, 예레미야서처럼 남 유다를 향해 선포한 예언서들은 제외하면 북 왕국 이스라엘을 향해 선포한 것으로 알려진 호세아서나 아모스서의 경우도 유다의 시각으로 읽힌다. 호세아서의 '에브라임'은 정치국가 북 왕국 이스라엘을 지칭한다. 그런데 이 예언서 후반부의 '이스라엘'은 북 왕국과 동시에 남 왕국 유다를 포함한 언약백성 전체를 지칭하는 경우도 읽을 수 있다(1:1; 1:10-11; 6:4; 12:2). 그럼에도 불구하고 호세아서의 '이스라엘'은 역사적으로는 유다 왕실의 후손만이 살아남아 이 예언서를 완성하고 보존하였기 때문에 남 유다와 예루살렘의 관점으로 읽혀진다. 아모스서의 경우도 '이스라엘'은 북 왕국 이스라엘만을 가리키는 경우(암 2:6-8; 5:1-3; 6:1)와 이스라엘 민족 즉 언약백성 전체를 가리키는 경우(암 2:11; 3:1; 5:25; 9:7) 그리고 남 유다만을 지칭하는 경우(암 1:1-2; 2:4-5; 6:1; 9:14)가 혼재한다. 아모스서의 최종 형태는 남 유다에서 잡혀온 포로공동체의 관점이 배어 있다.

이와 같은 맥락에서 '이스라엘'이란 명칭은 구약성서에서 적어도 네 가지의 의미로 사용된다는 것을 유념할 필요가 있다. 첫째는 같은 조상을 가진 사람들로서 이집트 체류와 출애굽을 경험한 모든 백성, 둘째는 '이스라엘'이라고 부르는 땅과 관계를 맺고 있는 사람들, 셋째, 분열왕국 시대에 남 왕국 유다와 구별되는 북 왕국의 명칭, 넷째, 야훼와 언약을 맺은 백성 등을 가리킨다.[41)]

Cambridge Iniversity Press, 2012); Diana V. Edelman and Ehud Ben Zvi eds., *The Production of Prophecy: Constructing Prophecy and Prophets in Yehud* (London: Equinox, 2009).

40) 하스몬 왕조 시절의 구약성서 편집활동에 대하여 다음을 참고하라. David M. Carr, *The Formation of the Hebrew Bible: A New Reconstruction* (New York: Oxford University Press, 2011).

41) Rainer Kessler, *The Social History of Ancient Israel: An Introduction*, tr. by Linda M. Maloney (Minneapolis: Fortress Press, 2008), 37-8.

이상의 정보를 염두에 두고 예언서를 읽을 때, 최종형태의 글 안에서 우리는 남 유다와 북 이스라엘의 통일 혹은 연합을 희망하는 내용들을 읽을 수 있다.[42]

그러나 이스라엘 자손의 수가 바닷가의 모래 같이 되어서 헤아릴 수도 없고 셀 수도 없을 것이며… 이에 유다 자손과 이스라엘 자손이 함께 모여 한 우두머리를 세우고 그 땅에서부터 올라오리니 이스라엘의 날이 클 것임이로다(호 1:10-11)

여호와께서 열방을 향하여 기치를 세우시고 이스라엘의 쫓긴 자들을 모으시며 땅 사방에서 유다의 흩어진 자들을 모으시리니 에브라임의 질투는 없어지고 유다를 괴롭게 하던 자들은 끊어지며 에브라임은 유다를 질투하지 아니하며 유다는 에브라임을 괴롭게 하지 아니할 것이요(사 11:12-13)

그 때에 유다 족속이 이스라엘 족속과 동행하여 북에서부터 나와서 내가 너희 조상들에게 기업으로 준 땅에서 그들이 함께 이르리라(렘 3:18)

보라 날이 이르리니 내가 이스라엘 집과 유다 집에 새 언약을 맺으리라(렘 31:31)

내가 유다의 포로와 이스라엘의 포로를 돌아오게 하여 그들을 처음과 같이 세울 것이며 내가 그들을 내게 범한 그 모든 죄악에서 정하게 하며 그들이 내게 범하며 행한 모든 죄악을 사할 것이라(렘 33:7-8)

그 날 그 때에 이스라엘 자손이 돌아오며 유다 자손도 함께 돌아오되 그들이 울면서 그 길을 가며 그의 하나님 여호와께 구할 것이며 그들이 그 얼굴을 시온으로 향하여 그 길을 물으며 말하기를 너희는 오라 잊을 수 없는 영

---

[42] 그러나 호 5:8-15; 6:4-11처럼 북이스라엘과 남유다가 서로 맞서서 전쟁할 위기에 내몰린 주전 734년의 시리아 에브라임 위기와 관련된 선포들은 제외된다. 또 북왕국 이스라엘을 가리켜 '이스라엘'이라고 부르는 경우와 남 유다가 자신을 '이스라엘'이라고 부르는 경우도 구별해야 한다.

원한 언약으로 여호와와 연합하라 하리라(렘 50:4-5)

그 날 그 때에는 이스라엘의 죄악을 찾을지라도 없겠고 유다의 죄를 찾을 지라도 찾아내지 못하리니 이는 내가 남긴 자를 용서할 것임이라(렘 50:20)

너는 또 왼쪽으로 누워 이스라엘 족속의 죄악을 짊어지되 네가 눕는 날수대로 그 죄악을 담당할지니라… 그 수가 차거든 너는 오른 쪽으로 누워 유다 족속의 죄악을 담당하라(겔 4:4-6)

내가 에브라임의 손에 있는바 요셉과 그 짝 이스라엘 지파들의 막대기를 가져다가 유다의 막대기에 붙여서 한 막대기가 되게 한 즉 내 손에서 하나가 되리라 하셨다…. 그 땅 이스라엘 모든 산에서 그들이 한 나라를 이루어서 한 임금이 모두 다스리게 하리나 그들이 다시는 두 민족이 되지 아니하며 두 나라로 나누이지 아니할지라… 그들은 내 백성이 되고 나는 그들의 하나님이 되리라… 내가 내 종 야곱에게 준 땅 곧 그의 조상들이 거주하던 땅에 그들이 거주하되 그들과 그들의 자자손손이 영원히 거주할 것이요… 내가 화평의 언약을 세워서 영원한 언약이 되게 하고 또 그들을 견고하고 번성하게 하며 내 성소를 그 가운데에 세워서 영원히 이르게 하리니 내 처소가 그들 가운데 있을 것이며 나는 그들의 하나님이 되고 그들은 내 백성이 되리라 내 성소가 영원토록 그들 가운데에 있으리니 내가 이스라엘을 거룩하게 하는 여호와인 줄을 열국이 알리라 (겔 37:19-28)

모든 지파의 이름은 이와 같으니라 북쪽 끝에서부터… 그들의 몫이니라(겔 48:1-29)

호세아, 이사야, 예레미야, 에스겔은 모두 남 유다와 북 이스라엘의 연합과 회복을 희망하는 메시지를 선포한다. 에스겔은 한 걸음 더 나아가 열두 지파에게 동일한 몫의 땅 분배를 언급함으로써 분열이전의 이스라엘 사회상을 전제로 회복을 꿈꾼다.

구약성서는 이스라엘 민족의 신앙의 문서였다. 이 안에는 분열되고 멸망하고 흩어진 민족의 과거를 거울삼아 민족의 연합 혹은 통합이라는 염원을 담은 예언자들의 선포가 기록되어 있다. 그들에게 유일하고 권위 있는 담론으로서 그것은 분열과 흩어짐을 당연시하고 포기하는 것이 아니라 하나의 민족으로 다시 뭉칠 그날을 꿈꾼다. 우리 민족 역시 지금처럼 남과 북으로 분단되기 이전에는 아주 오랫동안 하나의 민족사회였다. 그런 측면에서 구약성서의 이스라엘과 우리 민족의 현실은 평행하다. 구약성서의 예언서는 우리가 하나의 민족이었던 아름다운 과거 회복을 위한 뚜렷한 목표점을 지속적으로 추구하도록 격려한다.

V. 나가는 말

우리민족의 소원인 통일에 관한 담론은 아무리 많아도 지나치지 않다. 그러나 성서학자에 의한 통일 담론은 대체로 희망사항(wishful thinking)에 그치거나 당위성(ought to do)에 대한 강조로 그치는 수가 많았다. 또한 구약성서는 이스라엘 민족의 역사적 경과를 담고 있는데 이러한 경험을 우리민족의 통일담론에 아무런 여과장치 없이 즉각 대입시키는 태도는 신중할 필요가 있다. 왜냐하면 구약성서에 나타난 이스라엘 민족의 통일군주시대와 분열국가시대의 경험은 우리의 것과 질적으로 차이가 있기 때문이다. 구약성서의 이스라엘은 정치제도의 분열은 있었으나 우리와 같은 분단을 경험하지 않았다. 그들은 나뉜 민족의 연합과 통합(unity)을 염원했을지언정 우리와 같은 통일을 꿈꾸지는 않았다. 남북의 지역에서 극명한 이데올로기의 차이와 대립으로 인한 분리통치를 경험한 적도 없다. 영토의 분단으로 그들은 주민 교류나 왕래를 금지 당한 적이 없다. 두 개의 왕조는 순차적으로 강대국에게 멸망당했고 또 그 정치 지도자들은 타국으로 끌려갔다. 이후 역사적 여건이 되어 고국 땅으로 귀환한 공동체는 예루살렘과 인근에 사는 주민과 타국에 흩어진 주민들을 대상으로 하나의 언약백성 이스라엘을 지향하는 담론을 펼쳤다. 그 담론은 구체적으로 땅에 대한 지속적 관심, 열두 지파에 대한 강조, 그리고 남과 북의 하나 됨 즉 연합을 꿈꾸는 등의 세 가지 방식으로 요약할 수 있다. 그러한 담론을 우리의 통일담론에 활용하는 것은 유용하다. 우리 민족에게는 남북통일이 포기할 수 없는 꿈이며 따라서 구약성서가 세 가지 방식으로 제안하듯이 영토, 구성원, 그리고 하나 됨에 대한 꿈을 중단 없이 펼쳐가야 하리라고 생각한다.

현재 이스라엘 민족은 1948년 유엔의 합의를 통해 팔레스타인 땅에 이스라엘이라는 독립국가를 수립하는 역사를 이어오고 있다. 지금의 이스라엘 나라는 하나의 정치체제로 운영되고 있다. 다만 팔레스타인 원주민과의 갈등이 풀어야 할 새로운 정치적 과제로 남아있을 뿐이다.

2018년 우리민족은 평창 동계올림픽을 통해 남북한 단일 하키 팀을 구성하여 참여하므로 또 다른 민족 화해의 분위기를 경험하고 있다. 4월 27일에 남북의 지도자들은 판문점에 만나 판문점 선언을 낭독했으며 6월 12일에는 미북 정상이 싱가포르에서 회담하고 북한 핵무기 폐기를 주요 골자로 한 합의문을 발표하였다. 이와 같은 일련의 사건들은 우리 민족의 땅에 전쟁의 위기를 불식시키고 민족의 통일과 평화를 이룩하기 위한 긍정적인 신호탄들로 이해될 수 있다. 우리 기독교인은 이 땅에 다시 찾아온 평화의 기운이 사라지지 않도록 한 마음으로 기도하고 또 궁극적으로는 우리 민족에게 평화와 통일의 열매가 맺어지는 일을 위해 노력해야 할 것이다.

4.5. 교회갱신을 위한 성서교육: 분석과 제안[1]

I. 들어가는 말

이 연구는 한국교회의 갱신을 위해서는 무엇보다 신학교육과 성서교육의 갱신이 필요하다고 전제하고 그동안의 신학교육과 성서교육에 관한 제안들을 분석하고 구약학자로서 나름의 대안을 제안하는 데 목적이 있다. 오늘날 교회가 겪는 위기의 원인 중 하나는 성서교육의 부실 때문이라고 지적한다.[2] 교회에서 이루어지고 있는 성서교육의 현장을 들여다보면 대부분 교리위주의 성서교재를 사용하고 있다. 또 신자들은 손쉽게 읽을 수 있는 경건서적에 의존하여 신앙생활을 영위하는 경향이 있다. 여기에 역사의식이 없고, 신학이 없으며 교회론이 미흡한 강단설교[3]는 이런 상황을 개선하기가 어렵게 만들고 있다. 교리교육은 절대적으로 필요한 일이다. 하지만 신앙의 갱신을 위해서는 교리와 더불어 교리보다 더 큰 범주의 삶을 위한 가르침을 담고 있는 성서 교육이 더욱 절실하게 필요하다는 뜻이다. 그렇다면 교회의 성서교육이 교리에만 치중하는 이유는 무엇인가? 첫째는 신학자들 다수가 비평적 자의식이 없이 서구신학을 우리 사회에 일방적으로 공급해온 관행 때문이다. 둘째는 선교 초기에 미국 선교사들이 이 땅에 뿌린 근본주의 신학 때문이다. 이 신학사조는 우리나라 기독교인에게 (색)'다른 (different)' 신학사상들이 '틀렸다(wrong)'고 가치 판단하는 배타적이고 호전적인 입장을 주입시켜왔다. 또 이 사조는 새로움을 갈구

---

1) 「구약논단」 (2019): 174-201.
2) 이성조, "신학교육은 어디에서 해야 하는가?: 오병이어에 관한 예수님의 가르침," 「기독교교육논총」 44집 2015년 12월, 249-71.
3) 참고. 유경재, "실존과 역사의 언저리에 서서," 「기독교사상」, 2014년 10월, 22-9.

하여 향상하기보다는 현재에 안주하게 만드는 경향이 있다. 셋째는 교회와 신학 사이에 존재하는 불편함 때문이다. 교회는 신학교육을 경원시하며 신학교육은 교회현장과 간극이 있다.[4] 이러한 원인분석의 충분성에 대하여 논란이 있을 수 있지만, 교회갱신을 지향하는 성서교육을 위해서는 다른 무엇보다도 목회자의 성서이해가 성숙해야 한다는 사실을 부인하기 어렵다. 그리고 목회자들의 성숙한 성서 이해는 다시 신학교육에 달려 있다.[5] 궁극적으로 성서교육을 책임진 성서신학자들의 어깨 위에 교회갱신이라는 중차대한 과제의 성사여부가 달려 있는 셈이다.

따라서 교회의 갱신과 성숙을 위해 가장 먼저 변화해야 하는 곳은 바로 성서와 신학교육을 책임진 교육 현장이다. 그리고 다시 성서와 신학교육의 현장변화는 성서와 신학교육을 책임진 성서학자와 신학자들의 의식 변화에 달려 있다.[6]

그동안 전국신학대학협의회, 기독교전문기관들, 그리고 많은 신학자들은 우리의 신학교육을 평가하면서 변화와 성장을 꾸준히 시도해왔다. 특히 커리큘럼 변화를 위해서 교육실패의 원인을 분석하고 그 대책을 제시해 온 것이 사실이다.[7] 하지만 이렇게 교육기관의 전체 모임에서는 가능

---

4) 참고. 우택주, "교회와 신학의 화해를 촉구한다,"「기독교사상」, 2007년 8월, 52-61.
5) 이성조, 윗글, 250-252. 그는 목회자의 '신학 없음'으로 인한 자질결여가 '신학교육'의 원인이라고 진단한다.
6) 연구자는 성서학(성서)과 조직신학(교리)의 영역을 혼동하지 않도록 하려는 의도로 성서학자와 신학자, 성서교육과 신학교육을 구분하여 사용한다. 하지만 '신학'의 영역이 조직신학으로만 대표되지 않으며 조직신학이 또 반드시 교리만을 다루는 학문이 아님을 인지하고 있다.
7) 전국신학대학협의회 엮음,「한국 신학과 신학교육」(서울: 대한기독교서회, 1994); 한국신학교육연구원·전국신학대학협의회, "신학교육, 그 패러다임의 전환—지식교육에서 영성함양으로,"「한국신학논총」9집 (서울: 한들출판사, 2010); "한국신학대학의 위기와 신학교육,"「한국신학논총」11집 (서울: 한국신학교육원·전국신학대학협의회, 2012); 박종천, "한국신학교육의 흐름과 전망,"「기독교사상」, 2014년 5월, 16-23; 노영상, "신학과 신학교육의 현장성과 실천성 제고,"「기독교사상」, 2014

하던 일들이 개별 신학대학에서도 성실하게 이루어졌는지는 의문이다. 어쩌면 신학교육기관마다 신학교육의 특수성에 집중하지 못한 채 우리나라의 대학교가 처해 있는 현실(학령인구의 감소와 더불어 교육부의 대학평가에 대한 대처)에 집중하느라 상대적으로 커리큘럼의 변화시도가 소홀했다는 지적도 있다.[8] 대학운영이라는 현실적 이슈 앞에 다수의 신학 교육기관이 신학교육의 근본적 목적에 부합한 커리큘럼 운영과 같은 중차대한 이슈를 미온적으로 다루고 있다면 이것은 생각보다 심각한 현상일 수 있다. 또한 신학교육 기관들에서 이루어진 커리큘럼에 대한 논의들이 과연 목회자의 성숙한 의식과 교회 갱신이라는 과제에 부합한 방안들인지도 눈여겨보아야 한다.

따라서 우리는 교회갱신을 위한 성서교육을 겨냥하여 먼저 신학교육기관에서 이루어지는 커리큘럼이나 성서교육의 바람직한 방향을 위해 제시되어온 기존의 의견들을 심도 있게 분석하고 검토하려고 한다. 새로운 대안을 모색하기 위함이다. 이어서 적절한 성서교육을 위한 바람직한 방향과 근본적 방안을 제안하려고 한다. 이 글은 각 신학대학교의 커리큘럼 조정에 관한 특정한 방안을 제시하는 데는 관심이 없다. 이 글은 성서교육을 책임진 신학자들의 의식전환을 촉구하는 일에 초점을 두고 있다. 그들이 교회갱신의 출발지라고 보기 때문이다.

년 5월, 24-30; 서보명, "대학의 위기와 신학교육의 미래,"「기독교사상」, 2014년 5월, 40-7; 박정근, 신학교육 개혁과 교회갱신 (서울: CLC, 2017).

8) 참고. 차정식, "한국신학대학의 정체성 위기와 신학교육의 방향,"「한국신학논총」 11 (2012): 9-27.

II. 신학교육 개혁을 위한 기존의 제안 분석

1. 신학교육

신학교육 개혁을 위한 기존의 제안들은 대부분 이론과 실천의 괴리현상을 주목한다. 노영상은 우리의 신학교육 커리큘럼이 지나치게 이론에 치우쳐 있으며 상대적으로 목회 현장을 무시하는 경향을 지니고 있다고 지적한다. 즉 신학과 실천이 분리된 신학교육이 이루어지고 있다는 것이다.9) 그러므로 신학교육은 목회현장과 실천을 염두에 둔 교육이 이루어져야 한다고 제안한다. 그의 입장은 전통적으로 신학의 한 분과였던 실천신학을 이제는 전체 신학이 프락시스(praxis)를 지향해야 한다는 의미의 실천신학이 되어야 한다는 시카고 대학 교수인 브라우닝(Don S. Browning)의 주장에 근거해 있다. 그의 해결책은 목회적 실천성을 지향하는 신학교육 현장에서 걸림돌이 되는 것은 "충분한 목회 경험이 없는 교수들"이라고 지적하고 "지역교회의 목회자들이 많이 참여하는 신학교육의 형태로 변모"하기를 제안한다.10)

수긍할 만한 주장이다. 하지만 과연 '충분한 목회 경험'의 기준은 무엇인가? 또한 목회자의 자질부족을 위기의 근원으로 주목한 이 글 서두의 분석을 고려한다면 현장 목회자를 신학교육에 참여시켜야 한다는 주장이 얼마나 타당성을 지닐지는 논란의 여지가 있다. 어쩌면 그가 주장하는 목회자란 어쩌면 '박사학위(Ph.D 혹은 Th.D)를 가진 목회자'이거나 목회경험 5년 이상 정도(?) 그래서 재적교인 500명(?) 이나 그 이상인 규모의 교회를 목회하는 경험자(?) 정도로 규정해야 할지도 모른다. 어떤 방식이로든 그

---

9) 이성조, 윗글, 252.
10) 노영상, 윗글, 25-9.

의 제안은 브라우닝의 탁월한 분석결과를 성과위주의 목회자상 혹은 교회 성장론에 입각한 목회자상 혹은 신학교육의 목적이란 부흥하는 교회를 담임하는 목회자 양성을 지향한다는 전제 아래서 이루어진 것처럼 보인다.

박정근은 다른 분석과 해법을 제시한다. 그는 신학교육 제도의 근본적 개혁에 초점을 둔다. 그는 현재 운영 중인 신학대학원 3년으로 완성되는 목회학 석사(M.Div) 과정은 학생들에게 신학의 전문성을 교육하기에 부족하다고 지적한다.[11] 그는 지역 교회에서 신학대학원에 입학한 학생들을 곧장 전도사라고 부르고 교회교육을 맡겨 신학수업을 소홀하게 만드는 정황도 교회 위기를 자초하는 원인 중 하나라고 본다. 이 문제에 대한 대안으로 현재의 교육시스템을 예과 2년, 본과 3년, 목회연구과정 2년으로 이루어진 7년제 신학교육제도로 바꿀 것을 제안한다. 이와 더불어, 사이버 신학교 폐지, 비인가신학교의 통폐합, 신학생 정원 대폭 축소와 교단통합, 신학대학 지원 확대와 장학금, 목회자 겸직 금지 등의 의견도 제안한다.[12] 교육여건 개선을 위해서는 나름대로 의미 있는 제안들이지만 실효성이 있는지는 두고 볼 일이다.

또 다른 각도에서 분석한 견해도 있자. 일찍이 20세기 미국의 조직신학자인 리차드 니버(H. Richard Niebuhr)는 "신학을 공부한다는 것은 올바른 질문을 던지는 법을 배우는 일"이라고 말한 적이 있다. 같은 맥락에서 오성주는 "신학은 해답을 가르쳐 주는 것이 아니라 끊임없는 탐구의 질문과정"이라고 지적하고 "신학교육이란 질문을 통해 함께 듣고 귀 기울이며 하나님의 뜻을 헤아리며 방향을 찾고 또 새로운 삶에서 부딪히는 현실의 문제로부터 질문을 만드는 기술을 가르치는 일"이라고 정의한다.[13] 이런 맥

---

11) 박정근, 윗글, 166-83.

12) 윗글, 184-92.

13) 오성주, "미래에 바람직한 신학교육을 어떻게 해야 할 것인가?-감리교신학대학교를 중심으로,"「신학세계」 82 (2015, 봄), 160-1.

락에서 권진관은 신학교육의 실천성을 강조한다. 그는 이 문제를 다음과 같이 기술한다.

> 신학은 신앙으로부터 출발하되 그 신앙을 비판적으로 성찰하는 것을 자기 임무로 한다. 신학은 인간의 역사 속에서 실천하는 신앙을 연구·성찰하는 학문이다. 이 역사와 세계에서 올바른 활동을 하는 신앙이 되도록 신학은 신앙을 비판적으로 성찰하는 것이다. 따라서 신학 대학에서 제공하는 신학교육은 신학생들로 하여금 오늘의 역사적, 세계적 상황 속에서 올바른 실천적 신앙을 가질 수 있도록 자기의 신앙을 성찰할 수 있는 기회와 그 방법을 배우는 장(場)이라고 보여 진다. 신학에 있어서 신앙이 우선하는 것이고 신학교육은 세상과 역사에 대한 바른 신학적 이해를 우선적인 목표로 삼아야 한다는 점을 주장하고자 한다. 왜냐하면 신앙은 이 역사와 세상 속에서 일하시는 하나님에 대한 신앙이요, 그것은 역사와 세상, 사회 안에서의 신앙이기 때문이다. 역사와 세상(사회)과 무관한 신앙은 죽은 것이다. 신앙은 결국 실천적인 것이다.[14]

그의 진술은 신학교육의 궁극적 목표가 신학생이 자신의 신앙적 성찰과 신학적 이해를 통해서 이 세상의 역사 속에서 신앙을 실제로 구현하도록 훈련시키는 일이고 말한다.

그는 조금 더 구체적으로 신학교육은 기독교인의 실천을 성찰하고 실천을 인도하는 학문으로서 "실천적 지혜"(pronesis)를 추구하는 것이라고 정의한다. 부연해서 그것은 "피교육자들이 자기가 처한 상황 속에서 성서의 진리(즉, 복음의 진정한 의미)를 가장 잘 살리는 적절하고도 적합한 실천을 할 수 있는 능력 즉 특수하고 구체적인 상황 속에서 성서의 진리를 체현하는데 필요한 이해와 판단의 능력(capability for understanding and judgment)을 함양"시키는 일이라고 말한다.[15] 그러나 신학교육을 "목회를

---

14) 권진관, "신학교육에 있어서 신앙적 실천의 역할에 관한 연구," 「한국신학과 신학교육」 전국신학대학협의회 엮음 (서울: 대한기독교서회, 1994), 175.

위한 테크닉을 전수시키는 일이나 이론적 지식을 쌓기" 혹은 "어떤 하나의 신학(a theology)에 관한 지식을 암기시키는 것이나 전수하는 일"이라는 생각에는 반대한다.16) 그에 따르면 신학교육은 한 마디로 "신앙적 실천을 위한 가장 적절한 이해와 판단을 할 수 있는 비판적 능력을 함양하는 것"이며17) 그런 자질과 능력 즉 "하비투스(habitus) 형성"이 신학교육의 목적이라고 결론짓는다.18) 끝으로 그는 이 신학교육의 목표인 실천적 지혜의 최종목적이 "인간의 구원의 완성인 하나님의 나라"라고 단언한다.19)

끝으로 그는 작금의 신학교육에는 실천적 요소가 부족하므로 이를 보다 유기적으로 수용하기를 바라는 마음으로 실천의 개념을 목회실습이나 경건 및 영성훈련에 국한시키지 말 것20)과 신학교육 가운데 성서학, 교회사, 교의학 등의 이론신학을 실천신학과 분리시키는 이분법에서 벗어나 모든 신학영역에서 실천을 겨냥한 학문으로 발전해야 한다고 제안한다.21)

권진관의 제안은 지극히 건전하며 확고한 근거를 갖고 있는 것으로 보인다. 그는 한 마디로 실천을 지향하는 신학(praxis oriented theology)을 주문한다. 물론 그가 말하는 실천이란 요즘에는 일상적인 활동이 되어버린 민중선교, 여성, 도시선교, 노동자, 농민, 지체부자유자 지원 등등과 같은 각종 사회운동을 염두에 두고 있다. 그런 의미에서 그의 제안은 이론상 신학하기의 외형 혹은 교육체계(education system)을 지향하는 주장으로 이해되기도 한다.

---

15) 윗글, 177-8.
16) 윗글, 179.
17) 윗글, 178.
18) 윗글, 180.
19) 윗글, 189.
20) 윗글, 222.
21) 윗글, 223.

거듭 말하지만 그의 제안은 매우 건전하다. 그럼에도 불구하고 그의 논의에 결정적으로 놓친 것이 하나 있다. 그것은 신학교육의 주체인 신학자 자신들의 문제를 교육현장논의에서 제외시키고 있다는 사실이다. 이 점은 신학교육을 검토하는 대다수 논의에서도 마찬가지로 발견되는 현상이다. 거의 모든 논의가 교육 수요자의 측면만 다룰 뿐 공급 주체들은 전혀 다루지 않는다.

그러나 한번 생각해보자. 교육 공급자인 신학자들에게는 아무런 문제가 없는가? 신학의 문제는 곧 신학자의 문제가 아닐까?[22] 충분히 수긍할 수 있는 바와 같이 신학의 내용은 언제나 완전하지 않으며 다양한 신학분야에서 봉사하는 신학자들도 인격적으로 도덕적으로 완벽하지 않다. 연구자를 포함하여 신학자들은 온전히 성숙하다고 말하기 어렵다. 따라서 신학교육에 관한 논의는 교육의 내용과 그것을 교수하는 신학자, 그리고 수요자인 학생들의 문제를 함께 다루어야 한다. 그렇지 않다면 부분적이고 치우칠 수밖에 없다. 그래서 효과적인 결과를 기대하기도 어렵다. 이제는 그동안 소홀히 했던 교육 공급자, 즉 신학자 자체의 문제를 보다 구체적으로 다루어야 한다.

2. 성서교육

우리나라에서 성서교육을 맡고 있는 신구약성서학자들은 교회갱신이라는 과제 앞에 어떤 문제의식을 갖고 있으며 그들은 성서교육을 위해 어떤 제안들을 내놓고 있을까? 유감스럽게도 최근 들어 성서교육에 관하여

---

[22] 한국일, "유럽 신학교육의 위기진단과 전망,"「한국신학논총」13 (2014): 86. 그는 연구자와 비슷한 생각을 하는 것 같으나 실제로 신학자의 문제는 학문의 파편화와 전문화에 있다는 맥그라스(Alister E. McGrath,「미래 교회와 미래 신학」[서울: 장로회신학대학교출판부, 2006], 90-3)의 생각을 전하고 있는 듯하다.

현재의 커리큘럼 문제나 자신의 교육철학 혹은 신념을 밝힌 성서학자들은 찾아보기 어렵다. 이 주제와 관련한 논문을 발표할 기회와 여건이 제공되지 않았기 때문인 것 같다. 지금까지 신구약성서를 가르치는 우리나라 성서학자 가운데 우리 신학대학에서 시행되는 성서학 교육의 문제를 소상하게 다룬 최근의 글은 왕대일의 것이 유일하다.[23] 따라서 여기서는 그의 주장에 초점을 맞출 것이다.

그는 먼저 성서교육환경을 진단하고 그것이 신학계 전반에서 벌어지는 현상과 크게 다르지 않다고 진단한다. 즉, 성서교육이 목회현장의 필요를 채워주지 못한다는 것이다. 그는 '이론 지향적 커리큘럼'이 교육을 목회 현장과 분리시키고 갈등을 유발한다고 지적하고 현재의 교육시스템은 목회자 양성보다 신학자 양성에 치우쳐 있고 "목회적 능력 배양시키는 일은 등한시"하며,[24] 학문적으로도 "뷔페식으로 나열된 커리큘럼"이 "신학을 파편적으로 이해하게" 만듦과 동시에 "특정분야에 갇혀 신학의 다른 분야에 대해서는 문외한으로 만든다"고 지적한다. 그래서 현재의 신학교육 과정은 "탈목회화, 탈교회화, 탈현장화"를 초래했으며,[25] 목회를 위한 실제적 훈련은 신학교육과정과 별도로 개인별로 이루어지는 기현상이 벌어지고 있다고 진단한다.[26] 아울러, 신학의 기초인 성서학마저 학문이라는 이름으

---

23) 왕대일, "신학교육 속의 성서학-그 진단과 처방,"「신학교육, 그 패러다임의 전환 -지식교육에서 영성함양으로」, 201-21. 이 외에 구약학자 이영미("아시아 에큐메니칼 신학교육의 현황과 전망"「한국신학논총」13 [2014]: 109-33), 신약학자 차정식 ("한국신학대학의 정체성 위기와 신학교육의 방향"「한국신학논총」11 [2012]: 9-27) 과 김덕기("Key Issues in Theological Education in Korean Context: How Can Bible Study Transform Korean Society and Suggest New Model of Pedagogy on NT in Korean Church?"「한국신학논총」12 [2013]: 119-49)도 신학교육과 관련된 논문을 발표했다. 하지만 그들은 성서교육에 초점을 두지 않았다.

24) 왕대일, "성서학-그 진단과 처방," 205.

25) 윗글, 207.

26) 윗글, 205.

로 자행된 "바벨론 포로기"에 빠졌다고 개탄한다.[27]

그는 신학교육이 목회를 위한 학문이 되어야 한다는 대원칙 아래 이러한 현상을 개선할 방안을 내놓는다. 그는 "이 땅의 목회자들로 하여금 성서적으로 사고하고, 성서적으로 실천하며, 성서적으로 결단하는 영적 지도자가 될 수 있도록 도울" 방안을 고심하면서,[28] 커리큘럼 상에서 목회 전문화 과정과 신학 전문화 과정을 구분하여 운영할 것, 목회 전문화 과정에서 지적 논쟁에 기반을 둔 성서학 교육이 아니라 '하나님 체험을 심화시키는 교육을 진행할 것, 성령의 임재와 사역 안에서 크리스천의 삶의 의미를 새롭게 하는 전인적 양육의 가르침과 배움이 성서학 커리큘럼 안에 제도적으로 시행할 것" 등을 처방으로 제시한다.[29] 이어서 성서학적 가르침과 배움의 내용이 교회의 언어로 다시 서술되는 일, 성서학자의 글쓰기가 목회자의 강단의 눈높이를 맞춘 말과 글로 풀어져야 할 것, 성서학과 교회 현장 사이에 소통이 이루어져야 한다는 개인적인 소견을 덧붙이며 마무리한다.

그의 예리한 진단과 달리, 해결책은 추상적인 수준에 머물러 있다. 과연 "하나님 체험을 심화시키는 교육," "성령의 임재와 사역 안에서 크리스천의 삶의 의미를 새롭게 하는 전인적 양육의 가르침과 배움"이란 구체적으로 어떻게 하는 것을 말하는가? 현재의 성서학 커리큘럼에서 이것을 성취할 방법은 무엇인가? 또 교회의 언어는 무엇이며 그것은 성서학의 언어와 무엇이 얼마나 다른가? 뿐만 아니라 목회자의 강단의 눈높이는 또 어느 수준을 말하고 있는가? 또 성서학과 교회 현장을 소통하는 방법은 무엇인가? 성서학자의 글쓰기가 목회자의 눈높이가 맞춘 경우란 어떤 것을 말하

---

[27] 윗글, 211.
[28] 윗글, 216.
[29] 윗글, 217. 이것은 세계신학교육협의회의 지적과 제안이다.

는가? 목회자의 구미(?)와 선호도에 부합한 것을 가리킨다면 그렇게 하는 것은 건강한 시도인가? 또 목회전문화 과정과 신학전문화 과정을 분리하여 운영하자는 제안이 지금의 성서교육의 위기를 해소하는데 필요한 것인가?

연구자는 대체로 왕대일의 생각에 동의하지만 크게 다른 점이 한 가지 있다. 신학교육의 목표가 목회자 양성에 있다는 점에 있어서는 일치하지만 "목회자는 곧 신학자"가 되도록 교육하는 일이라고 생각하는 점에 있어서 그와 다르다.

III. 성서교육 갱신을 위한 제안

1. 같으면서 다른 제안

위에서 기술한대로 우리는 신학교육 전반 그리고 성서교육 전반의 위기가 실천성을 결여하고 있다는 진단에 수긍한다. 하지만 진단과 처방은 조금 다르다. 우리의 것은 이론교육이 실천을 지향하지 못하는 현상을 수긍하면서도 이에 대한 진단은 다른 곳에서 문제를 발견한다.

우리의 진단은 "왜 신학 이론이 실천을 지향하지 못하는가?"라는 근원적 질문으로부터 시작한다. 왜 성서교육은 목회현장과 유리된 채 소위 '바벨론 포로기'를 경험하고 있다는 분석되고 있는가?[30] 성서의 내용 자체가 신앙의 실천현장인 삶을 외면해서 그런 현상이 벌어진 것이라고 말할 수 있을까?

이 진단 질문들에 대한 우리의 답변은 모두 '아니다(no)'이다. 이와 반대로 신학 이론은 원래부터 항상 실천을 지향한다. 신학이란 신앙에서 비롯

---

30) '포로기'란 어휘는 은유이며 그 현실은 '고립화'나 '게토화'라는 말로 대체가능하다.

되며 신앙은 삶에 뿌리를 내리고 있기 때문이다. 실천적 영역인 삶을 도외시하는 신학이론이란 애초부터 존재하지 않았다고 말해도 지나치지 않다. 성서 역시 마찬가지이다. 성서는 구체적인 삶의 현장 속에서 형성되었고 구체적인 삶의 변화를 겨냥한다.

그런데 오늘의 신학교육과 성서교육은 어째서 위에서 누누이 지적한 것처럼 현실과 유리된 것 같은 모양새로 비판을 받고 있는 것일까? 그 이유는 의외로 간단하다. 신학자들이 신학의 본래적 목적과 지향점을 망각했거나 그것을 소홀히 다루고 있기 때문이다. 신학자들이 이론에 매몰되어 또 다른 이론을 펴기에 급급해서 그 이론의 최종 지향점을 강조해서 말하지 않았기 때문이다. 그렇지 않다면 수요자인 신학생들이 선생들의 이론이 지향하는 현실과 실천사항을 무심코(?) 간과했기 때문일 수도 있다. 만일 이러한 진단과 평가가 정당하다면 우리는 앞서의 처방들과 달리 다음과 같은 점들을 다시 강조해야 한다.

첫째, 신학교육은 물론이고 여기에 포함된 성서교육의 궁극적 지향점은 언제나 삶 그 자체에 있다. 삶의 현장에 대한 고려와 성찰이 결여된 신학이론이나 성서이론은 그저 공허한 말장난에 불과하다. 그러므로 성서교육은 모름지기 교회와 신자가 살아가고 있는 삶의 사회적 자리(social location)에 대한 철저한 인식이 요청된다.[31] 따라서 신학자는 어느 교육내용이든 그것이 궁극적으로 어떠한 삶의 현장의 필요를 채워주는지 혹은 그렇지 않은지를 끊임없이 검토하고 고찰해야 한다.

둘째, 신학과 성서 교육의 목적은 교육 수요자로 하여금 삶을 신학적으로 진지하게 성찰하는 사상가, 즉 신학자(a theologian)를 만드는데 있다.

---

31) 참고. Ferdinando F. Segovia and Mary Anne Tolbert eds., *Reading From This Place*, vol. 1: *Social Location and Biblical Interpretation in the United States* (Minneapolis: Fortress Press, 1995); *Reading From This Place*, vol. 2: *Social Location and Biblical Interpretation in Global Perspective* (Minneapolis: Fortress Press, 1995).

앞서 살핀 대로 어떤 이들은 신학교육의 문제가 근본적으로 커리큘럼에서 있다고 판단하고 그것을 기술적으로 조정하는 의견을 제시하곤 했다. 이를 테면 왕대일은 목회전문화 교육과 신학전문화 교육으로 나누자고 제안했고, 박정근은 3년 교육과정이 신학자로 전문적인 훈련을 시키기에는 너무 짧다고 생각하여 7년 교육과정을 제안한다. 또 노영상은 신학교육에 목회경험자를 활용하자고 제안한다.

나름대로 유용한 제안들이다. 그러나 근본적으로 양보할 수 없는 것은 어떤 교육커리큘럼에서도 신학과 목회를 두 개의 독립된 영역으로 나누어서는 안 되며 또 그렇게 둘로 나누어질 수 없다는 사실이다. 신학전문화 과정을 설치해서 박사과정(D.Min., Th.D., Ph.D.)을 운영한다면 그 프로그램의 목표가 교회라는 현장에 기여하기 위한 목적이 아니라면 그 무엇이 될 수가 있겠는가? 재차 강조하지만, 삶의 현장을 지향하지 않는 신학교육은 어떤 과정이든 무의미하다. 삶의 현장을 무시하거나 배제한 신학은 신학이 될 수 없고, 신학이라고 부를 수조차 없기 때문이다. 궁극적으로 신학하기(doing theology)는 곧 목회하기(doing ministry)이고 목회하기는 삶을 살아내기(living a life)를 지향한다고 생각한다. 그러므로 우리는 이렇게 주장한다. "신학교육의 궁극적 목적은 자기각성의 능력을 극대화하는 일"에 있다.[32]

우리나라 신학교육은 대체로 네 가지 전문영역, 즉, 성서학, 조직신학(체계신학), 교회사, 실천신학으로 나누어 이루어진다. 각 분야는 모두 '삶'에서 우러나오고 다시 삶을 지향하는 방향으로 이루어진다. 성서가 삶의 현장에서 유래하여 삶을 위한 가르침으로 교육되어야 하는 것처럼, 조직신학(체계신학) 또한 삶에서 발원하여 삶을 변화시키는 사고방식의 교육으로 나아가야 하며, 역사신학은 삶과 유리되지 않는 역사의식 고취와 그

---

32) 우택주, 「구약성서와 오늘 2」 (대전: 대장간, 2013), 276.

로 인해 책임 있는 기독교신앙의 실천을 겨냥해야 하며, 실천신학도 성서와 교리와 역사를 염두에 두고 신앙의 실현을 고민하는 학문으로 가르쳐져야 한다.

셋째, 성서교육은 목회후보자들에게 목회자는 성서의 권위를 힘입어 신성한 권력을 행사하는 사람이 되는 일이라는 사실을 드러내놓고 각성시킬 필요가 있다. 이것은 항상 강조되어야 한다. 교육은 지식을 전수하고 그 지식은 전문성을 생성한다. 전문성을 지닌 사람은 그렇지 못한 사람에게 다양한 형태의 힘을 행사할 수 있다. 마찬가지로 성서교육은 성서의 내용을 온전히 그리고 충분히 학습했는지의 여부와 관계없이 목회자를 신자에게 종교적 힘/권력을 행사하는 사람으로 만든다. 목회자가 된 그/그녀가 그런 힘 또는 권력을 어떻게 행사하는지에 따라 교회는 우리 사회 안에서 아름다운 평판을 이끌어낼 수도 있고, 현상유지에 급급하여 현실에 안주하거나 사후세계만을 꿈꾸는 무책임하고 비현실적이고 비역사적이라는 혹평을 받을 수도 있다. 목회자의 사고방식과 행위(즉, 목회)가 교회의 이미지 형성에 직접적인 영향을 끼친다는 사실은 아무리 강조해도 지나치지 않다. 그러므로 오늘의 성서와 신학교육은 바로 이 장래의 종교권력자가 자신의 힘을 올바로 행사하는 방식을 학습시키는 일의 중차대함을 각성시키는 교육이 되어야 한다.33)

2. 삶을 지향하는 성서교육: 실제적 방법

이론 중심의 신학이론이나 성서연구에 관한 학문적 이론들이 삶을 구체적으로 겨냥한다는 점을 어떻게 가르칠 수 있을까? 위에서 왕대일이 제안한 대로 "하나님 체험을 심화시키는 교육"과 "성령의 임재와 사역 안에서

---

33) 윗글, 275-6.

크리스천의 삶의 의미를 새롭게 하는 전인적 양육의 가르침과 배움"은 어떤 방식으로 시행될 수 있을까? 위에서 주장하듯이 사회적 자리에 대한 철저한 인식의 필요성, 목회자는 곧 신학자이어야 한다는 사실, 그리고 권력의 올바른 사용방식을 가르치는 성서교육은 또 어떻게 실행될 수 있을까?

오경의 저자이론을 놓고 이 목표를 성취할 방안을 생각해보자. 오경의 저자에 대해 성서학자들은 전통적으로 모세가 직접 저작했다는 이론과 율리우스 벨하우젠(J. Wellhausen)의 문서가설(document hypothesis) 가운데 하나를 선택하여 가르친다. 전자는 보수교단 학자들이, 후자는 진보적인 성향의 학자들이 선호한다. 둘 중 어떤 것을 선택하여 가르치든지 기억할 것은 두 가지 이론이 해당 성서학자와 그를 둘러싸고 있는 특정한 상황 속에서 전수된다는 사실이다. 전자는 자신이 속한 교단과 신앙공동체에게 성서의 문자주의를 지켜 성서에 대한 경외심을 고취시키고 신앙공동체의 현재를 지키려는 목적이 있는 것 같다. 후자는 성서형성과정의 학습을 통해 성서작성의 역사적 정치적 상황을 고려하여 성서와 신앙공동체의 상호관계를 비평적으로 고찰하여 신앙공동체로 하여금 현실에 안주하지 않고 현실을 타개하는 책임 있는 존재로서 결단하며 살아가도록 촉구하는 데 목적이 있는 것 같다. 어느 이론을 택하여 가르치든 모두 자기가 속한 신앙공동체의 삶을 겨냥하고 있다. 교회사는 이 두 가지 입장이 서로 갈등해 왔음을 알려준다. 그래서 하나의 입장을 선호하고 다른 입장을 배격하기도 한다. 그러나 성서학자들이 학생들에게 한쪽에 치우친 편협한 성서관을 갖게 하거나 성서숭배에 빠지기를 원치 않는다면 학생들에게 두 이론의 논쟁을 가르치는 것으로 끝나는 것은 어느 쪽에게도 유익이 없다. 성서교육에 관한 한, 어느 쪽 이론을 학습하든 가장 바람직한 자세는 각자의 이론이 어떻게 신앙공동체의 삶을 예수 그리스도의 신앙 안에서 자유롭게 하고 성숙시킬 수 있는지를 가르쳐야 한다.[34]

이번에는 일반적으로 성서의 권위를 저해하는 것으로 오해되어온 주석방법론 가운데 하나인 편집비평(redaction criticism)을 살펴보자. 편집비평은 성서문헌이 재작성되는 과정을 연구하는 주석방법(to study a history of recomposition)을 일컫는다. 편집비평을 오해하는 사람들은 이 주석 방법론이 성서의 저자이신 하나님의 권위를 추락시키고 인간 측 저자의 세속적인 계획과 의도를 파악하느라고 성서의 신성한 영감이론을 실추시키는 이론이라고 주장한다. 그러나 이 주석방법론은 성서를 오랜 기간 동안 연구하는 중에 그 모습이 갖추어진 이론이라는 점을 주지해야 한다.

처음에 성서연구자들은 성서를 읽다가 이해하기 어려운 현상을 발견했다. 다시 말해서 성서 안에서 논리적 일관성이 없고 모순되는 문구들이 혼재하는 양상을 접하게 된 것이다.[35] 이를 테면 창세기 1장과 2장은 두 가지 창조 기사를 나란히 기록하고 있으면서도 서로 다른 신명을 사용하거나 창조의 순서가 일정치 않고 또 사용하는 어휘와 문체가 크게 다르다는 사실을 주목하게 되었다. 그리고 학자들은 그 이유를 해명하려고 노력의 결과가 자료비평(source criticism), 양식비평(form criticism), 전승사비평(tradition history criticism) 그리고 최종형태의 의도를 파악하려는 편집비평으로 나타나게 되었다는 사실은 이미 잘 알려진 설명이다.[36]

우리의 성서가 오랜 기간에 걸쳐 기록된 수많은 글들을 모아놓은 문집이며 이 문집 안에 포함된 글은 하나하나 매우 기나긴 작성과정을 거친 최종산물이라는 점은 대다수 성서학자들이 동의하는 바이다. 바꾸어 말하

---

34) 참고. 우택주, 「8세기 예언서 이해의 새 지평」 (서울: 대한기독교서회, 2005), 44-6. "미래는 어떤 성서해석 방식도 특권적 위치를 점하지 않고 모두 대등한 위치에서 서로 다른 성서 읽기들의 낙원"이 될 수 있다(46쪽, 괄호는 Robert Carroll의 것임).
35) 참고. 오경의 내용전개가 보여주는 불일치, 모순, 반복적 양상을 위해, R. E. Friedman, "Torah(Pentateuch)," The Anchor Bible Dictionary, vol. 6 (New York: Doubleday, 1992), 605-22를 보라.
36) 각 비평법의 간략한 안내를 위해 우택주, 「구약성서와 오늘2」, 25-48을 보라.

면 이 성서가 아무런 역사적 정황도 없이 하늘에서 뚝 떨어진 신비로운 책이 아니라는 것이 대다수 학자들이 동의한다는 뜻이다.

여기서 한 걸음 더 들어가 보자. 성서, 특히 구약성서로 불리는 책들이 오늘날과 같은 성서로 되기 전, 이 성서의 글들이 최초로 작성된 곳은 어디인가? 그곳은 고대 이스라엘의 왕실이었다. 왕실은 글들을 읽고 쓸 줄 아는 전문가, 즉 서기관들을 고용하여 글을 작성시켰다. 서기관들은 자신들을 고용한 왕실의 필요에 부응하는 글쓰기를 했다.[37] 그렇게 해서 탄생하고 전수되어 온 글들이 오늘날 우리가 읽는 성서가 된 것이다. 이런 맥락에서 글의 편집이란 "새로운 역사적 상황에서 타당한 전승을 지속적으로 받아들이고 다시 생각하는 일로서 근본적으로 하나의 해석적 활동"이라고 묘사할 수 있다.[38] 그리고 편집비평을 사용하여 성서를 해석하는 작업은 성서저자인 서기관들이 포착한 거룩한 영감의 내용과 의미를 파악하기 위한 진지한 노력이라고 할 수 있다. 따라서 성서 해석 작업은 신성한 행위에 속한다.

다른 대부분의 구약성서가 그렇지만, 쿠트는 문서예언서 가운데 첫 번째 예언서인 아모스서를 해설하는 글을 통해 편집비평과 그 필요성을 다음과 같이 설명한 바가 있다.

---

37) '정치적 필요'가 개입했다면 그것은 권력자들의 세계관의 일부로서 신앙과 불가분의 관계에 있었다는 사실도 주지해야 한다. 로버트 쿠트 · 데이빗 오르드, 「성서이해의 새 지평」, 우택주 옮김 (서울: 대한기독교서회, 2011), 83-145 ("II. 성서의 탄생 과정"); 「성서의 처음 역사」, 우택주, 임상국 옮김 (파주: 한울엠플러스, 2017), 27-36. 또한 신약성서의 저자들 역시 자신들이 쓴 글들이 '신약성서'가 될 것이라고 예상하지 않았다는 점도 기억해야 한다. 구약성서의 글들은 어떤 현실을 해명(apology)하거나 공동체의 정체성 확립과 같은 다양한 목적을 지닌다.

38) W. Johnston, "Reactivating the Chronicles Analogy in Pentateuchal Studies, with Special Reference to the Sinai Pericope in Exodus," *Zeitschrift für Alttestamentliche Wissenschaft* 99 (1987): 17.

첫째, 그 개념은 역사적 사실이다. 아모스서는 한 사람 이상에 의해 작성되었다. 사실들을 무시하는 신앙은 가치 없는 신앙이 될 위험의 소지가 있다. 둘째, 나는 아모스서가 개작과정의 최종 산물이라는 것을 유감스럽게 여기기는커녕 오히려 감사하게 생각한다. 그 이유는 간단하다. 그런 과정이 없었더라면 우리는 이 책을 손에 넣지 못했을 것이기 때문이다. 개작의 각 단계는 아모스의 말들의 해석과 활성화, 즉 새롭게 달라진 현실 속에서 그것들을 실제적으로 의미 있게 만들기 위해, 계속해서 읽고 이해했음을 보여준다. 이런 연속적인 활성화 과정이 없었더라면 아모스의 말들을 아마 금방 잊혀져버렸을 것이다. 이 활성화 과정들은 우리가 아모스서를 우리 자신에게 의미 있게 만드는 해석과정을 위한 초기의 모범적 실례들인 것이다. 신앙공동체 안에서 갖는 말씀의 능력은 그것을 계속적으로 재활성화 하는데 달려 있다.[39]

…

개작은 역사를 만드는 과정과 같다. 사건들은 역사가 아니다. 역사는 사건들에 기초 하지만 사건들과 동일하지 않는 그 무엇, 즉 하나의 예술로 만드는 일이다. 여기에 선택하고 다시 설명하고, 또 조직하고 관련짓는 단계들을 담고 있다.[40]

그는 여기서 편집비평을 통한 우리의 성서해석 작업이 과거의 문서 속에 축적된 신앙의 "재활성화" 과정이라고 말한다.

여기서 강조하고 싶은 사실은 성서주석방식자체가 우리의 신앙적 삶을 겨냥한다는 점이다. 이 부분은 성서학자들이 성서해석방법론을 둘러싼 논쟁을 뛰어넘도록 조언한다. 쿠트가 성서 작성 과정을 "재활성화"라고 표현할 때 그 의미는 성서의 글이 삶을 겨냥한 해석들의 축적물이라는 뜻이다. 그런 의미에서 우리의 삶이라는 궁극의 지점을 벗어난 성서 연구를 한다면 그것은 처음부터 무의미한 일이며 무익한 일이라는 것을 깨달을 필요가 있다. 그러므로 성서 주석방식 가운데 하나인 편집비평을 놓고 교리적 적

---

39) 쿠트, 「아모스서의 형성과 신학」, 우택주 옮김 (서울: 대한기독교서회, 2004), 24.
40) 윗글, 25.

합성을 따지는 자세는 소모적인 논쟁을 일으킬 뿐이다. 오히려 그러한 편집비평의 결과가 삶에 어떤 변화를 일으키는지를 주목하는 태도가 절실하다.

그렇다면, 편집비평 방식을 사용해서 성서본문을 연구한다면 어떤 결과를 얻을 수 있으며 그것은 우리의 삶에 어떤 유익을 가져오는가? 이 질문에 대한 답변은 그동안 대체로 부정적이었다. 아모스서라는 예언서가 왕실에서 정치적 목적으로 기록되었다면 정치적 목적을 지닌 인간의 문서를 어떻게 거룩한 하나님 말씀으로 읽을 수 있냐고 의구심을 제기한다. 그러나 이 의구심은 교리적 적합성과 그에 따른 사고의 범주 안에서만 머물고 있다. 그것은 우리의 생각하기를 사전에 제한하고 그 제한을 정당하게 여긴다. 하지만 일단 해석의 목표를 우리 자신의 삶에 맞추어 보자. 그렇게 하면 이 방법은 긍정적이고 생산적인 결과로 이어질 수도 있다.

아모스서의 한 편집 비평적 연구는 이것을 깨닫는데 큰 도움이 된다.[41] 쿠트는 아모스서가 세 단계의 편집과정을 거쳐 완성되었다고 본다. 아모스 A는 8세기, 아모스 B는 7세기의 요시야 개혁 때, 아모스 C는 포로기에 기록되었다는 것이다. 이런 분석에 따라, 요시야의 개혁과 상관있는 구절(쿠트의 아모스B)을 주목해보자.[42] "야훼께서 이스라엘 족속에게 이와 같이 말씀하시기를 너희는 나를 찾으라 그리하면 살리라"는 아모스 5장 4절은 독자에게 "어디를 가야 야훼를 만날 수 있습니까?"라는 질문을 유발한다. 이 질문에 대하여 아모스서는 이미 1장 2절에서 "야훼께서 시온에서부터 부르짖으며 예루살렘에서부터 소리를 내시리니"라고 표명해두었다는 것이다. 그러므로 독자들은 아모스서 읽기를 통해 예루살렘 성전에 가서

---

[41] 이하의 세 쪽 내용은 우택주, "해석의 힘과 힘의 해석: 종교개혁의 구호 '성서만으로'에 대한 성찰," 「구약논단」 68집 (2018): 144-74과 중복된다.

[42] 참고. 최종원, "아모스 8-9장에 나타난 희망의 신학에 관한 연구," 「구약논단」 23 (2017): 119-49; "신명기 계약신학의 범주로서 아모스서 읽기: 아모스의 서너 가지 죄," 「구약논단」 24 (2018): 201-29. 둘 다 쿠트의 B 단계구절을 해석한 연구들로서 요시야의 신명기 개혁과 상관이 있다.

예배를 드릴 때 야훼를 만날 수 있다는 대답을 얻는다. 이러한 본문 읽기는 새로운 질문들을 던진다. 아모스 2장 6b-8절(쿠트의 아모스A)에서 "그들이 은을 받고 의인을 팔며 신 한 켤레를 받고 가난한 자를 팔며… 내 거룩한 이름을 더럽히"는 심판선언들(3:9-12; 4:1-3; 5:1-3, 10-12, 16-17; 6:1-7;9:1-4)은 북 왕국의 사마리아에 거주하는 엘리트 지배계층에게 이루어진 야훼 하나님의 정의로운 심판의 말씀이다. 지금 7세기의 독자 입장에서 읽어보면 농민의 삶을 착취하고 압제하는 엘리트가 모여 사는 곳이 있다면 그곳은 사마리아가 아니라 유다의 수도 예루살렘이다. 그런데 아모스서는 그곳으로 와야만 야훼를 만날 수 있다고 주장한다. 성서가 독자에게 제기하는 중대한 문제는 바로 여기서부터 발생한다. 하나님의 심판을 받지 않기 위해 정의로운 삶을 살아야 하는 일(아모스 A)과 하나님을 만나기 위해 정치권력의 중심지로 가서 예배하는 일(아모스 B)은 어떤 관계가 성립되는가? 쿠트는 여느 성서학자들이 한 번도 알려주지 않았던[43] 이와 같은 종류의 질문과 답변을 다음처럼 기술한다.[44]

> 정의와 예루살렘, 책임과 권력의 유지, 개혁과 중앙 집중화를 연결시키면서, 서기관과 그들이 기록한 문서는 본질적으로 그리고 충성스럽게 예루살렘의 권력을 유지하려고 애쓰는 측은 물론이고 개혁 측에도 기여한다. 예루살렘 군주제가 군주를 종속적인 권력으로 생각하는 예언전승을 보존하는

---

43) 이를 테면, H. W. Wolff, *Joel and Amos* (Hermeneia; Philadelphia: Fortress Press, 1977); S. M. Paul, *Amos* (Hermeneia; Minneapolis: Fortress Press, 1991); F. I. Andersen and D. N. Freedman, *Amos* (Anchor Bible; New York: Doubleday, 1989); J. Barton, *The Theology of the Book of Amos* (Cambridge: Cambridge University Press, 2012)을 보라. 이들 중 아무도 쿠트가 제기한 것과 같은 질문을 던지지 않는다. 우리나라 성서학자의 최근 연구로서, 구자용, "아모스서의 이방민족들에 대한 예언: 심판과 구원의 동일한 대상으로서의 이스라엘과 이방민족들,"「한국기독교신학논총」108 (2018): 25-55도 마찬가지이다. 하지만, 연구결론에서 교회현실과 접목하려는 태도는 칭찬받아야 한다.
44) 쿠트,「아모스서의 형성과 신학」, 142-4.

일을 후원하는 대가는 예루살렘에서 외치는(1:2) 예루살렘 권력과 관점의 정당화이다. 고대 이스라엘의 글쓰기에 관한 사회적 배경을 두고 볼 때, 예언의 보존은 불가피하게 모종의 거래를 요구하는 것 같다. 일종의 예언 통제가 실제로 이런 매체를 보존하기 위한 선결조건이다.

그러나 그것은 곧 질문을 발생 시킨다…. 예언자들이 엘리트 지배층에게 그들 자신의 배경 속에서 효과적으로 말할 수 있는 유일한 길은 엘리트가 활용하는 매개체를 통해 말하는 일이다. 글이 그런 매개체이다. B편집자는 권력을 쥐고 있는 자들이 정의를 시행할 능력을 지닌다고 믿었을 뿐 아니라 글이란 말로 다하지 못한 곳에서 작용할 수 있고 그의 매개체의 상대적 지속성과 권위가 하나님과 예언자는 물론이고 왕의 권위도 세워주며, 그리고 예언을 보존하여 글이 영속적인 것처럼 불의를 영속적으로 진정시킬 수 있다는 믿음을 가졌다고 생각할 수 있다….

책임과 권력 유지를 연결시키는 일은 항상 문제가 있다. 정의를 제도화하는 다른 대안은 전혀 없을 수 있다. 예언이 효과적으로 힘을 발휘하기 위한 진정한 대안은 다른 일들이 그런 것처럼 글로 제도화하는 길밖에 없을 것이다. 그리고 그것을 배양된 예언 혹은 모호한 인간사 가운데 성취되는 과정 속에 있는 정의라고 부르는 길 밖에 없을 것이다. 그러나 책임과 권력유지의 관계에 대하여 질문하지 않는 것, 그것의 문제성을 경고하지 않고 내버려두는 것이 바로 불의가 제도화되는 일을 묵과하는 가장 확실한 방법일 것이다.

…

B단계는 7세기 후반 엘리트 지배층에 부속된 서기관 계층에 의해 예루살렘에서 작성되었다. 글과 문학기법을 통해서 서기관은 지배자들을 대신하여 사회적이며 정치적 중심지인 예루살렘의 지위와 권력을 유지하려는 욕망과 관습적이고 사법적인 개혁 프로그램 속에서 이 권력을 활용하려는 동기를 표현하고 보존한다. B 단계의 매개체도 본질적으로 문제가 있기는 마찬가지이다. 문학은 제도와 유사하고 예언을 문학 속에 봉쇄하는 일은 정부나 교회 안에서 예언자의 의식을 봉쇄하는 일과 유사하다. 그들은 똑같은 목적을 수행하며 똑같은 위험성을 안고 있다. 그러나 그 의식이 질서를 유지하는 자에게 통제되면 길들여지고, 또 권력자의 손아귀에 들어가면 무력해지는가? 성서 자체는 이런 위기를 구체화한다. 우리는 그것이(성서가) 기독교 역사 속에서 얼마나 자주 정치적인 권력수단들로써 활용되었는지를 손

쉽게 망각한다. 왜냐하면 오늘날 성서의 영향력이 그렇게 상당히 줄어들었기 때문이다. 기독교인들은 항상 통제력을 유지하기 위해서가 아니라 해방하는 힘을 얻기 위하여 성서를 사용하려고 투쟁해야 했다.

아모스서의 구절을 A, B, C로 나누어 읽는 편집비평을 수행하는 쿠트가 내놓은 성찰은 우리의 삶과 신앙을 위해 세 가지 사항을 가르쳐준다. 첫째, 성서사용법에 관한 것이다. 성서해석은 정의 구현의 책임과 권력 유지의 관계에 대하여 반드시 질문을 던지도록 이끈다. 성서해석의 궁극적 목적은 성서를 통해 사람을 통제하기보다 해방시키는 힘을 얻기 위해서이다. 둘째, 성서는 성서해석자가 책임을 유기하지 않도록 경고한다. 그는 정의 구현의 책임과 권력유지의 관계에 대하여 묻지 않는 것은 제도화된 불의를 묵과하는 일과 같다고 말한다. 깊이 새겨들을 대목이다. 셋째, 성서해석은 실천을 지향한다. 통치권을 질타하는 예언이 통치 권력의 매개체인 글로 기록되었다고 해서 예언정신이 길들여지는 것은 아니다. 예언은 왕실의 글로 제도화되었으나 원래 왕실권력을 비판하는 예언자의 정의의 요구는 '성취되는 과정 속에 있는 정의'(justice in the making)라고 부를 수 있다. 다시 말해서 통치 권력이 글이라는 매개체를 통해 예언을 길들인 것 같으나 글로 보존된 예언자의 선포는 다시 정의의 원칙에 입각해서 권력층을 질타하는 근거로 작용한다는 뜻이다. 이 세 번째 사항은 성서해석 과정에서 나타나는 일종의 해석학적 순환을 알려준다. 우리는 성서를 읽지만 종래에는 성서가 다시 우리의 삶을 읽어낸다.[45] 성서가 우리(의 본심과 본성)를 읽어낼 때 성서는 우리에게 진정한 권위를 지닌다. 하나님은 우리를 감찰하신다는 고백은 바로 이런 경험에서 우러나온다. 어쩌면, 그리고 바로 그 경험으로부터만(!) 비로소 성서의 권위가 우리 안에서 확립

---

45) 우택주, 「새로운 예언서 개론」, 10.

되며 우리는 성서의 하나님 앞에 무릎을 꿇게 된다. 이러한 경험이 없는 성서해석이란 공허한 외침이 될 가능성이 높다. 그것은 삶과 상관없는 지적 유희에 그칠 것이기 때문이다.

한 걸음 더 나아가 성서의 권위 아래 무릎 꿇는 체험이 없는 성서해석과 교육은 신학교육 전체의 궁극적 목표인 삶의 현장에 한 치도 가까이 가기 어렵다. 그런 상태로 이루어진 성서교육이 "목회자는 곧 신학자"라는 궁극적 목표를 달성하기 어렵다는 것 역시 자명하다고 생각한다.

가장 강조해야 할 것은 성서해석자의 체험과 각성이다. 자기체험(각성) 없이, 아니 자기체험(각성)을 지향하지 않은 채로 성서를 가르치는 일은 마치 알맹이가 빠진 교육이나 다를 바 없다. 그래서 결과 또한 분명하다. 그것은 오늘날처럼 신자의 정신을 빈약하게(poor and weak) 만들고 사회에 무책임하고 무감각하게 만드는 강단설교(sermons leading into socially irresponsible and insensible)의 양산이다.

성서주석이론들은 성서의 문자적 의미를 재확인하려는 태도를 넘어서서 성서의 깊은 의미에 대한 새로운 질문을 던지도록 이끈다. 사실, 성서의 글이란 그 문자가 담고 있는 무한한 의미의 세계로 들어가는 관문이다. 그것은 폐지할 수 없는 하나님 계시의 표식이요 안내자로서 신앙공동체에게 살아 있는 불변의 권위를 지닌다. 하지만 문자 안에 포함되어있는 의미의 세계를 전부 그리고 완벽하게 포착하기가 어렵지만 그 의미의 일부는 얻을 수 있다는 사실이다. 성서에서 해석해낸 의미들은, 본문의 역사적 배경 속에서 지녔던 의미부터 지금의 신앙공동체에게 요구하는 특정한 의미까지, 항상 우리의 삶을 향해 외치는 일종의 도전이며 과제이다. 그래서 그것은 우리의 삶이 제기하는 각종 문제에 대하여 언제나 간단명료한 해답을 주지 않는다.

그럼에도 불구하고 단언하여 말할 수 있는 사실 하나가 있다. 구약성서는 참된 삶을 위한 가르침이라는 사실이다. 구체적으로 구약성서는 예수 그리스도를 통해 하나님을 신앙하는 우리에게 정의, 생명, 평화라는 규범적 가치를 실행에 옮길 것을 가르친다. 이 가르침이 온전하게 구현되는 곳이 바로 하나님의 나라이다. 그러므로 신앙인은 이 규범적 가르침의 틀 안에서 매 순간 자신이 어떻게 살아야 할지를 (성령의 도우심을 통하여) 결정해야 한다. 이 규범적 가치를 따를 때만이 신앙인은 하나님의 실재하심을 이 세상에 보여줄 수 있다.

IV. 나가는 말

작금의 우리 교회는 갱신되어야 한다. 교회 갱신은 성서교육의 갱신으로부터 출발할 수 있고 그것은 다시 성서신학자로부터 시작되어야 한다. 신학이 목회현장과 유리되어 있다고 지적한다. 이것을 해소하려면 형식을 바꾸는 처방(신학교육에 목회자를 투입하는 방식, 부족한 신학교육 기간을 늘리는 방식, 목회자 양성과정과 신학전문가 양성과정으로 교육 프로그램을 분리하여 운영하는 방식 등)만으로는 충분치 않다. 또 신학이란 본래 삶을 겨냥하고 실천을 지향하는 것이라는 타당한 주장도 있다. 그럼에도 불구하고 신학교육이 현장과 유리되어 있다는 비판은 어째서 생긴 것인가? 이유는 교육의 주체인 신학자 당사자들은 논의에서 제외시켰기 때문인 것 같다. 이제는 교육 수요자 중심의 분석에서 벗어나 교육 공급자의 문제를 적극적으로 고려해야 한다.

교육 공급자 편에서 바라볼 때, 지금까지의 성서와 신학교육은 세 가지 사항을 강조할 필요가 있다. 첫째, 우리의 신학은 반드시 삶을 지향해야 한다. 그렇게 하기 위해서는 신학자의 신학하기(doing theology)가 반드시

'사회적 자리(social location)에 대한 철저한 각성'과 함께 이루어져야 한다. 신학자가 제시하는 신학 혹은 성서해석의 결과가 현재 우리 교회가 처해 있는 병적 현실을 얼마나 극복하는 처방이 되는지를 각성하면서 교육해야 한다는 뜻이다. 둘째, 신학교육은 '목회자는 신학자'이어야 한다는 것을 염두에 두고 수행되어야 한다. 이런 사고방식에 입각한 교육만이 신학교육 현장과 목회현장의 괴리를 좁혀갈 수 있다. 셋째, 신학교육은 목회자를 '종교권력자'로 만드는 과정이라는 점을 주목하여 목회자가 자신에게 부여된 힘/권력을 올바로 사용하도록 하는 데 초점을 맞춘 교육이어야 한다.

마지막으로 우리는 '삶을 지향하는 성서교육'을 어떻게 구체적으로 수행할 수 있는 지에 대하여 두 가지 사례를 살폈다. 첫째, 오경 저자론에 관한 역사 비평적 이론과 전통적 이론 사이에서 벌어진 학자들의 논쟁은 소모적이다. 어느 쪽 이론을 택하여 가르치든 목회자와 교회의 의식을 어떻게 변화시킬지를 놓고 고민하는 교육이면 충분하다. 둘째, 만일 편집비평을 사용한다면 그 방법은 '성서의 재활성화' 즉 신앙공동체의 삶을 변화시키는데 목적이 있음을 재차 확인했다. 일례로 살펴본 아모스서의 편집비평 결과는 세 가지 실천적 가르침을 제공한다. 먼저, 성서사용은 신앙인의 자유와 해방의 힘을 얻기 위한 방향으로 이루어져야 한다. 둘째, 권력의 사용방식에 대해 적극적으로 질문하는 것이 성서해석자의 책임이다. 셋째, 성서교육의 목적은 성서해석자 자신의 각성이다.

구약성서는 정의와 생명과 평화라는 규범적 가르침을 제공하는 하나님의 첫 번째 계시이며 두 번째 계시인 신약성서의 예수는 바로 이런 가치를 완벽하게 삶으로 구현하신 분이다. 그래서 우리는 그 분을 우리 죄를 사해주시고 새로운 삶의 희망을 주신 주님이요 하나님으로 고백한다. 우리의 성서교육이 바로 이 고백과 믿음 위에 터를 두고, 성서학자인 우리로부터 시작해서 목회자를 신학자로 세우려는 목표를 갖고, 성서연구를 통하여 자기 각성의 능력을 갖춘 목회자를 배출하는데 전념한다면 그들을 통해 우리 교회에서는 앞으로 건전한 성서교육의 장이 활발히 열릴 것이고 그것은 우리의 교회갱신으로 구현될 수 있을 것이다.

참고자료

강사문. "김정준의 구약 역사이해와 한국사의 신학화."「만수 김정준의 구약신학」. 김정준 구약학회 편. 서울: 경건과 신학연구소, 2004.

_____. "희년법의 성서적 의미."「장신논단」6 (1990): 148-71.

강성열.「구약성서와 생태신앙」. 서울: 땅에쓰신글씨, 2005.

_____. "구약성서의 창조론과 생태학."「생태학과 기독교 신학의 미래」. 호남신학대학교 편. 9-48. 서울: 한들출판사, 1999.

구덕관.「구약신학」. 서울: 대한기독교서회, 1991.

구자용. "아모스서의 이방민족들에 대한 예고: 심판과 구원의 동일한 대상으로서의 이스라엘과 이방민족들."「한국기독교신학논총」108 (2018): 25-55.

권진관. "신학교육에 있어서 신앙적 실천의 역할에 관한 연구."「한국신학과 신학교육」. 전국신학대학협의회 엮음. 서울: 대한기독교서회, 1994.

기독교환경운동연대 편.「녹색의 눈으로 읽은 성서」. 서울: 대한기독교서회, 2002.

김균진. "그리스도의 '작은 형제'인 세상의 약한 자들."「기독교사상」. 2014년 3월, 164-75.

_____. "하나님이여, 우리의 황폐한 상황을 보시옵소서! – '한국신학'에 대한 이정배교수의 관점에 답하여."「기독교사상」. 2014년 7월, 148-59.

김덕기. "Key Issues in Theological Education in Korean Context: How Can Bible Study Transform Korean Society and Suggest New Model of Pedagogy on NT in Korean Church?"「한국신학논총」12 (2013): 119-49.

김영혜 외 8인.「토라의 신학」. 서울: 동연, 2010.

김은규.「구약 속의 종교권력」. 서울: 동연, 2013.

_____. "창세기 1장의 우주관과 인간관 : 노장사상과 불교적 이해."「성공회대학논총」17호 (2003): 339-62.

김이곤. "구약성서에서 본 평화."「교회와 세계」38 (1985년 2월): 8-10.

김정준. 「구약신학의 이해」. 서울: 한국신학대학출판부, 1973.

김찬국. "이스라엘의 역사와 통일의 의지."「기독교사상」. 276호 1981년 6월, 10-9.

김철현. 「구약신학」. 서울: 성광문화사, 1994.

남태욱. 「한반도 통일과 기독교현실주의: 라인홀드 니버를 중심으로」. 서울: 나눔사, 2012.

나이영. 「기독교사상」. 2012년-2013년.

노영상. "신학과 신학교육의 현장성과 실천성 제고."「기독교사상」. 2014년 5월, 24-30.

만수 김정준 논집 간행위원회 편. 「역사와 신학」. 만수김정준 전집 1권. 서울: 한국신학연구소, 1987.

문시영. "세계화의 신학, 신학의 세계화, 그리고 교회."「구약논단」 54 (2014): 13-41.

문희석. 「구속과 창조의 신학: 오늘의 구약신학」. 서울: 대한기독교서회, 1983.

민경석. "차연(差延)의 세계에서 그리스도교적 정체성의 해체와 재구성(1)."「기독교사상」. 2012년 10월, 250-60.

민경진. "에스라-느헤미야는 한 권인가 두 권인가?"「장신논단」 19 (2003): 447-62.

민영진. 「평화, 통일, 희년」. 서울: 대한기독교서회, 1995.

_____. "구약에서 본 샬롬."「기독교사상」. 247호 1979년 1월, 46-54.

박정근. 「신학교육 개혁과 교회갱신」. 서울: CLC, 2017.

박종천. "한국신학교육의 흐름과 전망."「기독교사상」. 2014년 5월, 16-23.

배희숙. "에서(에돔)-야곱(이스라엘) 관계에 나타난 통일신학의 기초."「평화통일신학: 신학적 근거의 모색」. 배희숙 외 4인, 17-48. 서울: 장로회신학대학교 남북한평화신학연구소, 2015.

서명수. 「오경해석」. 수원: 하기오그라파, 2012.

_____. "중용의 관점에서 본 전도서의 새로운 이해."「구약논단」 43 (2007): 183-207.

_____. "맹자의 인의사상과 구약의 공의사상."「구약논단」 41집 (2011): 83-101.

_____. "구약성서의 관점에서 본 한국개신교회의 위기와 극복 방향."「한국기독교신학논총」61집 (2009): 129-51.

_____. "이야기와 역사."「구약과 신학의 세계: 박준서 교수 헌정논문집」. 186-200. 서울: 한들, 2001.

_____. "The Task of Biblical Hermeneutics in the Age of Glocalization." *Korean Journal of Christian Studies* 87 (2013): 5-19.

서보명. "대학의 위기와 신학교육의 미래."「기독교사상」. 2014년 5월, 40-7.

소태영. "성서비평에 대한 도전: 성서해석과 성서교육의 새로운 패러다임으로써 교육비평을 읊조리면서."「한국기독교신학논총」94 (2014): 331-59.

신옥수. "통일신학의 어제와 오늘."「한국기독교신학논총」61 (2009): 55-84.

엄원식.「구약신학」. 대전: 침례신학대학교출판부, 2002.

오성주. "미래에 바람직한 신학교육을 어떻게 해야 할 것인가?-감리교신학대학교를 중심으로."「신학세계」82 (2015, 봄): 128-63.

왕대일.「구약신학」. 개정판. 서울: 감신대성서학연구소, 2010.

_____.「묵시문학과 종말론: 다니엘의 묵시록, 새롭게 읽기」. 서울: 대한기독교서회, 2004.

_____. "신학의 미래, 교회의 미래: 신학의 위기, 신학의 기회, 신학의 미래."「기독교사상」. 584호 2007년 8월, 40-51.

_____. "한국신학교육의 현주소와 대안: 목회자 재교육, 변해야 한다."「목회와 신학」201호 (2006년 3월): 88-92.

_____. "성서연구/나그네(게르)의 구약신학적 이해."「신학사상」113호 (2001년, 여름): 101-21.

_____. "나는 이스라엘의 하나님을 믿습니다(1)."「기독교사상」. 553호 2005년 5월, 266-80.

_____. "나는 이스라엘의 하나님을 믿습니다(2)."「기독교사상」. 561호 2006년 3월, 88-92.

_____. "신학교육 속의 성서학-그 진단과 처방."「신학교육, 그 패러다임의 전환-지식교육에서 영성함양으로」. 201-21. 서울: 한들출판사, 2010.

우택주. "환경친화적 성서 읽기: 12 예언서."「녹색의 눈으로 읽는 성서」. 116-23. 서울: 기독교환경운동연대, 2002.

_____. "사회학적 관점에서 해석한 바벨탑 사건 (창 11:1-9): 도시문명 비판의 신학."「8세기 예언서 이해의 새 지평」, 369-96. 서울: 대한기독교서회, 2005.

_____. "요시야 개혁의 입체적 분석."「복음과 실천」 39집 (2006): 133-58.

_____. "교회와 신학의 화해를 촉구한다."「기독교사상」. 2007년 8월, 52-61.

_____. "오경에 나타난 제사장 문헌의 공헌에 대한 재평가."「복음과 실천」 40 (2007): 69-93.

_____. "한국적 구약신학의 과제."「복음과 실천」 42집 (2008): 305-35.

_____. "기후붕괴와 구약신학적 응답."「복음과 실천」 44집 (2009): 39-63.

_____. "초기 이스라엘의 가나안 정착 모델에 관한 최신연구동향."「복음과 실천」 46집 (2010): 9-34.

_____. "구약성서 법전에 나타난 '공정한 사회론'의 허와 실."「구약논단」 41집 (2011): 34-53.

_____. "기독교 휴머니즘과 구약신학: 신본주의와 인본주의 이분법의 극복을 위하여."「크리스천 휴머니즘의 길」. 207-51. 침례교신학연구소 편. 대전: 침례신학대학교출판부, 2012.

_____.「8세기 예언서 이해의 새 지평」. 서울: 대한기독교서회, 2005.

_____.「새로운 예언서 개론」. 수정판. 대전: 침례신학대학교출판부, 2009.

_____. "구약신학의 서언, 창세기의 신학."「복음과 실천」 50집 (2012 가을): 11-37.

_____. "세계화에 대한 구약성서적 응답."「복음과 실천」 52집 (2013 가을): 17-39.

_____. "고대 이스라엘의 열두 지파 제도는 언제 제정되었는가?"「한국기독교신학논총」 90집 (2013): 5-36.

_____.「구약성서와 오늘 2」. 대전: 대장간, 2013.

_____.「구약성서와 오늘 1」. 대전: 침례신학대학교출판부, 2009.

_____. "민수기의 군주시대 전승과 그 제사장적 편집에 나타난 수사적 의도."「구약논단」 54집 (2014): 164-94.

_____.「요나서의 숨결」. 대전: 침례신학대학교출판부, 2005.

_____.「모두 예언자가 되었으면」. 대전: 침례신학대학교출판부, 2009.

_____. "Toward a Reconciliation of Two Old Testament Disciplines, 'History of Ancient Israel' and 'Old Testament Theology' in Korea."「신학논단」86집 (2016): 263-88.

유경재. "실존과 역사의 언저리에 서서."「기독교사상」. 2014년 10월, 22-9.

유윤종. "The Old Testament Interpretation in Korean Context." *Korean Journal of Christian Studies* 89 (2013): 5-28.

_____. "구약성서에 나타난 세계화: '세계화' 상황에 대한 예언자적 자세." 제92차 한국구약학회 춘계학술대회. 2013년 4월 19일.

유재덕. "한반도 통일문제와 기독교 교육."「한국신학논총」14 (2015): 63-86.

원용국.「성서신학」. 서울: 성광문화사, 1979.

이성조. "신학교육은 어디에서 해야 하는가?: 오병이어에 관한 예수님의 가르침."「기독교교육논총」44집 (2015년 12월): 249-71.

이은우. "창세기 1장 1절-2장 4a절의 수사적 구조에 나타난 생태윤리."「구약논단」44집(2012): 10-34.

이영미. "아시아 에큐메니칼 신학교육의 현황과 전망."「한국신학논총」13 (2014): 109-34.

이원규.「한국교회, 어디로 가고 있나」. 서울: 대한기독교서회, 2000.

이정배. "세상의 중심은 약한 자들이다 - 김균진 교수의 '한국신학에 대한 제언'을 읽고."「기독교사상」. 2014년 1월, 152-63.

_____. "하나님을 사랑하는 자, 과연 무엇을 사랑하는가? - '새로운 세상'을 꿈꾸는 김균진 교수의 '한국신학'에 관한 시각에 답하여."「기독교사상」. 2014년 5월, 136-47.

_____. "'예언'과 '환상'을 빼앗긴 기독교 - 종교혼합주의를 염려하는 김균진교수의 글을 읽고."「기독교사상」. 2014년 8월, 146-57.

임상국.「히브리 예언자의 사회사상-아모스, 호세아, 이사야, 미가를 중심으로」. 서울: 한우리, 2013.

임태수. "희년의 의미와 그 현대적 적용,"「기독교사상」. 395호 1991년 12월, 105-24.

_____. "역대기 사가의 통일신학."「신학연구」28 (1987): 415-37.

장일선.「구약신학의 주제」. 서울: 대한기독교서회, 1989.

전국신학대학협의회 엮음. 「한국 신학과 신학교육」. 서울: 대한기독교서회, 1994.

전우택 외 9인. 「통일에 대한 기독교적 성찰: 증오와 배제의 논리를 넘어 포용과 화합의 마당으로」. 서울: 새물결플러스, 2014.

정규남. 「구약신학의 맥」. 서울: 두란노, 1997.

정승태. "기독교휴머니즘이란 무엇인가?" 「크리스천 휴머니즘의 길」. 11-50. 침례교신학연구소 편. 대전: 침례신학대학교출판부, 2012.

정중호. 「새로운 성경해석: 한국적 성서해석 서론」. 대구: 계명대학교출판부, 2010.

_____. "고대 이스라엘의 도피성과 고대 한국의 별읍과 소도." 「구약논단」 42 (2011): 126-45.

조은하. "한국신학대학의 위기와 미래지향적 교육에 대한 소고." 「한국신학논총」 13 (2014): 23-44.

조기연. "북미 신학교육 개혁의 최근 흐름." 「한국신학논총」 13 (2014): 45-66.

주도홍. 「통일로 향하는 교회의 길」. 서울: 기독교문서선교회, 2015.

_____. "한국교회 통일관 무엇인가?" 「한국기독교 통일포럼, 통일한국 포럼: 통일을 향한 북한선교의 과제와 전망」 (서울: 도서출판 바울, 2006), 43-65.

차정식. "한국신학대학의 정체성 위기와 신학교육의 방향." 「한국신학논총」 11 (2012): 9-27.

_____. "The Mythological Locus of 'Nephilim-A Biblical Origin of Dualism'" 「한국기독교신학논총」 75집 (2011): 21-41.

천사무엘. "Old Testament Interpretation in Korean Church: History and Issues." 한국기독교학회 제40차 정기학술대회자료집 (2011): 347-368.

천세종. "바울의 새 창조 관점으로 바라본 평화통일신학." 「독일 통일 경험과 한반도 통일전망: 신학적 성찰과 과제」. 안교성 편. 127-58. 서울: 나눔출판사, 2016.

최종원. "아모스 8-9장에 나타난 희망의 신학에 관한 연구." 「구약논단」 23 (2017): 119-149.

_____. "신명기 계약신학의 범주로서 아모스 읽기: 아모스서의 서너 가지 죄." 「구약논단」 24 (2018): 201-29.

평화와통일신학연구소 편. 「평화와 통일신학 1」. 서울: 한들, 2002.

하경택. "이스라엘 개혁운동을 통해서 본 '통일신학'-신명기 역사서에 나타난 요시야 개혁운동을 중심으로." 「평화통일신학: 신학적 근거의 모색」. 배희숙 외 4인, 49-93. 서울: 장로회신학대학교 남북한평화신학연구소, 2015.

한국기독교통일포럼. 「통일한국포럼: 통일을 향한 북한선교의 과제와 전망」. 서울: 도서출판 바울, 2006.

한국신학교육원 · 전국신학대학협의회. "분단상황에서의 기독교 평화교육과 통일교육." 「한국신학논총」 14 (2015): 1-176.

_____. "신학교육, 그 패러다임의 전환-지식교육에서 영성함양으로." 「한국신학논총」 9집. 서울: 한들출판사, 2010.

한국일. "유럽 신학교육의 위기진단과 전망." 「한국신학논총」 13 (2014): 67-108.

한동구. "통일 한국의 모양(像)-에스겔의 영토 사상을 중심으로." 「한국기독교신학논총」 61 (2009): 33-54.

_____. "신명기개혁운동에서의 약자 보호 및 나그네 보호." 「구약논단」 45 (2012): 10-33.

_____. "아브라함과 후손: 아브라함 전승의 다문화적 해석." 「구약논단」 31 (2009): 10-31.

_____. "통일 한국의 모양." 「한국기독교신학논총」 61집 (2009): 33-54.

한상인. 「구약신학의 이해」. 서울: 서울말씀사, 2009.

허호익. "화해와 통일을 위한 신학교육: 반공이념 극복을 중심으로." 「한국신학논총」 14 (2015): 35-61.

_____. "한국기독교의 통일논의의 역사와 통일의 실천적 과제." 「한국기독교신학논총」 61 (2009): 85-106.

_____. 「통일을 위한 기독교신학 모색: 남남 및 남북 갈등과 통합적 통일신학」. 서울: 동연, 2010.

Abrams, M. H. *The Mirror and the Lamp*. New York: Oxford University Press, 1953.

Ackroyd, P. R. *Exile and Restoration*. London: SCM Press, 1968.

Adams, H. ed. "F. de Saussure." *Critical Theory Since Plato*. 717-26. Rev. ed. New

York: Harcourt Brace Jovanovich, 1992.

Ahlström, G. *The History of Ancient Palestine*. Minneapolis: Fortress, 1993.

Albertz, R. 「이스라엘 종교사」. I. II. 강성열 역. 서울: 크리스찬다이제스트, 2003, 2004.

Alexander, T. Desmond, Brin S. Rosner, D. A. Carson, and Graeme Goldsworthy. eds. *New Dictionary of Biblical Theology*. Downers Grove: InterVarsity Press, 2000.

Anderson, Bernard W. *Contours of Old Testament Theology*. Minneapolis: Fortress Press, 1999.

_____. *Understanding the Old Testament*. 4th ed. Englewood Cliffs. New Jersey: Prentice-Hall, 1986.

Andersen, F. I. and D. N. Freedman. *Amos*. Anchor Bible. New York: Doubleday, 1989.

Anderson, Robert T. "Samaritans." *Anchor Bible Dictionary*. vol. 5: 940-7. New York: Doubleday, 1992.

Barr, James. *The Concept of Biblical Theology: An Old Testament Perspective*. London: SCM Press, 1999.

Barton, J. *The Theology of the Book of Amos*. Cambridge: Cambridge University Press, 2012.

_____. "Classifying Biblical Criticism." *Journal for the Study of the Old Testament* 29 (1984): 19-35.

Bavink, H. 「바빙크의 교회교의학 개요」. 원광연 역. 서울: 크리스찬다이제스트, 2004.

Berges, U. *The Book of Isaiah: Its Composition and Final Form*. Tr. M. C. Lind. Sheffield: Sheffield Phoenix Press, 2012.

Blenkinsopp, Joseph. *The Pentateuch: An Introduction to the First Five Books of the Bible*. New York: Doubleday, 1992.

_____. *Creation, Un-Creation, Re-Creation: A Discursive Commentary on Genesis 1-11*. New York: T & T Clark, 2011.

Boda, M. J. and J. Gordon McConville, eds. *Dictionary of the Old Testament Prophets*. Downers Grove, Il.: IVP, 2012.

Brooks, Roger and John J. Collins. eds. *Hebrew Bible or Old Testament?: Studying the Bible in Judaism and Christianity.* Notre Dam: University of Notre Dam Press, 1990.

Brueggemann, Walter. *Old Testament Theology: Essays in Structure, Theme, and ext.* ed. Patrick D. Miller. Minneapolis: Fortress Press, 1992.

_____. *Theology of the Old Testament Theology: Testimony, Dispute, Advocacy.* Minneapolis: Fortress Press, 1997.

Carr, David M. *The Formation of the Hebrew Bible: A New Consideration.* Oxford: Oxford University Press, 2011.

Carroll. Robert P. "Textual Strategies and Ideology in the Second Temple Period." In *Second Temple Studies 1: Persian Period.* Philip R. David, ed. 108-124. Sheffield: Sheffield Academic Press, 1991.

Chaney, Marvin L. 「농경사회 시각으로 바라본 성서 이스라엘: 구약성서의 종교와 사회의 역사·문학 해석」. 우택주 외 6인 역. 서울: 한들출판사, 2007.

_____. "사회적 맥락에서 본 '너희 이웃의 집을 탐내는 것': 제10계명." 「농경사회 시각으로 본 성서 이스라엘」. 325-51. 서울: 한들출판사, 2007.

Childs, Brevard S. *Old Testament Theology in a Canonical Context.* London SCM Press, 1985.

Clines, David J. A. *Job 38-42.* Word Biblical Commentary. Nashville: Nelson Thomas, 2011.

Collins, A. Y. ed. *Feminist Perspective on Biblical Scholarship.* Chico: Scholars Press, 1985.

Collins, John J. *Encounters with Biblical Theology.* Minneapolis: Fortress Press, 2005.

Comport, Philip E., eds. 「성경의 기원」. 김광남 역. 서울: 엔크리스토, 2010. (원제, *The Origin of the Bible*).

Cone, James H. *A Black Theology of Liberation.* 2nd ed. Maryknoll: Orbis Books, 1986.

Coote, R. B. and K. W. Whitelam. *The Emergence of Early Israel in Historical Perspective.* Sheffield: The Almond Press, 1987.

Coote, Robert B. and David R. Ord. 「성서의 처음 역사」. 우택주, 임상국 역. 파주: 한울엠플러스, 2017. (원제, *The Bible's First History*)

_____. *In the Beginning: Creation and the Priestly History*. Minneapolis: Fortress, 1991.

_____.「성서이해의 새 지평」. 우택주 역. 서울: 대한기독교서회, 2011. (원제, *Is the Bible True?*)

Coote, Robert B.「여로보암과 혁명의 역사」. 우택주, 임상국 역. 파주: 한울엠플러스, 2018. (원제, *In Defence of Revolution: The Elohist History*)

_____.「초기 이스라엘 이해의 새 지평」. 정희원 역. 대구: 계명대학교출판부, 2010. 원제, *Early Israel: A New Horizon*. Minneapolis: Fortress, 1990.

_____. "Joshua." *The New Interpreter's Bible*. vol. II: 555-719. Nashville: Abingdon Press, 1998.

_____.「아모스서의 형성과 신학」. 우택주 역. 서울: 대한기독교서회, 2004. (원제, *Amos among the Prophets*)

_____. "Tribalism." In *Ancient Israel: The Old Testament In Its Social Context*. P. F. Esler, 35-49; 315-18. Minneapolis: Fortress, 2006.

_____.「신명기역사서」. 우택주, 임상국 역. 파주: 한울엠플러스, 2020(근간).

_____, ed. *Elijah and Elisha in Socioliterary Perspective*. Atlanta: Scholars Press, 1992.

_____. "Israel, Social and Economic Development of." *The New Interpreter's Dictionary of the Bible*. vol. 3: 138-43. Nashville: Abingdon Press, 2008.

_____. "LAND." *The Oxford Encyclopedia of the Bible and Theology*. vol. 2: 27-33. Samuel Balentine, ed. New York: Oxford University Press, 2015.

_____. "The Emergence of Israel Again." In *History, Politics and the Bible from the Iron Age to the Media Age: Essays in Honor of Leith W. Whitelam*. Jim West and James Crossway, eds. 19-40. New York: Bloomsbury T & T Clark, 2017.

Croatto, J. Severino. *Exodus: A Hermeneutics of Freedom*. Maryknoll: Orbis, 1981.

Davies, Philip R. *Memories of Ancient Israel: An Introduction to Biblical History-Ancient and Modern*. Louisville: Westminster John Knox Press, 2008.

_____. *In Search of 'Ancient Israel.'* Sheffield: Sheffield Academic Press, 1992.

_____. "Is There a Class in This Text?" In *Concepts of Class in Ancient Israel.* Mark R. Sneed, ed. 37-51. Atlanta: Scholars Press, 1999.

Derrida, Jacques. "Structure, Sign and the Play in the Discourse of the Human Sciences." In *Critical Theory Since Plato.* Hazard Adams, ed. 1117-126. New York: Harcourt Brace Jovanovich College Publishers, 1992.

Dever, William G. *Recent Archaeological Discoveries and Biblical Research.* Seattle: University of Washington Press, 1990.

_____. *What Did the Biblical Writers Know & When Did They Know It? What Archaeology Can Tell Us About the Reality of Ancient Israel.* Grand Rapids: Wm B Eerdmans, 2001.

Douglas, K. B. 「흑인 그리스도: 흑인신학이란 무엇인가」. 오덕호 역. 서울: 한들, 2000.

Dozeman, Thomas B., Konrad Schmid, and Baruch J. Schwartz, eds. *The Pentateuch: International Perspectives on Current Research.* Tübingen: Mohr Siebeck, 2011.

Dozeman, Thomas B. Thomas Römer, and Konrad Schmid, eds. *Pentateuch, Hexteuch, or Enneateuch? Identifying Literary Works in Genesis through Kings.* Atlanta: Society of Biblical Literature, 2011.

Edelman, Diana V. and Ehud Ben Zvi. eds. *The Production of Prophecy: Constructing Prophecy and Prophets in Yehud.* London: Equinox, 2009.

Eichrodt, Walther. *Theology of the Old Testament.* vol. One. Tr. John Baker. London SCM Press, 1961.

_____. *Theology of the Old Testament.* vol. Two. Tr. John Baker. London: SCM Press, 1967.

Fleming, Daniel E. *The Legacy of Israel in Judah's Bible: History, Politics, and the Reinscribing of Tradition.* New York: Cambridge University Press, 2012.

Frankel, David. *The Land of Canaan and the Destiny of Israel: Theologies of Territory in the Hebrew Bible.* Winona Lake: Eisenbrauns, 2011.

Frick, F. S. *The Formation of the State in Ancient Israel: A Study of Models and Theories.* Sheffield: The Almond Press, 1985.

Friedman, R. E. "Torah(Pentateuch)." *The Anchor Bible Dictionary*. vol. 6: 605-622. New York: Doubleday, 1992.

_____. 「누가 성서를 기록했는가?」 이사야 역. 서울: 한들, 2008. (원제, *Who Wrote the Bible?*)

Frymer-Kensky, Tikva S. "The Atrahasis Epic and Its Significance for Our Understanding of Genesis 1-9." *The Biblical Archaeologist* 40 (1977): 147-55.

Gadamer, H.-G. *Truth and Method*. 2nd ed & rev. New York: Continuum, 1994.

Gerstenberger, Erhard S. *Theologies in the Old Testament*. Tr. John Bowden. Minneapolis: Fortress Press, 2002.

_____. *Israel in the Persian Period: The Fifth and Fourth Centuries B.C.E.* Atlanta: SBL, 2011.

Gericke, Jaco. *The Hebrew Bible and Philosophy of Religion*. Atlanta: Society of Biblical Literature, 2012.

Gertz, J. C., A. Berlejung, K. Schmid, and M. Witte. *T & T Clark Handbook of the Old Testament*. New York: T & T Clark International, 2012.

Gilkey, L. B. "Cosmology, Ontology, and the Travail of Biblical Language." *Journal of Religion* 43 (1961): 194-205.

Goldingay, John. *Old Testament Theology*. vol. One: *Israel's Gospel*. Downers Grove: Inter Varsity Press, 2003.

_____. *Old Testament Theology*. vol. Two: *Israel's Faith*. Downers Grove: Inter Varsity Press, 2006.

_____. *Old Testament Theology*. vol. Three: *Israel's Life*. Downers Grove: Inter Varsity Press, 2009.

Goshen-Gottstein, Moshe H. "The Religion of the Old Testament and the Place of Jewish Biblical Theology." *Ancient Israelite Religion*, eds. by Patric D. Miller, et al. 617-44. Philadelphia: Fortress, 1987.

Gottwald, N. K. *The Hebrew Bible: A Socio-Literary Introduction*. Philadelphia: Fortress, 1985.

Grabbe, Lester L., ed. *Can a 'History of Israel' Be Written?* Sheffield: Sheffield Academic Press, 1997.

_____. 「고대 이스라엘 역사」. 류광현, 김성천 역. 서울: 기독교문서선교회, 2012.

Grabbe, L. L. and Haak, R. D., eds. *Every City Shall be Forsaken: Urbanism and Prophecy in the Ancient Israel and the Near East*. Sheffield: Sheffield Academic Press, 2001.

Grenz, Stanley J. 「조직신학」. 신옥수 역. 서울: 크리스찬다이제스트, 2003.

Habel, Norman C. and Peter Trudinger., eds. *Exploring Ecological Hermeneutics*. Atlanta: SBL, 2008.

Habel, Norman C. *The Book of Job*. London: SCM Press, 1985.

Harrison, R. K. 「구약서론」. 류호준, 박철현 역. 고양: 크리스찬다이제스트, 1994. (원제, *Introduction to the Old Testament*.)

Hasel, Gehard. 「구약신학: 현대 논쟁의 기본적 이슈들」. 김정우 역. 서울: 엠마오, 1993.

Hayes, John H. and Frederick C. Prussner. 「구약성서신학사」. 서울: 나눔사, 1991.

Hess, Richard S. "Literacy in Iron Age Israel." In *Windows into Old Testament History: Evidence, Argument, and the Crisis of Biblical Israel*. Philips V. Long, ed., 82-102. Grand Rapids: Wm B. Eerdmans Publishing Co., 2002.

Hogenhaven, Jesper. *Problems and Prospects of Old Testament Theology*. Sheffield: JSOT Press, 1988.

Hopkinds, D. N. and E. P. Antonio., eds. *The Cambridge Companion to Black Theology*. Cambridge: Cambridge University Press, 2012.

Horrel. David G. 「성서와 환경: 생태성서신학입문」. 이영미 역. 오산: 한신대출판부, 2014. (원제, *Bible and the Environment: Toward a Critical Ecological Biblical Theology*. London: Equinox, 2010.)

House, Paul R. *Old Testament Theology*. Downers Grove: InterVarsity Press, 1998.

_____. *The Unity of the Twelve*. Sheffield: Almond Press, 1990.

Jameson-Drake, D. W. *Scribes and Schools in Monarchic Judah: A Socio-Archaeological Approach*. Sheffield: Sheffield Academic Press, 1991.

Janzen, David. "The Sins of Josiah and Hezekiah: A Syncronic Reading of the Final Chapter of Kings." *Journal for the Study of the Old Testament* 37 (2013):

349-70.

Japhet, S. *The Ideology of the Book of Chronicles and the Place in Biblical Thought.* Frankfurt am Main: Peter Lang, 1997.

Johnston, W. "Reactivating the Chronicles Analogy in Pentateuchal Studies, with Special Reference to the Sinai Pericope in Exodus." *Zeitschrift für alttestamenliche Wissenschaft* 99 (1987): 16-37.

Jonson, Luke T. *The Writing of the New Testament: An Introduction.* Philadelphia: Fortress, 1986.

Kessler, Rainer. *The Social History of Ancient Israel.* Minneapolis: Fortress Press, 2008.

_____. "토라와 인권들." 「구약논단」 50집 (2013): 349-78.

Killebrew, A. E. "The Emergence of Ancient Israel: the Social Boundaries of a 'Mixed Multitude' in Canaan." *"I Will Speak the Riddle of Ancient Times": Archaeology and Historical Studies in Honor of Amihai Mazar on the Occasion of His Sixtieth Birthday.* vol. II. A. M. Maeir and P. de Miroschedji, ed.: 555-72. Winona Lake: Eisenbrauns, 2006.

Kilmer, Anne D. "The Mesopotamian Concept of Overpopulation and Its Solution as Repersented in the Mythology." *Orientalia* 41 (1972): 160-77.

Knierim, Rolf P. *The Task of Old Testament Theology: Method and Cases.* Grand Rapids: Wm. B. Eerdmans Publishing Co., 1995.

LaCocque, André and Paul Ricoeur. 「성서의 새로운 이해: 주석학과 해석학의 대화」. 김창주 역. 서울: 살림, 2006.

Lemche, Niels P. *The Old Testament between Theology and History: A Critical Survey.* Louisville: Westminster John Knox Press, 2008.

Lee, Lydia. *Mapping Judah's Fate in Ezekiel's Oracles Against the Nations.* Atlanta: SBL, 2016.

Lenski, G. and P. Nolan and J. Lenski. *Human Societies: An Introduction to Macrosociology.* 7th ed. New York: McGrow Hill, 1995.

Lenski, G. *Power and Privilege: A Theory of Social Stratification.* Chapel Hill: University of North Carolina Press, 1960.

Levenson, Jon D. *The Hebrew Bible, The Old Testament, and Historical Criticism.*

Louisville: Westminster John Knox Press, 1993.

_____. "Why Jews Are Not Interested in Biblical Theology?" *Judaic Perspectives of Biblical Studies*. Jacob Neusner, et al eds., 281-307. Philadelphia: Fortress, 1987.

Levin, Christoph. *The Old Testament: A Brief Introduction*. Translated by Margaret Kohl. Princeton: Princeton University Press, 2005.

Long, V. Philips. "History and Fiction: What is History." In *Israel's Past in Present Research: Essays on Ancient Israelite Historiography*. V. P. Long, ed.: 232-54. Winona Lake: Eisenbrauns, 1999.

Mann, T. W. *The Book of Torah: The Narrative Integrity of the Pentateuch*. Atlanta: John Knox Press, 1988.

Martin, Troy W. "Concluding the Book of Job and YHWH: Reading Job from the End to the Beginning." *Journal of Biblical Literature* 137 (2018): 299-318.

McCarter, P. Kyle, Jr. "The Apology of David." *Journal of Biblical Literature* 99/4 (1980): 489-504.

McKenzie, Steven L. "Deuteronomistic History." *Anchor Bible Dictionary, vol. 2:* 160-8. New York: Doubleday, 1992.

Miranda, José Porfirio. *Marx and the Bible*. Maryknoll: Orbis, 1974.

Nelson, Richard. "The Double Redaction of the DtrH: The Case is Still Compelling." *Journal for the Study of the Old Testament* 29 (2005): 319-37.

McFague, Sally. 「기후변화와 신학의 재구성」. 김준우 역. 서울: 한국기독교연구소, 2008.

McGrath, Alister E. 「미래 교회와 미래 신학」. 서울: 장로회신학대학교출판부, 2006.

McKenzie, J. L. *A Theology of the Old Testament*. New York: Garden City, 1974.

Migliore, Daniel L. 「기독교조직신학개론: 이해를 추구하는 신앙」. 신옥수, 백충현 역. 서울: 새물결플러스, 2012.

Miller, Patrick D. *Israelite Religion and Biblical Theology: Collected Essays*. Sheffield: Sheffield Academic Press, 2000.

Moore, Megan B. and Brad E. Kelle. *Biblical History and Israel's Past*. Grand Rapids:

Wm. B. Eerdmans Pub. Co., 2011.

Niditch, Susan. *Judges: A Commentary*. Louisville: Westminster John Knox Press, 2008.

Nogalski, James D and Marvin A. Sweeney. eds. *Reading and Hearing the Book of the Twelve*. Atlanta: SBL, 2000.

Noth, M. *A History of Pentateuchal Tradition*. translaed by B. W. Anderson. Chico: Scholars Press, 1981.

Ollenberger, Ben C., Elmer A. Martens, and G. F. Hasel. Eds. 「20세기 구약신학의 주요 인물들」. 강성열 역. 서울: 크리스찬다이제스트, 2000.

Olson, Dennis T. "Biblical Theology." *The New Interpreter's Dictionary of the Bible*. vol. 1 Nashville: Abingdon, 2006.

Patton, Matthew H. *Hope for a Tender Sprig: Jehojachin in Biblical Theology*. Winona Lake, IN: Eisenbrauns, 2017.

Paul, Salom M. *Amos*. Hermeneia. Minneapolis: Fortress Press, 1991.

Peters, R. T. 「좋은 세계화 나쁜 세계화: 누구를 위한 발전인가?」 방연상, 윤요한 역. 서울: 새물결플러스, 2012.

Perdue. Leo G. *The Collapse of History*. Minneapolis: Fortress Press, 1994.

Perdue, Leo G., Robert Morgan, Benjamin D. Sommer. *Biblical Theology: Introducing the Conversation*. Nashville: Abingdon Press, 2009.

Pope, Marvin H. *Job: A New Translation with Introduction and Commentary*. New York: Doubleday, 1965.

Preuss, H. D. *Old Testament Theology*. vol. I. Edinburgh: T & T Clark, 1995.

_____. *Old Testament Theology*. vol. II. Edinburgh: T & T Clark, 1996.

Provan, I., V. P. Long, and T. Longman III. *A Biblical History of Israel*. Louisville: Westminster John Knox Press, 2003.

Reddit, Paul L and Aaron Schart. eds. *Thematic Threads in the Book of the Twelve*. New York: Walter de Gryuter, 2003.

Rendtorff, Rolf. *Canon and Theology:* Minneapolis: Fortress Press, 1993.

_____. 「구약정경신학」. 하경택 역. 서울: 새물결플러스, 2009.

Reumann, John. ed. *The Promise and Practice of Biblical Theology*. Minneapolis:

Fortress Press, 1991. *Overtures to an Old Testament Theology*.

Reventlow, Henning G. 「20세기 구약신학의 문제들」. 박문재 역. 서울: 크리스챤다이제스트, 1999.

Reviv, H. *The Elders in Ancient Israel: A Study of Biblical Institution*. Jerusalem: Magnes, 1989.

Römer, Thomas C. *The So-Called Deuteronomistic History: A Sociological, Historical and Literary Introduction*. New York: T & T Clark International, 2005.

Rösel, Harmut N. *Joshua*. Leuven: Peeters, 2011.

Routledge, Robin. 「구약성서신학」. 서울: 기독교문서선교회, 2011. [=Old Testament Theology: A Thematic Approach, 2008].

Russel, D. S. 「하나님의 계시: 유다 묵시문학의 기초」. 홍성혁 역. 서울: 제라서원, 2012.

Sakenfeld, K. D. "Feminist Perspectives on Bible and Theology." *Interpretation* 42 (1988): 5-18.

Sanders, E. P. *The Historical Figure of Jesus*. London: Penguine Press, 1993.

Sanders, James A. *From Sacred Story to Scared Text: Canon as Paradigm*. Philadelphia: Fortress Press, 1987.

Sandy-Wunsch, J. and L. Eldredge. "J. P. Gabler and the Disctinction Between Biblical Theology and Dogmatic Theology: Translation, Commentary, and Discussion of his Originality." *Scottish Journal of Theology* 33 (1980): 133-44.

Saussure, Ferdinand de. "Course in General Linguistics." In *Critical Theory Since Plato*. Hazard Adams, ed.: 718-26. New York: Harcourt Brace Jovanovich College Publishers, 1992.

Schmid, Konrad. *Is There Theology in the Hebrew Bible?* Tr. Peter Altmann. Winona Lake: Eisenbrauns, 2015.

Schmidt, Werner H. 「구약신앙: 역사로 본 구약신학」. 차준희 역. 서울: 대한기독교서회, 2007.

Schniedewind, William M. 「성경은 어떻게 책이 되었는가?」. 박정연 역. 서울: 에코리브스, 2006. (원제, *How the Bible Became a Book: A*

Textualization of Ancient Israel).

Schmid, Konrad and Raymond F. Person, Jr. eds. *Deuteronomy in the Pentateuch, Hexateuch, and the Deuteronomistic History*. Tübingen: Mohr Siebeck, 2012.

Schmid, Konrad. *Is There Theology in the Hebrew Bible?* Tr. by Peter Altmann. Winona Lake: Eisenbrauns, 2015.

Schoroff, W. and W. Stegemann. eds. *God of the Lowly: Socio-Historical Interpretation of the Bible*. Maryknoll: Orbis, 1984.

Segovia, Fernando F. and Mary A. Tolbert. Eds. *Reading from This Place. vol. 1: Social Location and Biblical Interpretation in the United States*. Minneapolis: Fortress, 1995.

_____. *Reading from This Place. vol. 2: Social Location and Biblical Interpretation in Global Perspective*. Minneapolis: Fortress Press, 1995.

Segovia, Fernando F. ed. *Interpreting Beyond Borders*. Sheffield: Sheffield Academic Press, 2000.

Sjoberg, G. *The Preindustrial City, Past and Present*. New York: Free Press, 1960.

Ska, J.-L. *Introducing to Reading the Pentateuch*. Tr. P. Dominique. Winona Lake: Eisenbrauns, 2006.

Smith, Ralph L. 「구약신학: 그 역사, 방법론, 메시지」. 서울: 크리스찬다이제스트, 2005.

Snaith, John G. *Song of Songs*. Grand Rapids: Wm B Eerdmans, 1993.

Stackhouse, Max L. *Public Theology and Political Economy*. Lanham: University Press of America, 1991.

_____. "Globalization and Christian Ethics." William M. Sullivan and Will Kymlicka, eds. *The Globalizatiojn of Ethics*. Cambridge: Cambridge University Press, 2007.

_____. 「세계화와 은총: 글로벌 시대의 공공신학」. 이상훈 역. 서울: 북코리아, 2013.

Stackhouse, Max L., Peter L. Berger, Dennis P. MacCann, and M. Douglas Meeks. eds. *Christian Ethics in a Global Era*. Nashville: Abingdon Press, 1995.

Stager, Lawrence E. "The Mernepth, Israel and Sea People: New Light on the Old

Relief." *Eretz-Israel* 18 (1987): 56-64.

_____. "The Song of Deborah: Why Some Tribes Answered the Call and Others Did Not." *Biblical Archaeologist Review* 15, no. 1 (1989): 50-64.

Stendahl, K. "Biblical Theology, Contemporary." *The Interpreter's Dictionary of the Bible*. vol. 1: 418-32. Nashville: Abingdon, 1962.

Stevenson, K. R. *Vision of Transformation: The Territorial Rhetoric of Ezekiel 40-8*. Atlanta: Scholars Press, 1996.

Sugirtharajah, R. S. ed. *Voices from the Margins: Interpreting the Bible in the Third World*. Maryknoll: Orbis Books, 1991.

Sun, Henry T. C., and Keith L. Eades. Eds. *Problems in Biblical Theology: Essays in Honor of Rolf Knierim*. Grand Rapids: Wm. B. Eerdmans Publishing Co., 1997.

Sweeney, Marvin A. *Tanak : A Theological and Critical Introduction to the Jewish Bible*. Minneapolis : Fortress Press, 2011.

_____. *Isaiah 1-39 with an Introducing to Prophetic Literature*. Grand Rapids: Wm B Eerdmans, 1996.

Tabbs, W. K. 「반세계화의 논리」. 이강국 역. 서울: 도서출판 월간말, 2001.

Tamez, Elsa. *Bible of the Oppressed*. Mryknoll: Orbis, 1982.

Tapy, Ron E. and P. Kyle McCarter. eds. *Literate Culture and Tenth-Century Canaan: The Tel Zayit Abecedary in Context*. Winona Lake: Eisenbrauns, 2008.

Terrien, Samuel. *The Elusive Presence: Toward a New Biblical Theology*. San Francisco: Harper, 1978.

Tillich, Paul. *Systematic Theology*. vol. One. Chicago: University of Chicago, 1951.

Todd, Judith A. "The Pre-Deuteronomistic Elijah Cycle." In *Elijah and Elisha in Socioliterary Perpspective*, 1-35. Robert B. Coote, ed. Atlanta: Scholars Press, 1992.

Tolbert, Mary A. ed. *The Bible and Feminist Hermeneutics*. Semeia 28. Chico: Scholars Press, 1983.

Trible, Phyllis. *God and the Rhetoric of Sexuality*. Philadelphia: Fortress Press, 1978.

_____. "Overture for a Feminist Biblical Theology." *The Flowering of Old*

Testament Theology. Ben C. Ollenberger, Elmer A. Martens, and Gerhard F. Hasel, eds., 448-64. Winona Lake, IN.: Eisenbrauns, 1992.

van der Steen, E. J. *Tribes and Territories in Transition: The Central East Jordan Valley in the Late Bronze Age and Early Iron Ages: A Study of the Sources*. Leuven: Peeters, 2004.

van Ruler, A. A. *The Christian Church and the Old Testament*. Grand Rapids: Eerdmans, 1966.

von Rad, Gerhard. *Old Testament Theology. vol. I: The Theology of Israel's Historical Traditions*. Tr. D.M.G. Stalker. London: SCM Press, 1975.

_____. *Old Testament Theology. vol. II: The Theology of Israel's Prophetic Traditions*. Tr. D.M.G. Stalker. London: SCM Press, 1965.

Waetjen, H. C. "Social Location and the Hermeneutical Mode of Integration." In *Reading From This Place*. vol. 1: 75-93. F. F. Segovia and M. A. Tolbert. Minneapolis: Fortress Press, 1995.

Waltke, Bruce K. 「구약신학: 주석적 · 정경적 · 주제별 연구방식」. 김귀탁 역. 서울: 부흥과개혁사, 2012.

Westermann, Claus. 「구약신학의 요소」. 박문재 역. 고양: 크리스찬다이제스트, 1999.

_____. *Genesis 1-11: A Commentary*. Minneapolis: Augsburg, 1984.

Whybray, R. N. *Ecclesiastes*. Grand Rapids: Wm B Eerdmans, 1989.

Williamson, H. G. M. ed. *Understanding the History of Ancient Israel*. Oxford: Oxford University Press, 2007.

Wolff, Eric. *Peasants*. Englewood Cliffs: Prentice-Hall, 1966.

Wolff, Hans W. *Joel and Amos*. Hermeneia. Philadelphia: Fortress Press, 1977.

Wright, Jacob L. "Warfare and Wanton Destruction: A Reexamination of Deuteronomy 20:19-20 on Relation to Ancient Siegecraft." *Journal of Biblical Literature* 127 (2008): 423-58.

Zenger, Erich. ed. 「구약성경개론」. 이종한 역. 왜관: 분도출판사, 2012. (원제, *Einleitung in das alte Testament.*)

주제 찾아보기

강단설교 / 21, 22, 93, 133, 360, 382

개신교 스콜라학파 / 41, 42, 43

개신교 정통주의 / 29

거룩 / 175, 176

계몽주의 / 32, 44, 45, 112

계시 / 44-70, 79, 85, 90, 103, 119, 143, 201, 278

고난 / 81, 82, 128, 162, 168, 186, 205, 253, 305

고레스, 고레스 칙령 / 138, 193, 194

고멜 / 234, 235

공의(체다카) / 237, 239, 242, 254

광야이동 / 149

교리 / 16, 17, 29, 41-44, 58, 77, 89, 135, 360

교회갱신 / 11, 360-362, 367, 385

교회론 / 21, 22, 133, 135, 360

구성비평(composition criticism) / 117

구성신학(constructive theology) / 88

구약무용론 / 24

구약신학 / 93, 97-99, 101-130, 150, 164, 201, 249, 259, 288

구약신학, 최초의 / 29

구원론 / 16, 17, 21, 34, 60, 92, 105, 310

구원사 / 23, 52, 54, 61, 67, 97, 109, 119, 291, 304

구원신학 / 57, 291

구조주의 비평 / 127

군주사회 / 319, 329, 332

권력, 권력의 길 / 154, 160, 164, 167, 180, 251, 276

귀환 / 352, 354, 359

귀환공동체 / 193, 228, 285

규범성 / 33, 34, 87, 93, 111, 134, 146, 251, 254

그리스적 사유 / 66, 71, 72, 74

근본주의 / 19, 21, 133

근원적 경험(root experience) / 165, 166, 172

긍휼 / 168, 180, 215, 234

기독론 / 53, 55, 108, 125

기후변화 / 11, 260, 288, 303

나라의 운명 / 184, 191, 243

농경사회 / 128, 171, 222, 245, 265, 318, 325, 347

니느웨 / 225, 236

다윗언약 / 301

대속죄일/욤 키푸르 / 235

독자지향(/반응) 비평 / 127

땅 / 20, 25, 72, 86, 119, 130, 143, 149, 153, 176, 178, 184, 248, 281, 303, 349, 360
레위인 / 177, 279, 329
맥시멀리스트 / 55, 69, 119, 122
메길롯 / 198, 210, 215
메시아 / 56, 76, 130, 199, 202-205
묵시문학 / 61, 215, 354
문서가설 / 53, 87, 374
미니멀리스트 / 55, 69, 119, 123
민족들에 대한 심판신탁(oracles against the nations=OAN) / 243
민중신학 / 19, 20
믿음, 믿음의 길 / 160, 164, 167, 240, 251
바벨론 포로 / 193, 217, 237, 369
바벨탑 / 158, 190, 294
보수주의 / 33, 37, 83
보충법(supplementation) / 223
부림절 / 212
사독, 사독 계열 제사장 / 87, 232
사랑 / 253
사법비유(judicial parable) / 234
산헤립 / 236
살기, 살아남기 / 202, 218
삼분법(신론-인간론-구원론) / 60
삼위일체 / 125, 307
새 언약 / 356

서구신학 / 360
성결법전 / 149, 172, 175, 176, 331, 333
성구모음집 / 29
성막건설 / 149, 166, 277
성문서 / 11, 61, 85, 106, 144, 154, 182, 201, 215, 273
성서고고학 / 66, 119
성서교육 / 11, 260, 360, 367, 373, 384
성서신학 / 11, 30, 65, 73, 82, 98, 100, 11, 218, 309
성서신학운동 / 65
성서의 통일성 / 65, 71, 79
성전재건 / 323
세계화 / 311-318
셀류시드 왕조 / 139
소수자의 보고서 / 267
순수한 성서신학 / 33, 65, 100
스콜라주의 / 33
시리아-에브라임 동맹 / 227
식민지 시대 / 219
신구약성서의 관계 / 35
신명기법전 / 72, 184, 329, 333
신명기역사 / 11, 71, 783, 266, 274, 278, 279, 281
신본주의 / 49
신비평 / 127
신정론 / 207, 243

신정통주의 / 9, 24, 33
실용주의 / 208
십계명 / 170, 172, 211, 249, 325
아시아 해석학 / 30
안식일 / 150, 171, 194, 252, 324, 331
안티오커스 에피파네스 / 139, 225
야훼의 영/루아흐 / 232
야훼 경외 / 201
언약
   노아 언약 / 149
   다윗 언약 / 201
   모세 언약, 시내 산 언약 / 25, 59, 89, 149, 165, 276, 351
   아브라함 언약 / 149
언약공동체 / 175, 176
언약법전 / 149, 172, 324, 329, 333
에덴동산 / 153
여성신학 / 288, 290
역대기역사 / 11, 71, 144
역사 / 17, 36, 52, 55, 61, 62, 80, 141, 145
역사를 통한 계시 / 67
역사의식 / 82, 93, 117, 372
역사적 서술적 과제 / 31, 32
역사적 예수 / 27
역사적 유비의 역학 / 129, 347
역사주의 / 52

예루살렘 성전 / 193, 214, 232, 241, 279, 331, 354
예루살렘/시온의 운명 / 229
예수의 인성과 신성 / 27
예언 / 18, 61, 70, 91, 115, 144, 219, 245, 379
예언서 / 105, 117, 143, 154, 179, 197, 221, 240, 274, 337, 381
예언자 / 83, 187, 220, 227, 236, 285, 329
예정론 / 43
오경/토라 / 117, 142, 145
유대인 혐오사상(antisemitism) / 191
유월절 / 130, 347
유형론(typology) / 61
의미의 일관성(conceptual coherence) / 114
이성 / 44, 46, 47
이스라엘 역사 / 55, 70, 118, 123, 133, 138, 235, 245, 292
인본주의 / 46, 49, 51, 325
일상 / 239
자급자족 / 153, 335
자유주의 / 20, 24, 33
재구성의 해석학 / 127, 86, 127
전이해 / 86, 127
점진적 계시 / 54, 57, 58
정의(미쉬파트) / 228, 239, 241

정의, 생명, 평화 / 179, 259
정체성 / 148, 177, 194, 242, 275, 285
정치경제 / 235, 245
제사 / 70, 175, 250, 291, 331
제사장 / 53, 100, 146, 166, 195, 232, 265, 293, 301, 331
조직신학 / 10, 34, 45, 51, 111, 361, 372
족장사, 족장 이야기 / 272, 295, 297, 301, 304
종말론 / 87, 216, 218
증빙본문 신학 / 83
지도자 / 178, 184, 189, 244, 252, 277, 150
지평융합 / 127
지혜의 인격화 / 208
진실한 성서신학 / 31, 65
짧은 역사 신조 / 62
체계적 규범적 과제 / 32
초막절/장막절 / 210
출애굽 / 25, 62, 89, 110, 130, 143, 165, 168, 173, 190, 274, 298, 349, 351
칠칠절/오순절/맥추절 / 130
타낙 / 76
태고사 / 148, 180, 248, 291, 295, 301
통일 / 11, 260, 335-341, 354
통합의 해석학 / 126, 127, 347

통혼 / 194, 196
포스트모더니즘 / 102
하나님의 영광 / 232
하나님의 형상 / 48, 150, 151
해명서(apology) / 187, 188, 269, 274
해방신학 / 290
해석학 / 30-35, 93, 102, 126, 127, 290, 347
헤세드 / 213, 214
흑인신학 / 290
히브리적 사유 / 71

인명 찾아보기

강사문 / 81, 338
강성열 / 17, 54, 291, 294, 300
구덕관 / 80, 81
구자용 / 379
권진관 / 365
김균진 / 18
김덕기 / 368
김영혜 / 387
김은규 / 264, 268, 286
김이곤 / 338
김정준 / 80, 81, 92
김찬국 / 338
김철현 / 80, 83, 92
김회권 / 19
나이영 / 388
남태욱 / 346
노영상 / 361, 363
문시영 / 388
문희석 / 81
민경석 / 388
민경진 / 194
민영진 / 338
박정근 / 362, 364
박종천 / 361

배덕만 / 20
배희숙 / 338
서명수 / 12, 19, 123, 264
소태영 / 389
손석태 / 80, 90, 91, 92
신옥수 / 48
엄원식 / 80, 86, 92
오성주 / 364
왕대일 / 10, 80, 87, 88, 92, 108, 114, 166, 202, 368
우택주 / 19, 49, 126, 139, 152, 170, 220, 236, 365, 273, 287, 296, 305, 319, 347, 361, 375
유경재 / 21, 360
유윤종 / 19, 80, 311, 312, 314
유재덕 / 335
원용국 / 80, 82, 92, 93
이성조 / 360, 361, 363
이은우 / 391
이영미 / 368
이원규 / 15, 17
이정배 / 18, 293
임상국 / 139, 265, 297, 376
임태수 / 338
장일선 / 24, 29, 80

전우택 / 337

정규남 / 80, 84, 92

정승태 / 49

정중호 / 392

조은하 / 392

조기연 / 392

주도홍 / 335, 337

차정식 / 362, 368

천사무엘 / 19, 80, 215, 216

천세종 / 340

최종원 / 378

하경택 / 17, 26, 114, 340

한국일 / 367

한동구 / 19, 349

한상인 / 80, 92

허호익 / 335, 337

Adams, H. / 122

Ahlström, G / 394

Albertz, Reiner / 300, 301

Albright, W. F. / 66, 69

Alexander, T. Desmond, Brian R. Rosner, D. A. Carson, Graeme Goldworthy / 23

Andersen, F. I. and D. N. Freedman / 379

Anderson, Bernard / 394

Barr, James / 72, 73, 98

Barstad, Hans / 121

Bauer, Georg / 29, 37

Bavinck, H. / 47

Berger, Peter / 404

Berges, U. / 228

Berkhof, H. / 47

Berquist, Jon L. / 138, 196

Blenkinsopp, Joseph / 157, 158, 159, 182

Boda, M. J. and J. Collins / 234

Boman, T / 71

Bright, John / 69

Brueggemann, Water / 64, 109, 110

Bultmann, Rudolf / 24

Carr, David / 139, 224, 266, 355

Chaney, Marvin L. / 171

Childs, Brevard S / 65, 73, 104, 113

Clines, David J. A. / 123, 207, 305

Collins, J. J. / 75, 110, 111

Coote, Robert B. / 124, 137, 224, 265, 270, 297, 320, 331, 352

Coote, Robet B. and David R. Ord / 265

Coote, Robet B. and Mary P. Coote / 265

Coote, Robetr B. and K. W. Whitelam / 395

Cox, Harvey / 73

Davies, P. R. / 70, 120, 121, 124, 200, 267, 268

Dentan, R. C. / 59, 104, 105, 106

Derrida, Jacques / 122, 264

Dever, William G. / 69, 119, 124, 267, 321

Dozeman, Thomas B. / 275, 279

Edelman, Diana V. Ehud Ben Zvi / 355

Eichrodt, Walther / 37, 54, 58

Fohrer, Georg / 107

Frankel, David / 271

Frick, F. S. / 325

Friedman, Ricahrd E. / 265, 375

Frymer-Kensky, Tikva S. / 269

Gabler, Johan Philip / 28, 31, 32

Gadamer, H.-G. / 127

Gertz, J. C., A. Berlejung, M. Witte / 204

Gerstenberger, E. S. / 319

Gerstenberger, Erhard / 398

Gese, Helmut / 108

Gilkey, L / 73

Goldingay, John / 64

Goshen-Gottstein, M. H. / 75, 76

Gottwald, Norman K. / 59, 148

Grabbe, Lester L. / 55, 120, 294, 321

Grenz, Stanley / 48

Habel, Norman C. / 288, 290, 306

Hasel, G. / 71, 104, 318

Hayes, J. and F. Prusner / 24, 29, 32, 41, 55, 134

Hayes, John H. and Frederick C. Prussner / 399

Hazony, Yoram / 46

Hegel, Georg W. F. / 52

Hengstenberg / 53

Hess, Richard S. / 267

Horrel, David / 399

House, Paul R. / 105, 238

Jacob, E. / 91, 92

Jameson-Drake, D. W. / 267

Janzen, David / 279

Japhet, Sarah / 123

Johnston, W. / 376

Jonson, Luke T. / 39

Kant, Immanuel / 24

Kessler, R / 137, 138

Killebrew, A. E. / 400

Kilmer, Anne D. / 269

Kittel, G. / 73

Knierim, Rolf / 88, 114

LaCocque, André and Paul Ricoeur / 400

Lee, Lydia / 243

Lemche, N. P. / 70, 120

Lenski, G., P. Nolan, and J. Lenski /

128
Lenski, Gerhard / 128
Levenson, Jon D. / 75
Levin, Christoph / 146, 265, 275
Mann, T. W. / 297
Martin, Troy W. / 401
McFague, S / 288, 289
McCarter, P. Kyle / 267, 269
McKenzie, J. L. / 107
McKenzie, Steven L. / 266
Migliore, Daniel L. / 47
Miller, Patrick D. / 76
Moberly, R. W. / 75
Moore, Megan B. and Brad E. Kelle / 401
Nogalski, James / 237
Ollenberger, Ben C. / 32, 33, 54
Olson, Dennis T. / 32
Patton, Matthew H. / 189
Payne, J. B. / 82, 91
Perdue, Leo G. / 101
Pope, Marvin H. / 306
Preuss, H. D. / 402
Provan, I, and V. Philip Long, V. and / 70, 120
Reddit, P. L. and Aaron Schart / 402
Rendtorff, Rolf / 75, 113, 114, 238

Reumann, John / 402
Reventlow, Hennig / 36
Reviv, H. / 323
Robinson, J. A. T. / 73
Routledge, R / 36
Russel, D. S. / 216
Sanders, James / 75
Sandy-Wunsch, J. and L. Eldredge / 403
Saussure, F. de / 121, 122, 264
Schleiermacher, F. / 24, 30
Schmid, Konrad / 204, 268, 275, 279, 345
Schmidt, Werner H. / 403
Schniedewind, William M. / 206
Segovia, F. / 30, 127, 371
Semler / 29
Simon, Richard / 29
Sjöberg, G. / 128
Ska, J.-L. / 142
Smith, Ralph L. / 32
Snaith, J. G. / 211
Spinoza, Baruch / 29
Stackhouse, Max / 404
Stager, Lawrence / 404
Stendahl, Krister / 33
Stevenson, K. R. / 233
Sun, Henry and Keith Ides / 405

Sweeney, Marvin A. / 234, 237, 243

Tabbs, W. K. / 405

Tapy, ron E. / 267

Terrien, Samuel / 64, 109

Tillich, Paul / 45

Todd, Judith A. / 270

Tremper Longman III / 70, 120

Trible, Phyllis / 9, 18, 30, 64, 211

van der Steen, E. J. / 326, 352

van Ruler, A. A. / 23

von Hoffmann, J. C. K. / 53

von Rad, Gerhard / 60, 61, 104, 313

von Ranke, Leopold / 52, 121

Vos / 91

Vriezen, Th. / 62

Waetjen, Herman C. / 127

Waltke, Bruce K. / 406

Wellhausen, Julius / 53, 374

Westermann, Claus / 63, 109, 150, 157

Whybray, Norman / 209

Williamson, H. G. M. / 121

Wolff, Eric / 406

Wright, G. E. / 60, 69, 71

Wright, Jacob L. / 298

Young, Edward / 90, 92

성구 찾아보기

구약

창 1장 / 25, 57, 147, 150, 152, 160, 291, 293, 375

1:1-2:4a / 147, 148, 291, 299, 300, 309

1:26-27 / 48, 150, 275

1:28 / 151, 303, 324

2-3장 / 153, 155

2:3 / 196

2:4b / 148, 291, 293, 300, 301

2:4b-3:24 / 269

2:4b-11:26 / 148

2:15 / 153, 155, 293

2:16-17 / 293

2:17 / 155

2-11장 / 154, 159, 160

3:5 / 155, 275

3:16 / 211

3:17-18 / 211

3:22 / 155

3:17-19 / 153

4장 / 155

4:17 / 293

6-9장 / 176, 156

6:1-8 / 156

6:3 / 157

6:4 / 157

6:5 / 157

6:5-7 / 294

6:11 / 157

6:12-13 / 293

9장 / 149, 156

9:12 / 149

11장 / 154, 155, 159, 160, 293, 301

11:1-9 / 158, 294

11:27-50:25 / 148

11:31 / 160

12:1 / 160, 349

12:1-3 / 160, 295

17장 / 149, 349

17:8 / 349

17:12-13 / 149

28:19 / 282

30:2 / 276

37-50장 / 161

37:5-10 / 296

40:8 / 162

41:38 / 297

45:5, 7 / 162

50장 / 295, 160, 161

50:19 / 163, 276

50:24-25 / 349

출 1장 / 159

1-15장 / 149, 165

1-18장 / 165, 166

2:23 / 167

2:23-25 / 349

2:24-25 / 167

3:6-8 / 349

3:12 / 168

3:13 / 221

3:13-15 / 170

6:3 / 150

14:11 / 221

15:24 / 221
16-18장 / 149, 165, 176
19-24장 / 149, 165, 168, 178
19:1-민 10:10 / 165
19:1-24:8 / 166
19:4-8 / 169
20장 / 169
20:1-17 / 170, 172, 325
20:17 / 211
20:22-25 / 270
20:24 / 282
20:22-23:33 / 172, 324
21-23장 / 169
21:2-11 / 196
21:12-27 / 324
21:28-36 / 324
22:1-15 / 324
23:10-13 / 196, 324
24-34장 / 72
24:1-11 / 169
25-31장 / 144
25-31, 35-40장 / 149, 166, 172
31장 / 149

레

31:13-17 / 196
31:16 / 149
31:18 / 272
35-40장 / 144, 149, 166, 172
1-16장 / 149, 175
11장 / 175
12장 / 175
13-15장 / 175
17-26장 / 172, 175, 331
19장 / 176
19:13-14 / 332
20-22장 / 175
23장 / 175, 196, 215
25장 / 175, 332
25:1-7, 18-22 / 196
25:35-55 / 332
25:39-46 / 332
27장 / 149

민

1-10장 / 177
1:1-10:10 / 149, 166, 172
10:11-21:20 / 149
10:11-36:13 / 165
11장 / 177
12장 / 177, 221
13-14장 / 177

신

15장 / 177
16장 / 221
16-17장 / 177
18-19장 / 177
20장 / 177
20:2-5 / 221
21:20-36 / 165
21:21-36:13 / 149
22-24장 / 177
22-36장 / 165, 177
25장 / 177
26-36장 / 177
32장 / 349
32:33-42 / 349
34:1-15 / 349
1-34장 / 165
1-11장 / 149, 178
1:1-5 / 165
1:5 / 343
1:6-3:29 / 165
1:7 / 349, 350
4:13 / 272
5:6-21 / 172, 325
6:20-24 / 62
12-26장 / 149, 172, 178, 274, 329
12장 / 270, 278

성구 찾아보기 417

12:5, 11, 14, 18, 21 / 179	32장 / 178	3:20 / 350
12:2-14:29 / 281	33장 / 178, 323	4:1b-7:1 / 269
14:24 / 179	34장 / 142, 165, 178, 274	8-15장 / 187
15:12-18 / 196	34:10-12 / 142	10:8 / 282
16:6 / 179	수 1:1-8 / 143	16장-삼하 5장 / 269
16:18-18:22 / 329	1:4 / 350	삼하 3:2-10장 / 187
17:14-20 / 279	1:8 / 184, 185	3:10 / 350
19장 / 329	1-12장 / 184, 185	7장 / 278
23:15-16 / 329	12장 / 119, 185	7:12-16 / 188
23:19-20 / 329	12:7-24 / 350	9장-왕상 2장 / 269
23:24-25 / 329	13:1-6a / 350	11장-왕상 2장 / 269
24:1-6 / 329	13:6b-21:42 / 350	왕상 3:4 / 282
24:6 / 329	13-22장 / 184, 185	4:25 / 350
24:7-9 / 329	17:1 / 352	12-16장 / 187
24:10-13 / 329	23-24장 / 184	12장 / 159
24:14-15 / 329	24:2b-13 / 62	12:1-왕하 17:4 / 346
24:17-22 / 329	삿 1-16장 / 185	17장-왕하 10장 / 187, 270
25:1-3 / 329	2:23 / 185	17장-왕하 13장 / 190
25:5-10 / 330	17-21장 / 186	17:8-24 / 327
25:13-16 / 330	18:1 / 186	19장 / 191
26:1-11 / 330	19:1 / 186	21장(특히, 17-26절) / 190, 280
26:5b-9 / 62	20:1 / 350	22:1-50 / 346
26:12-15 / 330	21:25 / 186	왕하 3:1-12 / 346
27-34장 / 149	룻 1:1 / 213, 214	3:9, 15-20 / 327
28:69 / 343	1:16 / 214	4:1-7 / 327
31장 / 178	삼상 1-7장 / 187	

6:24-29 / 327	7-10장 / 194	50편 / 203
8:25-29 / 346	9-10장 / 196	51-72편 / 203
11:1-20 / 346	느 1-2장 / 194	72편 / 203
11-17장 / 188	3-7장 / 194	72:18-19 / 203
14:25 / 350	5:1-13 / 196, 275	73-89편 / 202
17장 / 188	8장 / 145, 275	73-83편 / 203
18-20장 / 188	8-10장 / 194	84-89편 / 203
18-23장 / 188	10:30 / 196	89편 / 203
22-23장 / 339	10:31 / 196	89:53 / 203
23:8 / 350	11-13장 / 194	90-92편 / 203
23:15-20 / 347	13:1-28 / 275	90-106편 / 202
24-25장 / 188	13:15-22 / 196	93-100편 / 203
25:12 / 244	13:23-31 / 196	101편 / 203
25:27-30 / 193	에 4:14 / 213	101-106편 / 203
대상 1-10장 / 193	4:16 / 212	106:48 / 203
2:1-8:40 / 352	시 1편 / 144, 147, 203	107편 / 203
11-29장 / 193	1-2편 / 203	107-150편 / 202
대하 10장 / 193	1-41편 / 202	108-110편 / 203
10-12장 / 193	3:1 / 147	111-112편 / 203
13-35장 / 193	3-14편 / 203	113-118편 / 203
26:10 / 328	15-24편 / 203	119편 / 203
30-31장 / 347	25-34편 / 203	120-134편 / 203
36:1-23 / 193	35-41편 / 203	135-145편 / 203
36:22-23 / 144	41편 / 202	144편 / 203
스 1-2장 / 194	41:14 / 203	145:1,2,21 / 203
1:1-4 / 194	42-72편 / 202	146-150편 / 203
3-6장 / 194	42-49편 / 203	149편 / 204

욥 1-2장 / 205, 307
28장 / 108, 205
38:1-40 / 206
38-40장 / 309
38-41장 / 306
40:34 / 206
42:1-6 / 308
42:5 / 206, 308
42:7-17 / 205

잠 1-9장 / 147, 208
1:20-33 / 208
5:3-6 / 208
7:6-23 / 208
8장 / 108
8:1-31 / 208
10-31장 / 208, 209
22:17-22 / 208

전 9:3-6 / 210
9:7-10 / 210
12:13-14 / 147

아 2:10, 13 / 212
3:3 / 211
4:8 / 212
6:3 / 212
7:11 / 212

사 1장 / 227
1-39장 / 223, 229

1:1 / 147
2-10장 / 227
2:2-4 / 242, 244, 285
2:12-22 / 230
3:2 / 240
3:5-36 / 230
5:7 / 299
5:9-12, 21-22 / 240
5:19 / 229
6:3 / 229
6:9-10 / 221
7-8장 / 227
7:9b / 228, 229
10:1-2 / 239, 240
10:6 / 241
11:1-9 / 244
11:3-5 / 242
11:12-13 / 356
11-12장 / 227
13-23장 / 227
24-27장 / 227
28-32장 / 227
28:7-8 / 240
33-35장 / 227
36-38장 / 228
36-39장 / 227
40-55장 / 227

50:6 / 343
55:5 / 343
56-66장 / 223, 227, 228
56:1-8 / 229
58:6-9 / 229
61:1-3 / 229

렘 1-25장 / 230
2:8 / 240
3:18 / 356
4:23-31 / 243
5:1 / 241
5:30 / 240
6:13 / 240
7:5-6 / 240
23:11 / 240
26-45장 / 230
31:23-25 / 241
31:31 / 356
31:31-34 / 231
33:7-8 / 356
37:11-15 / 221
38:6 / 221
46-51장 / 230
50:4-5 / 357
50:20 / 357
52장 / 230

애
52:15-16 / 244

겔
3:19-23 / 215
1-3장 / 232
4:4-6 / 357
4-24장 / 332
6:11, 14 / 241
13-14장 / 240
16장 / 241
22:6-12 / 240
23장 / 241
23-31장 / 240
25-32장 / 232, 243
33-39장 / 232
33-48장 / 233
34:23-24 / 350
37:15-28 / 350
37:19-28 / 357
40-48장 / 232, 242, 341
47:1-12 / 244
47:13-21 / 351
47:15-20 / 353
8:1-29 / 357
48:1-35 / 351
48:30-35 / 353

단
2:31-35, 36-45 / 217
4:13, 20-27 / 217

5:24 / 272
5:25-28 / 217
6장 / 216
7:13-14 / 217
7:25 / 217
8:14 / 217
9:24, 25 / 217
12:11-12 / 217
12:13 / 217

호
1:1 / 223
1:4-5 / 270
1:10-11 / 242, 355, 356
1:11-2:1 / 233
1-3장 / 147, 234
3:5 / 223
4:1-11:11 / 234
5:1-2 / 240
5:5, 13, 14 / 223
6:4 / 223, 355, 356
7:3-7 / 221
9:7 / 221
11:12-14:9 / 234
12:2 / 223

욜
1:2, 5, 13 / 240
1:15 / 235
2:1-3 / 235

3:1 / 242
3:16-17 / 242

암
1:2 / 223, 235, 281, 380
1:3-2:3 / 243
2:4 / 235
2:4-5, 13-16 / 241
2:6-8 / 355
2:11 / 355
3:1 / 355
3:9-12 / 235, 379
3:10-12 / 241
4:1 / 240
4:1-3 / 379
4:4-13 / 235
5:1-3, 16-20 / 379
5:4-15 / 223
5:4, 14 / 235, 378
5:4b-6a / 281
5:21-27 / 235
5:25 / 355
6:1 / 355
6:1-7 / 379
7:1-8:3 / 235
7:10-11 / 346
7:10-17 / 211
8:4-10 / 235

	9:1-4 / 355, 379		2:1-3 / 237	요한	5:39 / 24
	9:7 / 355		2:4-15 / 237		7:38 / 24
	9:7-15 / 235		3:1-4 / 240		20:28 / 28
	9:11-15 / 223, 241, 242, 244		3:1-13 / 237	롬	8:29 / 43
			3:14-20 / 237	엡	1:11 / 43
	9:11, 13, 15 / 235	학	1:6, 10-11 / 244	딤후	3:15-16 / 24
	9:14 / 355		2:19 / 244	벧후	1:20 / 24
욥	/ 236, 243, 219, 226	슥	1-8장 / 237		3:16 / 24
욘	/ 219, 226, 236, 238, 273, 292, 299, 390		4:9 / 242	계	21-22장 /72
			7:9-10 / 240		21:1-2 / 154
나	/ 226, 236, 238, 243		8:3-8 / 242		22:1-2 / 154
미	1:10-16 / 236		9-10장 / 275		
	2:1-11 / 236		9-14장 / 237		
	2:1-6 / 240		9:1-8 / 243		
	2:1-5, 8-11 / 328		10:2 / 240		
	2:12-13 / 224		13:3-6 / 200		
	3:1-8 / 236	말	3:5 / 240		
	3:1, 5, 7, 9 / 240		4:4-6 / 143		
	3:9-12 / 379	지혜서	24장 / 108		
	4:1-4 / 244				
	4:1-5 / 224				
	4:1-5:15 / 236	**신약**			
	7:18-20 / 147	마	24-25장 / 217		
합	1:3-4 / 240	막	1:15 / 217		
	2:5-8 / 243	눅	4:18-21 / 217		
	2:9-12 / 240		6:15 / 199		
습	1:8 / 240				

"주의 말씀은 내 발에 등이요 내 길에 빛이니이다"
시편 119편 105절

21세기 한국개신교회를 위한 구약신학

지 은 이	우 택 주
발 행 인	김 선 배
초 판 발 행	2020년 2월 14일
등 록 번 호	출판 제6호(1979. 9. 22)
발 행 처	침례신학대학교 출판부 (하기서원)
주 소	대전광역시 유성구 북유성대로 190 (34098)
전 화	(042)828-3257
팩 스	(042)828-3256
홈 페 이 지	http://www.kbtus.ac.kr
이 메 일	public@kbtus.ac.kr

값 22,000원

ISBN 979-11-89528-21-8   93230